Advanced Brand Management

From Vision to Valuation

브랜드 비전에서 브랜드 가치평가까지

브랜드 전략론

저자 Paul Temporal　　역자 연세대학교 경영대학 이문규 교수

WILEY

SukJung 도서출판 석 정

머리말

Only the strong survive!
강한 브랜드만이 시장에서 살아남을 수 있다.
The winner takes it all!
그리고 그 강한 브랜드는 시장을 제압한다.

이 냉정한 현실이 지난 수 년간 브랜드 전략 분야를 연구하고 가르치며 느낀 것이다. 소비자들은 믿을 수 있는 브랜드를 구매한다. 브랜드가 그 가치를 다했을 때 소비자들은 만족한다. 소비자 만족은 재구매와 호의적인 구전을 낳는다. 이러한 브랜드 중심적인 소비자 행동의 반복은 강한 브랜드를 더 강하게 만들어 주고 약한 브랜드들 시장에서 도태시킨다. 따라서 브랜드 전략 수립과 관리야말로 기업의 모든 마케팅 활동의 꽃이다. 브랜드를 잘 가꾸어 내면 그 열매는 달고, 그렇지 못하면 그 열매는 쓰다.

마케팅이나 브랜드 관리는 그야말로 실천의 논리이다. 아무리 훌륭한 이론과 원리도 현실에 적용할 수 없으면 소용이 없다. 그러한 의미에서 이번에 번역한 폴 템포럴의 브랜드 전략론

(*Advanced Brand Management*)은 실지 사례를 중심으로 브랜드 전략 수립과 관리의 여러 원리와 원칙들을 쉽고 흥미롭게 소개하였기 때문에 이 분야를 연구하는 학생들 그리고 이러한 것들을 실천에 옮기는 실무자, 브랜드 관리자들에게 많은 도움이 될 줄로 믿는다. 특히 브랜드 비전(brand vision), 브랜드 포지셔닝(brand positioning), 브랜드 아키텍처(brand architecture), 브랜드 확장(brand extension) 등과 같은, 브랜드 자산의 확립과 운영관리에 있어서 핵심적인 개념과 수단, 전략 등을 알기 쉬운 사례로 풀어 연구 · 실무에의 적용을 돕고 있다.

이 책을 번역하는 데 큰 도움을 준 여러분들께 감사한다. 우선 번역의 기초를 마련해 준 인터브랜드와 박상훈 사장님께 진심으로 감사의 뜻을 전한다. 그의 시장 현상에 대한 호기심과 끊임없이 공부하고 연구하는 자세는 학자인 나로서도 본받을 만하다. 또한 수개 월간에 걸쳐 번역과 수정을 도와준 대학원 석사과정 이원경양과, 나와 디자인 감각이 맞아 나에게 많은 좋은 제안을 해 주며 이 책을 완성할 수 있도록 도와준 신혜나양 그리고 연구실의 많은 일들을 불평 한 마디 없이 조정해 준 김소영양에게도 깊이 감사한다. 이 책이 세상에 나올 수 있게 해 준 석정의 황종연 실장님과 문성미 디자이너에게도 고마움을 전한다. 이 책이 브랜드를 공부하고 이 분야의 실무를 이끌어 나아가는 사람들에게 창의적인 아이디어와 시장에 대한 통찰력의 원천이 되었으면 하는 희망을 갖는다.

2006년 2월
새 봄, 새 학기를 기다리며
연세대학교 경영대학 이 문 규 교수

감사의 글

많은 사람들이 생각하는 것과는 달리 사회가 발전될수록 책을 쓰는 일은 점점 더 힘들어진다. 독자들의 기대치는 높아지고 출판되는 책들도 증가하며 마감 시간을 지켜야 하는 부담도 상당하다. 이와 같은 책을 한 권 내기 위해서는 많은 공동 작업이 필요할 뿐만 아니라 주변의 다른 사람들로부터 도움과 아이디어를 얻는 것도 중요하다. 이번 기회를 빌어 이 책이 출판되기까지 각자의 귀중한 시간과 정력을 아낌없이 쏟아부어 준 많은 사람들 및 기업들 중 몇몇에게나마 감사의 마음을 표현하려고 한다.

Aaron Boey
Abdullah Fazalbhoy
Bronwyn Coles
Catherine Chai
Catherine Hu
Danny Ng
David Haigh
Edward Chalk
Walter Cheung
Yusuke Horita
Acer
Aegis
Asia Market Intelligence
Brand Finance
Hakuhodo Inc.
Hang Seng Bank

Gary Moyer	Jim Beam
Mark Fields	Lloyds TSB
Natalie Croft	Malaysia Airlines
Nik Mustapha	Mazda
Peter Snell	Mercedes-Benz
Stan Shih	Oxford University Press
Takahiro Ooi	Phil Corporation
Tom Maas	Philips
Tomomitsu Taue	Unilever Malaysia

덧붙여 늘 따뜻하게 대해 준 Wiley 팀, 프로젝트를 훌륭히 관리해 준 Janis Soo, 편집 작업의 Robyn Flemming 그리고 마지막으로 나에게 이러한 기회를 주시고 늘 격려를 아끼지 않았던 Nick Wallwork에게 감사의 말을 전한다.

서문

브랜드가 지금처럼 중요했던 적은 없었다. 점점 더 빨라지는 변화의 속도, 경제와 시장의 역동성, 테크놀러지와 혁신의 끊임없는 발달 그리고 점차 세분화되어 가는 시장은 강력한 브랜드를 구축하는 데 실패한 많은 기업들과 그들의 제품들을 파멸의 길로 내몰았다. 새로운 21세기가 시작된지 얼마 되지 않았음에도 불구하고, 강력한 브랜딩이 있었더라면 충분히 살아남을 수 있었던 실제 혹은 잠재적 실패 사례들로 이미 시장은 어지럽혀지고 있다.

우리가 살고 있는 세상은 모든 것들이 평준화되고 있는 세상이며, 세계 시장은 일상용품들로 가득 찬 세상이다. 기업들은 새로운 테크놀러지 덕분에 제품, 시스템, 서비스, 프로세스 등 모든 것들을 쉽게 복제할 수 있게 되었으며, 이는 기업이 그 기업의 비즈니스 차별화를 위한 전략을 창조하는 데에 심각한 어려움을 낳고 있다. 또 다른 문제점은 제품의 수명 주기가 급속도로 빨라지고 있다는 사실이다. 이제는 주 단위로 수명 주기가 끊어지는 제품들까지 등장하였다.

강력한 브랜드는 이러한 문제들에 대한 부담을 덜어 줄 수 있다. 브랜드는 기업과 제품을 경쟁사로부터 차별화시키고, 새로운 시장 및 산업에의 진출을 용이하게 하며, 끊임없이 이윤을 창출함으로써 비즈니스 순자산 가치의 몇 배에 달하는 ROI를 제공한다. 그리고 가장 중요한 것은 브랜드는 잘 보살펴지고 관리만 된다면 특별한 수명 주기 없이 영원히 살 수 있다는 사실이다.

강력한 브랜드는 적절히 보살펴지고 관리될 경우 한 기업이 영원히 존속할 수 있는 가능성을 부여한다. 코카 콜라(Coca Cola)는 거의 120년이 되었고 타이드(Tide) 세제는 50년이 넘었지만 이 두 브랜드 모두 해당 시장에서 수많은 경쟁자들을 제치고 선두의 자리를 굳건히 지키고 있다. 그러나 이와 같은 강력한 브랜드들도 세심한 관리가 없었더라면 그처럼 오랫동안 지속될 수는 없었을 것이다. 이 책에서는 바로 이러한 브랜드 관리에 대해 다루고 있다.

훌륭한 브랜드 관리는 강력한 브랜드와 훌륭한 고객 관계를 형성하는 것을 돕는다. 그러나 아직도 많은 기업들이 다른 비즈니스 관련 부분들에 대해서는 아주 사소한 부분에까지 신경을 쓰는 반면 브랜드 관리에는 상대적으로 관심을 소홀히 하고 있다.

그 이유 중 한 가지로 브랜드 관리라는 것이 여전히 여러 국가의 마케팅 담당자들에게는 생소한 분야라는 점을 들 수가 있다. 예를 들어 아시아에서는 아주 최근에서야 브랜딩의 파워가 인식되기 시작하였으며, 대부분의 경영학도들은 브랜드 관리에 대한 경험이 거의 전무한 상태로 학교를 졸업하고 있다. 이러한 상황은 비단 극동 지방에서만 일어나는 것은 아니다. 브랜딩은 현재 계속하여 진화하고 있는 개념이며, 브랜드 관리와 관련된 테크닉들 역시 계속해서 발전중에 있다.

이 책은 전세계의 성공 사례 및 실패 사례들을 살펴보는 동시에 브랜드 관리의 다양한 요소들에 대한 포괄적인 지침을 제공함으로써 브랜드 관련 책임을 맡고 있는 사람들에게 도움을 주고자 하는 의도로 집필되었다. 브랜드 관리는 시장에 영향을 미치는 갖가지 역동적인 요소로 인해 결코 쉬운 작업이 아니며, 단시간 내에 터득할 수 있는 이론 상의 개념이 아닌 고도로 실용화된 개념이다. 따라서 이 책에서는 수많은 실제 사례들에 초점을 맞춤으로써 독자들이 다른 이들의 경험을 통해 배울 수 있도록 하였다.

이 책은 브랜드 구축자 및 관리자들이 직면하게 되는 다음과 같은 주요 이슈들에 대해 답을 제공할 것이다.

- 브랜드 비전이 기업 비전을 대체할 수 있는가?
- 브랜드가 비즈니스 전략을 결정하는 것인가? 아니면 그 반대인가?
- 브랜드는 어떠한 ROI를 가져오는가?
- 비즈니스의 장기간 혹은 단기간의 수요가 브랜드 관리에 어떻게 반영될 것인가?
- 브랜드는 적극적이어야 하는가, 아니면 수동적이어야 하는가? 전략적이어야 하는가, 아니면 전술적이어야 하는가?
- 극심한 경쟁 상황에서 어떻게 강력하고 지속 가능한 브랜드 포지션과 차별화를 얻을 수 있는가?
- 브랜드의 리포지셔닝, 재활성화 제거에 관한 의사 결정은 어떻게 이루어지는가?
- 브랜드는 어떻게 재활성화되는가?
- 브랜드는 얼마나 넓게 확장될 수 있는가? 피해야 할 유혹에는 어떠한 것들이 있는가?
- 브랜드 관리 및 개발에 있어서 감성과 태도는 어떠한 역할을 하는가?
- 새로운 테크놀러지는 브랜드 관리와 고객 관계에 어떠한 영향을 미치는가?
- 실제 세계에서의 브랜드 관리와 가상 세계에서의 브랜드 관리는 어

떻게 다른가?

- 브랜드 관리 프로세스를 조직하고 구조화할 수 있는 방법에는 어떠한 것들이 있는가?
- 브랜드 구축 및 관리에 대한 CEO의 역할은 무엇인가?
- 정해진 예산 범위 내에서 최고의 이익을 내려면 어떻게 해야 하는가?
- 브랜드 커뮤니케이션의 현재 트렌드는 무엇인가?
- 모든 사람들이 브랜드를 생활화하도록 하는 브랜드 문화는 어떻게 만들 수 있는가?
- 브랜드의 성공 여부는 어떻게 측정할 수 있는가?
- 브랜드 관리에 필요한 도구들과 체크 목록에는 어떠한 것들이 있는가?

다음은 이 책에서 다루어질 내용을 맛보기로 보여 주는 짧은 이야기로, 브랜드 관리자들이 직면하는 몇몇 의사 결정 사안 및 상황들에 대해 경쾌하면서도 정확한 시각에서 접근하고 있다.

브랜드의 하루

나는 꽤 유명한 브랜드이다 – 음, 그렇게 생각하고 싶다. 나는 전 세계 거의 모든 지역에서 판매되고 있으며 꽤 괜찮은 시장점유율과 수익성을 가지고 있다. 내가 태어난지는 좀 된다(정확한 나이는 묻지 마시길). 나는 사람들이 나에게 특별한 수명 주기가 없는 브랜드라고 하는 말이 사실이었으면 좋겠다.

나에게는 브랜드 매니저(BM: Brand Manager)가 있다. 그는 기업 내에서 꽤 높은 자리에 있는 사람이다. 그는 기업의 제품 브랜드 포트폴리오에 함께 속해 있는 다른 브랜드들의 관리자들 기업 마케팅 담당자들, 그리고 나의 미래에 영향을 미칠 수 있는 기타 여러 사람들이 참석한 브랜드 관리 위원회에서 나에 대한 보고를 한다. 흔히들 강력한 브랜드의 관리는 매우 쉬울 것이라고 생각한다. 그러나 절대로 그렇지 않다. 다음은 나의 평범한 하루의 일과이다.

8:00 am: 에이전시 관련 소식. 이 세계적인 광고 에이전시는 이번 광고를 수주하지 못했고 다음 달에 다시 경쟁에 참여해야 할 것이다. 음, 그들이 아주 못한 것은 아니었지만 나는 그들이 나의 퍼스낼리티를 제대로 이해하고 있다고 생각해 본 적이 없다. 새로운 에이전시에게는 위 사람들이 나에 대한 전체적인 브리핑을 해주었으면 좋겠다 – 개인적으로 마지막에 발표한 에이전시 후보는 별로인 것 같았다.

9:00 am: 패닉 상태에 빠진 브랜드 관리 팀. 프랑스 공장에서 품질 관련 문제가 발생하여 언론에 대대적으로 보도되었다. 독극물이 발견되었다며 나를 실제로 고소까지 하였다! 왜 언론은 늘 나쁜 뉴스들만을 보도하는 것일까? 우리 팀은 이에 어떻게 '대응할 것인지'에 대해 고심하고 있다. 아직도 계속 이야기중이다 – 팩스와 전화는 끊임없이 울려대고 있는데 그들은 아직 어떠한 대중 성명도 발표하지 않았다. 기업 커뮤니케이션 팀에서 빨리 냉정을 되찾지 않으면 상황은 더욱 악화될 것이다. 이 사람들은 위기관리에 대해서 들어 본 적도 없나? 나의 이미지는 어떻게 되는가? 사람들은 나를 신뢰하고 있다. 나는 최고의 품질을 대표하고 있단 말이다! 이제 머리가 다 아파오려고 한다. 나는 다른 사람들이 머리를 굴리고 있는지 의심스럽다.

10:00 am: 드디어 좋은 뉴스. 나의 재무적 가치가 세계 20위권 안에 들었다고 한다. 나는 이제껏 고위 경영진들에게 나는 단순히 브랜드가 아닌 전략적 자산이라고 거듭 강조해 왔다. 그러나 그들

이 언제 귀담아 들은 적이 있던가? "보세요, 내가 그랬죠?"라는 말을 하고 싶지만 그냥 참겠다.

11:00 am: 현지 문화 적응을 위해 나의 퍼스낼리티를 변경해 달라는 요청이 아시아로부터 들어오다. 나의 BM은 "절대 안 됩니다"라고 못박았다. 잘한 일이다. 그는 나의 브랜드 성격은 일관적으로 유지되어야 하지만, 캠페인 가운데서 필요한 부분을 강조하거나 시장 커뮤니케이션을 이용하여 현지화를 용이하게 하는 것은 가능하다고 말하였다.

12:30 am: 점심과 소화 불량. 나와는 완전히 다른 청중들에게 소구하고 있는 음료 브랜드로부터 공동 브랜딩 제안을 받았다. 고맙긴 하지만 그럴 수는 없다. 더 높은 매출을 보장한다고는 하지만 나의 가치들에 전혀 부합하지를 않는다, 전혀! 싸구려 제품들과 함께 진열되고 싶어하는 제품이 어디 있을까? 이미지는 곧 생명이다.

2:00 pm: 나의 BM은 기업의 최고 마케팅 담당자가 (아마도 외부 컨설턴트로부터 한 마디 들은 것 같았다.) 나의 비즈니스 영역에 대해 질문하는 바람에 잠시 곤경에 처했었다. "기업의 비즈니스가 아니라 당신 브랜드의 비즈니스 말이오" 그가 물었다. 훌륭한 질문이었다. 그리고 나의 BM은 "좀 생각해 보겠습니다"라고 대답하였다. 나의 BM이 과연 언제쯤에야 그 답을 얻을 수 있을지는 모르겠다. 그리고 그 대답에 따라 나와 나의 BM이 어떻게 될 것인지도 모르겠다.

2:30 pm: 고문. 이것은 진정한 고문이다. 우리 팀은 나의 BM의 말에 따라 나를 어떻게 '확장' 시킬 것인지에 대해 의논중이다. 표적 청중, 확장의 근거, 성공 여부, 나의 현재 포지셔닝 등등에 대한 이야기가 끊임없이 오가고 있다. 마치 그 출신과 자격이 의

심스러운 전문의들 사이에서 논의의 대상이 되고 있는 환자처럼, 지금 나의 심경은 매우 불편하다.

4:00 pm: 나의 이미지가 약간 구식으로 보였는지 나의 이미지를 쇄신시키라는 메시지가 런던으로부터 날아왔다. 고맙네, 친구들-그런데 당신들이나 잘하시지? 음, 나의 고객들만 괜찮다면 패키지 리뉴얼 정도는 나쁘지 않을 것 같지만, 나의 성격에 부합되지 않는 일은 하지 않겠다. 진화에는 찬성이지만 혁신에는 반대라는 말이다. 나의 BM은 이 부분에 대해 고려해 보겠다고 하였다.

4:30 pm: 사방이 우울하다. 시장은 2주째 침체 상태이며 불경기에 접어들었다는 소문이 파다하다. 위로부터 모든 브랜드에 대한 모든 종류의 광고 프로모션(A&P)을 줄이라는 지침이 내려왔다. 각 팀들마다 의견이 분분하다. "우리가 좀더 집중한다면 비용 절감도 가능하다"는 팀이 있는가 하면 "경쟁사들이 잠잠한 지금이야말로 지출을 늘리고 시장점유율을 확보하여 고객들에게 우리의 존재를 깊이 각인시킬 때"라는 팀도 있다. 개인적으로 마지막 의견이 가장 마음에 들긴 하지만 비용 절감을 주장하는 사람들이 결국은 이길 것 같아 걱정이 된다.

6:00 pm: 나에 대한 고객 관리 프로그램 제안서가 통과되었다는 소식을 들었을 때 나는 막 오늘 하루를 마무리하려던 참이었다. 얼마나 기쁜 일인가! 이제 나는 나의 모든 고객들을 파악하여 어떤 고객이 높은 가치를 가지고 있고 나에게 충성스러웠는지를 알 수 있게 되었다. 테크놀러지 측면에 대해서는 지나치게 신경 쓰지 않았으면 한다. 그보다는 이러한 고객과의 관계가 고객들에게 어떠한 이득을 줄 수 있을지에 관심을 집중해야 할 것이다.

6:30 pm: 나가서 신나게 놀자! 오늘 저녁에는 내가 스폰서한 이벤트에 참석해야 한다. 그럼 내일 봅시다!

브랜드 관리란 무엇인가?

물론 위에서 언급되었던 것과 같은 중요한 일들이 브랜드 관리자들에게 매일매일 일어나는 것은 아니다. 그러나 이들은 브랜드 관리자들이 언젠가는 겪어야 할 아주 전형적인 전략적 이슈들이다. 브랜드 관리자들은 그들 업무의 특성상 이것들 외에도 할 일이 아주 많다. 그러나 간단히 요약하자면, 브랜드 관리는 브랜드가 행동하고 말하는 모든 것 그리고 이것이 인식되는 방식 일체를 통제하는 프로세스이다. 따라서 당신의 의도하는 방식대로 사람들이 당신의 브랜드를 인식할 수 있도록 다양한 목표 청중의 인식에 영향을 줄 필요가 있다. 이는 당신의 브랜드가 상징하는 바와 퍼스낼리티가 무엇인지 그리고 경쟁 브랜드와 차별화되고 더 나은 것으로 인식되기 위해서는 어떻게 포지션되어야 하는지에 대해 명확하게 정의되어야 함을 의미한다. 또한 여기에는 통합 커뮤니케이션과 자사 브랜드 및 경쟁 브랜드들에 대한 지속적인 추적도 포함된다.

본래 이 프로젝트의 전체적인 목적은 브랜드의 가치를 향상시키는 것이다. 그 가치는 다양한 방법으로 측정될 수 있다. 수익성이 하나의 측정 기준이 될 수 있을 것이며 시장점유율, 매출액 그리고 브랜드와 고객의 감성적 유대감 역시 그 기준이 될 수 있다. 이 부분에 대해서는 추후에 다루기로 한다. 그러나 브랜드 관리에 있어서 가장 어려운 부분은 이해 관계자들을 만족시키기 위해 고위 경영진들이 제시하는 단기적인 실적 수치와 브랜드의 장기적인 발전 사이에서 적절한 균형을 유지하는 것이다. 예를 들어, 가격 인하는 단기적으로 시장점유율을 높이는 데는 도움이 되겠지만 브랜드의 장기적인 이미지에는 어떠한 영향을 미칠 것인가? 상장 회사들은 매분기마다 매출과 수익성을 주식시장 요건에 맞추어야 하며 동시에 성과를 올려 줄 브랜드에 대한 투자를 유지하거나 더 나아가 증가시켜야 한다. 따라서 비즈니스의 니즈와 브랜드의 니즈 간에 이해관계를 둘러싼 갈등이 발생할 수 있다. 이제는 다들 어느 정도 눈치챘겠지만 브랜드 관리는 정말로 어렵다. 또한 브랜드의 성공 여부를 좌우하는 요소들의 대부분이 경쟁사 동향, 경제적 요인, 소비자 트렌드와 같이 브랜드 관리자의 통제 범위 밖에 있다는 사실은 브랜드 관리를 더욱더 어렵게 하고 있다. 능동성(proactivity)과 수동성(reactivity)은 브랜드 관리자들의 일상 업무에 늘 함께 한다. 이처럼 브랜드가 계속해서 변화하며 각종 기회와 도전들로 가득 차 있다는 사실이 바로 브랜드 관리가 흥미로운 분야일 수밖에 없는 이유이다.

매일매일 세심한 주의가 필요한 보다 전략적인 측면도 있다. 브랜드 관리자들은 이들이 브랜드 이미지의 단기 및 장기적인 측면 모두에 영향을 미칠 수 있도록 여러 가지 활동을 통해 기교를 부릴 수 있어야 한다. 하위 브랜드 혹은 제품 브랜드를 보유하고 있는 기업 브랜드의 관리자들은 각 브랜드의 일관성과 독립성이 서로 상충되지 않도록 신경을 써야 하기 때문에 더욱더 상황이 복잡하고 어렵다. 이 모든 요인들이 본 책에서 논의될 예정이며, 논의의 주제는 기업 문화, 올바른 브랜드 문화가 정착되었는지 그리고 이는 어떻게 성취될 수 있는지가 될 것이다.

그러나 출발점은 늘 브랜드 전략이다. 기업 브랜드이건 제품 브랜드이건 브랜드 관리의 모든 부분은 반드시 브랜드 전략에 기초하고 있어야 한다. 불행히도 많은 기업들이 명확한 브랜드 전략을 가지고 있지 않아 결과적으로 브랜드에 대해 혼동된 이미지와 소비자 인식을 초래하곤 한다. 그들은 그들이 할 수 있는 일의 범위에 대한 명확한 기준 없이 외부적 요소들을 관리하는 데만 정력을 낭비하고 있다.

앞으로 많은 이슈들이 책에서 다루어지겠지만, 우선은 브랜드 관리와 브랜드 전략의 역할 변화, 그리고 브랜드와 비즈니스와의 상호 작용이 최근 어떻게 변화하였는지에 대해 살펴보는 것이 좋을 듯 하다. 부디 이 책이 독자들에게 많은 도움이 되길 바란다.

차례

제2장 브랜드 비전, 전략 그리고 소비자에 대한 통찰력

제3장 포지셔닝과 브랜드 관리

제4장 브랜드 아키텍처

제5장 세 가지 딜레마: 브랜드 확장, 브랜드 재활성화, 브랜드 제거

제6장 브랜드 관리를 위한 토탈 커뮤니케이션

Chapter 01

1 브랜드 관리의 역할 변화

지난 30년 동안 기업에서 소비자를 바라보는 관점과 이에 대한 소비자의 반응은 점차적으로 변화해 왔다. 그리고 이러한 변화 가운데서 브랜드 관리의 중요성은 더욱더 부각되었다. 본 장에서는 기업과 소비자 간의 관계가 어떻게 진화해 왔는지 그리고 그 결과 브랜드 관리의 역할은 어떻게 변해 왔는지를 간략하게 살펴보기로 하겠다.

기업 진화와 소비자

제품에 초점을 맞추었던 어두운 시절

이 책을 읽고 있는 여러분들 가운데 대량 생산이 이루어지던 시절을 기억하는 분이 있을 것이다. 그 시절의 기업은 소비자들이 원하는 제품 그리고 구매하고 싶어한다고 생각되는 제품을 개발하고 생산하였으며 이 제품들이 반드시 판매될 것이라는 확신 속에 시장에 내놓았다. 소비자들은 이러한 제품들이 새로운 것이었고 또한 삶의 질을 높여 주는 것이라 생각했기 때문에 구매하였다. 냉장고, 텔레비전, 화장품과 같은 내구재 및 생활 용품들을 생산하는 기업들은 소비자들에게 브랜드 제품을 선호하도록 설득하였다. 그러나 이 시기에는 많은 성공이 있었던 만큼 많은 실패도 있었다. 당시에는 마케터들이 소비자들이 원하는 바를 조사하지 않았기 때문에 쉽게 소비자들의 니즈를 파악할 수 없었기 때문이다. 물론 이제는 기업들이 충분한 조사를 통해 소비자들의 니즈를 파악하고 있지만 아직도 몇몇 일본 기업들은 '자신이 무엇을 원하는지 모르는 소비자들을 위해 우수한 제품을 만들고 판매하자' 라는 마음가짐으로 여전히 과거의 습관을 고수하고 있는 것 같다.

시장 지향 개념의 출현

마케터들은 소비자들의 생각을 조금이라도 더 이해하는 것이 현명한 선택임을 알게 되었다. 여전이 대중 마케팅이 지배적이기는 했으나 이제 마케터들은 모든 시장이 항상 동일하지만은 않다는 사실을 깨닫기 시작했다. 예를 들어 세탁 세제와 같은 제품에 대해서도 어떠한 소비자들은 약한 옷감에 적합한 제품을 원하는 반면 다른 소비자들은 강력한 세계를 원하는 등 소비자들마다 제품 성능에 대해 기대하는 바가 매우 다르다는 것을 알게 되었다. 그 결과 1970년대와 1980년대 초에 시장세분화 개념이 처음으로 도입되었고 시장조사가 하나의 사업으로서 성장하게 되었다. 브랜드 관리자에게 이러한 변화는 곧 제품 카테고리의 성장과 브랜드 확장의 기회를 의미하는 것이었다.

빅 브랜드 시대

빅 브랜드 시대는 풍부한 경험을 가진 브랜드 관리자들이 주도하는 강력한 브랜드들이 목표시장을 점유하기 시작하던 1980년대 말로 거슬러 올라간다. 이 시기에는 나이키(Nike)와 같은 글로벌 브랜드를 비롯한 고급 브랜드에 대한 수요가 특히 높았다. 그리고 이제는 전세계적으로 이러한 브랜드 선호 현상이 심화되고 있다. 한 조사 결과에 따르면 어린이들은 이미 네 살 때부터 브랜드를 선호하기 시작한다고 한다. 후진국 혹은 개발도상국에서 조차 빅 브랜드(big brands)는 존재하며 또한 소비자들의 관심의 대상이 되고 있다. 그러나 시장세분화로 인해 브랜드 관리는 점차 다수 맞춤화되어 복잡한 양상을 띠게 되었으며, 이에 따라 불특정 다수의 전체 대중 시장을 대상으로 하는 무상표품들은 점차 그 자취를 감추게 되었다. 오늘날의 브랜드 관리는 이러한 무상표품들을 다양한 고객층의 욕구에 적합하도록 만드는 데 초점을 맞추고 있으며, 이는 결과적으로 소비자들에게는 제품 선택의 폭을 확대시키고 또한 복잡한 시장을 정확히 파악한 기업에게는 막대한 이윤을 안겨 주었다.

브랜드 가치에 대한 인식

브랜드를 창조하고 개발하고 또한 잘 관리함으로써 상당한 재무적 이익을 얻을 수 있다는 것은 오늘날 널리 알려진 사실이다. 미국과 영국 두 나라 그리고 S&P[1]와 FTSE[2] 시장에서 브랜드 파워가 있는 기업과 없는 기업의 시장 가치를 비교해 보면 시장 가치의 70% 이상이 순자산 가치로는 설명될 수 없다는 것을 알 수 있다. 시장 가치와 유형 자산 가치 사이에는 큰 차이가 있으며 이 차이는 무형 자산 가치로 설명된다. 이 때 무형 자산에는 특허권, 고객 리스트, 노하우, 계약 관계 등이 포함되는데, 오늘날에는 브랜드 자체의 가치가 차지하는 비중이 점차 증가하는 추세이다. 브랜드 네임이 실제 사업 가치보다 몇 배 더 많은 가치를 가지는 경우는 빈번하다. 때문에 브랜드는 미래 매출에 대한 기대를 반영하여 종종 현재 기업의 유형 자산 가치보다 상당히 높은 가격으로 거래되고 있다. 강력한 기업 브랜드 네임에는 측정될 수 있고 또한 다음과 같은 여러 가지 방법으로 사용될 수 있는 재무적 가치가 포함되어 있다.

- **인수 및 합병:** 이 경우 브랜드 가치 평가가 중요한 부분을 차지한다. 브랜드 파워가 있는 기업을 인수하려는 사람들, 투자자, 은행은 자신이 기업에 지불하는 가격이 유형 자산뿐 아니라 구체적인 무형 자산까지도 반영하기를 원하기 때문이다.
- **외부 투자자와의 관계:** 몇몇 주요 기업들의 경우 세계적 수준의 브랜드 포트폴리오를 구축하는 것이 주요 목표이다. 이 때 브랜드 가치 평가는 기업이 추구해야 하는 수량적인 목표를 제공함으로써 투자자들과의 논쟁에 대응할 수 있게 한다.
- **내부 커뮤니케이션:** 브랜드 가치 평가는 직원들의 성과 평가 및 동기 부여의 수단으로 사용될 수 있다. 브랜드 가치에 기반한 내부 직원의 충성도 수준은 기업이 활용할 수 있는 기업 자산의 가치를 명

1) 세계적인 신용분석 및 신용 평가 기관임
2) 파이낸셜 타임지(Financial Times)와 런던증권 거래소가 공동으로 설립한 회사로 세계 주가 지수를 발표함

확하게 해 준다.

- **마케팅 예산 할당:** 브랜드 가치 평가는 의사 결정을 하는 데 보다 체계적인 토대를 마련해 줌으로써 기업의 예산 결정에 도움을 준다.
- **내부 마케팅 관리:** 브랜드 가치 평가 방법을 전략적으로 사용할 경우 각 브랜드 전략들이 얼마나 성공적으로 수행되었는지 그리고 각 마케팅 팀들의 성과는 어떠하였는지를 비교할 수 있게 된다.
- **대차대조표:** 몇몇 나라의 경우 인수된 브랜드는 대차대조표 상에서 무형 자산으로 인정되어 계정 처리되며 또한 상각된다.
- **라이센싱과 프랜차이징:** 정확한 가치 평가는 브랜드 네임을 라이센싱하거나 프랜차이징할 때에 합리적인 가격을 책정할 수 있도록 도와준다.
- **담보 가치:** 디즈니(Disney), 리바이 스트라우스(Levi's Strauss)와 같은 기업들은 브랜드 네임을 담보로 상당한 금액을 차용하고 있다.
- **소송 증거:** 브랜드 가치 평가는 브랜드 네임의 불법적인 사용에 법적으로 대응하기 위해 브랜드 가치를 주장해야 하는 경우 사용될 수 있다.
- **공정 거래 조사:** 브랜드 가치 평가는 마케팅에 대한 지식이 없는 대중에게 브랜드의 역할이 무엇인지 그리고 많은 액수를 지불하면서까지 인수 혹은 유지하려 하는 브랜드의 가치가 기업에 있어서 얼마나 중요한 것인지를 설명하는 자료로서 활용된다.
- **세금 계획:** 점점 더 많은 기업들이 브랜드 로열티에서의 수입을 염두에 두고 적극적으로 자신의 브랜드 포트폴리오를 구축하고 있다.
- **신제품과 시장 개발 평가:** 새로운 사업 전략을 수립할 때에 가장 적합한 브랜드, 가장 적절한 시장 확장 그리고 가장 최상의 소비자 층을 결정하는 데 있어서 브랜드 가치 평가 기법을 사용할 수 있다.

브랜드 가치(value)와 브랜드 자산(equity)의 차이

브랜드 가치와 브랜드 자산 간에는 미묘한 차이가 있음에도 불구하고 종종 이 두 개념은 서로 혼동되어 사용된다. 우리가 '브랜드 가치'라고 말할 때 이는 브랜드의 실제 재무적인 가치를 의미한다. 한편 브랜드 자산은 심볼, 이미지, 소비자 연상 등과 같이 브랜드의 표현적인 측면을 언급하거나 소비자 인식 차원에서의 브랜드의 강점을 나타낼 때 주로 사용된다. 즉 브랜드 자산은 소비자들에 의해 인식되는 브랜드에 대한 보다 주관적이고 무형적인 측면을 나타내는 용어인데, 자산이라는 단어가 본래 재무 분야에서 사용되는 용어인 탓에 그 동안 다소 오해의 소지가 있어 왔던 것이다. 브랜드 가치와 달리 브랜드 자산은 몇 가지 중요한 측면들을 가지고 있다. 브랜드의 성과나 강도를 나타내는 주요 기준에는 다음과 같은 것들이 있다.

- **가격 프리미엄:** 소비자들이 다른 제품이 아닌 '그' 브랜드의 제품을 구매하기 위해 지불할 의향이 있는 추가적인 가격
- **만족/충성도:** 브랜드 충성도를 결정하고 가격 민감도를 약화시키는 브랜드에 대한 만족도
- **인식된 품질:** 다른 브랜드 대비 품질
- **리더쉽:** 시장점유율 측면에서의 시장 선도 능력
- **인식된 가치:** 가격 대비 가치의 개념으로서 여기에는 단순히 품질과 같은 유형적 요소뿐 아니라 무형적 요소까지도 포함한다.
- **브랜드 퍼스낼리티:** 다른 브랜드와 차별화되는 브랜드의 성격
- **정신적 연상:** 신뢰감을 주는 가장 중요한 것.
- **브랜드의 인지와 인식:** 브랜드가 시장에서 얼마나 잘 알려져 있는지를 나타내는 개념으로서 브랜드 강도을 나타내는 주요 척도이다.
- **시장점유율:** 판매량 측면 그리고 어떠한 경우에는 인지된 브랜드 포지셔닝 측면에서 측정
- **시장 가격:** 브랜드가 향유하게 되는 높은 가격
- **유통 커버리지:** 채널별 커버리지를 포함하는 개념

이러한 측정 기준들에 있어서 절대적인 점수는 없다. 다만 브랜드 관리를 실행할 때에는 브랜드 자산을 구성하는 태도 변수, 행동

변수, 시장 변수들을 종합하여 고려해야 한다. 한 가지 흥미로운 점은 위에 나열된 기준들 가운데 브랜드 자산뿐만이 아니라 브랜드 가치를 높이는 동인들이 포함되어 있다는 것이다. 물론 브랜드 가치를 계산하는 것은 매우 전문화된 영역이고 또한 위에 나열된 기준들이 브랜드 자산을 통해 얻어지는 성과에 영향을 미치는 모든 동인이라고 볼 수는 없지만, 브랜드 가치와 브랜드 자산을 측정하는 요소들은 상당 부분 중복되는 것이 사실이다. 이러한 브랜드의 재무적 가치 구축과 관련된 내용은 9장에서 브랜드 재무 PLC로 자세하게 다루어진다.

브랜드 가치와 브랜드 자산은 두 개념 간에 용어 상의 차이가 있기는 하지만 브랜드 자산을 구성하는 요소들 중 많은 부분이 동시에 브랜드 가치를 높이는 요소이기도 하기 때문에 이 두 개념 간에는 연관성이 존재한다고 볼 수 있다. 여기서 브랜드 자산과 브랜드 가치를 계산하는 방법론을 세부적으로 논할 필요는 없다. 그러나 높은 투자수익률을 달성하고자 하는 기업들은 목표시장에서 강력한 기업 브랜드 네임을 구축하는 데 초점을 맞추어야 함을 지적하고 싶다. 브랜드 자산이나 브랜드 가치를 구성하는 항목들을 어떻게 인식하고 있던지 간에 브랜드를 강하게 만드는 방법은 소비자들에게 최고의 브랜드 경험을 제공하는 데 노력을 집중하는 것이며, 이것은 강력한 브랜드 관리는 통해서만이 가능하다.

사업 전략을 이끌어 가는 브랜드

브랜딩이 성공하기 시작하면서 기업들은 점차 기업의 비전과 미션을 브랜드 비전과 미션으로 바꾸어 나아가고 있다. 그림 1.1은 이제는 진부해진 20세기의 사업 모델을 보여 준다. 기업들은 주로

그림 1.1 20세기에 사업 전략을 이끄는 브랜드

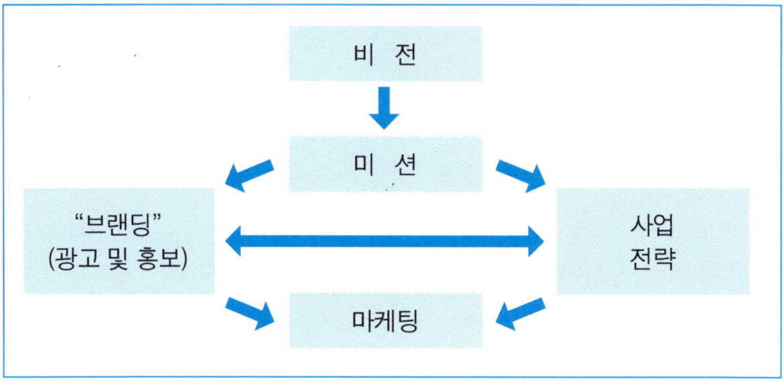

이러한 사업 전략을 가지고 기업 비전과 미션을 개발해 왔는데, 이러한 사업 전략은 벽에 액자를 만들어 걸어 놓기에는 멋있어 보일지 모르지만 사업을 발전시켜 나아가려는 최고경영층을 제외한 일반 직원들에게는 그다지 인상적이지 않다. 이 당시의 브랜딩은 광고와 프로모션과 같은 지원 활동만을 의미하였다.

이러한 비즈니스 프로세스는 현재 변해 가고 있다. 그림 1.2

그림 1.2 21세기에 사업 전략을 이끄는 브랜드

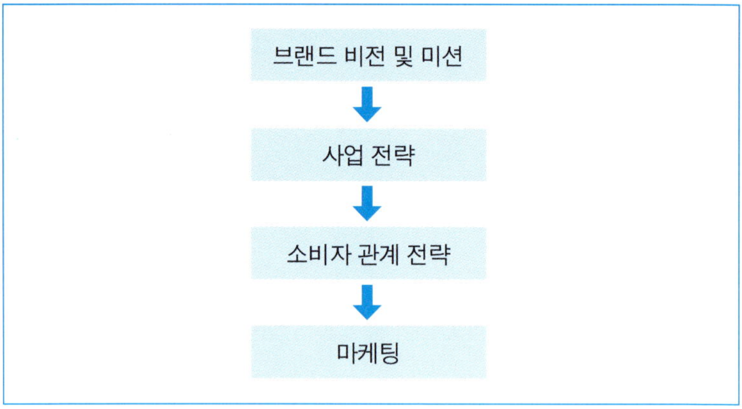

에서 볼 수 있듯이 성공적인 브랜드에 의해 사용된 모델은 먼저 브랜드의 비전과 미션을 개발하고 이들이 사업 전략과 그 외 모든 관련된 활동을 이끄는 형태를 가지고 있다. 여기에서 사업 전략은 고객관계 전략을 직접 선도하며 이는 곧 마케팅 활동과 연계된다. 이러한 긴밀한 연계는 뒤에서 더욱 자세하게 다루어지게 된다.

브랜드와 소비자 간의 관계에 초점을 맞춘다

브랜드와 소비자 간의 관계에 집중하는 방식을 통해 기업의 이윤을 높일 수 있는 가장 효과적인 전략은 브랜드와 소비자 간의 관계를 강화시킴으로써 이를 토대로 사업을 성장시키고 브랜드 가치를 구축해 나아가는 것이다. 이에 따라 소비자에 대한 통찰력은 더욱더 중요해지고 있다. 이러한 새로운 사고 방식에 의해 브랜딩이 어떻게 영향을 받고 있는지에 대해서는 본 장의 마지막 부분에서 다루도록 하겠다.

브랜드 – 독재자인가? 친구인가?

나오미 클라인(Naomi Klein)의 '노 로고(『*No Logo*』)' 라는 책은 브랜딩이 다소 반사회적 활동이라고 보고 있다. 글로벌화를 반대하는 클라인은 다국적 기업이 신문, 텔레비전 방송국, 인터넷 서버, 거리, 소매점을 통제하고 있기 때문에 소비자들이 비판적 사고를 할 수 있는 기회조차 갖지 못한 채 맹목적으로 로고를 선호하고 있다고 보고, 브랜드가 현재 '독재자의 위치' 에까지 올랐다고 주장하고 있다. 클라인은 광고로 인해 선택권이 줄어들고 브랜드는 미국의 파워를 상징하며 또한 브랜드로 인해 환경훼손, 인간권리

침해, 저임금착취노동과 같은 결과가 초래된다고 말한다.

반면 2001년 9/8~14 일자 이코노미스트(*Economist*)지는 브랜드가 왜 모두에게 좋은 것인지를 주장하는 '프로 로고, 브랜드 사례들' 기사를 내놓았다. 이 기사는 브랜드 파워는 점차 약해지고 있는 반면 소비자들의 파워는 증가하고 있다는 내용을 담고 있다. 게다가 브랜드는 소비자들로 하여금 자신을 표현할 수 있게 해 주며 나아가 삶을 즐기는 새로운 방법을 제시해 준다고 주장하였다. 또한 브랜드가 환경이나 작업 조건을 악화시키는 것은 아니며 오히려 대중의 의견을 반영하는 매체인 동시에 더 나은 세상을 만드는데 적극적으로 기여한다는 점을 지적하였다. 그리고 마지막으로 '브랜드는 결코 억압의 도구가 아닌 기업이 소비자들에 대해 책임을 지도록 하는 것'이라는 점을 강력하게 피력하였다. 이 글을 쓰고 있는 본인 역시 브랜드 관리가 소비자의 심리적 욕구를 전달해 주는 도구라고 생각하며, 만약 브랜드 관리자가 소비자의 이러한 복합적인 욕구를 충족시키지 못할 경우 브랜드는 더 이상의 생존 가치가 없다고 생각한다.

배려하는 브랜드

향후 성공하는 브랜드는 배려하는 브랜드일 것이다. 이러한 브랜드는 사회적 책임과 이윤추구 간에 균형을 유지하고 브랜드 정신과 인간 정신 간에 조화를 도모하며 일방적이지 않고 상대를 배려할 것이다. 또한 사업으로서 보다는 이 세상에서 일어나는 일들 그리고 이 세상에 살고 있는 사람들 모두에 대해 관심을 가지고 돌보아 주는 하나의 살아 있는 존재로서 행동할 것이다. 무엇보다도 관계를 형성하고 사람들을 서로 함께하게 하는 일에 집중할 것이다.

위에서 언급된 내용들은 모두 비즈니스 세계에서의 브랜드 관리의 역할과 위상의 변화에 일조하고 있다.

브랜드 관리의 역할 변화

지난 20년간 브랜드 관리와 브랜드 관리자들의 활동에는 눈에 띄는 변화가 있어 왔다. 다음은 그 주요 변화에 대한 내용이다.

산업 중심에서 시장 중심으로의 변화

비즈니스 상에서 뚜렷하게 나타나는 경향 가운데 하나는 제품 중심의 마케팅에서 고객 중심의 마케팅으로의 전이이다. 이로서 브랜드 관리자는 고객에게 더 가까이 다가가 그들의 목소리에 귀를 기울이지 않으면 안 되게 되었다. 이러한 변화는 시장 조사, 소비자 조사, 품질 관리의 중요성을 부각시켰으며 브랜드 관리자들이 신제품 개발 단계에까지 깊이 관여하도록 만들었다.

전술적 사고에서 전략적 사고로의 변화

기업의 전략적인 사고는 특정 산업 분야 안에서 사업을 어떻게 성장시킬 것인가에서 여러 개의 산업 및 시장으로 사업을 확장하는 방향으로 점차 변화하고 있다. 이러한 변화는 브랜드가 서로 다른 상황에서도 일관된 아이덴티티를 전달하고 일관된 이미지를 표출할 수 있도록 브랜드 관리가 훨씬 더 전략적인 사고를 가지고 총체적으로 이루어져야 함을 의미한다. 브랜드 관리자들은 변화하는 시장과 경쟁사들의 공격에 대응하기 위해 날마다 전술적 싸움을 계속해야만 한다.

현지 시장 중심과 분석에서 글로벌 시장 중심과 분석으로의 변화

시장 경계를 초월하는 세계적인 수준의 브랜드가 되기 위해서는 규모의 경제가 필요하다. 이는 현재 점점 더 많은 기업들이 글로벌한 관점을 채택하고 있으며, 또한 브랜드 관리에 있어서도 글로벌 아이덴티티와 현지적응 사이에 적절한 균형을 유지해야 함을 의미하고 있다. 이러한 트렌드를 반영하여 최근에는 글로벌한 접근에 있어 그 비용을 줄이기 위해 공동 브랜딩을 포함한 전략적인 제휴가 더욱더 빈번하게 이루어지고 있다. 또한 어떠한 경우 기업들은 코카콜라(Coca Cola)의 '지역에 맞추어 생각하고 행동하라' 라는 글로벌 전략과 같이 브랜드 관리자들에게 브랜드의 철저한 현지화를 요구하기도 한다.

제품 관리에서 카테고리 관리로의 변화

일상 생활 용품 시장을 비롯한 많은 시장에서의 극심한 경쟁으로 인해 제품 개별 관리에 대응되는 제품 카테고리 관리 개념이 등장하였다. 이러한 카테고리 관리는 다양한 제품 포트폴리오와 포지셔닝 군을 고려하는 것으로서, 소비자들이 제품에 대해 샴푸, 스킨 케어 제품 등과 같은 카테고리 중심으로 생각한다는 데에서 착안한 것이다. 이로서 일상 생활 용품들의 경우 브랜드 관리자보다 소매업자의 힘이 더 강력해졌으며, 따라서 브랜드 관리자들은 이제 자신의 브랜드가 소매업자들이 소비자에게 전달하고자 하는 바를 반영해야 한다는 사실을 깨닫게 되었다. 브랜드 관리자들은 자신의 브랜드가 현재의 제품 카테고리에서 소매업자들과 소비자들에게 어떠한 가치를 제공하고 있는지에 대해 지속적으로 평가해야 한다. 또한 경쟁 진입자들이 현재 우리 브랜드가 제시하고 있는 가치를 순식간에 잠식해 올 수도 있기 때문에 이에 대한 지속적인 경계 역시 필수적이다. 브랜드 관리자들은 자신의 이윤 및 표적 청중을 위하는 소매업자의 욕구와 소비자의 다양한 선택에 대한 욕구를 동시에 충족시키는 몇 개의 브랜드들로 이루어진 하나의 카테고리 안에서 브랜드를 분석해야 한다.

이러한 경쟁의 결과 새로운 카테고리의 창출이 중요하게 되었다. 몇몇의 강력한 브랜드들이 제품 라인 확장을 통해서 현재의 카테고리를 포화시키고 있기 때문이다. 똑똑한 기업들은 카테고리의 본질을 변화시키고 있다. 이러한 예는 2장의 필 주식회사(Phil Corporation)의 경우에서 볼 수 있다.

제품 브랜딩에서 기업 브랜딩으로의 변화

제품 브랜딩 중심으로부터 기업 브랜딩 중심으로의 전환은 괄목할만한 방향성의 변화이다. 제품 브랜딩에 뛰어난 피앤지(Procter & Gamble)조차 현재 기업 브랜드 네임의 이용 범위를 확대시키는데 전략적인 노력을 기울이고 있다. 여기에는 여러 가지 이유가 있는데, 우선 기업이 모브랜드의 보증 없이 독립적으로 브랜드를 만들고 구축하려 하는 경우 상당한 비용이 들기 때문이다. 제품 브랜딩의 경우 각 브랜드는 스스로 존립할 수 있어야 하며 또한 연구 개발(R&D)과 광고 프로모션(A&P)에 대한 막대한 투자도 개별적으로 이루어져야 한다. 시장에서 모브랜드의 지원 없이 브랜드 인지 단계와 수용 단계를 거친다는 것은 상당히 많은 재원을 필요로 한다. 유니레버(Unilever)가 브랜드의 수를 1,600개에서 400개로 줄인 이유도 바로 여기에 있다.

제품 브랜딩은 계속적으로 브랜드 전략에서 중요한 역할을 수행하고 있는 반면 기업 브랜딩과 포괄 브랜딩에 있어서는 주목할만한 변화가 있어 왔다. 피앤지와 같이 전통적인 제품 브랜드 중심의 기업에서조차 기업 브랜드를 부각시키고 있다. 피앤지는 이제 기업 브랜드를 글로벌 전략에 포함시켰으며 피앤지라는 기업 브랜드의 이니셜은 각 제품 브랜드들을 보증하기 위하여 전세계적으로 사용되고 있다. 피앤지가 이러한 전략을 펴는 이유는 모브랜드의 달러 가치가 계속 하락하고 있기 때문이다. 지난 20년간의 세계 주식 시세를 살펴보면 강력한 브랜드를 가진 기업들의 성과가 그렇지 못한 기업보다 더 높은 성과를 보이는 것으로 나타났는데, 2000년 피앤지 기업의 시장 가격 감소는 피앤지 브랜드 파워가 감소했음을 보여 주고 있다. 기업이 제품 브랜드를 발매할 때 기업의 이름을 붙이는 것과 같은 기업 브랜딩을 통해서 기업은 신뢰감을 줄 수 있고 투자의 효율성을 기할 수 있다. 그러나 이러한 트렌드의 주된 이유 중의 하나는 브랜드가 재무적으로 평가될 수 있다는 사실이다.

제품에 대한 책임에서 고객 관계에 대한 책임으로의 변화

또 하나의 흥미로운 변화는 제품 위주의 관리에서 고객 관계 위주의 관리로의 전이이다. 이미 몇몇 기업들은 각 브랜드 관리자에게 모든 제품군들에 대한 특정 소비자 층을 책임지게 하고 있다. 고객 관계 관리는 이제 브랜드 관리자들의 필수 능력 중 하나가 되었다. 이는 6장에서 좀더 자세하게 살펴보기로 한다.

가시적인 브랜드 세계에서 가시적이면서 동시에 가상적인 브랜드 세계로의 변화

정보와 상업적 도구로서 인터넷이 급속하게 성장하면서 전통적인 브랜드 기업들은 인터넷 브랜딩 전략을 수립하지 않을 수 없게 되었다. 가상 세계에서 브랜드 관리자들이 해결해야 하는 문제들 가운데 하나는 소비자들에게 지속적으로 동일한 브랜드 경험을 제공해야 한다는 것이다. 인터넷 세상은 복잡하고 끊임없이 변화하며 순식간에 사라져 버릴 수 있다. 또한 가상 세계에서의 브랜딩 규칙은 실제 세계에서의 브랜딩과 다소 차이가 있다. 그러나 그렇다고 하더라고 인터넷 브랜딩은 필수적인 사항이며 이는 7장에서 구체적으로 논의될 것이다.

브랜드 성과 관리에서 브랜드 가치와 자산 관리로의 변화

기업들은 점차 단순한 수익성보다는 기업이 소유하고 있는 브랜드들의 전체 가치에 더 많은 관심을 기울이게 되었다. 브랜드 가치 평가가 정밀 과학은 아니지만, 실물 자산 가치를 훨씬 웃도는 가격으로 인수되는 브랜드들이 종종 있는 것을 보면 이제 브랜드 구축은 그 자체로서 하나의 독자적인 사업 분야가 되었다는 것을 알 수 있다. 브랜드 가치 평가는 브랜드 인지도, 브랜드 충성도, 품질, 가격, 시장점유율, 현금 흐름, 국제성, 마케팅 지원, 배타적

권리 등의 변수를 총체적으로 포괄하여 이루어진다. 이는 브랜드 관리자들이 브랜드 성과를 측정할 경우에도 이 모든 것들을 동시에 고려해야 한다는 것을 의미한다. 브랜드 가치 평가는 브랜드 투자를 정당화하고 그 수익을 측정하기 위한 방법으로 지난 10년간 이용되어 왔다. 브랜드는 종종 기업 순자산의 몇 배 가치를 가지기도 하기 때문에 브랜드 관리는 이제 일종의 전략적인 수익 관리가 되었으며, 따라서 브랜드 관리자들의 평가 역시 이를 토대로 이루어지고 있다.

재무적 신뢰성에서 사회적 책임으로의 변화

브랜드 관리자들에 대한 평가가 상당히 많은 부분 브랜드의 재무적 성과에 의해 이루어지기는 하지만, 그렇다고 해서 이들이 사회적 책임에 대한 소임을 소홀히 해서는 안 될 것이다. 휴렛 패커드(Hewlett-Packard)가 지역 사회 프로그램을 진행하고 있는 것과 같이 많은 기업들은 브랜드와 지역 사회 간의 교류를 통해 사회적 문제를 해결하는 데 도움을 주고 있다. 브랜드 관리는 나오미 클라인이 생각하는 것처럼 언제 어디서나 기업의 이익만을 창출하기 위함이 아니며, 때로는 사람들이 더 잘 할 수 있도록 동기 부여를 해 주고 때로는 더 수준 높은 삶을 향유할 수 있도록 도와주는 역할도 한다.

더욱이 브랜드 관리는 다른 사람들이 어려움에 처한 상황을 이용하지 않는다. 2001년 9월 11일의 끔찍한 사건을 계기로 일부 기업들은 비극과 인간의 고통을 통해 돈을 벌 수 있는 기회를 갖게 되었다. 스티븐 그레이서(Stephen A. Greyser) 교수가 말했듯이 "사건 발생 즉시 물품과 용역을 기부한 몇몇 기업들의 행위는 명백히 박애주의적인 동기에서 비롯된 것이었다." 그러나 사회적으로 이보다 더 책임 있는 모습을 보인 기업들도 있었다. 홀마크(Hallmark Cards Inc.)의 경우 테러 이후부터 안부 카드의 판매가 급증하였는데, 이 때 홀마크가 가장 먼저 한 일은 사람들에게 감성적으로 불쾌감을 줄 수 있는 카드를 제거하기 위해 모든 카드를 검토하는 것이었다. 소비자가 느낄 수 있는 불쾌감을 제거하는 것이 카드 판매율을 높이는 것보다 중요하다고 판단한 홀마크는 당시 시장에 배포되어 있던 카드 가운데 9개 종류의 카드를 회수하였다. 홀마크가 두 번째로 한 일은 변화하고 있는 국가 분위기에 적합한 카드를 만들어 내는 것이었다. 신제품을 개발하는 데는 보통 12~15개월이 소요되지만 홀마크는 단 6주만에 애국심을 표현하는 새로운 카드를 출시하였다. 홀마크의 시즌 카드 사업부의 책임자인 댄 시프터(Dan Sifter)는 "소비자들이 서로에서 전달하고 싶은 따뜻한 메시지와 너무 호전적이지 않은 적절한 수준의 애국심을 표현하는 내용을 균형적으로 담아내는 데 초점을 맞추었다"고 말했다.

아메리칸 그리팅즈(American Greetings)[3]도 이와 유사한 경우이다. 아메리칸 그리팅즈은 뉴욕과 워싱턴의 공격 이후 24시간 안에 애국심을 표현하는 4개의 e-카드를 홈페이지에 띄워 네티즌들에게 무료로 공개하였다. 테러 공격 후 일주일 동안 이 사이트를 통해 보내진 안부 카드는 무려 35만 장에 이르는 것으로 집계되었다. 브랜드 관리는 소비자와의 관계를 구축하는 것이지 소비자와의 관계를 통해 이윤을 얻으려는 것이 아니다.

브랜드 관리는 이전보다 더욱 역동적이고 복잡해졌으며 이러

---

3) 1906년에 설립된 세계 최대의 문구용품 회사임

한 상황에서 기업들이 해야 할 일은 브랜드 관리자들의 경험과 기술을 적절히 조화시키면서 이를 개발해 나아가는 것이다. '변하지 않은' 사실은 강력한 브랜드 관리가 훌륭한 브랜드 성과를 창출하고 또한 유지시킨다는 것이다. '변한' 사실은 이제 브랜드의 가치를 재무적으로 측정할 수 있게 되었다는 것이다. 브랜드가 재무적으로 측정될 수 있게 되면서 최고경영자는 브랜드를 무형의 것이 아니라 유형적인 것으로 이해할 수 있게 되었으며, 브랜드 관리자들의 성과는 보다 정확히 평가될 수 있게 되었고, 또한 브랜드 자산과 가치의 원천이라고 할 수 있는 소비자에게 보다 많은 관심을 기울일 수 있게 되었다.

그렇다면 누가 브랜드를 소유하고 구축하는가?

브랜드와 소비자 간의 관계로 초점이 옮아간 현재의 상황에서 이제 브랜드 관리자들은 '브랜드를 실제로 소유하고 구축하는 것은 누구인가?' 라는 질문에 대답할 수 있어야 한다. 최근까지 많은 기업들은 이것이 브랜드 관리자라고 생각해 왔다. 그러나 강력한 브랜드를 가지고 앞서가는 기업들이 인식하고 있는 이 질문에 대한 정확한 대답은 바로 '소비자' 이다. 이러한 선도 기업들은 브랜드란 오직 소비자의 마음 속에만 존재하는 것이며 만약 소비자들로부터 심리적인 유대감을 얻지 못할 경우 브랜드는 단순히 기업, 제품, 서비스에 불과하다는 사실을 알고 있다.

이러한 명백한 사실은 기업 비전을 브랜드 비전으로 대체하고 브랜드가 사업 전략을 지배할 수 있도록 하는 근거를 제시한다. 브랜드를 소유하고 구축하는 것이 소비자라는 사실이 브랜드 관리가 브랜드 구축 과정과 전혀 관계가 없다는 것을 의미하는 것은 아니다. 오히려 브랜드 관리는 소비자들이 브랜드와의 관계를 인식하고 구축하도록 도와주는 촉진제 역할을 한다. 브랜드는 곧 관계이며 브랜드 관리자들은 브랜드와 소비자와의 이러한 관계를 더욱 발전시켜 나아가야 한다. 이를 위해서 브랜드 관리자들은 소비자들을 이전보다 훨씬 더 잘 이해해야 하고 소비자의 마음이 어떻게 움직이는지에 대한 통찰력을 가지고 있어야 한다. 이것은 기업 내부에서 외부를 보는 방법이 아니라 기업 외부에서 내부를 보는 방법으로 가능하다. 이에 대한 것은 다음 장에서 살펴보도록 하겠다.

Chapter 02

2 브랜드 비전, 전략 그리고 소비자에 대한 통찰력

브랜드 관리는 브랜드 전략과 함께 시작된다

닛산(Nissan)의 새로운 경영자 카를로스 고슨(Carlos Ghosn)은 1999년 10월 비즈니스 위크(*Business Week*)지와의 인터뷰에서 "닛산이 이제껏 브랜드에 대해 아무런 주의를 기울이지 않았다는 사실이 놀라울 따름이다. 닛산에는 브랜드 전략을 책임지는 사람 역시 없다"고 말했다. 나는 기업들이 강력한 브랜드를 가지고 싶어 하지만 실제로 그러지 못하는 가장 공통적인 이유는 그들이 브랜드 전략을 가지고 있지 않다는 데 있다고 생각한다. 브랜드 전략 없이는 브랜드 관리가 매우 어렵거나 혹은 아예 불가능하기 때문이다. 브랜드 전략은 브랜드를 관리할 때 중점을 두어야 할 부분과 향후 나아가야 할 방향성을 제시해 주며, 브랜드 관리자들이 브랜드와 관련된 모든 활동을 수행하는 데 있어 일관성을 유지할 수 있는 기반을 마련해 준다.

그러나 전략은 사업에 기반을 두어야 한다는 것을 우리는 잘 알고 있다. 너무나 오랫동안 기업들은 그들이 생각하기에 소비자들이 원할 것이라고 예상되는 제품을 연구하고 개발하는, 즉 기업 내부에서 외부를 보는 방법을 사용해 왔다. 그러나 사실상 가장 훌륭한 전략은 당신이 표적으로 하는 소비자의 마음 속에 들어가 소비자에 대한 깊은 통찰력을 갖는 것에서 비롯된다. 이를 기업 외부에서 내부를 보는 방법이라 한다. 이렇게 외부에서 내부를 보는 사고를 지속적으로 하게 되면 사람들이 사물을 어떻게 인식하는지 그리고 그들이 브랜드를 전환하는 '결정적인 동인'이 무엇인지에 대한 독특하고 실질적인 통찰력을 얻을 수 있게 된다.

이렇게 얻어진 소비자에 대한 통찰력을 사용하게 되면 브랜드 사업은 그저 사업을 위한 사업과는 달라진다. 그렇다면 브랜드의 중심 요소들에 어떠한 것들이 있는지를 생각해 보기 이전에 브랜드 사업에 대해 먼저 생각해 보자. 일단 스스로에게 '나의 브랜드는 어떠한 사업을 하고 있는가?' 라고 질문해 보면 쉽게 그 답을 찾을 수 있을 것이다. 다음의 예를 보자.

당신의 브랜드는 어떠한 사업을 하고 있는가?

레브론 화장품(Revlon Cosmetics)의 찰스 레브슨(Charles Revson)이 레브론의 사업 영역이 무엇인가에 대한 질문에 "우리는 화장품을 판매하는 사업을 하는 것이 아니라 희망을 판매하는 사업을 한다"라고 답변한 사실은 널리 알려져 있다. 그는 단지 화장품으로만 사업 영역을 정의하는 것은 자사 브랜드의 차별화를 가져올 수 없다는 것을 파악하고 있었으며, 이렇게 대답함으로써 레브론이 브랜드 사업을 하고 있음을 표현하고자 하였다. 레브론의 사업 영역은 분명 화장품을 생산하고 판매하는 것이지만 레브론이라는 브랜드는 '올해의 레브론 걸' 처럼 매력적이고 아름다워지기를 원하는 사람들에게 희망을 주는 역할을 한다. 이렇듯 소비자에 대한 실질적인 통찰을 통해 이 기업은 성공적인 포지셔닝을 할 수 있었으며 또한 나아가 세계적인 성공까지 이끌어 낼 수 있었다.

위스키 역시 하나의 일상 제품에 불과할 수 있다. 그러나 조니 워커 블랙 레이블(Johnny Walker Black Label)은 위스키를 마시고 있는 소비자들을 연구한 후 사업 전략을 수정하였다. 사람들이 각기 다른 상황에서 술을 마시는 상황을 비디오로 보면서 사고의 전환을 갖게 된 것이다. 18개월의 고심 끝에 경영진은 자사의 사업 영역을 고품질의 주류를 제조하고 판매하는 것이 아닌 패션 액세서리를 마케팅하는 것으로 재정의하였다. 소비자 분석 결과 사람들은 위스키를 단순히 술로 인식하는 것이 아니라 자신을 과시하는 시계, 팔찌와 같은 패션 액세서리와 동일하게 생각하고 있는 것으로 나타났기 때문이다. 나이키(Nike) 역시 스포츠 신발이나 스포츠 액세서리를 마케팅하는 사업을 하는 것이 아니라 운동선수 및 일반인들이 자신의 능력의 최고 지점에 도달할 수 있도록 돕는 사업을 하고 있다고 홍보한다. 나는 최근 사고에 있어 패러다임의 변화를 경험한 한 CEO와 대화를 나눌 기회가 있었다. 그의 기업은 자동차 및 구두 광택제, 즉 '빛을 내 주는' 제품들을 생산하는 기업이었다. 광택제를 사용하고 나면 소비자들은 자기 자신에 대해서 그리고 자신의 이미지에 대해 좋은 느낌을 갖게 된다는 점에 착안하여 그는 자신의 브랜드를 '느낌을 주는' 사업에 속하는 것으로 정의하였다. 이러한 사고 패러다임의 변화는 기업들에게 많은 영향을 주었으며 지금까지는 생각해 내지 못했던 영역들을 고려하도록 하였다.

브랜드를 하나의 사업으로 여기는 가장 좋은 예 가운데 하나는 홀마크(Hallmark)일 것이다. 이에 대한 사례를 다음에서 살펴보도록 하자.

사례 연구 1

홀마크(Hallmark Inc.)
홀마크 브랜드 사업 - 사고 패러다임의 변화

사람들에게 홀마크가 어떠한 사업을 하고 있다고 생각하는지를 물어보면 대부분은 축하 카드를 만들고 판매하는 사업을 한다고 말할 것이다. 홀마크가 카드 제품으로 유명한 것은 사실이다. 그러나 홀마크 브랜드가 하고 있는 사업은 이것이 전부가 아니다. 홀마크 브랜드는 사람들 간의 관계를 형성해 주는 사업에 초점을 두고 있으며, 궁극적으로는 '사람들이 감정을 표현하고 또한 그들의 삶 속에서 중요한 사람들과의 인간관계를 강화시키도록 하는데 최고의 조력자' 가 되고자 한다. 이것은 브랜드의 강력한 비전을 나타냄과 동시에 홀마크가 다양한 사업기회를 가짐으로써 많은 성공과 이윤을 얻을 수 있게 한 사업관점을 대변한다.

홀마크는 90년이 넘는 역사를 가지고 있으며 1999년 5천여 개의 매장에서 39억 달러의 순매출액을 기록했다. 홀마크 엔터테인먼트는 미니 시리즈, TV영화, 홈 비디오의 생산 및 유통 분야에서 선도적인 위치에 있으며 '명예의 전당의 상징, 홀마크(Hallmark, Hall of Fame)' 는 가장 많은 에미상을 수상한 TV 시리즈물이다. 또한 홀마크는 케이블 TV, 부동산 그리고 크레욜라 크레용(Crayola Crayons), 실리 퍼티(Silly Putty), 파티 용기, 선물, 패키지 등과 같이 사람들 간의 관계 형성을 위한 소매업에도 관여하고 있다.

홀마크의 전체 사업은 감성을 중심으로 이루어지고 있으며 소비자들을 진심으로 생각한다. 사람들 간에 형성된 관계는 좋은 브랜드를 위한 토대가 될 뿐 아니라 소비자들이 감정을 느끼고 행동할 수 있도록 하는 강력한 자극제가 된다. 이러한 관계 형성에 기초하여 사업 영역을 정의함으로써 홀마크는 세계 최고의 브랜드 가운데 하나로 떠오를 수 있었다. 그러나 홀마크의 이와 같은 성공은 단순히 홀마크가 소비자들 간의 관계를 형성해 주는 방법을 제공했기 때문만은 아니었다. 그보다는 소비자와의 모든 접점에서 감성을 전달함으로써 브랜드 충성도를 만들어 낼 수 있었기 때문이라고 할 수 있다.

소비자 통찰력의 역할

홀마크와 위에 언급된 다른 예들에서 알 수 있듯이 오늘날 사업 전략을 이끄는 것은 바로 브랜드이다. 물론 이를 위해서는 소비자의 심리 세계에 대한 깊은 통찰력이 필요하다. 소비자에 대한 통찰력을 통해 얻어지는 진정으로 '결정적인 동인'은 이성적인 것이 아닌 감성적인 것이며 이는 훌륭한 브랜드 성과를 창출한다.

브랜드 관리자는 브랜드 전략 컨설턴트 및 다른 에이전시들의 도움을 받아서라도 소비자에 대한 깊은 통찰력을 가지고 있어야 한다. 결국 브랜드 파워를 만들어 주는 것은 소비자들이기 때문에 브랜드 관리자들은 소비자들이 브랜드에 대한 호의적인 태도와 강력한 욕구를 가질 수 있도록 하는, 즉 소비자들의 마음 속에 내재하는 동인들을 찾아 내야 한다.

소비자와의 공존

브랜드와 사업에 관한 사고 패러다임의 전환을 가져오는 소비자 통찰력에 대한 연구가 지속적으로 이루어지는 가운데, 일부 기업들은 조사 요원들을 며칠 동안 '대표성을 가진' 소비자들과 같이 생활하게 하면서 소비자들이 일상 생활 (물론 침실과 화장실에서의 모습은 예외이다!) 속에서 어떻게 생각하고 행동하는지를 배우게 하고 있다. 사실상 정성 및 정량 조사와 같은 전통적인 조사에서는 소비자들이 '말하는' 내용에만 의존할 수밖에 없다. 이러한 경우 소비자들의 말은 실제 생활 속에서 보이는 행동과 다를 수 있기 때문에 소비자들의 실제 행동을 파악하기가 어려운 것이 사실이다. 브랜드 관리는 소비자들의 행동을 유발시키는 '결정적인 동인' 을 자극하는 것이며, 이를 위해서는 실제상황에서 소비자들을 움직이는 요인들에 대한 충분한 이해가 뒷받침되어야 한다.

소비자 브랜드를 구축하고자 하는 기업들은 소비자 행동을 이해하는 출발점이 바로 가정이라는 사실을 깨닫기 시작했다. 사람들의 실제 삶이 넓은 감정의 폭으로 보여지고 때로는 다양한 관계에 따른 요구 사항들이 서로 상충되기도 하는, 즉 사람들이 기업이나 리서치 룸에서의 보여지는 이상적인 모습과는 달리 편안한 상태가 되는 곳이 바로 가정이라는 것이다. 예를 들어 피앤지(Procter & Gamble)는 가정 주부들의 일상 생활을 촬영하여 분석한 결과 어머니들이 상당히 다양한 일을 동시에 하고 있다는 것을 발견하였다. 한 어머니는 아이에게 모유를 먹이면서 식사를 준비하는 동시에 텔레비전을 보았다. 이와 같은 자연스러운 상황 속에서 기업은 어떠한 프로그램과 광고가 가정주부의 주의를 끌 수 있는지 그리고 어떠한 제품들을 그들이 사용하며 또한 사용할 것인지를 파악할 수 있다. 미국의 한 은행은 다양한 연령대의 가족 구성원들이 각각 어떠한 과정을 거쳐 재무적인 문제에 대한 결정을 내리는지를 알아보고자 앞에서 언급한 것과 같은 유사한 조사를 실시하였다. 유니레버(Unilever)는 브랜드 연관성과 제품의 개발을 위해서 저개발 지역에 있는 시골 마을로 직원을 파견하여 그 직원이 주민들과 함께 생활하는 가운데 그들의 생활양식을 배우도록 하였다. 사례 연구 2를 보자.

사례 연구 2

유니레버 말레이시아(Unilever Malaysia) 소비자 유혹하기

유니레버의 성장 전략 가운데 하나는 '소비자들과의 재결합' 이다. 이는 다음과 같은 목적을 가지고 있다.

- 기업의 모든 직원들은 소비자에게 초점을 맞춘다.
- 소비자에 대해 얻은 지식들을 창의적 통찰력으로 전환한다.
- 소비자의 변화를 예측하고 이에 적절히 대응한다.

유니레버에 따르면 이 목표를 달성하기 위한 유일한 길은 다음과 같다.

- 소비자 습관과 태도에 대해 더 깊이 이해한다.
- 소비자와 더 가까이 하려는 문화를 조성한다.
- 소비자들에 대한 통찰력을 얻고 이를 사업 기회로 전환하는 기술을 개발한다.

유니레버는 이러한 전략적인 목표를 글로벌 차원에서 시작하였는데, 이번 사례는 이러한 글로벌 전략이 말레이시아에서 어떻게 진행되었는지를 보여 준다.

'소비자 유혹하기 프로그램' 의 준비 내용은 다음과 같다.

- 유니레버 말레이시아의 관리자들은 소비자에 대한 통찰력을 얻기 위하여 격월로 50개 가정을 방문하여 개별 대면 인터뷰를 실시하였다.
- 분기별로 20명의 유니레버 직원들이 120명의 소비자들을 공장으로 초대해서 그들과 일 대 일 대화를 나누었다.
- 모든 직원들이 전제품 카테고리에 대해 교육을 받았다. 이로서 유니레버 브랜드들 간의 내부 커뮤니케이션이 활발해졌으며 또한 유니레버 제품 브랜드에 대한 소비자들의 질문에 직원들은 적절한 답변을 할 수 있게 되었다.
- 특별 프로젝트인 '람보 프로젝트' 가 고안되었다. 이 프로젝트는 기업 전체가 하룻동안 문을 닫고 말단 여직원부터 회장까지 모든 임직원이 소매점을 방문하여 매장에서 제품의 머천다이징을 하는 것이었다. 직원들은 유니레버 제품이 소매점을 찾는 고객들의 눈에 가장 잘 띌 수 있도록 하였으며 소매점에서 그에 대한 피드백도 받았다.

유니레버 말레이시아의 전체 임직원은 람보 프로젝트에 대해 대단한 열정을 가지고 참여하였으며 소비자들의 주의를 끌 수 있는 제품 진열을 위해 소매업자들과 함께 노력하였다. 이 프로젝트를 경험한 사람들은 심지어 개인적으로 쇼핑을 할 때에도 무의식적으로 진열된 상품들을 정리할 정도였다!

지방 마케팅 프로그램은 지방의 소비자들과 관계를 맺기 위해 만들어진 또 하나의 활동이었다. 이 프로그램은 해당 지역과 관련된 활동을 하는 동시에 그 지역에 자사의 제품을 판매함으로써 지방에서의 유니레버 제품 인지도를 높이기 위한 것이었다. 또한 이 프로그램은 지방의 소비자들이 유니레버 브랜드 및 유니레버 임직원들과 가까워지도록 하는 것을 목적으로 하였다. 2000년 10월에 개최한 첫 번째 이벤트는 대단히 성공적이었으며 현재 이와 유사한 이벤트들이 해마다 곳곳에서 열리고 있다.

또한 마케팅 담당 직원이 생활 용품, 개인 용품, 식료품 등의 사용 및 구매 패턴에 대한 보다 세부적인 통찰력을 얻기 위해 마을 주민의 집에서 이틀 정도 머무르기도 하였다. 이러한 이벤트들은 모두 사전에 충분한 시간을 가지고 계획된 것들이었으며 마을의 대표 및 위원들을 만나는 것으로부터 시작되었다. 이벤트 팀은 이벤트의 목적에 대해 설명을 들었고 활동 내용을 계획하였다. 이 활동 내용에는 전 연령대가 참여할 수 있는 전통적인 게임이 포함되어 있는 경우가 많았다. 지역 주민들은 이벤트 활동에 주체적으로 참여하였으며 유니레버 직원들은 특별 게스트를 초대하고 이벤트 상품을 준비하였다. 이러한 이벤트들은 적게는 3,000명, 많게는 6,500명의 사람들을 끌어들였다.

이러한 '소비자 유혹하기 프로그램'을 지속적으로 진행해 나아가면서 유니레버는 소비자에 대한 통찰력을 키우는 기업 문화를 조성할 수 있었으며 사업을 번창시킬 수 있었다.

수도관 설비 업체인 모엔(Moen Inc.)은 미국 여성들이 실제 샤워하는 모습을 비디오에 담았다(물론 이는 사전 허락 하에 이루어졌다). 이 비디오의 분석 결과 여성들은 다리를 면도할 때 다른 한 손으로는 따뜻한 물이 나오는 수도꼭지를 잡는 경향이 있다는 사실을 알게 되었다. 이에 따라 모엔은 이로 인해 발생될 수 있는 화상을 막기 위해 샤워실 수도꼭지를 새롭게 디자인하게 되었다.

소비자 행동은 문화적인 미묘한 차이에 의해 결정되기 때문에 브랜드 관리자들은 각 지역별로 조사를 진행해야 한다. 예를 들어 미국과 지중해 지역의 부엌은 가족 생활의 중심으로서 가족 구성원들은 부엌에 모여 일상 이야기를 나눈다. 반면 중국의 부엌은 오로지 요리만 하는 작은 공간이며 가족들이 함께 모여 시간을 보내는 공간은 거실이다.

인텔(Intel)은 소비자들이 테크놀러지를 더욱 친근하고 재미있는 것으로 느낄 수 있도록 하기 위해 '일상의 작은 것들' 에 대해 연구하는 인류학자를 기용하였다. 이들은 연구 대상자들의 가정을 직접 방문하고 심지어는 그들이 쇼핑이나 여행을 할 때에도 동행하였다. 많은 다른 기업들이 그랬듯이, 인텔 역시 제품을 먼저 생산하고 소비자들에게 그 제품을 구매하도록 설득하는 방식만으로는 이제 충분하지 않다는 것을 깨달았다. 소비자를 움직이게 만드는 것이 무엇인지를 알기 위해서는 소비자의 행동들을 면밀히 살펴보아야 한다. 이러한 노력을 토대로 인텔은 아이들을 위한 신제품인 사운드 모퍼(Sound Morpher)와 QX3 컴퓨터 마이크로스코프(Computer Microscope)을 출시하였다. 이 두 제품의 디자인은 제품을 다소 거칠게 다루는 경향이 있는 8~14세 아이들의 행동을 고려하여 만들어졌다. 예를 들어 QX3의 경우 컴퓨터에서의 분리가 가능하기 때문에 아이들은 친구들과 함께 이것을 가지고 놀 수도 있다.

소비자에 대한 통찰력은 사람들의 이성적이고 감성적인 행동을 이해할 수 있게 해 준다. 그리고 이러한 일상의 감정과 현실에 바탕을 둔 브랜드 전략이 더욱더 성공적인 결과를 낳는다는 사실에는 의심의 여지가 없다. 다음에서는 강력한 브랜드를 구축하고 관리하는 데 있어서 감성의 세계가 얼마나 중요한지에 대해 살펴보고자 한다.

브랜드 전략의 구축

브랜드 전략의 이성적인 측면과 감성적인 측면

브랜드 약속은 이윤 추구라는 현실 속에서 만들어진다는 사실을 우리는 반드시 기억해야 한다. 이러한 약속은 아주 뛰어난 품질, 서비스 그리고 최근에는 혁신을 통해서 이루어질 수 있다. 그러나 이들이 브랜드에 성공을 가져다 주는 성공 요인은 아니다. 이러한 요인들은 단순히 기업이 브랜딩 게임을 시작하기 위해 지불해야 하는 비용일 뿐이다. 브랜딩 게임은 마음의 게임이다. 제품의 수준이 평준화되고 브랜드의 특성과 속성이 비슷해지면서 이성적인 방법을 통해서 브랜드 전략을 구축하는 것은 점점 더 어려워지고 있다. 소비자들이 구매를 결정하는 과정에서 제품의 품질이나 그 밖에 중요한 속성과 같은 이성적인 요인을 토대로 제품을 평가한다고 할지라도 실제 구매의 결정은 감성적인 차원에서 이루어지기 때문이다.

소비자들이 좌뇌와 우뇌를 통해 양원제적인 사고를 한다는 것의 예로서 다음의 질문과 대답들을 살펴보자. 합리적 생각들은 분석적인 경향을 보이며 소비자들이 감성적으로 제품을 구매하지 못하도록 한다. 브랜드 관리자들이 소비자들로부터 원하는 것은 바로 감성적인 측면이다.

이성적

내가 그 제품을 필요로 하는가?
그 제품은 어떠한 기능을 하는가?
그 제품은 얼마인가?

그 제품은 다른 제품에 비해 어떠한가?

감성적

나는 그 제품을 원한다!
괜찮아 보인다!
구매해야지!
나는 이 제품만을 원한다!

세계적으로 강력한 브랜드들을 살펴보면 이들은 소비자들을 위 표에서 오른쪽 방향으로, 즉 소비자들이 감성적으로 결정을 내리도록 유도하고 있음을 알 수 있다. 실제로 훌륭한 브랜드들은 전략적으로 감성적 자산을 구축하고 있다.

파워 브랜드의 특징 – 감성적 자산

브랜드 관리는 새로운 소비자를 개발하고 기존의 소비자를 유지하기 위해 점차 감성적인 측면을 강조하는 전략으로 전환되고 있다. 강력한 브랜드들은 감성적인 자산을 개발하는데, 그 이유는 브랜드가 다음과 같은 특성들을 가지고 있기 때문이다.

- **매우 개인적이다:** 자기 표현, 소속감 등 사람들이 브랜드를 선택하는 이유들은 지극히 개인적이다.
- **감성을 자극한다:** 브랜드는 때로는 열린 감성을 자극하고 열정을 불러일으키며 엄청난 흥분을 자아낸다.
- **살아 있고 진화한다:** 브랜드는 살아 있고 성장하며 진화하고 성숙한다는 점에서 사람과 비슷하다. 그리고 관리만 잘 된다면 정해진 수명도 없고 또는 영원히 살 수도 있다.
- **커뮤니케이션한다:** 강력한 브랜드는 사람과 마찬가지로 잘 듣고 피드백을 받으며 배움을 통해 행동을 변화시키고 상황에 따라 다른 사

람들에게 다르게 말한다. 강력한 브랜드는 독백이 아닌 대화를 좋아한다.

- **엄청난 신뢰감을 만들어 낸다:** 사람들은 자신이 선택한 브랜드에 대해 신뢰감을 갖게 되며 일단 신뢰감이 형성되면 종종 다른 대안을 고려하지 않게 된다.
- **충성도와 친근감을 만들어 낸다:** 신뢰감은 브랜드와 소비자 간에 장기적인 관계가 유지될 수 있도록 해 준다. 브랜드는 평생의 친구가 될 수도 있다.
- **훌륭한 경험을 제공한다:** 훌륭한 사람들이 그러하듯 훌륭한 브랜드는 함께하기 좋으며 가지고 있으면 즐겁고 친구들에게 항상 일관적인 모습으로 대한다.

브랜드를 통해 구축되는 감성적인 자산에 대한 위의 내용을 토대로 이제 우리는 강력한 브랜드가 감성적인 자산을 실제로 어떻게 구축하는지를 살펴볼 필요가 있다. 브랜드와 소비자와의 감성적인 관계는 어떠한 과정을 거쳐 형성되는가?

감성적 브랜드의 관계 형성 과정

감성적인 브랜드 전략을 수립하기 위해 브랜드 관리자들이 거쳐야 하는 몇 가지 단계가 있다([그림 2.1] 참조). 브랜드와 소비자를 각각 사람에 비유해 보자. 한 사람이 어떠한 행사장에서 방안 저편의 다른 사람을 보고 그를 만나고 싶어한다. 이러한 인지 단계를 거친 후 만날 기회가 만들어지고, 비록 대화는 짧았지만 관심이 충분히 있었는지에 따라 추후 관계를 더 구축할 것인지를 결정하게 된다. 더 많은 만남을 통해서 서로에 대한 존경심이 강화되고 두 사람은 친구가 된다. 이 우정이 발전하면 신뢰감와 충성심이 싹트게 되고, 둘은 평생친구가 되거나 지속적인 관계를 유지하

그림 2.1 감성적 브랜드 관계 프로세스

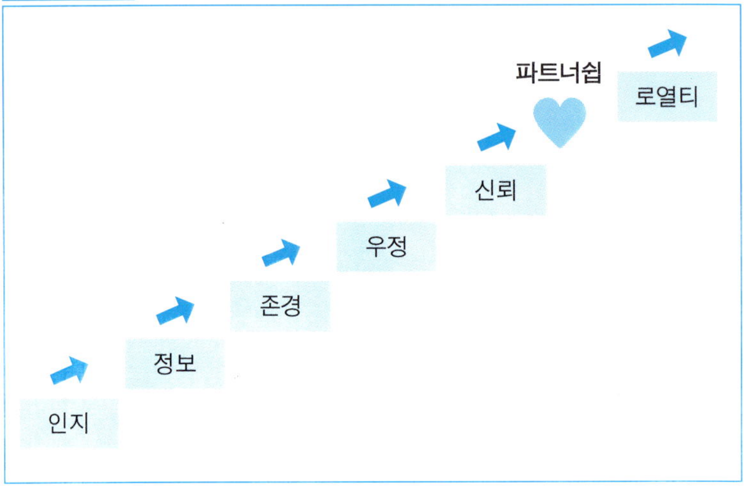

게 된다.

브랜드와 소비자 간의 관계도 이와 비슷한 방식으로 발전한다. 인지 단계를 거쳐 관여와 구매가 발생하며, 몇 번의 구매가 이루어지고 나면 소비자와 브랜드 간에 우정과 신뢰감이 싹트고, 그 결과 브랜드에 대한 충성도와 평생 고객 관계가 형성된다. 강력한 브랜드는 우정이나 신뢰단계에 도달했거나 혹은 이를 넘어선 상태이다. 이 단계까지 이르지 못한 브랜드들은 대부분 첫 번째 단계에 붙잡혀 있는 경우가 많다. 사실상 많은 브랜드들이 출시 당시에는 인지도를 높이기 위해 막대한 비용을 지출하지만 인지도 형성 이후에 이루어져야 하는 브랜드 관리를 제대로 하지 않아 인지도의 다음 단계로 더 발전하지 못하고 있다. 예를 들어 2000년 라스트미닛 닷컴(Lastminute.com)[4] 사이트는 84% 이상의 브랜드

4) 항공권, 호텔 예약 등의 서비스를 제공하는 영국 기업

인지도를 얻었음에도 불구하고 신뢰도는 단지 17% 수준에 머물렀다. 일부 브랜드 관리자들은 인지도 증대를 위해 – 물론 인지도 증대는 반드시 필요한 것이기는 하지만 – 수백만 달러를 지출하면서도 브랜드의 장기적인 성공을 위해 반드시 필요한 브랜드와 소비자 간의 감성적인 관계를 형성하는 것에 대해서는 소홀히 하고 있는 듯 하다.

브랜드 퍼스낼리티, 태도 그리고 신뢰

브랜드 카리스마의 구축

감성 브랜드 전략을 구축하는 가장 성공적인 방법 가운데 하나는 브랜드의 퍼스낼리티를 창조해 내는 것이다. 대중 속에서 눈에 띄는 사람들은 일종의 '카리스마'를 가지고 있게 마련이다. 이들은 다른 사람들이 존경심과 경외심을 느끼게 하는 퍼스낼리티와 태도를 가지고 있다. 이들은 자신이 직접 요청하지 않아도 사람들이 자연스럽게 따르며 사람들은 이들의 주변에 항상 머무르고 싶어 한다. 이들은 꼭 외향적이지도 내향적이지도 않으나 이들이 주변이 있으면 기분이 좋아진다. 훌륭한 브랜드는 이러한 점에서 훌륭한 사람과 유사하다. 브랜드 관리자의 역할은 강력하면서도 사람을 끌어들이는 브랜드 퍼스낼리티를 구축함으로써 브랜드와 소비자 간의 관계를 관리하는 것이다.

브랜드와 소비자의 관계가 결과적으로 잘 되었는지 잘못되었는지는 인간관계에서와 마찬가지로 논리나 이성에 기인하지 않는 경우가 많다. 이러한 현실에도 불구하고 많은 기업들은 브랜드 관리에 있어서 브랜드와 소비자 간의 관계를 성장시키는 데 거의 영향력을 미치지 못하는 제품 특징이나 속성, 가격 할인 등의 비감성적인 속성에 지속적으로 초점을 맞추고 있다. 그러한 활동은 단기적인 판매 증대를 가져올지는 모르지만 장기적으로 볼 때는 경쟁자의 모방을 부추기게 되며, 또한 고객과 감성적 관계를 구축할 수 없기 때문에 고객을 끌어들이고 유지할 수 없게 된다. 사실상 이러한 식의 브랜드 관리는 소비자의 눈에 인식되는 브랜드 가치를 깎아 내리는 결과를 가져온다.

관계는 감성에 기반을 두고 형성된다. 관계는 사람들 간에 감성적인 조화가 이루어지는지의 여부에 따라 형성되기도 하고 또는 종결되기도 한다. 따라서 브랜드는 사람들이 선호하는 퍼스낼리티를 반영해야 하며, 이는 사람들에게 소구할 수 있는 감성적인 기반을 가져야 한다는 것을 의미한다. 실제로 선도 브랜드들은 브랜드와 표적 청중에게 적합한 퍼스낼리티를 구축하고 있다. 사람들은 보편적으로 다른 사람들이 자신에 대해 좋아해 주고 관심을 가져 주고 또 사랑해 주기를 바란다. 그러나 브랜드 관리는 종종 이러한 사실을 간과하고 있다. 한 조사 결과에 따르면 고객이 무시당했다고 느끼거나 관심을 받지 못해서 기업은 고객의 68%를 잃고 있다고 한다[5]. 이는 브랜드와 고객 관계에 있어서 감성적인 면이 얼마나 중요한지를 보여 주고 있다. 사람들을 끌어들이고 충성도를 높이는 것은 바로 이러한 브랜드 퍼스낼리티와 태도이다. 사례 연구 3은 기존에 구축된 브랜드가 이성적인 특성을 감성적인 특성으로 변환하여 적절한 퍼스낼리티를 구축함으로써 심화된 경

5) 보다 자세한 사항은 '소비자 유혹하기(「Romancing the Customer」, John Wiley & Sons, Singapole, 2001)' 를 참고할 것.

쟁상황 속에서도 브랜드와 소비자의 관계를 한 단계로 높일 수 있었던 경우이다.

사례 연구 3

랜드로버(Land Rover)
이성적 속성의 감성적 브랜드 퍼스낼리티로의 전환

강력한 퍼스낼리티는 저항할 수 없을 만큼 매력적이다. 현명한 브랜드 관리자들은 기업, 제품, 서비스에 대해 이러한 강력한 퍼스낼리티를 구축한다. 랜드로버는 브랜드가 제품에 아이덴티티뿐만 아니라 신뢰와 권위까지도 부여한다는 사실을 잘 알고 있다. 또한 제품이 가지고 있는 이성적인 특징이나 속성은 소비자 구매 결정에 차별성을 주기에 충분하지 않다는 사실 역시 인식하고 있다.

랜드로버라는 브랜드는 머리와 가슴 모두에 호소할 수 있어야 한다는 믿음 아래, 조사 결과 중요하다고 판단된 이성적 속성을 감성적 퍼스낼리티의 특징으로 전환시킴으로써 브랜드가 이상적인 측면뿐 아니라 감성적인 측면도 가지고 있음을 강조하였다. 랜드로버가 가지고 있던 이성적 속성들은 다음과 같은 것들이었다.

- 4×4 엔지니어링과 기능성
- 전통적인
- 튼튼한
- 독립적인

랜드로버는 이러한 이성적 속성만으로는 충분하지 않으며 좀더 남성적인 감성적 가치가 랜드로버의 모든 활동에서 표현되고 또 소개되어야 한다는 결론을 내렸다. 이러한 감성적 가치가 중요한 이유는 랜드로버의 엔지니어링, 품질, 신뢰성, 설계, 성능, 스타일과 같은 이성적인 속성들은 경쟁자들에 의해 쉽게 모방될 수 있기 때문이다. 따라서 이성적 속성에 기초하여 다음과 같은 감성적 가치가 만들어지게 되었다.

- **개인주의**: '독립적인'의 부정적인 면에 대응하여
- **신뢰성**: 박물관에나 있을 법한 진부한 용어인 '전통'에 대응하여
- **용기와 결단력**: '튼튼한'에 대응하여
- **최상의 리더쉽**: '4×4 엔지니어링과 기능성'에 대응하여

랜드로버는 표적 청중 층에게 다음과 같은 특성들을 부가하였다.

- 모험에서 느껴지는 흥분
- 자유에 대한 사랑

이러한 특징들은 랜드로버 마크를 통해 더욱 강력하고 의미심장하게 표현되었으며 랜드로버 제품을 다른 제품들과 차별화시켰다.

법적인 문제들에도 불구하고 여전히 최상의 가치를 유지하고 있으며 단 2개의 감성 퍼스낼리티적 특성에만 기초하여 브랜드 아이덴티티를 구축한 세계적인 브랜드가 있다. 이 브랜드는 바로 '강함'과 '독립성'으로 대표되는 말보로(Marlboro)이다. 이러한 두 가지 특성은 말보로 카우보이(강하고 독립적인), 말보로 지역(넓게 펼쳐진 평원과 우뚝 솟은 산), 패키지(강렬한 붉은색과 흰색), 적절한 스폰서 활동(포뮬라 1)에 투영되어 상징화되었으며, 이를 통해 말보로는 세계적 수준의 브랜드로 성장하였다.

이와 유사하게 나이키(Nike)는 승리를 위해 자기 자신의 한계

를 넘어서 최상 지점에 도달하고자 하는 의지를 나타내는 '저스트 두 잇(Just Do It)' 태도를 통해 그 명성을 높였다. 이러한 브랜드들은 단지 표적 청중이 좋아하는 퍼스낼리티만을 개발한 것이 아니라 매력적인 삶의 태도도 함께 제시하고 있다.

앱솔루트 보드카(Absolut Vodka)는 독특한 퍼스낼리티와 태도를 가진 또 하나의 브랜드로서 주로 재치와 유머로 특징지어진다. 브랜드 자체와 마케팅 커뮤니케이션은 이 제품이 만들어지기 이전에 이미 창조되었다. 사실 앱솔루트는 맛보다는 재치가 브랜드 성공의 이유라고 볼 수 있다. 앱솔루트의 사장인 고란 룬드비스트(Goran Lundqvist)는 다음과 같이 말한다. "앱솔루트는 하나의 인격체입니다. 우리는 특정 유형의 사람들을 좋아하죠. 그 사람들과 함께 하면 더 재미 있고 즐겁기 때문입니다."

브랜드 태도

브랜드 태도는 매우 복합적인 개념이지만, 소비자들에게 있어서의 브랜드 태도란 브랜드가 무엇을 상징하는가와 특히 브랜드 퍼스낼리티가 어떻게 커뮤니케이션되는가를 의미한다. 브랜드 태도는 커뮤니케이션 - 브랜드가 소비자와 어떻게 의사소통하는가 - 의 결과물이다. 예를 들어 광고의 시각적인 이미지와 카피같은 것이 이에 해당한다. '따뜻한', '친근한', '가까이하기 쉬운'과 같은 단어들로 구성된 퍼스낼리티의 브랜드는 '배려하는' 태도를 가지고 있는 것으로 인식될 것이다. '지적인', '신뢰할 수 있는', '전문적인'과 같은 퍼스낼리티로 커뮤니케이션된 브랜드는 좀더 사무적인 태도를 갖는 것으로 인식될 것이다.

브랜드를 전달하는 가장 적절한 방식은 브랜드의 태도 및 퍼스낼리티를 소비자의 태도 및 퍼스낼리티와 연결시켜 나아가는 것이다. 따라서 표적 청중을 행동하게 하는 그 무엇을 파악하는 것이 중요함을 다시 한번 강조하고 싶다. 이에 대한 이해가 없다면 브랜드 태도가 감성적인 관계 형성하기를 중단하게 될지도 모른다. 브랜드 태도는 소비자가 브랜드를 가까이 혹은 멀리하게 만든다. 예를 들어 어떠한 브랜드의 특성이 자신감을 잃게 되면 그 브랜드의 소비자들 역시 자신이 다른 사람들에 비해 열등하다고 느낄 수 있다. 야심차고 세련된 브랜드 태도는 야심찬 사람들에게는 매력적일 수 있겠지만 그 수준에 오를 수 없다고 느끼는 사람들은 그 브랜드로부터 등을 돌릴 것이다. 즐거운 브랜드는 사람들로 하여금 부끄러움을 느끼게 하거나 혹은 그들 자신에 대해 만족감을 느끼게 한다. 신뢰감 있는 브랜드는 사람들에게 안전하거나 혹은 지루한 느낌을 주며, 터프한 브랜드는 활동적인 사람들에게는 적합하겠지만 점잖은 사람들에게는 외면받을 것이다. 모든 태도는 양면성을 가지고 있기 때문에 브랜드 관리자들은 이러한 소비자들 안에 내재하는 생각들과 자신들이 규제하는 감정들을 모두 관리해야 한다.

브랜드 가치의 적합화

일부 브랜드들은 브랜드 퍼스낼리티의 이성적, 감성적 특성을 현명하게 혼합하여 브랜드가 표적으로 하는 소비자들에게 적합한 브랜드 특성을 만든다. 브랜드가 몇 개의 브랜드 퍼스낼리티 특성을 가지고 있는 경우 각기 다른 목표 청중에 대해 각기 다른 브랜드 특성을 강조할 수 있다. 예를 들어 한 텔레커뮤니케이션 브랜드는 다음과 같은 특성을 가지고 있다.

- 친근한
- 혁신적인
- 신뢰할 수 있는
- 잘 이해하는
- 최신의

이 브랜드는 2개의 주요 목표 표적 각각에 대해 이러한 특성들을 선택적으로 제시하고 있는데, 일반 소비자들에게는 '친근한' '최신의' '신뢰감 있는' 이미지를 강조하는 한편 기업 소비자들에게는 '혁신적인', '잘 이해하는'의 이미지를 강조하고 있다. 브랜드 커뮤니케이션의 경우 일반 소비자들이 인식하는 이 브랜드의 퍼스낼리티는 감성적인 것으로 나타날 것이다. 이는 일반 소비자들이 구매와 관련된 의사 결정을 내릴 때에는 이러한 감성적인 부분이 더 중요하게 반영되기 때문이다. 브랜드와 소비자 간의 관계는 여전히 감성적인 전략에 기초하고 있지만 감성의 정도는 브랜드가 관계를 구축하고자 하는 소비자 집단의 욕구에 따라 결정되며 이러한 감성은 브랜드 태도를 통해 표현된다(브랜드 퍼스낼리티를 어떻게 구축하는지에 대한 예들은 '아시아의 브랜딩〈「*Branding in Asia*」, John Wiley & Sons, Singapore, 2000〉'에 제시되어 있다).

브랜드는 종종 소비자들의 생각, 느낌, 태도, 행동, 라이프스타일, 퍼스낼리티를 반영한다. 몇몇의 성공한 브랜드들은 소비자의 마음을 반영하는 한편 소비자의 감성을 파악하고 이를 잘 다루는 브랜드 관리 능력을 토대로 세계적 수준의 브랜드가 되었다. 브랜드 관리자들은 브랜드와 소비자 사이의 관계에서 최상의 결과를 낼 수 있도록 '코칭'하는 데 있어 전문가이어야 한다. 이 때에는 태도, 느낌, 감성을 관리하는 것이 가장 좋은 방법이다. 즉 브랜드 관리는 소비자들이 브랜드를 통해 반영되기를 바라는 것을 제시하는 사업이라고 할 수 있다.

브랜드 신뢰

브랜드 관리 전략에 있어서 필수적인 부분은 바로 브랜드에 대한 신뢰를 구축하는 것이다. 이러한 신뢰는 브랜드를 유명하게 만드는, 브랜드와 소비자 간의 장기적인 감성적 관계를 형성하는 데 아주 중요하다. 많은 저자들이 말하길 브랜드 신뢰는 브랜드화된 제품 및 서비스가 제공하는 브랜드 경험의 질로부터 형성된다고 한다. 기업 브랜드에 대한 신뢰 역시 이러한 브랜드 경험을 통해 구축된다. 이를 위해서는 품질, 신뢰성 그리고 최근에는 혁신성에까지 세심한 주의를 기울여야 하지만 사실상 신경을 써야 할 부분은 이보다 훨씬 더 많다. 신뢰는 상당히 감성적인 것이며 특별히 이성적이지는 않다. 따라서 브랜드는 소비자와 개인적인 유대 관계를 만들어 나아가야 한다. 소비자들이 스스로 브랜드를 소유하고 구축하게 될 경우 퍼스낼리티와 태도를 개발할 수 있을 뿐 아니라 이러한 과정을 촉진하는 많은 일들을 더 쉽게 할 수 있기 때문이다.

낭만과 관능적인 이미지의 추가

사람들의 감성과 마음을 사로잡은 브랜드들을 살펴보면 그러한 브랜드들에는 어느 정도의 낭만과 관능적인 이미지가 담겨 있음을 알 수 있다. 브랜드 관리자들은 이러한 이미지를 서비스 측면에 반영시키기도 하고 디자인 측면에 반영시키기도 한다. 애플(Apple)의 아이맥(iMac)은 디자인을 통해 소비자와 감성적 교류를 만들어 낸 좋은 예이다. 소비자들은 그것을 가지고 싶어하고 만지고 싶어하며 진한 핑크, 보라, 파랑, 오렌지, 초록 등과 같이 매력적인 컬러들 중에서 고르고 싶어한다(스티브 잡스[6](Steve Jobs)에 의하면 핥고 싶을 정도로 예쁜 제품들이 앞으로 애플에서 더 많이 출시될 것이라고 한다). 관능은 고도의 감성적인 방식으로 소비자들로 하여금 '소유하고자 하는 욕구'가 들도록 만든다.

몽블랑(Montblanc)은 필기도구에 대해서 감성적인 관능의 이미지를 구축한 최초의 기업이었다. 그러한 디자인적 특징들은 소비자들의 무의식 속에서 브랜드에 대한 열정적인 반응을 이끌어 낸다. 이것이 바로 감성이 이성을 능가하게 되는 지점이며 이때 브랜드의 선택은 더욱더 쉬워진다. 많은 사람들은 아이맥의 기능을 정확히 모르면서도 여전히 아이맥을 원한다. 또한 사람들은 다른 브랜드 제품들도 몽블랑 펜과 똑같이 잘 써진다는 것을 인식하지 못하고 있다. 할리-데이빗슨(Harley-Davidson)의 구매자들은 BMW 오토바이가 할리-데이빗슨을 능가할 수 있다는 사실을 인정하려 하지 않는다. 감성은 이성적인 생각보다 3천 배나 더 빠른 속도로 마음을 유혹하기 때문에, 브랜드 관리자들은 자사의 브랜드가 열정, 관능, 멋, 과거에 대한 향수, 신비감, 생기와 같은 이미지들을 어떻게 획득할 것인지에 대해 고민하여야 한다.

다음의 사례에서는 이번 장에서 언급된 브랜드 구성 요소들이 많이 등장한다. 필 주식회사는 비전에 대한 사고의 패러다임 전환을 통해 사업 브랜드를 만든 기업이다. 감성적 퍼스낼리티는 브랜드 비전을 중심으로 구축되었으며 이는 현재 제품과 서비스 분야에까지 확대되고 있다.

6) 스티븐 워즈니액(Stive Wozniak)과 함께 1977년 애플 컴퓨터를 창업하여 개인용 컴퓨터의 시대를 열었으며, 현재 애플사의 CEO를 맡고 있음

사례 연구 4

필 주식회사(Phil Corporation)의 고카탁(GOKHATAK) 새로운 브랜드의 구축

인도의 필 주식회사는 20년 동안 사진 사업을 해 온 기업이다. 다른 사진 기업들이 은 할로겐 화합물 기술에서 디지털 기술로 전환하고 있었을 때 필 주식회사는 프로세스를 디지털화하는 데만 주의를 집중하였다. 다른 사진 기업들은 광학 카메라를 사용하는 대신 디지털 카메라를 개발하였으며, 소규모의 사진 출력소에서 사진을 현상하는 대신 잉크젯 프린터와 레이저 프린터를 이용하려 하였다. 그러나 품질이나 편리성에 있어서 고객들은 훨씬 많은 돈을 지불하면서도 그 대가를 충분히 받지 못하는 것처럼 보였다. 기업들은 디지털의 진정한 가능성을 보여 주지 못하고 있는 듯 했다.

디지털 기술은 각 고객에 따라 사진을 맞춤화하고 개인화할 수 있는 능력을 가지고 있다. 또한 현재의 다수 맞춤화 추세에 맞추어 보다 저렴하고 편리하게 각 개인 고유의 경험을 만들어 낼 수도 있다.

필 주식회사는 공급자의 시각이 아닌 소비자의 시각에서 사업을 바라보기로 하였다. 우수한 자체 기술을 토대로 이 기업은 상점, 매점, 판매 코너 등의 체인과 인터넷 매장 등의 유통 채널을 개발함으로써 기존의 사진 출력소들보다 사진과 추억들을 창조해 내는 데 있어 소비자들이 훨씬 더 다양한 선택을 하고 또한 더 깊이 참여할 수 있도록 하였다. 실제로 이 기업은 초상화 사진을 찍거나 적절한 배경을 삽입하거나 개인적인 메시지를 넣거나 프린팅 및 액자를 하는 등의 광범위한 서비스를 제공하는 데 역점을 두었다 – 이 모든 것을 하는 데는 15분의 시간과 5달러 미만의 비용만 있으면 되었다.

조사에 따르면 대부분의 소비자들은 사진을 현상한 후 이들을 그대로 신발 박스나 봉투에 담아 두며 다시는 이 사진들을 꺼내보지 않는다고 한다. 그리고 그 가장 큰 이유는 사진들의 사소한 결점 때문이라고 한다. 디지털 기술을 이용하면 사진 현상 이전에 사진을 미리 볼 수 있고 수정을 할 수도 있으며 원하는 사진만을 선택적으로 현상할 수도 있다. 또한 액자, 앨범, 머그 컵, 축하 카드, 개인 소장품 등에 사진을 담을 수도 있기 때문에 근처의 사진 출력소에서 필름 한 통을 한꺼번에 현상한 사진들보다 훨씬 더 의미 있고 개인적인 사진이 만들어질 수 있다.

이 기업에서는 사진 이외에도 디지털 기술을 이용하여 고객의 요구사항을 맞춤화하고 개인화하는 다른 아이템들을 판매할 수 있었다. 예를 들어 음악과 CD의 경우 음반 매장에 가서 여러 곡이 담겨 있는 앨범을 구매하는 대신 내가 가장 좋아하는 째즈 음악들만을 모아 직접 앨범을 만드는 것은 어떨까? 방의 벽 크기에 적합한 사진과 액자들을 직접 골라 내 방을 가상 사진 갤러리로 꾸미는 것은 어떨까?

새로운 디지털 기술은 인터넷과 연결된 새로운 디지털 장치를 통해 '다수 맞춤화' 라는 컨셉을 가능하게 하고 있다. 이러한 장치는 개인의 정보를 공유하고 저장하는 일을 즐겁고 손쉽게 해 준다.

이제 새로운 휴대폰에는 디지털 카메라와 MP3 플레이어가 장착되어 있다. 이는 기술과 산업이 통합됨에 따라 새로운 제품 및 서비스 역시 계속해서 개발되고 있음을 의미한다. 디지털 기술이 소비자들에게 시너지와 '컨버전스' 의 기회를 가져다 준 것처럼 필 주식회사는 자신들이 전통적인 산업의 영역을 넘어서서 소비자 서비스 브랜드를 창조함으로써 더 많은 새로운 기회들을 얻을 수 있을 것이라고 생각하고 있다.

고카탁 브랜드

필 주식회사는 많은 수의 인도인에게 소구할 수 있는 젊고 매력 있고 색다른 네임을 찾고자 했다. 인도의 주요 브랜드 네임들은 다국적 기업의 브랜드 네임이거나 영어 식으로 발음되는 네임이 대부분이었다. 이에 필 주식회사는 인도어에 뿌리를 둔 네임이 오히려 더 따뜻하고 감성적인 느낌을 불러일으킬 것이라고 생각했다.

어근으로 선택된 단어는 '제대로 이해하다' 라는 의미를 지닌 'khatak' 이라는 속어였다. 이 단어는 크리켓 방망이로 공을 제대로 쳤을 때 나는 소리인 'khatak' 에서 나온 것이었다. 그리고 여기에 '가다(Go)' 라는 접두어를 붙임으로써 다른 세계와 접하고 있으면서도 인도의 현대 문화에서 편안함을 느끼는 인도의 젊은 소비자들에게 소구할만한 역동성과 국제적인 감각을 표현하고자 하였다.

브랜드 비전 및 퍼스낼러티

고카탁의 브랜드 비전은 사람들이 좋은 시간을 공유하고 특별한 방식으로 자신을 표현함으로써 자신들에 대해 좋은 느낌을 갖도록 만드는 것이다. 오늘날 브랜드는 기업 전체의 미션이 되었으며 기업의 제품 및 서비스는 브랜드 퍼스낼리티와 브랜드의 사업 영역을 반영하고 있다.

스타일의 대담성을 보여 주기 위해 고카탁은 서구적인 외모를 가진 젊은 인도 모델의 사진과 밝은 오렌지 컬러가 곁들여진 그래픽을 제시하였다. 필 주식회사는 자사가 기술적인 측면에서 현재 경쟁사 대비 경쟁적 우위를 점하고 있지만 머지않아 경쟁사들이 필 주식회사의 컨셉과 서비스를 모방할 것이라고 예상하였다. 이에 대한 논의 끝에 내린 결론은 장기적인 고객 충성도를 보장해 주는 강력한 아이덴티티를 위해 브랜드 퍼스낼리티가 구축되어야 한다는 것이었다. 고카탁은 고객과의 장기적인 파트너십을 구축해야 했고 워크샵을 통하여 주요 브랜드 가치, 퍼스낼리티, 포지셔닝 문안이 최종적으로 결정되었다.

필 주식회사는 브랜드를 서둘러 광고하는 것보다는 브랜드의 이미지에 영향을 주는 모든 기업 활동에 이 브랜드 가치를 불어넣는 것이 더욱 중요하다는 것을 인식하였다. 이에 따라 고카탁 주식회사(GoKhatak Enterprises Limited)라는 별도의 기업을 설립하였다. 그 출발점은 기업에서 근무하는 모든 사람들의 사고를 전환시키는 것이었다. 예를 들어, 새로운 브랜드는 다음과 같은 퍼스낼리티를 가지고 있었다.

- 즐거움을 추구하는
- 다정한
- 혁신적인

임직원들은 경직되거나 관료주의에 사로잡혀 있거나 혹은 전통에 얽매이지 않아야 했다. 또한 적절한 사람을 채용하기 위해 새로운 인사정책 및 직원 채용기준이 만들어졌으며 직원들은 이러한 브랜드 가치가 개개인의 직무에 의미하는 바가 무엇인지에 대해 교육을 받았다. 이러한 교육은 고객과의 접점에 있는 직원들에게 특히 중요한 것이었지만 지원부서의 직원들이 강력한 브랜드 경험을 개발하는 데 있어서도 중요한 역할을 수행하였다.

커뮤니케이션과 제품의 패키지 디자인이 재검토되었으며 무엇보다도 브랜드 퍼스낼리티에 있어서 중요한 변화가 있었다. 초기에는 젊은층의 고객 시장에만 중점을 두었지만 브랜드가 성공하고 또한 장기적으로 존속하기 위해서는 보다 다양한 고객층에게 소구할 필요가 있었다.

브랜드 가디언쉽

최고 경영진은 브랜드를 관리하고 또한 기업의 모든 측면이 브랜드의 가치와 퍼스낼리티를 강화시키는 가이드라인에 부합되도록 지켜가야 할 책임이 있다. 최고경영진이 모든 경우에 있어 브랜드를 구축하고 강화하는데 역점을 두고 이러한 비전을 조직의 모든 사람들과 공유하지 않을 경우 새로운 브랜드가 세계적인 수준에 도달한다는 것은 불가능하다. 브랜드 약속을 지키기 위한 종합적인 브랜드 관리 활동 계획은 다음과 같다.

- '고카탁' 스마일 매장
- '고카탁' CRM 프로그램
- 아직 개발중인 독창적인 아이디어 가운데 하나인 '고카탁' 스마일 클럽

필 주식회사는 새로운 브랜드에 대한 사고의 패러다임 전환과 관련하여 매우 용기 있는 투자 결정을 내렸으며 이 새로운 브랜드는 이미 상당한 ROI를 내고 있다. 회장인 압둘라 파잘보이(Abdullah Fazalbhoy)는 다음과 같이 말하였다. "우리는 브랜드 구축이 단지 큰 기업을 위한 것만은 아니라는 것을 알게 되었습니다. 또한 성공적인 브랜드 없이는 성공적인 기업 역시 불가능하다는 것도 알게 되었습니다. 우리는 고카탁 브랜드를 중심으로 기업을 구축해 나아가고 있으며 우리 기업의 모든 사람들은 고카탁 브랜드의 가치를 유지해 나갈 수 있도록 노력을 기울이고 있습니다. 우리는 세부적이고 끊임없는 노력을 통해 훌륭한 브랜드를 구축할 것이며 나아가 세계적 수준의 기업을 만들 것임을 확신합니다."

21세기 브랜드 관리자들에게는 수행해야 할 많은 복잡한 일들이 있다. 이 중에서도 브랜드 충성도와 소비자들과의 평생 관계를 획득하는 것이 그 궁극적인 목표일 것이다. 왜냐 하면 이러한 것들이 달성되었을 경우에만 브랜드는 지속될 수 있으며 또한 그 가치 역시 증대될 수 있기 때문이다. 브랜드는 스스로 사업의 방향을 선택하고 소비자들과 감성적인 유대관계를 맺을 수 있을 때 그 파워가 가장 강력해진다.

감성의 파워는 인류의 탄생과 함께 시작되었다. 감성은 훌륭

한 동기부여 요인이자 인간의 정신을 조정하는 최상위 요인이다. 브랜드의 감성적인 속성들을 개발해야 한다는 사실을 늘 명심해야 한다. 이성적인 속성도 소비자들의 관심을 끌긴 하지만 결국 구매를 결정짓는 것은 감성적 속성이기 때문이다.

다음 장에서는 포지셔닝 및 브랜드 관리자들이 이용할 수 있는 많은 전략들에 대해 논하고자 한다. 감성적인 포지셔닝은 그 중 하나로서 이것이 어떻게 다른 선택된 전략과 연결될 수 있고 또한 연결되어야 하는지 알게 될 것이다. 다음 장에서 보게 되는 훌륭한 브랜드들의 포지션은 모두 소비자 통찰력에 기초하여 심사숙고를 통해 얻어진 브랜드 비전에 그 뿌리를 두고 있다.

3 포지셔닝과 브랜드 관리

포지셔닝은 브랜드 관리에 어떻게 부합하는가?

포지셔닝은 제품의 유형적인 속성을 바탕으로 사람들의 마음 속에 무형적인 이미지를 심는 것이라는 점에서 브랜드 관리에 있어 중요한 개념이다. 포지셔닝은 표적 청중들에게 초점을 맞추어 이 표적 청중들이 다른 경쟁 브랜드 대비 자사 브랜드에 대해 가지고 있는 생각에 영향을 미치는 것이다. 본 장에는 당신의 제품이 경쟁사의 제품과 차별화되고 또 더 낫다는 사실을 소비자들에게 확신시켜 줄 가장 좋은 포지셔닝 전략들이 수록되어 있다.

본 장에서는 평범한 브랜드가 세계적 수준의 브랜드로 성장하는 데 있어 포지셔닝의 역할이 얼마나 중요한지에 대해 설명하고 있다. 강력한 브랜드나 세계적 수준의 브랜드에서 강력한 포지셔닝은 필수적인 요소이다.

포지셔닝

퍼스낼리티가 브랜드 아이덴티티의 핵심 부분이라면 포지셔닝은 브랜드의 전략적 플랫폼을 구성하는 하나의 기둥이 된다. 포지셔닝은 브랜드의 핵심적인 가치가 외부 세계에 비춰지는 모습과도 일부 연관이 있다. 훌륭한 퍼스낼리티를 가진 사람이 있을 수도 있고 또한 독특한 퍼스낼리티를 가진 기업이나 제품이 있을 수도 있다. 그러나 만약 주변 사람들이 이를 제대로 인식하지 못한다면 이 퍼스낼리티들은 아무런 가치가 없다. 반면 일단 퍼스낼리티가 올바르게 구축되면 포지셔닝은 성공적으로 이루어질 수 있는데, 이는 퍼스낼리티 자체가 차별화의 요소가 되기 때문이다.

인지적 괴리를 피하라

브랜드 관리자들은 모두 자신의 브랜드가 훌륭한 이미지를 갖기를 바란다. 그러나 브랜드 이미지는 브랜드 관리자가 의도한 브랜드 아이덴티티와 퍼스낼리티에 일치하기 않을 수도 있다. 이미지란 소비자들이 스스로 생각하고 상상하는 과정을 거쳐 형성되는 것이기 때문이다. 만약 당신이 브랜드 아이덴티티를 잘못된 모습으로 혹은 충분히 강하게 제시하지 못할 경우 표적 청중들은 당신의 브랜드를 전혀 다른 것으로 인식할 수도 있다. 표적 청중들은 당신이 정직하지 못하다고 인식할 수도 있고, 당신 제품의 패키지가 싸구려처럼 보인다고 생각할 수도 있다. 이미지는 사람들이 어떻게 대상을 인식하느냐에 따라 사실에 기반을 두고 형성될 수도 있거나 혹은 허구에 기반을 두고 형성될 수도 있다. 브랜드 아이덴티티와 이미지 간의 이러한 차이를 '인지적 괴리' 라고 하며 이러한 인지적 괴리가 발생하지 않도록 항상 주의해야 한다.

아이덴티티와 이미지 간의 인지적 괴리을 피하기 위해 브랜드가 제공하는 것은 곧 소비자들이 브랜드에 대해 인식하는 것, 즉 표적 청중들이 해당 브랜드의 퍼스낼리티 및 아이덴티티에 대해 떠올리는 것이며 이것은 소비자의 인식을 통해 형성된다라는 사실을 명심해야 한다.

브랜드 퍼스낼리티나 아이덴티티와 마찬가지로 브랜드 포지셔닝은 소비자들이 자사 브랜드에 대해 차별화된 인식을 갖도록 해 준다. 브랜드 관리자들은 자사 브랜드가 경쟁 브랜드와 차별되며 더 우월한 브랜드임을 소비자들에게 인식시키고 확신시키기 위해 다양한 포지셔닝 전략을 사용한다. 브랜드 포지셔닝에는 브랜드의 퍼스낼리티뿐만 아니라 브랜드의 실제 성과들도 포함될 수 있다. 다음에서 몇 가지 효과적인 포지셔닝 전략을 살펴보겠다.

열 세 가지 강력한 포지셔닝 전략

강력한 포지션을 구축하는 데 독자적으로 혹은 다른 전략과 병행하여 사용될 수 있는 포지셔닝 전략에는 열 세 가지가 있다. 이러한 전략들 각각의 기본적인 내용과 장 · 단점들을 기술해 보았다.

1. 제품 특징 및 속성 포지셔닝

제품 특징 및 속성으로 포지셔닝하는 전략은 가장 확실한 전략인 동시에 전통적으로 가장 빈번히 사용되어 왔던 전략이다. 이 전략은 브랜드 속성에 초점을 두고 당신의 브랜드가 경쟁 브랜드와 차별되거나, 더 낫거나 혹은 둘 다에 해당한다는 것을 소비자들에게 인식시키는 전략이다.

자동차 산업에서 주로 이용되며 대부분의 자동차 제조업자들은 사람들의 마음 속에서 경쟁사보다 우위의 위치를 점하기 위해 이 전략을 사용한다. 오랫동안 '길 위의 가장 안전한 자동차'로 포지셔닝되어 온 볼보(Volvo)가 그 예이다. 서비스 기업 또한 이 전략을 사용할 수 있는데, '최상의 서비스 품질을 제공한다'는 것을 광고해 온 리츠 칼튼(Ritz-Carlton) 호텔이 그 예이다. 리츠 칼튼 호텔은 이러한 서비스 품질의 유지를 위해 임직원들이 '우리는 신사 숙녀에게 서비스를 제공하는 신사 숙녀이다'라고 생각하도록 교육시켜 왔다.

장점

이 전략은 볼보와 같이 장기적인 전략으로 사용될 수도 있고 혹은 경우에 따라서 단기적인 전략으로 사용될 수도 있다. 당신의 제품이 새롭고 독특한 특징 및 속성을 지닌 시장 선도자라면 이 전략을 통해 빠른 속도로 시장을 점유해 나갈 수 있을 것이다.

단점

제품 특징이나 속성은 기술 개발을 통해서 놀라운 속도로 모방될 수 있으며 그 결과 시장점유율도 빼앗길 수가 있다. 경쟁자들은 최신의 제품을 가지고 당신의 제품을 구식의 것으로 만들어 버릴 것이며 이는 결과적으로 당신 제품의 리포지션 역시 어렵게 할 것이다. 이와 같이 기술적 변화는 제품 모방이 빠르게 일어나도록 하고 제품의 수명 주기를 줄이기 때문에 제품의 특징 및 속성에 초점을 둔 포지셔닝 전략이 성공하는 것을 방해한다.

2. 제품 효익(benefit) 포지셔닝

제품 효익에 초점을 두는 전략은 제품의 특징과 속성을 바탕으로 소비자들이 결과적으로 얻게 될 효익을 제시하는 전략이다. 예를 들어 '플라로이드(제품 특징)를 함유하고 있는 치약은 충치를 예방해 준다(효익)' 와 같은 식이다.

효익 포지셔닝 전략은 '이 제품이 나에게 무엇을 제공할 수 있는가?' 와 같은 소비자 스스로의 질문에 대한 답을 제시해 준다. 자동차의 안전 속성은 곧 보호를 의미한다. 에어백이라는 부가적인 속성을 장착한 자동차는 가격이 비싸지지만 소비자들에게는 생명 보호라는 속성에서 오는 효익이 비싼 가격보다 중요할 수 있다.

장점

효익 포지셔닝 전략은 브랜드가 가지고 있는 속성이 실제로 의미하는 바가 무엇인지를 명확하게 해 주기 때문에 효과적인 전략이 될 수 있다. 속성 포지셔닝과 마찬가지로 효익 포지셔닝을 통해서도 단기간에 경쟁적 우위를 점할 수 있으며 시장 리드나 빠른 수익도 기대할 수 있다. 효익 포지셔닝은 비교적 유연한 전략으로 (좌뇌를 자극하는) 논리적인 방식뿐만 아니라 (우뇌를 자극하는) 감성적인 방식에까지 확장되어 사용될 수 있다.

〈예〉

속성	이성적 소구	감성적 소구
안전	보호	가족을 위해

단점

속성 포지셔닝 전략과 마찬가지로 효익 포지셔닝 전략은 수명이

짧을 수 있으며 오늘의 제품 효익과 경쟁력이 내일에는 평범한 것이 되어 버릴 수도 있다. 이 전략은 차별적 셀링 포인트(USP: Unique Selling Proposition) 개념을 바탕으로 하는데 이러한 USP는 최근 모방이나 제품 개선, 기술 혁신 등으로 인하여 유지되기가 어렵다. 예를 들어 현재로서는 예술의 경지라고까지 할 수 있는 2000Mhz의 처리 속도를 가진 컴퓨터를 지금 구매한다고 해도 6개월만 있으면 이보다 더욱 향상된 기종이 출시될 것이기 때문이다.

3. 문제 해결 포지셔닝

문제 해결 포지셔닝 역시 광범위하게 사용되고 상당히 효과적이라고 평가되는 전략 중 하나이다. 이 전략은 소비자들이 반드시 제품을 구매할 필요가 없을 수도 있고 혹은 반드시 구매를 목적으로 회사와 접촉하는 것은 아니라는 점을 전제로 하고 있다. 소비자들이 진정으로 원하는 것은 제품이나 기업이 자신들의 문제에 대한 해결책을 제시해 주는 것이다. 다음에서 몇 가지 예를 살펴보겠다.

사람들은 종종 은행 상품을 필요악이라고 말한다. 어느 날 아침에 일어나 '예금 잔고를 초과해서 수표를 발행하기 참 좋은 날이군!' 이라고 소리지를 사람은 많지 않을 것이다. 이보다는 밤새 재정 문제로 고민하다가 결국 예금 잔고를 초과하여 수표를 발행하는 것으로 문제를 해결하는 상황이 더 그럴싸하다.

오라클을 비롯한 여러 회사들이 이러한 전략을 사용하고 있다.[7)]

---

7) '하이 테크 하이 터치 브랜딩(「Hi-Tech Hi-Touch Branding」, Paul Temporal & K.C. Lee, John Wiley & Sons, Singapore, 2000)' 에서 문제 해결 전략을 사용한 기술 관련 기업들의 사례를 찾아볼 수 있음

장점

이 전략은 금융 서비스, 테크놀러지, 커뮤니케이션과 같은 특정 산업에 적절한 전략이기는 하지만 폭넓게 적용되어 사용될 수도 있다. 모든 문제들은 언제나 소비자의 감성적인 측면에 영향을 미치기 때문에 문제 해결 포지셔닝 전략은 문제 해결 방법과 함께 감성적 효익을 제시함으로써 브랜드의 감성적인 측면을 구축할 수 있다.

예: 생명 보험
문제: 나에게 무슨 일이 발생했을 때 나의 가족은 어떻게 될 것인가?
해결책: 생명 보험
감성적 효익: 혹시 좋지 않은 일이 생기더라도 편안한 마음을 유지할 수 있다.

단점

다른 경쟁자들 역시 소비자들의 문제를 해결할 수 있으며 혹 더 나은 해결책을 제시할 수도 있다. 테크놀러지 분야에서는 현재 이러한 문제 해결 포지셔닝 전략이 과용됨에 따라 다른 차별화 요인이 필요한 상태이다.

만약 해결 방안을 제시하기만 하고 이를 제대로 이행하지 못한다면 (예를 들어 제품에 대한 보증을 제대로 이행하지 못하는 경우) 기업은 큰 어려움에 처할 수 있다. 또한 이러한 문제 해결 포지셔닝 전략을 사용하면서 브랜드에 대한 신뢰도를 유지하기 위해서는 신제품의 개발이 필수적이다(특히 테크놀러지 분야의 경우). 왜냐하면 제품의 수명 주기가 짧아지게 되면 신속히 개발된 신제품들이 현재 발생하는 문제를 해결해 줄 수 있기 때문이다. 그러나 이러한 빠른 변화 속도에 익숙해진 소비자들이 기업에 대해 높은 기대치를 갖게 됨에 따라 이것이 기업의 부담을 가중시킬 수도 있다.

4. 경쟁 포지셔닝

모든 기업은 경쟁사가 무엇을 하고 있는지 또 무엇을 할 예정인지를 항상 파악하고 있어야 한다. 경쟁자 전략에 따라 당신의 포지션을 변화시키는 반응 전략을 펼칠 수도 있으며 혹은 당신이 먼저 포지션을 변화시킴으로써 경쟁사를 불리하게 만들 수도 있다. 현재 진행되고 있는 가장 큰 전쟁 중 하나는 인터넷 소프트웨어와 하드웨어 공급자 간의 경쟁이다. 오라클(Oracle)은 2001년 7월 19일자 파 이스턴 이코노믹 리뷰(*Far Eastern Economic Review*)지의 전면 광고를 통해 자사가 IBM보다 4배나 속도가 빠른 SAP를 제공하고 있다고 주장하였다. 또한 이를 뒷받침하는 자료를 제시하면서, "오라클의 SAP를 이용하는 소비자가 IBM의 SAP를 이용하는 소비자의 10배에 달한다니 참 재미 있는 일이다"라고 하였다. 이보다 더 노골적이고 솔직한 광고가 있을 수 있을까?

장점

경쟁 포지셔닝 전략은 제품보다는 기업을 포지셔닝할 때 더 효과적인 방법이다. 기업 브랜드는 성격, 문화, 규모, 사람들이 쉽게 연상할 수 있는 비주얼 아이덴티티, 기업을 앞서 나아가게 만들어 주는 이미지 등의 다양한 형태들을 통해 독특한 특성을 갖는다. 반면 제품 브랜드의 경우 점차 혼란스러워지는 시장 속에서 자사 제품을 차별화시킬 수 있는 요소는 그리 많지 않다. 그럼에도 불구하고 만약 통계적 수치를 이용해 이 포지셔닝 전략을 실행한다면 그리고 소비자들이 이 통계적 수치를 신뢰하기만 한다면, 당신의 제품을 보다 우월하게 포지셔닝하는 것이 가능할 것이다.

단점

경쟁 포지셔닝 전략은 경쟁사의 보복을 야기시킬 수 있으며 일부 국가에서는 아예 법적으로 금하고 있는 전략이다. 이 전략은 상당한 비용 낭비를 초래할 수 있으며 앰부시 마케팅[8]과 같이 대중을 혼란스럽게 할 수도 있다. 따라서 명심해야 할 것은 귀사의 제품이나 기업이 경쟁사가 모방할 수 없는 무언가를 제공하고 있다는 것을 소비자들에게 명확히 인식시켜야 한다는 점이다.

5. 기업의 아이덴티티 포지셔닝

일부 기업은 출시한 제품들을 모브랜드의 명성을 토대로 포지셔닝시킴으로써 기존 기업의 강점을 그대로 이어받기도 한다. 소니(Sony), IBM, 네슬레(Nestle)와 같은 기업들을 보더라도 이러한 전략은 매우 강력한 것일 수 있다. 또한 모브랜드가 도처에 발휘하고 있는 강력한 파워로 인해 잠재적 경쟁자들은 포지션을 구축하는 데 어려움을 겪게 된다.

장점

강력한 기업명은 심지어 평범한 제품의 포지션조차 강화시킬 수 있다. 유명한 네임은 전혀 다른 시장에도 적용될 수 있고 어떠한 경우에는 세계적 제품의 포지션을 만들어 내기도 한다. 소비자 전자 제품 산업에서 연예 산업으로 이동하고 있는 소니의 경우가 그

---

8) 전략적 우회 마케팅(ambush marketing)으로 규제를 피해 가는 마케팅 기법을 말함. 대개 행사중계방송의 텔레비전 광고를 구입하거나 공식 스폰서인 것처럼 속이기 위해 개별 선수나 팀의 스폰서가 되는 방법을 사용함

려하다.

단점

기업이 어려운 상황에 처했을 때 소비자들은 기업의 제품뿐 아니라 기업의 브랜드 포지션에 대해서도 신뢰감을 잃게 된다. 기업 이미지가 제대로 관리되지 못하는 경우 모브랜드의 네임과 명성으로 포지션된 제품은 어려움을 겪게 된다. 때로는 예상치 못한 결과가 나타나기도 한다. 최근 파이어스톤(Firestone)이 모기업 브릿지스톤(Bridgestone)에게 손해를 입히고 최종 소비자인 포드(Ford)에게까지 심각한 문제를 일으킨 경우를 들 수 있다.

6. 사용 상황, 시간, 적용 포지셔닝

이 전략은 효과적인 차별적 요소가 될 수 있기는 하지만 기업이나 대규모 기관보다는 제품이나 서비스에 더 적합한 전략이다. 이 포지셔닝 전략은 사람들이 제품을 다양한 방법으로 사용할 뿐만 아니라 다양한 상황, 다양한 시간대에 제품을 사용한다는 사실에 기초한 것이다. 예를 들어 어떤 사람들은 오리오(Oreo) 쿠키를 간식으로 먹는다(사용 시간). 또한 어떤 사람들은 잠들기 전에 영양가 높은 초콜렛 음료를 마시고(사용 시간), 어떤 사람들은 이 초콜렛 음료를 식사 대용으로 시간에 관계없이 마신다(제품 적용). 샴페인은 거의 축하하는 자리에서만 애용된다(사용 상황).

장점

제품 사용 상황, 시간, 적용을 이용해 포지셔닝하는 전략은 시장에서 경쟁자를 쉽게 방어할 수 있는 포지션을 제공할 수 있다. 또한 이 포지셔닝이 다양한 상황에 사용될 수 있다는 것은 그만큼 다양한 전략이 구사될 수 있다는 것을 의미한다.

단점

더 좋은 경쟁 제품이 자사의 포지션을 빼앗을 수 있으며 소비자 행동이 변화함에 따라 사용 시점이나 본질이 변화될 수도 있다.

7. 표적 청중 포지셔닝

표적 청중 포지셔닝 전략은 마케팅에 초점을 둔 전략이다. 표적 청중들에 대해 잘 알고 있는 기업은 무상표품을 많은 소비자 집단에게 효과적으로 포지셔닝시킬 수 있다. 각 스포츠 집단을 겨냥하여 다양한 운동화 제품을 갖추고 있는 나이키가 그 예이다.

장점

표적 청중 포지셔닝 전략은 틈새 시장에 진입하여 시장을 계속 유지해 나아가거나 소비자와의 강력한 관계를 구축하는 데 효과적이다. 무상표품을 소비하는 수많은 소비자 집단들이 존재하고 각 소비자 집단들의 니즈 간에 미묘한 차이가 있을 때, 그 틈새를 공략하는 제품을 개발하는 기업이 승자가 되는 것이다.

단점

표적 청중 포지셔닝 전략은 시장조사 결과를 바탕으로 시장세분화가 정확하게 이루어졌을 때 가능하다. 시장의 구조와 움직임은 파악하고 있지만 소비자의 실제 욕구는 제대로 인식하지 못하는 기업들은 이 전략에 실패할 가능성이 높다. 또한 사용자 프로파일은 시간이 지남에 따라 변하기 때문에 한 전략을 장기적으로 사용하는 데에는 제약이 있다. 예를 들어 나이키의 경우 운동화 분야에서 스포츠 의류 분야로의 진출은 쉬웠으나 중년층 이상을 위한 캐주얼 의류 분야로의 진출에는 어려움을 겪었다.

8. 열망에 기초한 포지셔닝

열망에 기초한 포지셔닝은 다양한 형태로 적용되어 사용될 수 있으며 특히 라이프스타일과 관련된 브랜드에 자주 사용된다. 다음은 가장 흔히 사용되는 두 가지 가치이다.

- 지위와 명성(부의 획득과 관련된)
- 자기 개발(비금전적 측면에서의 성취와 관련된)

위의 두 경우에 대한 전략 수립은 소비자들의 자기 표현 욕구에 기초하여 이루어진다. 대부분의 소비자들은 스스로를 표현하고자 하는 욕구를 가지고 있으며 기업들은 이 열망에 부응하는 포지셔닝 전략을 수립하는 것이다. 지위와 명성의 측면에서 롤렉스(Rolex)와 롤스-로이스(Rolls-Royce)는 이들을 소유한 사람들이 인생에서 상당한 부를 축적했음을 나타내 주는 대표적인 파워 브랜드이다. 자기 개발의 측면에서 아디다스(Adidas)는 브랜드 플랫폼인 '영원한 스포츠'를 통해 스포츠 라이프스타일과 스포츠 성취감을 표현하고 있다.

장점

모든 사람들은 열망하는 바가 있으며 이러한 열망들은 항상 감성적인 부분과 연관되어 있다. 이러한 보편적인 느낌에 호소함으로써 브랜드는 빠른 시간 내에 세계적인 브랜드로 성장할 수 있다. 열망에 기초한 포지셔닝은 다른 전략들과 결합되어 사용될 경우 더욱 강력한 효과를 발휘할 수 있다.

단점

모든 사람들이 자기 스스로를 승자라고 생각하지는 않기 때문에 성취감을 충분히 느끼지 못하는 사람들에게 이 전략을 사용할 경우에는 오히려 부정적인 결과를 가져올 수도 있다. 따라서 표적 청중들을 정확하게 파악하는 것이 중요하다.

9. 대의 목적에 기초한 포지셔닝

대의 목적에 기초한 포지셔닝 역시 감성과 연관되어 있으며 이 포지셔닝은 사람들이 가지고 있는 신뢰 계층과 소비자들이 소속되고자 하는 욕구에 초점을 둔다. 에이본(Avon)[9], 베네통(Benetton) 등의 기업들은 특정 인생 철학을 지향하고 특정 그룹이나 단체의 행동에 참여하기를 원하는 소비자 집단들을 그 표적으로 한다. 쉘(Shell)[10]은 환경과 세계 자원 보호에 초점을 두고 있다. 이러한 전략은 사고와 표현의 자유, 민주주의, 여성 해방을 비롯한 기타 사회적 트렌드들과 관련되어 폭넓게 사용되면서 점차 중요한 전략으로 떠오르고 있다.

장점

기업은 이 전략을 통해 강력한 포지션을 가질 수 있다. 제품 적용,

---

9) 미국의 화장품 회사
10) 다국적 에너지 회사

표적 청중, 감성 등과 같은 다른 포지셔닝 전략들과 함께 사용하게 되면 매우 강력한 효과를 낼 수 있다.

단점

대의 목적 포지셔닝은 유행에 민감할 뿐 아니라 어떠한 사람들에게는 선호되는 사항이 다른 사람들에게는 그렇지 않은 경우가 발생할 수 있다. 따라서 적절한 표적층을 찾아 내는 것이 중요하다. 현재 수백 개의 기업들이 환경보호에 힘쓰겠다고 약속하는 것과 같이 기업이 추구하는 대의 목적이 하나의 유행이 될 경우 이는 다른 기업이 하는 것을 그대로 따라 하는 것처럼 보일 수 있다[11]. 이 전략을 사용하기 위해서는 우선 장기적인 계획을 세우는 것이 필요하며 또한 말하고자 하는 대의 목적을 소비자들에게 정확하게 전달하는 데 상당한 마케팅 비용이 지출될 것을 예상해야 한다.

10. 가치 포지셔닝

가치는 종종 사람들이 지불하는 돈의 액수와 관련되지만, 가치 포지셔닝 전략이 반드시 가격에 대한 것만은 아니다. 가치 포지셔닝의 두 가지 주요 요소는 다음과 같다.

가격/품질: 가격 대비 품질로서, 버진(Virgin)[12]이나 까르푸(Carrefour)에 의해 사용되는 포지셔닝이다.

감성적 가치: 예를 들어, 사람들이 BMW의 미니(Mini) 자동차를 소유할 때 갖게 되는 연상같은 것이다. BMW는 향수를 불러일으키는 플랫

---

11) 밴드 웨건 효과(band wagon effect)라고 말하며, 유행에 따라 상품을 구입하는 소비현상을 의미함

12) 이동통신, 음악, 여행, 금융, 운송, 음료, 출판 등의 사업을 하는 영국의 대기업

폼을 가지고 있는 폭스바겐(Volkswagen)의 비틀(Beetle)과 경쟁하기 위해 새로운 미니 자동차를 개발함으로써 과거 미니에 대한 기억과 감성을 되돌리려 노력하고 있다.

장점

가치 포지셔닝은 위에서 제시된 두 가지 요소가 잘 결합되었을 때 좋은 전략이 될 수 있으며 프로모션 활동을 통해 전략적으로도 사용될 수 있다. 중요한 것은 가격이 아닌 가치에 초점을 두어야 한다는 것이다.

단점

가격에 초점을 둘 경우 이는 주로 일상 용품만을 위한 전략이 되어 브랜드 파워를 구축하고 높은 프리미엄을 기대하는 경우에는 적절치 못하게 된다.

11. 감성 포지셔닝

감성 포지셔닝 전략은 그 자체로도 물론 사용될 수 있는 전략이지만 다른 포지셔닝 전략에 가치를 더해 주고 더 큰 효과를 내게 하는 부가적 전략으로 더 많이 사용된다. 조사 결과 감성적인 전략은 시간이 지날수록 더욱 효과를 발휘하는 것으로 나타났기 때문에 감성 포지셔닝 전략은 매우 중요하다고 볼 수 있다. 하겐다즈(Häagen-Daaz) 아이스크림은 바로 이러한 감성 포지셔닝을 추구해 왔으며 이미 상당한 성공을 거두고 있다. 네슬레 등의 거대한 기업들에 의해 점유된 시장에 진출하여 자사 제품을 경쟁사 대비 40% 이상 높은 가격으로 판매했던 것이다. 이러한 성공을 거두게 된 원인으로는 고급스러움과 그 순간의 즐거움이라는 개념으로 브랜드 포지션을 창조해 냈다는 데 있다. 일부 광고는 이러한 포지션을 환상적인 이미지나 로맨틱하고 관능적인 이미지로 표현하였다.

장점

감성 포지셔닝 전략은 사람들이 무언가를 원하도록 만든다. 감성은 욕망을 만들어 낼 뿐만 아니라 실제로 매우 강력한 힘을 가지고 있다. 감성이 부재하는 포지셔닝은 설득력과 동기부여 능력이 떨어진다.

단점

감성 포지셔닝 전략은 계산적이고 계획성 있는 검소한 타입의 사람들의 마음은 동요시키지 못할 수 있다. 가격에 민감한 사람들에게 있어서 가격은 감성적 느낌을 능가하는 결정적인 요소이기 때문이다.

12. 퍼스낼리티 포지셔닝

앞 장에서 언급된 것과 같이 퍼스낼리티 창조를 통해 브랜드를 구축하는 것은 상당히 효과적일 수 있으며 이는 실제로 세계적 수준의 브랜드를 구축하고자 하는 기업들에 의해 빈번히 사용되는 전략이다. 그러나 사람들은 자신과 유사하거나 관련이 있다고 생각하지 않는 퍼스낼리티에 대해서는 반응하려 들지 않는다.

다음은 대부분의 사람들이 호의적이라고 느끼는 퍼스낼리티의 특성들이다.

- 친절한

- 현대적인
- 혁신적인
- 따뜻한
- 독립적인
- 강한
- 정직한
- 노련한
- 진실된
- 세련된
- 성공적인
- 용기를 주는
- 열정적인
- 신뢰할만한
- 의지할 수 있는
- 가까이 하기 쉬운
- 즐거움을 추구하는

장점

사람들은 퍼스낼리티 포지셔닝에 매우 민감하게 반응하며 이는 다른 전략과 함께 사용될 경우 높은 시장점유율과 충성도, 이익 등을 창출할 수 있다. 이 전략은 경쟁적 우위를 얻을 수 있는 사실상 유일한 방법이다.

단점

소비자들이 항상 일관된 퍼스낼리티를 경험할 수 있도록 하기 위하여 표적 청중들에 대한 명확한 이해가 이루어져야 하며 또한 여기에 상당한 비용이 투자되어야 한다. 예를 들어 기업 퍼스낼리티를 구축한다는 것은 조직 전체 문화의 변화와 함께 모든 임직원들이 그 퍼스낼리티를 일상 업무 속에서 실행해야 함을 의미한다.

13. 1위임을 강조하는 포지셔닝

이 전략을 통해 소비자들은 당신의 기업이 리더라는 인식을 갖게 되므로 이는 매우 특권화된 포지셔닝 전략이라 할 수 있다. 특히 테크놀러지 분야에서의 이 포지셔닝은 유사한 제품 서비스와 품질을 가진 경쟁자들 사이에서 차별화될 수 있는 기회를 제공한다. 이 전략은 아마존 닷컴(Amazon.com)이 해당 영역에서 브랜드 리더로서의 위치를 계속 유지하도록 하는 데 결정적인 영향을 미쳤다. 컨설팅 회사인 앤더슨 컨설팅(Andersen Consulting)은 테크놀러지 전문가로서 스스로를 포지셔닝한 최초의 기업이었다. 앤더슨 컨설팅 이후 다른 컨설팅 회사들도 이를 모방했지만 이미 대중은 테크놀러지 컨설팅에 대해서는 최초 브랜드인 앤더슨 컨설팅만을 인식하고 있었다. 그러나 최근에 기업명을 액센츄어(Accenture)로 전환하는 도중에 기존의 포지션이 손상되고 말았다. 대중은 이제 이 기업의 브랜드 아이덴티티에 대해 혼란을 느끼게 되었다.

장점

당신의 브랜드는 시장 리더로서 폭넓게 인식될 것이며 혁신을 위한 노력을 계속한다면 이러한 리더의 위치를 완전히 굳힐 수도 있을 것이다.

단점

이 전략에서 주의해야 할 것은 혁신이 끊임없이 이루어지고 있는 상황에서도 항상 앞서가야 하기 때문에 기술개발(R&D) 부문에 상당히 많은 투자를 해야 한다는 사실이다.

전략들의 결합을 통한 파워의 획득

위에서 언급된 강력한 포지셔닝 전략은 사업 상의 필요나 사람들의 욕구에 따라 다양한 형태로 결합될 수 있다. 전세계의 선망의 대상인 기업, 스포츠화 및 의류 제조업체인 나이키가 그 예이다. 나이키는 광고물 및 현직 운동 선수의 보증을 통해 다양한 표적 청중 집단들의 감성을 자극하면서, 제품의 특징 및 속성 그리고 좋은 기록을 낼 수 있다는 효익을, 최고의 운동 선수가 되고자 하는 열망에 연관지었다.

마음과 정신 사로잡기

어떠한 전략이 사용되던 포지셔닝의 열쇠는 소비자 심리의 이성적인 측면과 감성적인 측면에 모두 호소함으로써 사람들의 마음과 정신을 사로잡는 것이다. 똑똑한 브랜드 관리자들은 이것을 잘 이해하고 있으며 소비자의 감성적인 욕구와 이성적인 욕구를 만족시키기 위해 어떻게 전략을 결합해야 하는지를 알고 있다.

정리: 포지셔닝 전략의 선택

당신이 어떠한 전략을 선택하던 혹은 어떠한 전략들을 결합시키던 꼭 기억해야 하는 몇 가지 사항들이 있다.

- 포지션은 당신이 접근하여 영향을 미치고자 하는 표적 청중들에게 중요한 것이어야 한다. 소비자들은 자신들이 관심 없는 메시지에 대해서는 이를 바로 무시하거나 혹은 곧 잊어버린다.
- 포지션은 브랜드가 실제로 가지고 있는 강점에 기초해야 한다. 만약 브랜드 약속을 이행하지 못하게 될 경우 기업의 신뢰도에 막대한 손실을 입히게 된다.
- 포지션은 경쟁적 우위의 형태를 반영해야 한다. 포지셔닝에서 가장 중요한 것은 당신의 브랜드가 경쟁사와 다르고 또 경쟁사보다 더 낫다는 사실을 소비자들에게 알리고 설득하는 일이다. 그러므로 차별적 요인이 무엇이던 간에 이는 명확하게 표현되어야 한다.
- 마지막으로 포지션은 모든 사람들이 정확한 메시지를 전달받을 수 있을 만큼 단순한 방법으로 커뮤니케이션될 수 있어야 하며, 소비자들에게 구매 동기를 부여할 수 있어야 한다. 포지셔닝의 목적은 표적 청중들이 행동하도록 유도하는 것이므로 커뮤니케이션은 신중히 만들어져야 한다.

리포지셔닝

본 장의 처음에 언급된 것과 같이 대부분의 포지셔닝은 리포지셔닝이다. 아무에게도 공개되지 않은 브랜드가 아닌 이상 모든 브랜드는 시장에서 어떠한 이미지를 가지고 있으며, 이 이미지를 원하는 대로 변화시키기 위해서는 리포지셔닝이 필요하다. 따라서 당신의 브랜드가 현재 어떠한 이미지를 가지고 있는지 그리고 이러한 이미지가 당신이 전달하고자 하는 아이덴티티와 일치하는지의 여부를 파악하는 것이 중요하다.

리포지셔닝을 하는 여덟 가지 이유

다음은 기업이 리포지션을 하게 되는 여덟 가지 주요 원인이다.

- 낙후되고 오래된 (혹은 구식의, 혹은 지속적이지 못한) 이미지
- 불분명하고 모호한 이미지
- 표적 청중들의 변화 혹은 그들 욕구의 변화
- 전략적 방향의 변화
- 새로워진 혹은 재활성화된 기업 성격 및 아이덴티티
- 경쟁자의 포지셔닝 변화 혹은 새로운 경쟁자의 진입
- 결정적인 사건
- 미처 고려하지 못했던 가치의 재발견

1. 낙후되고 오래된(혹은 구식의, 혹은 지속적이지 못한) 이미지

이유야 어찌 되었던 간에 현재 당신의 브랜드의 이미지는 당신의 의도를 100% 반영하지 못하고 있다. 자동차 브랜드인 로버(Rover)도 이러한 문제를 가지고 있었으며 BMW가 로버를 인수하면서 수백만 달러를 투자하였음에도 불구하고 로버는 이전의 영광을 되찾지 못하였다. 결국 BMW는 실패를 인정하면서 헐값에 로버를 매각하였다.

2. 불분명하고 애매한 이미지

사람들이 당신의 기업이나 제품에 대해 가지고 있는 인식이 명확하지 않은 경우가 있다. 이것은 이미지가 초라하다는 것과는 다른 개념이다. 이는 사람들이 당신의 브랜드에 대해 그다지 깊이 생각하지 않는다는, 한 마디로 무관심하다는 것을 의미한다. 이것은

대체로 처음부터 포지셔닝이 명확하지 않았거나 혹은 브랜드 커뮤니케이션이 제대로 지원되지 않았기 때문이다.

3. 표적 청중들의 변화 혹은 그들 욕구의 변화

마케팅 초점이 변화하는 경우 리포지셔닝은 필수적이다. 마케팅 초점이 기존의 그것과 얼마나 유사한지에 따라 리포지션은 아주 어려운 작업이 될 수도 있다. 예를 들어 코카콜라가 이제부터는 60세 이상의 소비자들을 표적으로 하겠다고 할 때, 코카콜라 제품이 젊은 사람들을 위해 만들어진 것이 아니라는 사실을 사람들에게 확신시키기 위해서는 단순한 리포지션의 단계를 넘어선 일종의 새로운 도전이 필요하다. 당신의 기업이나 제품을 새로운 세분시장으로 확장시키려는 생각을 하고 있다면 새로운 포지션이 정말 필요한 것인지를 결정하기 위해, 혹은 일의 규모가 너무 크거나 비용이 많이 들지 않는지를 검토하기 위해, 혹은 기존의 소비자들이 가지고 있는 브랜드 인식에 부정적인 영향을 미치지는 않는지를 알아보기 위해 철저한 시장 조사가 이루어져야 한다. 예를 들어 코카콜라가 대대적인 광고를 통해 60세 이상의 세분시장에 진입하려 한다면 젊은 층은 이에 대해 어떠한 반응을 보일까?

다음 사례는 동일한 무상표품에 대해 핵심 표적 청중들을 변화시킨 예를 설명하고 있다. 흥미롭게도 이러한 변화는 카테고리 전체를 성장시키는 이점을 가지고 있다.

사례 연구 5

롤리팝스(Lollipops)
다양한 세분시장에 무상표품을 포지셔닝시켜 카테고리를 성장시킨다

이 사례는 몇몇의 나이든 독자들에게는 더글러스 애덤스(Douglas Adams)의 베스트 셀러인 '우주 가장자리에 세워진 레스토랑(「The Restaurant at the End of the Universe」)'을 기억나게 할지 모르겠다. 그러나 이 사례는 환상이나 지어낸 이야기가 아니라 실제의 롤리팝스에 관한 것이다. 이 사례는 브랜드 관리자들에게 시장세분화나 카테고리 정의의 기준에 대한 한계는 없다는 사실을 상기시켜 줄 것이다. 소비자의 마음을 이해하기만 한다면 불가능한 일이란 없다.

롤리팝스가 아이들을 위한 제품이라는 것은 모두가 아는 사실이다. 그러나 이제부터는 이러한 고정 관념을 버리는 것이 좋을 듯 하다. 성인들이 이제 롤리팝스의 새로운 표적으로 떠오르고 있기 때문이다. 담배를 끊은 사람, 다이어트중인 사람, 파티 매니아들, 약물 복용자들이 새로운 표적 시장이다. 롤리팝스는 새로운 세분시장을 공략하기 위해 포지션을 확대하고 있다.

일부 사람들은 본 저자가 불필요한 고민을 하고 있다고 생각할 수 있으나 실제 시장에서 나타나고 있는 현상이나 통계적 수치를 살펴보면 그렇지 않다는 것을 알 수가 있다(다음은 향락주의 브랜드들의 온상지인 미국에서의 현상들이다).

첫 번째 사실: 롤리팝스의 연간 매출액은 1997년 1억 3천 800만 달러에서 2000년 1억 9천 900만 달러로 증가하였다. 푸르덴셜 증권에 의하면 이러한 제품 카테고리의 성장은 제품 이용의 편리성에 일부 근거하고 있다고 한다. 즉 롤리팝스는 상점뿐 아니라 롤리팝스가 판매될 것 같지 않은 장소에서도 판매되는 등 거의 모든 장소에서 롤리팝

스를 볼 수 있다는 것이다. 그리고 이는 한 손으로 먹을 수 있는 제품에 대한 소비자들의 욕구가 증가했다는 사실에 기인하기도 한다. 다른 한 손이 무엇을 하고 있는가에 대한 추측은 이번 사례 연구에서는 다루지 않겠다.

두 번째 사실: 어떠한 제품들은 다양한 소구력을 가지고 있고 많은 서로 다른 표적 청중들을 만족시키는 능력이 있다. 롤리팝스도 이러한 제품 가운데 하나이다. 트렌드에 절대로 뒤지지 않는 투씨 롤(Tootsie Roll Industries Inc.), 마즈(Mars Inc.), 허쉬(Hershey Food Inc.), 데이 스프링(Day Spring Enterprises Inc.)과 같은 제과 회사들은 지금 이 순간에도 앞서 언급한 새로운 트렌드를 기반으로 다양한 세부 시장의 니즈에 적합한 다양한 종류의 제품을 아주 민첩하게 만들어 내고 있다.

세 번째 사실: 시장세분화의 결과 롤리팝스는 멋있는(cool) 것으로 포지션되어 있는데, 이 멋있는 것은 더 이상 젊은이들만의 소유물이 아니다. 롤리팝스는 소비자 사고의 패러다임 전환을 창출하고 있다. 예를 들어 롤리팝스는 개당 60 칼로리 밖에 안 되기 때문에 다이어트를 하는 사람들도 그 표적이 된다. 담배를 끊은 사람들 역시 허전함을 달래기 위해 단 것을 먹게 되기 때문에 롤리팝스의 표적이 된다. 한 조사 결과 이들은 아이들이 잠든 후에 몰래 롤리팝스를 먹기도 하는 것으로 나타났다. 두 소비자 층(남편과 아내)은 다음과 같은 생각을 하는 것으로 조사되었다. "아이들이 먹는 사탕의 양에는 제한을 두지만 우리 자신에 대해서는 제한하지 않는다."

데이 스프링은 라스베리 소르베 향과 같이 '향이 진한' 제품 라인을 가지고 있다. 투치 롤 제품은 요거트와 핫초코렛 향을 가지고 있다. 스프랭글러(Spangler Candy Co.)는 덤 덤스(Dum Dums)라는 브랜드 아래 프루트 펀치, 오렌지 크림, 버터 팝콘 향의 제품을 가지고 있다.

브랜드 확장 측면에서 마즈와 다른 기업들은 프루트 츄(Fruit Chew) 롤리팝스처럼 다양한 막대 제품을 출시하고 있다.

바르셀로나의 추파춥스(Chupa Chups SA)는 이미 스페인의 롤리팝스 시장 가운데 12~34세 계층에서 선전하고 있다. 이 기업은 코스모폴리탄이나 롤링 스톤즈와 같은 잡지에 도발적인 이미지의 기업 광고를 내보내고 있다. 또한 마케팅 믹스의 일환으로 롤러스케이트를 탄 소녀들로 하여금 열광적인 파티에서 추파춥스 사탕를 나누어 주게 하기도 한다. 또한 엑스터시 약물 복용자들의 경우 무의식적으로 자신의 이빨을 갈거나 자신의 입 안쪽을 씹는 금단 현상을 보이기 때문에 이들 역시 롤리팝스의 표적이 될 수 있다고 판단되었다. 이것이 바로 문제 해결 포지셔닝 전략이다. 그러나 이 경우에는 윤리적인 이슈가 제기될 수도 있는데, 추파춥스 측은 자신들의 제품은 약물의 대체제일 뿐 약물 복용 보조제는 결코 아니라고 주장하고 있다. 이렇게 다양한 고객들의 니즈와 욕구가 만족될 경우 브랜드 충성도는 향상될 것이다.

네 번째 사실: 롤리팝스는 패션 액세서리 분야에까지 브랜드를 확장할 수 있다. 데이 스프링은 레인보우 팝스(Rainbow Pops)라는 브랜드를 만들었으며 이 브랜드의 제품으로 '팝스탑(popstop)' 이라는 액세서리를 만들어 내었다. 팝스탑은 롤리팝스를 먹다가 전화를 받는 등의 다른 일을 해야 할 때 롤리팝스를 잠시 놓아 둘 수 있는 스탠드이다. 이 회사 대변인에 의하면 이는 잠시 동안 담배를 재떨이 위에 놓는 것과 같은 이치라고 한다. 현재의 롤리팝스 제품은 린넨 엔(Linens 'N')과 같은 아울렛에서도 판매될 수 있도록 기존의 셀로판 포장지가 아닌 두꺼운 종이 상자 재질의 고급스런 포장지를 사용하고 있다.

브랜드 관리 측면에서의 의미

첫째, 어떠한 것이던 브랜드화할 수 있음이 명백해졌다. 둘째, 가장 평범하고 전통적인 제품들 혹은 서로 다른 다양한 표적 청중을 동시에 수용할 수 없다고 생각되었던 제품들까지도, 기업의 노력이 윤리적이라고 인식되고 있는지와는 상관없이 그들이 속한 카테고리의 성장을 도모할 수 있다.

여기에 브랜드 관리의 묘미가 있다고 하겠다. 제품을 브랜드로 성장시키고 또한 이러한 브랜드를 글로벌 경험으로 성장시킬 수 있는 기회가 거의 무한하다는 것이다.

이와 비슷하게 리포지셔닝이 필요한 또 하나의 경우는 목표 청중 자체에는 큰 변화가 없지만 그들의 니즈와 욕구가 변했을 경우이다. 이러한 경우 기업이 기존의 고객들을 계속 유지하기 위해서는 기업의 사고 방식이나 행동에 있어서 고객의 변화에 대응하고자 하는 노력이 필요하다. 예를 들어 1950년대와 1960년대 브라이크림(Brycreem)은 젊은 남성들의 머리를 윤기 있고 바짝 붙게 만들어 주는 헤어 제품이었다. 그 이후 브라이크림은 남성들의 새로운 유행에 맞게 좀더 현대적이고 최신의 느낌을 주는 브랜드로 리포지션해야 했다. 기존 고객들이 좀더 풍성하게 보여지고 단단하게 고정되는 헤어스타일을 좋아하게 됨에 따라 브랜드에도 변화가 필요하였기 때문이다(예를 들면 젤 타입의 헤어 제품). 이러한 리포지셔닝 노력의 일환으로 브라이크림은 맨체스터 유나이티드 축구팀의 데이빗 베컴(David Beckham)처럼 자사의 표적 청중들에게 소구할 수 있는 젊은 스타를 모델로 기용하였다. 그러나 베컴이 삭발을 하고 나타났을 때 이 계약은 당연히 파기되었으며 이로 인해 브라이크림 브랜드가 그를 통해 구축해 온 자산들은 모두 사라지고 말았을 것이다. 리포지셔닝은 단기적인 캠페인으로 완성되는 것이 아니라 지속적인 커뮤니케이션을 통해서만이 가능하다.

4. 전략적 방향의 변화

브랜드가 현재의 카테고리에서 다른 카테고리로 이동할 필요가 있을 때 브랜드의 전략 방향이 바뀔 수 있다. 이러한 상황은 제품이 속한 카테고리가 포화되거나 혹은 판매나 마진이 감소하는 등 경쟁 압력이 심해지는 경우에 발생한다. 카테고리는 소비자의 마음 속에 존재하는 것이기 때문에 기업에 의해 정의되어서는 안 된다. 카테고리는 네임, 용도, 속성 혹은 기타 요소들을 통해 전달된 정보들을 소비자들이 어떻게 조직화하느냐에 따라 달라진다. 한 제품이 새로운 카테고리에 성공적으로 리포지셔닝되기 위해서는 새로운 카테고리의 소비자들이 수용할 수 있는 특성들을 그 제품이 가지고 있어야 한다. 그리고 이 속성들에 따라 기존 제품의 수정, 개선 혹은 패키지 방식의 변화가 있을 수 있으므로 제품을 재출시하기 이전에 이에 대한 사전 조사가 이루어져야 한다. 인식된 카테고리에 대한 정의가 올바르게 되었는지에 대해서도 확인이 필요하다. IBM은 컴퓨터 하드웨어를 판매하는 회사로 인식되는 것에서 벗어나 솔루션에 기반을 둔 테크놀러지 기업으로서 성공적으로 리포지션되었다.

5. 새로워진 혹은 재활성화된 기업 성격 및 아이덴티티

이는 기업 차원에서의 성형 수술과 마찬가지의 개념이다. 일부 기업들은 과거의 문제를 극복하거나 새로운 기회를 극대화하기 위해서라면 기업의 아이덴티티를 완전히 바꿀 수도 있다고 생각한다. 여기에는 단순히 로고를 새롭게 하는 것뿐만 아니라 사명 변경, 체제 개편, 새로운 기업 퍼스낼리티의 구축 등이 포함된다.

스포츠 전문 시계 브랜드로 알려진 태그 호이어(Tag Heuer)는 기존의 차갑고, 기계적이고, 기술적으로 뛰어난 이미지에서 좀더 따뜻하고 인간적인 이미지로 전환하기 위해 스포츠 스타를 기용한 몇 편의 글로벌 광고 캠페인을 하였다. 태그 호이어 브랜드가 본래 가지고 있던 기본적인 포지션인 '역경을 극복하는 정신적 태도와 스스로에 대한 통제력'은 그대로 유지된다. 그러나 이 기업은 '순수하게 육체적 · 정신적 노력을 통해 성공한 스포츠 선수들과 브랜드를 연관지음으로서 태그 호이어 브랜드가 더욱더 인간적인 면모를 갖게 되기를 희망한다'고 말한다. 브랜드는 새로운 퍼스낼리티를 갖게 되었으며 전략은 성공을 거두었다. 이러한 새로운 퍼스낼리티 전략으로 대대적인 성공을 거둔 태그 호이어는 최근 LVMH 그룹에 인수되었다(4장 사례 연구 12에서 좀더 구체적으로 살펴보겠다).

6. 경쟁자의 포지셔닝 변화

경쟁자들이 당신의 브랜드의 포지션에 접근해 올 때에도 리포지셔닝이 필요할 수 있다. 미국의 BMW는 렉서스(Lexus)가 BMW의 포지션에 침입하여 고객들을 잠식하여 옴에 따라 리포지셔닝을 하게 되었다.

7. 결정적인 사건

때때로 리포지셔닝을 해야만 하는 충격적인 사건이 발생하기도 한다. 이 결정적인 사건은 예기치 못한 갑작스런 위기일 수도 있다. 코카콜라의 벨기에 공장에서 유독 물질과 관련된 문제가 발생하였을 때 기업은 사건 발생 후 3일이 지난 후에야 공식 발표를 하였으며, 이는 유럽 내 코카콜라의 이미지에 막대한 손상을 입혔다. 또한 브릿지스톤(Bridgestone)[13]과 포드는 파이어스톤(Firestone)[14]의 타이어 사건[15]으로 인해 큰 문제에 직면했던 적이 있었다(PR 및 위기 관리에 대해서는 6장에서 더욱 구체적으로 다루어진다).

8. 미처 고려하지 못했던 가치의 재발견

소비자가 브랜드에 대해 더 이상 새로움을 발견하지 못한 채 판매율이 정체 혹은 감소되는 시점에 이른 경우, 새로운 포지션을 만들어 내는 것보다는 과거에 성공적이었던 전략을 재검토하거나 과거의 가치에 대한 향수를 불러일으키는 것이 더욱 효과적일 수 있다. 한때 켈로그(Kellogg)는 '다시 맨처음의 기분으로 맛보세요' 이라는 슬로건을 가지고 광고 캠페인을 펼쳤었다. 브랜드 유산에 기초한 이러한 전략은 경쟁사의 역사가 상대적으로 짧거나 표적 청중들이 향수라는 감성적인 가치에 호의적일 경우에 특히 효과적이다. 어떻게 자사의 제품이 경쟁사와 차별되고 또한 경쟁사보다 나은지에 대한 답변이 되기도 한다.

---

13) 일본계 타이어 제조사

14) 브릿지스톤의 미국 현지 법인

15) 2002년 8월 파이어 스톤이 포드사에 납품한 타이어 일부가 공기압 부족으로 운행 중 잇따라 파열되면서 차량전복사고가 발생하였음. 이 사고로 172명의 사망자가 발생되었으며, 파이어스톤은 사태수습 과정에서 650만 개의 타이어를 리콜함으로써 3억 5,000만 달러의 손실을 입고 기업 이미지에 심각한 타격을 받았음

리포지셔닝과 변화 - 새로운 패러다임

10년 혹은 20년 전만 해도 리포지셔닝은 매우 드문 전략이었으며 위에서 언급된 8가지 이유들로 인한 리포지셔닝 경우가 대부분이었다. 그러나 오늘날에는 기업이 변화와 혁신의 속도에 발맞추기 위해 노력함에 따라 리포지셔닝이 점점 더 빈번히 이루어지는 추세이다. 또한 지속적인 혁신이 성공의 필수조건이 되어가면서 리포지셔닝 역시 필수적인 전략이 되어가고 있다. 브랜드의 리포지셔닝은 이제 일반적인 현상이 되었다. 따라서 브랜드 관리자들은 그들의 시장 리더십과 활력을 어떻게 유지시키고 개선시켜 나갈지에 대해 새로운 시각을 가져야 한다.

끊임없이 변화하는 세상에 맞추어 당신의 브랜드를 리포지션하기 위해 고려해야 하는 요인들은 다음과 같다.

- 리포지셔닝이 브랜드 개발에 필수적인 부분이라는 것을 인정한다.
- 고객의 변화하는 욕구와 경쟁사의 반응에 대한 정보를 수집한다.
- 당신의 임무는 고객들의 인식을 관리하는 일이며 여기에는 예산이 필요하다. 리포지셔닝을 한다는 것은 브랜드에 대한 인식을 변화시키고 사람들에게 당신의 브랜드가 차별화되고 더 좋다는 사실을 알리기 위하여 이미지와 제품 커뮤니케이션에 비용을 지출한다는 것을 의미한다. 기존의 인식들이 확고할수록 더 많은 비용을 지출해야 한다.
- 새로운 리포지셔닝 전략에 따라 현재 준비 단계에 있는 제품이나 서비스 역시 변화되어야 한다. 그렇지 않으면 리포지셔닝 전략은 문제에 직면하게 될 것이다. 예를 들어 자동차 회사의 경우 리포지셔닝은 7년이 걸릴 수도 있다. 왜냐 하면 준비 단계에 있는 제품들이 리포지셔닝의 속도를 지연시키기 때문이다.
- 기업 내에서 브랜드에 영향을 미칠 수 있는 모든 사람들로부터 의

견을 수렴한다. 그렇지 않으면 리포지셔닝은 실패할 가능성이 높다.

- **가장 기본이 되는 것들을 기억하자:** 리포지셔닝을 위해서는 기존의 브랜드 제안에 더 많은 가치를 추가하거나 표적 청중을 변화시켜야 한다.

포지셔닝은 혁명적이어야 하는가, 진화적이어야 하는가?

혁명적 포지셔닝은 당신이 새로운 제품, 새로운 기업, 새로운 개인적인 목표를 달성하고자 하는 경우 주로 적용되는 전략이다. 이러한 상황에서 현재의 이미지는 없으며 처음부터 포지션이 새롭게 만들어져야 한다. 다시 말하면 현재 브랜드는 어디에도 없기 때문에 어딘가로 가야 한다는 것이다. 이러한 경우 포지셔닝은 혁명적인 것이 되어야 한다. 당신은 현존하는 경쟁자를 고려하여 강력한 포지션을 결정해야 하며 또한 효과를 발휘해야 한다.

한편 진화적 포지셔닝은 브랜드의 이미지를 점진적으로 발전시키는 전략이다. 여기서 중요한 것은 일단 당신의 브랜드는 어딘가에 위치해 있으므로 그 다음에 어디로 가야 할지를 결정해야 하며 결코 뒤쳐져서는 안 된다는 것이다. 이 때 당신의 브랜드가 이제까지 차지하고 있던 포지션에서 갑자기 이동하게 되면 위험할 수 있기 때문에, 당신 브랜드만의 독특한 아이덴티티를 잃지 않고 현재의 고객들을 멀리하지 않으면서 그들이 익숙하게 느끼는 방향으로 이동하는 것이 바람직하다.

대부분의 경우 브랜드 관리자들은 위의 두 가지 접근 방식 간에 균형을 유지해야 하는 딜레마에 빠진다. 예를 들어 조르지오 아르마니(Georgio Armani)는 CNN과의 인터뷰에서 현재 조르지오 아르마니가 처한 문제점은 기존의 클래식한 디자인을 그대로 유지할 것인지 유행의 흐름을 따라갈 것인지에 있다고 말하였다. 현재의 고객은 조르지오 아르마니의 클래식한 디자인을 원하고 있는 반면 패션은 기술적 진보와 대중매체의 과대광고로 더욱 빠르게 변화하고 있다. 아르마니는 미디어가 개인적인 스타일보다 대중 디자이너가 생산하는 스타일을 더 부각시키고 있다고 말한다. 만약 최신의 대중패션 제품에 빨간색이 사용된다면 사람들은 아르마니를 포함하여 모든 브랜드들이 빨간색의 무언가를 보여주기를 바란다는 것이다. 그렇지 않으면 그 제품은 미디어의 집중을 받을 수 없다고 한다. 따라서 아르마니와 같은 디자이너들에게 있어서 딜레마는 어떻게 최신 유행을 수용하는 동시에 자신만의 독창적인 스타일(포지셔닝)을 지켜 나갈 것인가이다. 대답은 '혁명적 변화'가 아니라 '진화적 변화'이다. 아르마니는 그만의 아이덴티티와 현대성을 동시에 만족시키는 방향으로 제품을 포지셔닝시켜야 한다. 조르지오 아르마니는 항상 아르마니 그대로의 모습을 유지하면서도 클래식한 스타일과 최신 유행이라고 하는 고객들의 기대를 충족시켜야 한다.

균등을 위한 포지셔닝

시간은 빠르게 흘러가며 사람들의 니즈와 욕구 역시 시간이 지남에 따라 변화한다. 종종 당신은 당신이 대중보다 뒤처지고 있다는 혹은 이미 뒤처져 있다는 사실을 인정해야 할 때가 있고 따라서 이를 따라잡아야 하는 경우가 생긴다. 당신은 사람들에게 당신은 최신 트렌드를 따라가고 있으며, 항상 유행에 민감하고, 현대적이며, 다른 사람들과 발맞추고 있다는 확신을 주어야 한다. 이것이 바로 균등을 위한 포지셔닝이다. 즉 당신이 경쟁사에 비해 불리하지 않다는 것을 사람들에게 보여 주는 것이다.

종종 이러한 포지셔닝은 특성이나 효익과 같은 보다 기본적인 경쟁적 요소와 관련되어 있으며 당신이 고객으로 유지 혹은 확보하려는 사람들의 니즈와 욕구를 충족시키는 것이 그 목적이다. 균등을 위한 포지셔닝은 퍼스널 컴퓨터 분야 등과 같은 특정 카테고리의 경우 주로 경쟁사 대비 포지셔닝 전략으로 나타난다. 이러한 카테고리의 경우에는 제품의 수명 주기가 상당히 짧다. 소비자들이 어떠한 브랜드 제품의 특성과 효익이 의미가 있고 비용 대비 가치가 있을지를 고민하기 위해 좌뇌를 가동하기 시작할 때, 이미 한층 더 업그레이드된 신제품이 출시되어 그 선택은 무용지물이 되어버리는 것이다. 여기서 포지셔닝은 당신이 특정 관심 영역에서 경쟁할 수 있는 필수 요소들을 가지고 있다는 메시지를 고객들에게 제공하는 데 집중해야 한다. 즉 당신이 컴퓨터 제조업자나 유통업자라고 한다면 당신은 가장 최신의 칩, 하드 디스크 사이즈, 메모리 성능, 처리 속도 등을 갖춘 모델을 가지고 있어야 한다.

우월함을 제시하는 포지셔닝

모든 브랜드들은 우월하게 인식되고 모든 사람들에 의해 최고의 선택으로 평가받기를 바라지만 이러한 포지션을 만들어 내고 계속 유지한다는 것은 쉬운 일이 아니다. 이는 불균등, 차별적 이점, 경쟁보다 상위에 있는 이미지, 부동의 리더라는 것을 제시함으로써 균등 포지셔닝을 훨씬 뛰어넘는 전략이다. 세계적으로 앞서가는 브랜드를 포함하여 일부 기업들은 이미 이러한 전략을 사용해왔으며 그 밖의 기업들의 경우에는 이를 이사회의 중요 안건으로 다루고 있다.

우월함을 제시하는 포지셔닝은 표적 청중이 자사의 브랜드가 경쟁과 동일한 수준이라고 인지하고 있는 경우에만 사용할 수 있는 전략이다. 다시 말하면 당신은 당신의 브랜드가 제공하는 것이 무엇이던 적어도 경쟁자만큼은 된다는 것을 제시해야만 하며, 이러한 경우에 만이 당신의 브랜드가 무언가 더 낫고 특별한 것을 줄 수 있다고 소비자들을 설득할 수 있다.

경쟁보다 우월한 포지션을 갖게된 기업들은 지속 가능한 경쟁적 우위를 차지했다고 말할 수 있으며 이는 곧 그들의 경쟁 영역에서 가장 선호되는 선택이 되는 것이다.

포지셔닝 문안의 필요성

당신이 커뮤니케이션을 통해 브랜드의 이미지를 만들어 나아가는데 있어서 모든 측면에 대해 총괄적인 통제를 하기는 거의 불가능하기 때문에 사람들이 따를 수 있는 커뮤니케이션 기준이 필요하다. 이것이 문서화된 포지셔닝 문안이 필요한 가장 큰 이유이다. 만약 포지셔닝 문안이 문서화되어 있지 않으면 포지셔닝 아이디어가 잘못 해석될 가능성이 있고, 전략이 어긋날 수 있으며, 또한 주요 메시지가 정확히 표현되지 않을 수 있다. 그리고 이는 결과적으로 소비자를 혼란스럽게 만들 수 있다. 따라서 브랜드가 전달하고자 하는 메시지를 명확히 하고 일관성 있는 이미지와 포지션을 개발하기 위해서는 포지셔닝 문안이 반드시 필요하다.

포지셔닝 문안은 무엇인가?

포지셔닝 문안은 대중 공개용이 아닌 내부 자료이다. 이는 전략을 요약하고 있으며 전략적 마케팅 및 브랜드 관리, 또는 광고사 및 에이전시의 브리핑을 위한 하나의 지침서이다. 포지셔닝 문안은 사람들이 당신의 제품이나 회사, 또는 당신의 나라에 대해 어떻게 생각하기를 바라는지에 대해 명확하고 간략하게 언급해 놓은 것이다. 포지셔닝 문안은 당신이 희망하는 이미지를 명확히 표현해 줄 뿐만 아니라 당신이 희망하는 이미지가 실제로 믿을만한지, 설득력이 있는지, 달성가능한지를 알려 주기 때문에 전략을 위한 좋은 테스트가 될 수 있다. 포지셔닝 문안은 만들기 쉬운 것이 아니며 종종 몇몇의 시행착오가 필요하다. 다른 사람들의 의견과 동의를 받아 작성하는 것이 바람직하다. 예를 들어 기업의 포지셔닝 문안의 경우에는 문안에 대한 동의와 참여를 얻기 위해 그리고 추후 실행을 확실히 하기 위해 가능한 한 많은 고위 관리자들의 참여 속에 이루어지는 것이 좋다. 제품 관리자들은 다른 사람들의 의견이나 협조를 받을 필요가 있다.

포지셔닝 문안을 만들기 전에 다음의 요소들에 대한 명확한 이해가 있어야 한다.

- **당신의 브랜드:** 이는 당연한 것처럼 보일지 모르지만, 무엇을 제공

함으로써 당신이 영향을 주려고 하는 사람들을 사로잡을 것인지에 대해 명확히 해야 한다. 제품으로 말하자면 이는 제품의 특성 및 속성 그리고 여기서 발생되는 효익이 될 것이다. 경쟁사들이 제공하는 것 대비 당신의 브랜드가 제공하는 것의 차별화 요인이 무엇인지를 끊임없이 고민해야 한다. 서비스 역시 마찬가지이다. 당신 브랜드의 서비스에 있어서 경쟁적 우위 요소는 무엇인가? 대부분의 기업들은 글로벌 이미지, 좋은 과거 실적, 퍼스낼리티와 같은 그들 고유의 특성과 또한 기업의 차별화 요소로 작용할 수 있는 독특한 특징을 가지고 있다.

- **당신이 영향을 미치고자 하는 표적 청중:** 우선 사람들의 니즈와 욕구를 파악하는 것이 중요한데 이 둘 사이에는 차이가 있다. 예를 들어 나는 먹을 음식이 필요하다, 그런데 나는 '카레'를 원한다, 혹은 더 나아가서 나의 신념 체계에 적합한 '야채' 카레를 원할 수도 있다. 이렇듯 소비자들이 원하는 유형적인 요구 조건뿐만 아니라 무형적인 요구 조건까지 이해하는 것이 중요하다. 소비자에 대한 정확한 이해가 뒷받침되지 않으면 브랜드 관리자들이 전달하고자 하는 메시지는 적절하지 못할 수 있으며 또한 브랜드에 대한 신뢰도를 잃어버릴 수 있다.
- **당신의 경쟁 브랜드들(경쟁 군):** 당신이 축구팀의 매니저이던 마케팅 매니저이던 연예인이던 관리자이던 한 나라의 총리이던 간에 경쟁자에 대한 완벽한 이해 없이는 완벽한 전략 역시 만들 수 없다. 이를 위해 할 수 있는 질문들은 다음과 같다.

  ✔ 소비자들이 고려하는 경쟁 브랜드에는 어떠한 것들이 있는가?
  ✔ 경쟁자들은 어떠한 포지셔닝 전략을 사용하고 있으며, 왜 그러한가?
  ✔ 경쟁자들은 어떠한 주요 메시지를 전달하고 있는가?
  ✔ 경쟁자들의 경쟁적 우위점과 주요 차별점은 무엇이라고 생각하는가?
  ✔ 소비자들은 어떠한 이유 때문에 경쟁 브랜드를 구매하는가?
  ✔ 경쟁 브랜드는 현재 어떠한 이미지를 가지고 있는가?
  ✔ 소비자들은 경쟁과 우리 사이에 어떠한 차이가 있다고 생각하

는가?

✔ 만약 소비자들이 우리의 브랜드를 더 이상 사용하지 않게 된다면 그들은 어떠한 경쟁 브랜드를 대신 선택할 것인가?

이 때 제기될 수 있는 중요한 문제점 가운데 하나는 우리의 경쟁자를 누구로 보아야 하는지를 판단하는 것이다. 특히 일상 생활용품과 같이 카테고리 정의가 매우 중요한 제품 카테고리의 경우 특히 그러한데, 사실상 어떠한 포지셔닝 상황에서던 경쟁자에 대한 파악은 반드시 이루어져야 한다. 그런 까닭에 제품 카테고리에 대한 정의는 경쟁자 분석에 있어서 가장 중요한 첫 번째 단계이며 이후 포지셔닝 노력 수행에 있어서도 있어서도 아주 중요한 부분이다.

- **왜 당신의 브랜드가 경쟁 브랜드와 차별되고 또 경쟁 브랜드보다 나은가?:** 이에 대한 분석을 통해 당신의 브랜드는 어떠한 포지션을 선택할 것인지, 그리고 표적 청중들의 인식에 영향을 미치기 위하여 어떠한 포지셔닝 전략을 사용해야 하는지에 대한 정확한 판단을 할 수 있다.
- **소비자들이 귀하 브랜드에 대해 갖기를 바라는 인식:** 브랜드가 사람들에게 어떻게 보여지기 원하는지에 대해 항상 목표를 설정해야 한다. 그리고 이러한 목표를 문서화할 때에는 이를 영향을 주고자 하는 고객이나 사람들의 언어로 표현하려 노력해야 한다. 만약 낭신이 소비자들의 입장이 되어 생각한다면 고객들이 어떻게 생각하는지를 파악할 수 있고 또한 고객들의 인식을 더욱 성공적으로 관리할 수 있으며 당신이 의도했던 이미지가 올바르게 형성되고 있는지의 여부도 더욱 쉽게 확인할 수 있다. 브랜드 포지셔닝 문안을 작성할 때에는 그 내용으로 사실적인 것뿐만 아니라 미래의 꿈도 담을 수가 있다. 그러나 브랜드 문안은 내부 사용만을 목적으로 하기 때문에 이는 그다지 중요한 문제가 아니다. 다만 고객이 당신의 브랜드에

대해 당신이 원하는 인식을 가지게 하려면 그 약속을 지키기 위해 많은 노력을 기울여야 한다. 따라서 브랜드가 실제로 약속하는 바를 수행할 수 있을 때까지 포지셔닝을 외부에 커뮤니케이션하는 작업이 연기되기도 한다.

위에 제시된 분석의 일부는 당신이 충분한 내부자료를 가지고 있지 않은 경우 별도의 조사를 통해 이루어져야 하며 이 때 상당한 시간이 소요될 수 있다. 그러나 이러한 과정을 거쳐 전달되는 브랜드 포지션은 훨씬 더 집중되고 정확해질 것이다. 일단 포지셔닝 문안을 작성할 계획이라면 이는 간결하게 써야 한다.

포지셔닝 문안을 어떻게 작성하고 사용할 것인가?

포지셔닝 문안의 작성 방법에는 여러 가지가 있지만 이들은 공통적으로 몇 가지 요소들을 꼭 포함하고 있어야 한다. 저자의 경험에 의하면 다음과 같은 형태가 가장 실용적이다.

포지셔닝 문안의 형태 예시

브랜드 X는

표적 시장

(당신이 목표로 하는, 가능하다면 그들의 니즈와 욕구 측면에서 정의된 고객 그룹. 모브랜드일 경우 이는 광범위하겠지만 각 고객별 세부시장에서는 보다 명확히 정의될 수 있다.)

에 대해서

경쟁자군

(당신의 브랜드가 속한 카테고리, 산업 등에서 당신과 경쟁하고 있는 주요 경쟁자들)

보다 뛰어나다.

왜냐 하면 이 브랜드는

전략적 경쟁 우위(SCA)

(고객의 니즈를 만족시키는 데 있어 당신의 브랜드가 경쟁과 비교하여 가지고 있는 특정한 우위점)

를 가지고

주요 제안

(표적 청중이 경험하게 되는 진실로 감상적이고 이성적인 효익. 주로 SCA를 통해 가능하다.)

을 줄 수 있기 때문이다.

브랜드 퍼스낼리티(성격)

브랜드 퍼스낼리티는 앞서 언급되었던대로 당신의 브랜드가 가지고 있는 퍼스낼리티를 의미한다. 브랜드 퍼스낼리티는 포지셔닝 문안의 마지막 부분에 별도로 제시될 수도 있고 혹은 포지셔닝 문안의 내용 안에 브랜드 퍼스낼리티를 나타내는 단어들을 포함시킬 수도 있다.

이 문안을 잘 만들수록 당신은 다음과 같은 질문들에 쉽게 대답할 수 있게 된다.

- 왜 당신의 브랜드가 더 나은가?
- 왜 당신의 브랜드가 다른가?

위의 두 질문은 경쟁 브랜드가 아닌 귀하의 브랜드를 왜 구매해야 하는지를 알고자 하는 소비자들에게 가장 중요한 사항이다. 당신의 브랜드가 최선의 선택이라는 사실을 소비자들에게 설득시키기 위해서는 이러한 질문들에 진실하고 적절한 대답을 제공할 수 있어야 한다. 따라서 포지셔닝 문안이 신뢰감 있고, 믿을만하고, 소비자들에게 쉽게 전달될 수 있으며, 또한 표적 청중의 니즈와 욕구에 부합하고 있는지에 대한 면밀한 검토가 필요하다.

예: 어느 항공사의 포지셔닝 문안

여기서 우리는 다른 국제 항공사들과 차별화된 어느 아시아계 항공사의 모브랜드 퍼스낼리티를 보게 된다. 또한 이러한 모브랜드의 퍼스낼리티가 각 표적 청중의 포지셔닝 문안에 어떻게 반영되는지도 볼 수 있을 것이다. 포지셔닝 문안은 세분화된 세분시장에 대한 상세한 분석을 바탕으로 작성되어야 하는데, 이는 각 세분시장의 다양한 니즈와 욕구에 따라 브랜드 전체의 제안이 달라져야 하기 때문이다. 그러나 이와 동시에 세분시장의 포지셔닝 문안은 관련성과 일관성 모두를 유지하기 위해 모브랜드 문안과 동일한 방향을 공유해야 한다.

다음에 제시된 예는 시장의 주요 세분시장이 언급된 실제 사례이다. 소비자들은 항공 여행 시 항공사를 선택할 때 안전성, 편의성뿐 아니라 비행 전, 비행중, 비행 후의 서비스를 통한 브랜드의 경험을 고려한다. 다음에서 바로 이러한 요소들이 문안에 반영되어 있음을 알 수 있으며 또한 브랜드의 전략적 경쟁 우위가 서로 다른 문안들에 모두 담겨 있음을 볼 수 있다.

브랜드 포지셔닝 문안

항공사 브랜드 X는

항공 서비스를 이용하는 모든 소비자들
에 대해서

다른 국제 항공사들보다
뛰어나다.

왜냐 하면 이 브랜드는

아시아 최고를 표방하는 국가 퍼스낼리티에서 오는 서비스의
자연스러움, 따뜻함, 전통성을 바탕으로 한 세계적 수준의 정밀한
시스템과 기술을 가지고

모든 고객들이 자신들의 니즈와 욕구 그리고 항공사 X의 고객들을
돌보려는 진실한 의지를 올바르게 이해할 수 있도록
해 주기 때문이다.

이코노미 클래스 포지셔닝 문안

항공사 브랜드 X는

환상적인 문화 경험과 함께 항공 여행의 새로운 기준을 제시하는
편안하고, 안전하고, 편리한 여행을 추구하는 고객들
에 대해서

다른 국제 항공사들보다
뛰어나다.

왜냐 하면 이 브랜드는

아시아 최고를 표방하는 국가 퍼스낼리티에서 오는 서비스의
자연스러움, 따뜻함, 전통성을 바탕으로 한 세계적 수준의 정밀한
시스템과 기술을 가지고

고객들의 비행이 독특한 경험과 영원한 기억으로 남을 수 있도록
해 주기 때문이다.

수퍼 이코노미 클래스 포지셔닝 문안

항공사 브랜드 X는

환상적인 문화 경험과 함께 항공 여행의 새로운 기준을 제시하는
편안하고, 안전하고, 편리한 여행을 추구하는 고객들
에 대해서

다른 국제 항공사들보다
뛰어나다.

왜냐 하면 이 브랜드는

아시아 최고를 표방하는 국가 퍼스낼리티에서 오는 서비스의
자연스러움, 따뜻함, 전통성을 바탕으로 일반 비즈니스 클래스보다
더욱 저렴한 가격으로 모든 서비스를 제공
함으로써

고객들이 평생 기억에 남을 만한 비행 경험을 통해
최소의 스트레스와 최고의 상쾌함으로 여행을 끝낼 수 있도록
해 주기 때문이다.

비즈니스 클래스 포지셔닝 문안

항공사 브랜드 X는

한 차원 격조 높은 즐거움을 추구하는 비즈니스 클래스 여행자들
에 대해서

다른 국제 항공사들보다
뛰어나다.

왜냐 하면 이 브랜드는

아시아 최고를 표방하는 국가 퍼스낼리티에서 오는 서비스의
자연스러움, 따뜻함, 전통성을 바탕으로 글로벌 항공사들만이 제공
할 수 있는 비즈니스 클래스다운 넓은 공간, 고급스러움
그리고 각종 특별한 혜택들
을 가지고

소비자들이 비즈니스 고객들에 걸 맞는 최고 수준의 관심과 특권을
누린 채 보다 행복하고 상쾌하고 편안한 상태로 여행을 끝낼 수
있도록
해 주기 때문이다.

퍼스트 클래스 포지셔닝 문안

브랜드 X는

최상의 고급스러움, 편리함, 프라이버시, 그리고 개별적인 서비스를
추구하는 여행자들
에 대해서

다른 국제 항공사들보다
뛰어나다.

왜냐 하면 이 브랜드는

독특한 퍼스트 클래스 특권, 그리고 승무원의 진실됨, 따뜻함,
서비스를 통한 아시아 최고의 경험을 제공함으로써

세계에서 가장 이국적인 대륙의 복합적인 퍼스낼리티와
놀라운 전통 문화가 제공해 주는 독특한 색깔과 흥분에 푹 빠지는
여정이 될 수 있도록
해 주기 때문이다.

슬로건의 개발

슬로건은 브랜드 네임 뒤에 일관되게 제시되는 문구로서 브랜드 퍼스낼리티와 포지셔닝 내용을 함축하고 있다. 슬로건은 단독적으로 사용되는 경우는 없고 특정 커뮤니케이션 형태의 뒷부분에 제시된다. 슬로건에 모든 내용을 담을 수는 없으며 또 사실 그럴 필요도 없다. 다만 슬로건은 시간의 변화에도 유연성 있게 적용될 수 있는 몇 가지의 핵심 메시지를 함축할 수 있을 만큼 포괄적이어야 한다. 그러나 슬로건은 일정한 방향성을 유지해야 하며 보고 듣고 읽는 사람들에게 전달되어 행동을 불러일으킬 수 있을 정도의 강한 인상을 줄 수 있어야 한다. 일단 이렇게 만들어진 슬로건은 브랜드와 표적 청중의 마음을 연결하고 또 이 감성적 연결 고리를 강화시키는 역할을 수행하게 된다. 슬로건은 자사 브랜드의 차별성을 표현하고, 우월성을 주장해야 하며, 퍼스낼리티, 서비스, 기술적 우수성을 효과적으로 표현하고, 때로는 변화에 대응할 수도 있어야 하며, 마지막으로 국내 및 국외 시장의 욕구를 모두 반영하고 있어야 한다. 무엇보다도 슬로건은 브랜드의 약속, 즐거움 그리고 브랜드 경험을 내포하고 있어야 한다. 단지 서 너 개의 단어에 이 모든 것을 말이다! 다음은 위에 제시된 항공사들의 포지셔닝 분안을 바탕으로 작성될 수 있는 슬로건의 예이다.

'당신의 다른 세상' 이 슬로건은,

- 퍼스낼리티에 기반을 둔 포지셔닝을 강화시키고 제품 개발에 있어서의 차별성을 부각시키면서 자사 브랜드의 차별화에 대한 약속을 강조한다.

- 브랜드에 대한 흥미와 브랜드를 더 알고자 하는 욕구를 이끌어 낸다.
- 경쟁사 대비 차별성과 우월성을 지향하는 자사 항공사의 전개발 과정을 소비자와 임직원 모두에게 전달한다.
- 자사 브랜드의 우월성을 내포한다.
- 메시지 전달자에게까지 그 파워가 전달될 수 있도록 넓은 범위를 포괄한다. 전달자가 없는 약속은 의미가 없기 때문이다.
- 제시된 효익이 자사의 제품 및 서비스를 통해서만 얻을 수 있다는 내용의 메시지가 매우 효과적이다.
- '세상' 이라는 단어는 자사 브랜드의 퍼스낼리티 포지션이 반영된 세계화, 커버리지, 규모를 상징한다.
- '세상' 이라는 단어는 항공 여행에서 경험할 수 있는 혼란이나 불편함과는 거리가 먼 편안한 느낌을 전달해 준다.
- '다른 세상' 이라는 부분은 아시아 최고를 표방하는 해당 국가의 문화적 다양성을 함축하고 있다.
- '당신의' 라는 표현은 고객에 대한 강조를 나타낸다. 이 표현은 브랜드와 고객 간의 관계를 향상시키며 자사 항공사가 고객을 항상 최우선으로 한다는 인상을 심어 준다.
- 브랜드 퍼스낼리티와 조화를 이루는 부드러움이 느껴진다.
- 짧고 간결하며 기억하기 쉽다.
- 주요 경쟁자들을 포위하고 공격하겠다는 자사 브랜드의 전략에 부합한다.
- 안전하다. 시장 환경의 급속한 변화가 포지션의 변화를 요구하게 될지라도 이 슬로건은 차별화의 필수 과정인 포지셔닝에 있어서 여전히 유효할 것이다.

다음 사례는 하이얼(Haier)이라는 중국 기업에 관한 것이다. 하이얼은 미국 내에서 그 자체적인 틈새 포지션을 만들어 내려고 노력하였으며 원산지가 중국이라는 점 때문에 발생할 수 있는 품질에 대한 좋지 않은 인식을 피하고자 노력하였다. 이미 성숙되고 선진화된 시장에서 알려지지 않은 외국 기업이 포지셔닝한다는 것은 쉬운 일이 아니었을 것이다.

본 저자는 이번 장을 마무리하면서 좋은 포지셔닝은 브랜드 차별

사례 연구 6

하이얼(Haier) 선진화된 서구 시장에서의 아시아 브랜드 포지셔닝: 도전하는 자는 성공할 것인가?

본 저자는 상당한 시간을 아시아에서 보내고 있기 때문에, 종종 세계적인 브랜드가 되고자 하는 아시아 브랜드에 대해 우선은 국내 시장에서 최고의 포지션을 차지하고 그 다음에 아시아 지역을 점유하고 그 다음에 필요하다면 세계 시장으로 진출하라고 조언하곤 한다. 그 첫 번째 이유는 단순히, 국내 시장에서 최고의 포지션을 차지하지도 못한 브랜드가 세계적인 브랜드가 된 경우가 이제껏 거의 없었기 때문이다. 두 번째 이유는 글로벌 시장조사 결과 우선 아시아 시장부터 점유하는 것이 글로벌 시장에서도 유리한 경우가 많았기 때문이다. 이 두 번째 단계는 아시아 인구가 세계 인구의 절반임을 고려할 때 물론 쉽지 않은 일이긴 하지만, 서로의 문화를 이해하는 데 있어서 큰 문제가 없다는 점에서 아시아 기업은 서양 기업보다는 상대적으로 유리한 위치에 있다고 하겠다. 마지막으로 기업의 규모, 매출, 명성, 경험들이 충분히 축적된 상태에서 세계 시장에 대한 지원 능력을 갖추었다는 느낌이 들고 또한 세계 시장에서 2~3위 안에 들 수 있다고 생각되었을 때 세계 시장에 진출하는 것이 좋다.

지름길

중국 최대의 백색 가전 제조업체인 하이얼은 위에 제시한 정상적인

수순과는 반대되는 지름길 전략을 취하고 있다. CEO 짱 루이민(Zhang Ruimin)은 낮은 품질의 제품을 생산하는 국영 기업을 인수하여 품질을 최우선으로 여기는 경영을 펼친 결과 이 기업을 현재 중국 시장 1위 그리고 2000년도 전세계 매출이 50억 달러에 달하는 세계적인 기업으로 일구어 냈다. 칭따오(Qingdao)에 위치한 까르푸에 따르면 하이얼 브랜드는 중국 사람들이 프리미엄 가격을 지불할 정도로 무척이나 인기가 많다고 한다. 실제로 하이얼의 세탁기는 이와 유사한 미국 제품인 월풀(Whirlpool)의 모델보다도 가격이 높다. 그러나 이러한 브랜드 인식이 세계 시장에도 그대로 전달될 수 있을 것인가?

짱 루이민은 최근 월풀과 같은 서구 기업들을 인수함으로써 아시아 1위 자리를 거치지 않은 채 곧바로 미국 내 5위 안에 드는 백색 가전 브랜드로 도약하려 하고 있다. 그러나 최고 수준의 품질이 아니면 어떠한 브랜드도 살아남을 수 없다는 점에서 제품의 질적인 차원 역시 중요하게 고려되어야 하는데, 이제까지의 아시아 기업들은 이 부분에 대해 소홀히 해 온 경향이 있었다. 짱 루이민은 이를 늘 인식하고 있었으며, 그가 최고 관리자이던 1980년대에는 품질의 절대적인 중요성에 대한 자신의 견해를 전달하기 위해 모든 임직원들 앞에서 하자가 발견된 냉장고들을 쇠망치로 부수기도 하였다.

원산지 논쟁

최근 아시아 브랜드가 직면하고 있는 가장 심각한 문제 가운데 하나는 소비자들이 아시아 브랜드 제품들에 대해 '값이 싸고 품질이 좋지 않다' 는 인식을 가지고 있다는 데 있다. 이러한 인식은 수십 년간 지속되어 왔으며 단번에 변화시키기 어려운 것으로 나타나고 있다. 일본 브랜드가 30년이 걸려 이러한 인식에서 벗어난 반면 중국 제품들은 여전히 '좋지 않은 품질' 의 카테고리로 인식되고 있기 때문에 하이얼은 이 품질 부분에 대해 전쟁을 선언했다. 그리고 가정에서부터 모든 품질 관리가 시작되는 곳, 즉 미국이라는 상업적인 적에 도전하기 시작했다.

전략

하이얼의 전략은 낮은 가격으로 중국에서 생산되어 미국으로 수출되는 이른 바 'Made in China' 식의 제품 생산과는 거리가 멀다. 하이얼은 나이키같은 경우에는 브랜드 파워 때문에 아시아에서 생산된 제품을 가지고도 성공할 수 있지만 하이얼 자사 브랜드로서는 제품이 중국에서 생산되었다는 표시를 하게 될 경우 시장에서 고전을 면치 못할 것이라고 판단하였다.

따라서 하이얼을 미국에서 제조하는 식으로 제조 조건을 바꾸는 전략이 사용되었다. 하이얼은 사우스 캐롤라이나에 위치한 캠든에서 몇 개의 공장이 들어갈만한 대지를 구입하고 최초의 냉장고 공장을 짓는데 3천만 달러를 투자하였다. 이러한 전략은 브랜드 관리에 있어 가장 중요한 '인식 관리'의 일부로서 당장은 생산 비용이 증가하더라도 미래를 위한 안전한 토대를 구축하는 데 도움을 준다. 하이얼은 현재 주로 미국인 임직원들로 구성되어 있으며 제품에는 'Made in USA' 라벨을 붙여 판매하고 있다.

하이얼은 자사 브랜드가 시장에 진입한 이후 소형 냉장고 시장에서 매년 50%의 성장을 거듭하면서 관련 카테고리 시장의 성장까지 도왔다고 말한다. 하이얼은 또한 다양한 시장의 욕구에 민감하게 반응하면서 소비자들에게 미학적 가치를 제공하기 위해 노력한다. 소비자에 대한 이해가 반영된 예로는 고급스러운 유리문, 곡선, 부드러운 조명, 크롬 재질의 칸막이 등으로 만들어진 와인 냉장고가 있다. 개당 4백 달러 정도로 판매되는 이 와인 냉장고는 최고급 시장을 겨냥한 제품이며, 인터내셔널 와인 액세서리 카탈로그(International Wine Accessories Catalogue)의 커버에 실리기도 하였다. 이러한 혁신 제품들은 제품 컨셉 구상에서 디자인, 시장 출시까지 채 1년도 걸리지 않는 등 매우 빠른 속도로 시장에 도입된다.

하이얼은 상품이 성숙기 단계에서 대중화되고 보편화되면서 점차 저가로 내려가는 현상을 인식하고 품질, 디자인, 혁신을 비롯하여 소비자가 정말 원하는 것을 제공하는 데 초점을 맞춤으로써 가격 경쟁이나 프로모션 경쟁을 피하기 위해 노력하고 있다.

파트너쉽과 구조

하이얼 미국 지사은 자사 브랜드의 인지도와 신뢰성을 더하기 위한 전략적 파트너쉽을 구하던 중 자사의 제품들, 주로 소형 냉장고 및 냉동고를 판매할 수 있는 월마트(Wal-Mart)를 선택하였다. 하이얼은 물류지원, 재고 관리, 원활한 고객 서비스를 제공함으로써 유통업자를 지원하고 있다.

“이러한 정보화 시대에는 소비자들의 욕구를 가장 먼저 충족시키는 사람만이 성공할 수 있다. 따라서 나는 소비자의 욕구를 충족시켜 주는 정보나 기술을 가진 사람이면 누구와도 함께 일할 것이다”라고 주장하는 짱에게 있어서 시장과 제품의 혁신 속도는 매우 중요한 요소이다. 이러한 이유 때문에 하이얼은 블루투쓰(Bluetooth)[16] 무선 기술을 자사 제품에 사용하기 위해 에릭슨(Ericsson)과 같은 유명한 브랜드와 손을 잡기도 하였다. 이러한 전략적 제휴는 하이얼이 현재 가지고 있지 못한 연구 개발의 토대를 마련하게 해 줄 것이다. 지속적인 혁신을 통해 하이얼은 매년 400여 개의 신제품을 시장에 출시하고 있다. 이들의 성공률 혹은 실패율은 알려져 있지 않지만 이와 같은 변화의 속도가 계속 유지된다는 것 자체가 놀라운 사실이다. 이에 대한 짱의 대답은 다음과 같다. “우리는 어느 시장에서든지 일단 하나의 신제품을 출시한 후 이를 발판으로 더 많은 신제품들을 시장에 소개한다.” 이러한 전략은 모든 시장에서 성공을 거두었다.

---

16) 근거리에 놓여 있는 컴퓨터와 이동단말기, 가전제품 등을 무선으로 연결하여 쌍방향으로 실시간 통신을 가능하게 해 주는 규격 혹은 그 규격에 맞는 제품을 말함

짱은 하이얼이 틈새 마케팅 전략을 사용하고 있으며 한 틈새 시장에서 다음 틈새 시장으로 넘어가기 전에 한 제품당 약 3만개 정도를 생산한다고 말한다. 이들 가운데 일부는 매우 작은 틈새 시장인데, 예를 들어 투명한 어항이 붙어 있는 세탁기가 여기에 해당한다. 현재 하이얼은 56개의 제품 카테고리를 가지고 다수 맞춤화를 실천하고 있다.

하이얼은 타사의 브랜드 관리의 시행 착오를 통해 배우는 것이 많다고 한다. 특히 미국 시장에 진출한 일본 기업들의 경우 일본 본사에서 미국 자회사의 지분 대부분을 소유하고 있는 것이 일반적이다. 짱은 이와는 다른 경영 철학을 가지고 있다. 그는 중국 본사의 임직원들이 선진국의 경쟁자보다 몇 년 정도 뒤쳐져 있다는 것을 인정하고 외국인 전문가 및 관리자들을 적극적으로 영입하고 있다. 미국에서 하이얼 미국 지사는 주식의 대부분을 차지하고 있는 중국 본사 하이얼과 미국 소액 주주들의 조인트 벤처이다. 하이얼 모기업은 단지 기업과 브랜드 전략에만 관여하며 실제 운영은 미국 시장을 이해하고 있는 미국인 주주들이 한다. 주주들은 상당한 자치권을 가지고 있으며 이는 의사 결정에 있어서 신속함과 유연성을 가능하게 한다. 하이얼 미국 지사의 CEO인 마이클 제멀(Michael Jemal)은 "브랜드를 출시하고 구축하고 시장을 만들어 나아가는 것은 일생일대의 기회이다"라고 하였다.

브랜드 문화

미국의 고급 자동차 시장을 공략하기 위해 도요타(Toyota)에 의해 만들어진 회사이자 브랜드인 렉서스(Lexus)는 미국의 시장과 소비자 행동을 이해하기 위해 렉서스가 출시되기 훨씬 이전에 직원들을 미국에 보내 미국의 가족들과 함께 머물도록 하였으며 일본인으로 구성된 최고경영진이 렉서스를 직접 운영하도록 하였다. 하이얼은 또 다시 이와 다른 전략을 취하였다. 하이얼의 최고경영진들은 모두 미국인이었다.

하이얼에게 있어서 브랜드 문화는 매우 중요하기 때문에 모든 임직원들은 40시간 정도의 초기 프로그램을 성공적으로 마쳐야 정식으로 채용될 수 있다. 이 프로그램은 팀워크, 안전, 품질의 중요성을 강조한다. 공장의 복도에는 짱의 쇠망치사건을 포함해서 하이얼의 과거 유산들이 진열되어 있다. 미국의 직원들은 중국으로의 여행 포상을 통해 하이얼 기업의 가치를 파악하고 중국 문화를 경험하는 기회를 얻을 수 있다. 하이얼은 임직원들 간의 관계에 있어서 동서양의 조화를 중요시 여긴다.

미래

하이얼은 13개국에 공장을 가지고 있으며, 160여개국에 제품을 판매하고 있다. 현재 미국의 소형 냉장고 시장에서는 30%의 점유율을 가지고 있다. 하이얼 브랜드 제품에는 TV 세트, 에어컨, 핸드폰, PC 주변기기뿐만 아니라 레스토랑 체인과 하이얼 브라더스 카툰(Brothers Cartoons)까지 있다. 금융 서비스 카테고리는 향후 진출하고자 하는 분야이다. 미국에서의 매출은 2000년 2억 달러에서 2008년에는 10억 달러로 성장할 것으로 예상하고 있다. 짱은 2001년 기업 총매출액을 750억 달러로 예상하고 있으며 2006년까지 세계 500대 기업에 진입하는 것을 목표로 하고 있다. 그는 또한 하이얼이 나이키, 델(Dell)과 같은 파워 브랜드로부터 많은 것을 배우고 있다고 말하면서, 앞으로는 자체 생산에만 의존하기보다 다양한 아웃소싱 기회를 모색할 것이라고 하였다.

하이얼은 도요타나 소니와 같은 아시아 브랜드와 같은 글로벌 브랜드가 되기를 원한다. 하이얼은 이미 주방 가전 용품 브랜드에서 월풀, 일렉트로룩스(Electrolux), GE, 보쉬 지멘스(Bosch-Siemens), 하우스게라테(Hausgerate), 삼성 전자(Samsung Electronics)에 이어 6위를 차지하고 있다. 글로벌 브랜드를 지향하는 전략은 하이얼의 궁극적인 목적을 달성할 수 있게 하겠지만 브랜드 확장에의 지나친 욕심은 하이얼이 너무 많은 것을 너무 빠르게 진행시키도록 유도할 수도 있다. 예를 들어 의학제품으로의 외도는 그다지 성공적이지 못했다. 그러나 만약 하이얼이 미국에서 꾸준히 살아남을 수 있고 또한 모든 사람들에게 모든 것을 제공하려는 욕심이 하이얼의 브랜드 자산에 좋지 않은 영향을 미치지만 않는다면, 우리는 또 하나의 글로벌 브랜드의 출현을 기대해도 좋을 듯 하다.

이 사례는 단지 하나의 중국 기업에 관한 것이다. 하이얼과 같은 거대 기업을 경영하는 짱과 같이 열정, 정열, 날카로운 감각을 가진 경영자들이 앞으로 중국이라는 거대한 나라에 더 많이 나타날 것이다. 중국의 WTO 가입 역시 서구 기업 브랜드들이 몇몇 기본 제품 카테고리를 지배하던 시대가 끝났음을 의미한다.

화와 브랜드 강도를 가져다 준다는 점을 강조하고 싶다. 어떠한 브랜드가 소비자 마음 속에 확실한 포지션을 갖게 되면 경쟁자들은 더 이상 경쟁적 이점을 갖기가 어려워진다. 브랜드 포지션이 소비자들에게 명확하면 할수록 브랜드 파워는 더욱더 강해진다. 좋은 포지션이란 본인이 앞 장에서 '소비자에 대한 통찰력'이라 명명했던대로, 고객을 행동하게 하는 것이 무엇인지에 대한 깊이 있는 이해를 통해서 형성되는 것이다. 브랜드 관리자들이 강력한 포지션을 갖게 되면 브랜드를 다른 카테고리와 시장으로 확장하려는 유혹에 빠지기 쉽다. 이러한 확장에 대한 문제는 5장에서 살펴보겠다. 다음 장에서는 포지셔닝과 브랜드 강도에 영향을 미칠 수 있는 브랜드 아키텍처의 선택에 대해 다루게 된다.

Chapter 04

4 브랜드 아키텍처

브랜드 아키텍처는 규칙이 거의 존재하지 않는 상당히 복잡한 작업이다. 그러나 모든 브랜드 관련 서적에는 이 브랜드 아키텍처에 대해 논한 부분이 반드시 실려 있다. 이번 장에서는 다양한 종류의 브랜드 아키텍처에 대한 기본적인 내용들을 다루고자 한다.

브랜딩의 단계

브랜딩의 단계는 다음과 같이 분류될 수 있다.

- 제품 브랜딩(product branding)
- 제품 라인 브랜딩(line branding)
- 레인지 브랜딩(range branding)
- 포괄 브랜딩(umbrella branding)

- 공유 브랜딩(shared branding)
- 보증 브랜딩(endorsed branding)

본 저자는 이러한 브랜딩 단계들 간의 차이에 대해 간략히 설명하고 차별화와 유래의 정도에 따른 각각의 장점과 단점에 대해 알아보고자 한다.

제품 브랜딩

브랜드 네임과 독특한 포지션이 하나의 제품에만 사용되는 경우이다. 이러한 전략을 사용하는 기업들은 각 브랜드에 대해 완전한 독립성을 부여하며 브랜드는 각자의 역량에 따라 성공하기도 하고 실패하기도 한다. 이들 브랜드들 사이에 특별한 연관 관계는 없다(예를 들어 피앤지는 가정용 세제 시장에 에어리얼(Ariel)과 대쉬(Dash) 브랜드로 진출해 있으며, 노보텔(Novotel), 리젠시 파크(Regency Park), 이비스(Ibis)는 아코르(Accor) 그룹이 다양한 표적 시장을 공략하기 위해 개발한 제품 브랜드들이다).

장점

- 제품 브랜딩은 구체적인 포지션을 가지고 구체적인 표적시장을 목표로 삼을 수 있다.
- 다수의 브랜드들이 카테고리를 점유할 수 있다.
- 제품 브랜드의 실패가 모브랜드에 해를 끼치지 않기 때문에 브랜드 실패에 대해 상대적으로 관대하다.
- 그 자체로 하나의 독립적인 브랜드이기 때문에 매장 진열대의 자리를 얻기가 쉽다.
- 제품당 하나의 브랜드 네임을 제시하기 때문에 소비자들이 제품 간

차이를 명확히 인식할 수 있다.

단점

- 각 브랜드마다 개별적으로 광고 및 프로모션비가 지출되어야 하므로 비용이 많이 든다.
- 제품의 리뉴얼이나 혁신을 통한 브랜드 확장이 힘들다(예를 들어 타이드(Tide)는 제품, 디자인 등에 70번 이상 변화를 주었다).

제품 라인 브랜딩

제품 라인 브랜딩은 하나의 브랜드 네임 하에 하나의 기본 제품과 이에 대한 보완 제품들을 함께 제공하는 전략이다. 비달 사순(Vidal Sasson) 샴푸, 린스, 헤어살롱을 예로 들 수 있다. 도브(Dove) 역시 비누뿐만 아니라 세안제, 바디 워시, 노화방지용 클린저, 방향제 등 많은 제품을 가지고 있다.

장점

- 브랜드가 어느 정도까지는 확장될 수 있다.
- 보완 제품들로의 확장은 브랜드 이미지를 강화시킨다.
- 마케팅 비용이 제품 간에 공유될 수 있다.

단점

- 제품 라인이 특정 포지션으로 제한되어 있다.
- 다른 제품 라인으로의 브랜드 확장은 어렵다.

레인지 브랜딩

레인지 브랜딩는 독특한 브랜드 포지셔닝을 가지고 있는 브랜드의 네임 하에 많은 제품들을 제공하는 것이다. 버즈 아이(Bird's Eye) 냉동식품과 슈웹스(Schweppes) 청량 음료는 레인지 네임아래 십여 개가 넘는 제품을 가지고 있다.

장점

- 하나의 브랜드 네임에 초점을 두는 전략이다.
- 브랜드 가치를 높이는 원천이 될 수 있다.
- 각 제품들 간의 커뮤니케이션을 통해 시너지 효과를 얻을 수 있다.

단점

- 과도한 브랜드 확장은 브랜드 성공을 약화시킬 수 있으며, 브랜드를 재활성화시키거나(예를 들어 린 퀴진(Lean Cuisine)[17]과 같이) 브랜드 퍼스낼리티를 개발하는 과정에서 하위 브랜드 혹은 제품 라인이 새로 만들어지는 경우도 있다.
- 레인지 브랜드 하에 있는 다양한 제품 라인들이 각자 다양한 패키지 등을 필요로 함에 따라 비용이 증가하게 된다.

포괄 브랜딩

하나의 브랜드 네임, 대부분의 경우 기업의 네임이 전체 제품을 포괄하는 전략이다. 캐논(Canon)의 카메라, 팩스, 프린터기를 예로 들 수 있다. 이 제품들은 각각의 네임을 가지고 있지는 않지만 캐논 BJC-2100SP 프린터와 같이 기능적 수식어나 메르세데스 S320(Mercedes S320)과 같이 알파벳과 숫자로 명명되는 경우가 많다.

17) 미국의 스토퍼(Stouffer)사는 출시한 저칼로리 일회분 냉동 식품으로 다이어트 열풍이 불었던 시기에 많은 인기를 얻었음.

장점

- 커뮤니케이션 플랫폼 측면에서 규모의 경제가 가능하다.
- 모든 제품이 전반적인 브랜드 인지도, 자산, 가치를 높이는 데 기여한다.
- 새로운 시장에 진입하는 것이 보다 용이해진다.
- 다양한 제품 군으로의 브랜드 확장이 가능하지만 이는 우수한 신제품을 통해서만이 가능하다
- 수평적 확장이 수직적 확장보다 용이하다.

단점

- 실패한 포괄 브랜딩의 이미지는 신제품의 출시나 기존 브랜드의 성공에 좋지 않은 영향을 미친다.
- 브랜드 확장이 용이하기는 하지만 이것이 소비자들에게 항상 받아들여지는 것은 아니다.
- 브랜드들이 더 많은 카테고리로 진출하면 할수록 전체적인 브랜드 이미지는 더욱 약화된다.

공유 브랜딩

이 전략은 포괄 브랜드와 유사하지만 제품 네임이 사용된다는 데 그 차이점이 있다(예를 들어 캘빈 클라인의 콘트라딕션 포 멘(Calvin Klein's Contradiction for Men)과 마이크로소프트 윈도우(Microsoft Windows)가 있다). 이 경우 제품과 모브랜드는 함께 주목을 받을 수 있다.

장점

- 모브랜드의 지원
- 제품이 모브랜드의 핵심 가치를 그대로 공유할 수 있다.

- 위에서 언급된 브랜드 전략들에서보다 브랜드의 출시 비용이 적게 든다.
- 제품이 모브랜드 가치를 높일 수 있다.

단점
- 모브랜드 하에 있는 유명한 핵심 브랜드에만 제한적으로 사용될 수 있다.
- 보증 전략보다 제약이 많다.
- 한 브랜드의 실패가 기업의 주요 활동 영역에서의 명성에 해를 입힐 수 있다.

보증 브랜딩

이 전략이 위에서 제시되었던 브랜딩 전략들과 상이한 점은 모브랜드가 네슬레(Nestlé)의 마일로(Milo) 경우에서처럼 단지 보증의 역할만을 수행한다는 데 있다.

장점
- 좀더 많은 카테고리로 확장될 수 있다.
- 모브랜드가 품질이나 적법성을 보증해 준다.
- 제품이 모브랜드의 가치를 높일 수 있다.
- 한 브랜드의 실패가 다른 카테고리까지 영향을 주지 않는다.
- 브랜딩을 지원하는 가장 저렴한 방법이다.

단점
- 좋지 않은 기업 명성과 성과는 제품에 영향을 줄 수 있다.

위의 전략들은 기업이 브랜드 아키텍처를 구축하는 데 있어 선택의 대안들을 제시하고 있다. 그러나 점차 기업의 보증을 중요시하는 경향이 두드러지고 있다.

브랜드로서의 기업

기업들은 보증 브랜딩 혹은 다른 수단을 통해서라도 브랜딩 프로세스에 관여하려는 경향이 뚜렷하다. 제품 브랜딩에 뛰어난 피앤지 역시 기업 브랜드명을 몇몇 제품 브랜드에 함께 부착하여 레버리지 효과를 꾀하는 전략을 전세계적으로 펼치고 있다. 최근 이처럼 기업 브랜드 네임이 여러 가지 형태로 제시되고 있는 데에는 몇 가지 이유가 있다.

- 제품에 대해 제품 브랜드와 기업 브랜드가 각각 강조하고 있는 메시지를 모두 얻을 수 있다.
- 기업의 핵심 가치가 제품에 그대로 전이되기 때문에 소비자들에게 신뢰감을 형성할 수 있다.
- 제품의 출처를 명시함으로써 소비자들의 혼란을 줄일 수 있다.
- 브랜드 확장 가능성이 커진다.
- 시너지 효과를 기대할 수 있으며 광고 및 프로모션 비용이 절약된다.
- 기업 브랜드의 재무적 가치가 증가하게 되고 기업 브랜드가 그 자체로 전략적 사업 자산이 된다.

소니의 창업자인 고 아키오 모리타(Akio Morita)는 다음과 같이 말한 적이 있다. "나는 기업 네임이 사업에 있어서 생명과도 같다고 생각합니다. 기업 네임은 곧 제품에 대한 책임을 의미하며 또한 제품의 품질을 보증해 주는 것입니다."

포트폴리오 관리와 하위 브랜드

다양한 브랜드들은 서로 다른 브랜딩 전략을 전개해 나아가고 있으며 특정한 전략을 사용해야 한다는 정답은 없다. 한 기업이 다수의 브랜드를 갖는 가장 큰 이유는 하나의 브랜드로는 모든 시장을 커버할 수 없을 뿐더러 심지어는 하나의 시장조차 완벽하게 커버하기가 어렵기 때문이다. 이를 인식한 일부 기업들은 포화 전략을 사용하기도 하는데, 이러한 예로는 세이코(Seiko), 로러스(Lorus), 펄사(Pulsar) 브랜드 아래 2천여 가지 시계들로 세계 시장을 공략하고 있는 세이코(Seiko)가 있다. 반면 마즈(Mars)와 같은 브랜드는 소수의 파워 브랜드만을 유지하는 전략을 통해 광고 효과를 집중시키고 제품 생산의 효율성을 높이고 있다. 또한 기업 브랜드와 제품 브랜드 전략을 병행하여 사용하는 기업들도 있다. 예를 들어 캐드베리(Cadbury)는 초콜릿 바 제품에 대해서는 기업 브랜드를, 사탕 제품에 대해서는 제품 브랜드를 사용한다. 거의 모든 가격대의 자동차 제품을 생산하고 있는 도요타(Toyota)는 모기업의 이미지로는 고급 자동차 시장에 진입하기가 어렵다고 보고 고급 자동차 시장을 겨냥한 독립 브랜드인 렉서스(Lexus)를 만들어 냈다. 이는 훌륭한 선택이었으나 최근 렉서스 브랜드가 중저가 자동차 시장에까지 진출하면서 도요타 브랜드의 잠식 및 렉서스 브랜드 희석화의 두 가지 위험 가능성이 제기되고 있다.

여기에서 명심해야 할 것은 기업이 다수의 브랜드로 구성된 포트폴리오를 가지고 있을 때에는 각 브랜드의 영역 간에 중복되는 부분이 없어야 한다는 것이다. 그렇지 못할 경우 소비자의 혼란을 야기시키고 매출의 최적화를 달성할 수 없게 된다. 다수의 브랜드를 가진 기업들이 일부 브랜드에 대해서 소홀히 하는 경우도 종종 있다. 각 브랜드에 대한 감사와 재무적 평가는 매년 이루어져야 하며 어떠한 브랜드가 잘 하고 있고 어떠한 브랜드가 잘 못하고 있는지 또한 그 이유는 무엇인지에 대해서도 분석해 보아야 한다. 쉘(Shell)은 매년 각 브랜드의 가치 평가를 실시하며 이러한 정보를 토대로 시장 자원을 분배한다.

하위 브랜드는 종종 제품 브랜드와 혼동되어 사용된다. 하위 브랜드는 패션과 유행에 민감한 제품 카테고리, 혹은 다양한 제품에 대한 다양한 제품 포지션이 필요하고 또한 하나의 브랜드로 모든 시장을 커버하기 어려운 일상 생활 용품 분야에서 주로 사용된다. 베르사체(Versace)의 경우 성인 소비자 층을 위해서는 베르사체 브랜드를, 보다 젊은 소비자 층을 위해서는 베르수스(Versus) 브랜드를 내놓고 있다. 아르마니 역시 엠포리오 아르마니(Emporio Armani) 브랜드를 통해 보다 넓은 층에 소구하고 있다. 하위 브랜드는 다양한 세분시장에 다양한 제품을 공급하기 위해 사용된다. 예를 들어 질레트(Gillette)는 시장세분화를 통해 기업의 포트폴리오를 관리하고 있는데, 필기구 제품의 경우 고가 제품 브랜드로는 워터맨(Waterman)을, 중가 제품 브랜드로는 파커펜(Parker Pen)을, 저가 제품 브랜드로는 페이퍼 메이트(Paper Mate)를 내놓고 있다.

중장비, 소비자 내구재, 컴퓨터 등의 제품 시장과 같이 하나의 기업 브랜드가 모든 제품 및 서비스를 커버할 수 있을 때에는 하위 브랜드가 거의 사용되지 않는다.

다음의 사례에서는 틈새 시장에서 급속히 성장하고 있는 한 브랜드가 제품 및 하위 브랜드 포트폴리오에 대한 일관된 네이밍 아키텍처를 통해 어떻게 기업 브랜드의 가치를 구축하고 있는지에 대해 살펴보기로 한다.

사례 연구 7

래플즈 인터내셔널(Raffles International) 모브랜드 보증

1996년 래플즈 그룹에는 싱가포르에 위치한 래플즈 호텔 단 하나밖에 없었다. 2001년 현재 래플즈 관리 하의 호텔은 총 38개에 이른다. 래플즈 인터내셔널 브랜드는 최고의 제품 및 서비스를 토대로 1989년에 출범하였다. '인터내셔널' 이란 단어는 브랜드에 비전을 더해 주기 위해 채택되었으며, 오늘날 래플즈 인터내셔널은 제품 및 서비스의 우수성을 상징하는 브랜드 네임이 되었다. 그 후 래플즈는 런던에 있는 브라운즈 호텔(Brown' s Hotel)과 독일에 있는 호텔 비어야레체텐(Hotel Vier Jahreszeten)과 같은 유명 브랜드를 인수하였다. 스위소텔 체인(Swissotel chain)을 포함한 다른 자산들의 인수도 계속되었다. 래플즈 인터내셔널의 현재 목표는 2003년까지 12,000개의 호텔 룸을 확보하는 것이다.

틈새 영역에서 두드러진 래플즈 인터내셔널의 급속한 성장의 이면에는 지속적이고 의미 있는 브랜드 아키텍처를 구축하고자 하는 부단한 노력이 있었다. 래플즈 브랜드의 사업 초점은 재산이 아닌 라이프스타일에 있는데, 이에 대해 래플즈 인터내셔널 모브랜드는 두 가지 전략을 가지고 있다. 스위소텔과 머천트 코트 호텔(Merchant Court Hotel)가 현대적인 비즈니스 여행객들에게 양질의 편안함을 제공하는 데 목적을 두는 반면 래플즈 브랜드의 호텔과 리조트는 여가 시간이 많은 여행객 혹은 비즈니스 여행객들을 대상으로 한다. 래플즈의 고민은 포트폴리오 안의 유명 브랜드 각각의 브랜드 자산을 그대로 유지하면서 어떻게 래플즈 인터내셔널의 모 브랜드 자산을 새롭게 구축할 것인가였다. 이들의 연계는 모든 호텔의 기업 아이덴티티와 커뮤니케이션 내용에 래플즈 인터내셔널이라는 슬로건을 덧붙임으로써 이루어졌다. 예를 들어 고급 호텔 브랜드인 브라운즈의 경우 "브라운즈 호텔, 래플즈 인터내셔널 호텔"로 모브랜드의 보증이 이루어지고 있다. 스위소텔과 머천트 코트 호텔은 '래플즈 인터내셔널이 운영합니다' 라는 슬로건을 사용하고 있다.

소비자들이 이 둘 사이의 차이를 실제로 인식하고 있는지 알아보는 것도 꽤 흥미로울 것 같다. 시장 커뮤니케이션을 통해 상당한 홍보 활동이 이루어진 후에는 틀림없이 누군가에 의해 소비자의 실제 인식에 대한 조사가 이루어질 것이라 생각한다. 고급스러움의 대명사로 인식되고 있는 래플즈 브랜드 네임이 그렇지 않은 브랜드와 함께 사용되었을 경우 기존의 이미지에 손상이 가지 않을까 조금은 우려가 된다.

공동 브랜딩의 기회

공동 브랜딩은 다음에 나올 두 장에서 다룰 수도 있는 부분이다. 그러나 브랜드 네임의 가치를 높이고자 할 때 이 공동 브랜딩이 중요한 역할을 하기도 하고 혹은 잠재적으로 해를 끼치기도 하기 때문에 이번 장에 함께 포함시키고자 한다. 기업들이 표적 청중에게 접근하기 위한 새로운 방법을 찾고 있는 가운데 공동 브랜딩 혹은 플랫폼을 공유하는 크로스 플랫폼 마케팅(cross-platform marketing)이 점차 보편화되고 있다. 다양한 산업과 연계하고 있는 신용 카드가 바로 공동 브랜딩의 좋은 예이다. 공동 브랜딩을 하는 첫 번째 이유는 다른 경쟁사의 고객들을 자사로 끌어오기 위해서이다. 두 번째로, 공동 브랜딩을 하게 되면 막대한 마케팅 비용을 공동 브랜딩 파트너와 나누어 부담할 수 있게 된다. 특히 주요 마케팅 캠페인의 경우 1억 달러를 초과하기도 하기 때문에 이러한 비용 분담은 매우 중요한 문제이다. 이에 대한 예로는 2001년 8월 AOL 타임 워너(AOL Time Warner)가 도요타 캠리(Camry) 모델을 자사의 잡지, 케이블 TV 채널, 홈페이지에 프로모션하기 위해 도요타와 공동 브랜딩을 한 경우가 있다. 공동 브랜딩을 사업의 기회로서 생각하는 세 번째 이유는 당연히 소비자들에게 더 많은 효익을 제공함으로써 브랜드 충성도를 향상시키기 위함이다.

모든 산업 분야에는 상당히 많은 공동 브랜딩의 기회가 존재한다. 2001년 10월 프랑스 여행 관련 그룹인 아코르(Accor)는 말레이시아와 중국에 있는 5개의 호텔을 센추리 인터내셔널 호텔(Century International Hotel)과의 파트너십을 통해 리브랜딩 할 것이라고 발표하였다. 2002년 초 두 기업 간에 조인트 벤처가 이루어졌으며 홍콩, 쿠알라 룸푸르, 쉔젠에 위치한 5개의 새로운 노보텔(Novotel) 호텔에는 이들 두 기업의 브랜드 네임이 모두 사용되었다. 예를 들어 워터게이트 센추리 호텔 쉔젠(Watergate Century Hotel Shenzhen)은 노보텔 워터게이트 쉔젠 차이나(Novotel Watergate Shenzhen China)로 네임을 변경하였다. 2001년 다임러크라이슬러(DaimlerChrysler) 역시 자사의 크라이슬러(Chrysler) 브랜드와 에스콰이어(Esquire), 하퍼스 바자(Harper's Bazzar) 등과 같은 잡지 브랜드를 보유한 기업인 허스트(Hearst)와 공동 브랜딩을 실시하였다. 전체 캠페인의 주제 및 제목은 '당신을 생각하며 디자인하고 개발합니다' 로 결정되었다. 이후 A & E 텔레비전 네트워크(A&E Television Network)가 이 캠페인 촉진을 위해 이 '드림팀' 에 합류하였으며, 마지막으로 선물류 소매 업체 브룩스톤(Brookstone)이 카탈로그 사업과 240개의 소매점을 통해 크라이슬러 브랜드를 촉진하고자 이에 합류하였다. 이는 실로 대대적인 작업이었다.

공동 브랜딩의 노력은 다음과 같이 이루어졌다. 허스트의 7개의 잡지는 각각 12페이지에 걸쳐 크라이슬러의 디자인 광고 및 브룩스톤 제품 광고를 게재하였다. 크라이슬러의 시승식을 신청한 허스트 잡지의 구독자들은 브룩스톤으로부터 50달러에 해당하는 상품권을 받았다. 크라이슬러 디자인이 실린 복권이 만들어졌으며 크라이슬러 브랜드는 브룩스톤 카탈로그에 제시되었다. 브룩스톤의 록펠러 센터 지점에서는 크라이슬러와 브룩스톤 소비자들만을 위한 개별적인 이벤트를 벌였다. 이렇듯 모든 기업들이 윈윈하는 상황을 만들어 내는 것이 공동 브랜딩의 핵심이다. 크라이슬러는 적절한 매체를 통해 필요한 프로모션 활동을 할 수 있었으며 허스트는 약세를 보이던 광고 시장에서 수익을 올리게 되었다. 브룩스톤은 보다 넓은 범위의 소비자 층을 확보하고 또한 전체적인 사업의 상승 효과를 얻을 수 있었다. 불황기 아니 호황기에서도 공동 브랜딩을 통한 파트너쉽은 더 많이 일어날 것으로 보인다.

가장 최근의 공동 브랜딩 가운데 하나는 코카콜라가 해리 포터 영화 시리즈인 '해리포터와 마법사의 돌(Harry Potter and Philosopher's Stone)' 에 엄청난 투자를 한 사례이다. 코카콜라는 역사상 전례 없는 1억 5천만 달러에 달하는 어마어마한 금액을 이 영화에 투자하였으며 이로서 이 영화의 마케팅 파트너 독점권을 확보하였다. 이 공동 브랜딩은 코카콜라가 오랜 시간 동안 원해왔던, 즉 아이들과 아이들의 부모 모두에게 소구하는 것을 가능하게 했다. 게다가 전통적인 광고보다 더 효과적이고 신속한 브랜드 커뮤니케이션을 할 수 있게 되었다. 영화 제작사인 워너 브라더스(Warner Brothers)의 경우에는 광고 예산에 대한 부담을 해결해 줄 막대한 지원금을 확보할 수 있었다.

공동 브랜딩이 성공하기 위해서 갖추어야 할 몇 가지 요소들이 있다. 따라서 공동 브랜딩을 시작하기 이전에 반드시 공동 브랜드에 대한 평가를 실시해야 한다. 첫째, 만약 공동 브랜딩을 통해 고객이 얻게 되는 효익이 없다면 과감히 그만두는 것이 좋다. 둘째, 파트너 기업의 표적 청중이 당신의 기업의 표적 청중과 유사한 인구 통계학적, 심리 분석적 프로파일을 가지고 있는지를 확인한다. 셋째, 파트너 기업의 브랜드 약속이 당신의 기업의 브랜드 약속과 비슷한지를 확인한다. 만약 이들이 비슷하지 않다면 함께 일하는 데 있어서 상당한 전략적 문제가 발생할 수 있다. 이 네 가지만 제대로 갖추어진다면 공동 브랜딩은 제품 확장이나 신제품 출시 없이 브랜드 포트폴리오의 영역을 확장할 수 있는 좋은 방법이다.

고아 브랜드

고아 브랜드는 모기업 브랜드의 관심을 받지 못하는 브랜드들을 의미하며 이들은 시장에서 조용히 사라지거나 혹은 새로운 모기업을 맞이하게 된다. 고아 브랜드들은 기업의 포트폴리오에서 단한 번도 주요 브랜드로서 인정받지 못한 경우가 대부분이며 이러한 변변찮은 성과로 인해 그들은 모기업으로부터 스타 브랜드로 대접받지 못한다.

유니레버(Unilever)나 피앤지(Procter & Gamble)와 같이 많은 브랜드를 소유하고 있는 글로벌 기업들은 투자 비용이라도 회수하기 위해 이러한 고아 브랜드들을 매각하려 한다. 이러한 브랜드들은 '약육강식' 의 원칙이 지배하는 일상 용품 카테고리에 속해 있는 경우가 많다. 적은 포트폴리오를 가지고 있는 기업들은 이러한 고아 브랜드에 좀더 세심한 관리와 투자가 더해진다면 투자 대비 상당한 수익을 올릴 수 있을 것이라 기대하면서 이들을 인수한다. 또한 이들 브랜드가 이미 출시되었고, 특정 아이덴티티를 가지고 있으며, 대중에게 수용될 가능성이 어느 정도 입증되었고, 또한 시장 진입에 많은 비용이 들지 않을 것이라는 생각에 이들 고아 브랜드를 인수하기도 한다. 그러나 이 전략이 '새로운 모기업' 에게 성공을 가져다 준 사례는 많지 않다.

예를 들어 오로라 푸드(Aurore Food Inc.)는 유니레버로부터 1억 1천 4백만 달러를 웃도는 가격에 미시즈 버터워스 시럽(Mrs. Butterworth's syrup) 브랜드를 인수하면서, 미시즈 버터워스 시럽이 최근 유니레버로부터 기업 지원 및 마케팅 지원을 받지 못하면서 성장 잠재력이 악화되었던 것뿐이라고 발표하였다. 그러나 유니레버는 비용을 절약하고 기업이 지향하는 방향과 일치하는 몇몇 파워 브랜드들에 보다 집중하기 위해 1,600여 개의 제품 브랜드를 400여 개로 축소한 것이었다. 미시즈 버터워스 시럽은 유니레버에 속해 있을 때부터 파워 브랜드가 아니었기 때문에 오로라 푸드에 인수된 1996년부터 2000년까지 이 브랜드의 매출액이 8천만 달러에서 6천 8백만 달러로 감소한 것은 당연한 일이었다. 유니레버로부터 오로라 푸드가 인수한 또 다른 고아 브랜드인 던컨 하인즈(Duncan Hines)도 이와 유사한 경우이다. 1997년에서 2000년까지의 브랜드 인수 기간 동안 매출은 2억 2천 8백만 달러에서 2억 2천만 달러로 감소하였다.

'고아 브랜드 인수' 전략은 이론 상으로는 문제가 없다. 그러나 실제로는 판매량에 영향을 미치는 소매점 진열대에 대한 결정권을 가지고 있는 소매상의 파워를 간과하는 데서 문제가 발생한다. 또한 좋은 진열대에 자사 상표 브랜드를 우선적으로 진열하는 식료품 체인점들의 파워 역시 종종 간과되는 부분이다.

따라서 많은 고아 브랜드들이 매력적으로 보이긴 하지만 이들은 어마어마한 지원을 받지 않는 한 제대로 된 성과를 내지 못하는 브랜드들이다. 세계 유수의 글로벌 기업들에게 이미 한 번 버림받은 이 브랜드들이 과연 시장의 선두 자리를 다시 차지할 수 있을지는 의문이다.

하이브리드 브랜딩

하이브리드 브랜드(hybrid brand)는 둘 이상의 기업 혹은 브랜드 사이에서 생성되는 브랜드이다. 기본적인 원리는 공동 브랜딩과 비슷하지만 한 가지 다른 점이 있다. 하이브리드 브랜드의 생성에 관여한 이들은 모두 비슷한 제품을 생산하는 기업들이며, 이들은 서로의 경험을 조합함으로써 혼자서는 만들어 낼 수 없는 성공적인 브랜드를 만들어 내고자 한다는 것이다. 이 전략은 기업 합병과 약간은 유사하지만 하이브리드 브랜딩은 새로운 브랜드를 만드는 데 초점을 맞춘다는 점에서 다르다. 버진 아틀란틱(Virgin Atlantic)이 아시아 시장을 표적으로 한 버진 모바일(Virgin Mobile)을 출시하기 위해 싱가포르 텔레콤의 이동통신업체인 싱텔 모바일(SingTel Mobile)과 협력한 것이 여기에 해당한다. 싱텔은 아시아에 대한 풍부한 지식은 있었지만 소비자들에게 수용될 만한 브랜드 지명도를 가지고 있지 못하였다. 반면 버진은 브랜드 지명도는 있었지만 이동통신 산업과 아시아 시장에 대한 지식이 부족하였다. 이 둘의 결합은 이상적인 것이었다. 이들은 2001년 11월 버진의 브랜드 가치에 부합하는 즐겁고 대담하고 뭔가 색다른 마케팅 활동을 통해 새로운 브랜드의 대출시를 알렸다.

또 다른 예는 사례 연구 8에서 보다 상세히 살펴보게 될 소니(Sony)와 에릭슨(Ericsson)의 결합으로서, 사실상 저자는 이 결합의 성공 가능성과 브랜드 관리 기술에 대해 확신을 가지고 있지 못하다. 사례 연구 9에서는 성공적이지 못했던 썬즈볼(Sundsvall)의 예를 살펴보겠다.

사례 연구 8

소니 에릭슨(Sony Ericsson) 성공적인 파트너쉽인가?

2001년 9월 소니 주식회사와 텔레폰 AB L.M 에릭슨(Telefon AB L.M Ericsson)은 50:50 합작으로 소니 에릭슨 모바일 커뮤니케이션즈(Sony Ericsson Mobile Communications)라는 휴대폰 브랜드와 로고를 출시하였다. 노키아(Nokia)의 혁명이 시작되면서 모토로라(Motorola)가 고전을 면치 못했던 것과 마찬가지로 에릭슨의 시장 점유율 역시 최근 몇 년 동안 지속적으로 하락하여 이제는 10% 이하를 밑돌게 되었다. 에릭슨은 기업이 현재 직면하고 있는 채무, 저수익, 브랜드에 대한 소비자 신뢰의 부족 등의 재무적인 문제들에서 벗어나기 위해 이번 프로젝트에 사활을 걸고 있었다.

소니는 소비재 전자 제품 영역을 넘어서서 인포테인먼트 영역까지 진출하고자 하는 야심을 가지고 있었다. 따라서 이 합작 프로젝트가 전문성 부족으로 인해 현재 이동 통신 업계에서 낮은 시장점유율을 보이고 있는 소니 브랜드를 성장시키는 데 촉진제 역할을 할 것으로 기대하고 있었다.

이러한 '초대형 프로젝트'는 에릭슨이 기술을 제공하고 소니는 시장 이해를 돕는다는 내용을 골자로 하고 있었다. 소니 에릭슨의 새로운 대표 가쯔미 이하라(Katsumi Ihara)는 이 하이브리드 브랜드에 대해 확신하면서 "우리는 상호 보완적이다. 에릭슨은 무선에 강한 반면 소니는 무선에 약하다. 그러나 우리는 소비자들을 잘 파악하고 있다는 장점이 있다"라고 말하였다.

본 저자는 이들의 결합에 걸림돌이 될 수 있는 몇 가지 장애물들에 대해 충고해 주고 싶다.

- '로고 = 브랜드' 라는 생각
- 제품에 투자하는 것 vs. 브랜드에 투자하는 것
- 급변하는 시장
- 거대 기업의 존재
- 변덕스러운 소비자
- 무엇이 다른가?

이들 각각에 대해 간략하게 살펴보자.

1. '로고 = 브랜드' 라는 생각

소니 에릭슨은 초록색의 마름모꼴 박하사탕처럼 보이는 새로운 로고를 만들었으며 광고나 휴대폰의 동영상 화면에 이 로고가 움직이는 모습을 제시하였다. 회사 대변인 매츠 조지슨(Mats Georgson)에 따르면 휴대폰 화면 안에서 이 로고는 '감성'을 가지고 반응할 것이라고 하였다. 그는 이렇게 덧붙였다. "로고는 마치 살아 있는 것처럼 움직일 것이며 주변을 점프하면서 돌아다닐 것이다. 이는 '움직이는 아이덴티티' 혹은 '또 다른 나'를 상징하고 있다. 우리는 지속적으로 변화하는 이 로고가 소비자들에게 놀라움을 제공해 주기를 바란다." 저자는 이 로고가 너무 자의적이라고 생각한다. 로고는 소비자들의 기억을 상기시키는 도구로서 가치가 있을 뿐이며 항상 일관되게 적용될 수 있어야 한다. 소니 에릭슨은 로고 개발에 지나치게 많은 주의와 비용을 들인 것 같다. 로고는 브랜드의 전부가 아니며 가장 중요한 차별화의 요소도 아니다.

2. 제품에 투자하는 것 vs. 브랜드에 투자하는 것

아시아 기업들은 브랜드에 투자하지 않는 것으로 유명하다. 아시아 지역에서 글로벌 브랜드가 배출되지 않고 있는 것도 바로 이 때문일 것이다. 일본 기업들이 가장 대표적인 예인데, 이들은 브랜드에 대한 투자뿐만 아니라 브랜드의 관리 역시 소홀히 하는 경향이 있다. 소니 에릭슨의 대표 가쯔미 이하라가 "로고에 나타나는 브랜드 네임이 그 자체로 충분히 많은 것을 말해 주고 있기 때문에 새로운 브랜드에 많은 투자를 할 필요는 없다"라고 말한 데서 우리는 이러한 사실을 쉽게 알 수 있다. 그는 또한 "사람들이 이미 우리의 브랜드가 무엇인지를 알고 있는데 여기에 또다시 투자를 한다는 것은 이해할 수 없다. 브랜드에 막대한 투자를 하는 것보다는 제품에 이를 투자하는 것이 사업성 차원에서 더 낫다"라고 말한다. 그러나 새로운 브랜드는 강력한 프로모션의 지원 없이는 성공할 수 없기 때문에 이는 상당히 위험한 생각이라고 할 수 있다.

3. 급변하는 시장

사람들은 2001년 한 해 동안 판매된 휴대폰의 갯수가 6억개 이상이 될 것으로 예상한 반면 노키아는 4억개 정도에 그칠 것이라고 예상하였다. 세계 휴대폰 시장은 전체적으로 포화 단계에 접어들었으며 WAP[18]에 실망한 많은 소비자들이 3G[19]에 대해서 '잠시 기다리면서 지켜 보자' 는 관망 자세를 취하고 있다. 새로운 브랜드를 출시할 때 성공할 수 있는 기회는 단 한 번 밖에 없다. 그러나 현재의 휴대폰 시장의 상황을 고려해 볼 때 과연 지금이 소니 에릭슨을 출시할 적기인지는 의문이다.

4. 거대 기업의 존재

노키아는 35%가 넘는 시장점유율로 휴대폰 시장을 장악하고 있다. 에릭슨의 시장점유율은 상당히 떨어진 상태이고 소니는 아직까지 별다른 두각을 나타내지 못하였다. 에릭슨과 소니 모두 소비자들의 브랜드 충성도를 창출할 수 있는 감성적 연상을 만들어 내지 못했으며, 새로운 사업과 관련해서도 이것이 크게 달라질 것이라고는 기대하지 않는다. 실제로 이들의 경우 우리가 앞서 보았듯이 브랜드에 대한 투자를 최우선에 두고 있지 않다. 그러나 감성적 연상은 브랜드에 대한 투자를 통해서 주로 만들어진다. 막강한 라이벌인 노키아와는 달리 소니와 에릭슨은 이 부분에 있어서 상당히 취약하다.

5. 변덕스러운 소비자

휴대폰 소비자들은 이미 제품과 브랜드에 대해 잘 알고 있다. 소니 에릭슨은 소비자들이 이미 친숙한 그리고 어느 정도 만족하고 있는 브랜드를 버리고 자사의 브랜드로 전환하도록 많은 설득을 해야 한

18) 무선 통신 규약(wireless application protocol)으로, WAP에 기반을 둔 기술은 인터넷을 통한 새로운 서비스나 실시간 업무 등을 가능하게 함

19) 3세대 이동통신기술을 위한 국제전기통신연합의 규격을 말함

다. 그러나 제품이 아주 뛰어난 경우가 아닌 한 브랜드에 대한 투자 없이 브랜드 전환을 일으키는 것은 사실상 어렵다. 그렇다고 소니 에릭슨의 경우가 여기에 해당된다고도 할 수 없다. 이들은 오히려 브랜드보다는 회사 경영에 더 많은 관심을 기울이고 있으며 두 기업 모두 최근에 주목할만한 성과를 내고 있지 못하다. 아니 사실 그 반대인 것 같다. 소비자들은 리스크를 싫어한다.

6. 무엇이 다른가?
휴대폰은 이제 일상용품이 되었으며, 사이즈, 무게, 배터리 수명, 특성 등에 있어서 브랜드 간에 그다지 큰 차이가 없다. 노키아는 이제까지 브랜딩과 디자인의 우수성 때문에 다른 브랜드를 앞서갈 수 있었다. 소니 에릭슨에게 묻고 싶은 질문은 다음과 같다. '소니는 어떠한 점에서 경쟁사 제품과 차별되고 또 더 나은가?' 로고의 차별화만으로는 성공하기에 충분하지 않다.

사례 연구 9

썬즈볼(Sundsvall) 하이브리드 브랜딩

배경

1996년과 2000년 시이 주류 경쟁 시장은 미국의 바(bar)로 그 무대를 옮겼다. 소비자들의 사랑을 한 몸에 받으며 성공적인 브랜드로서 평가 받던 앱솔루트 보드카(Absolut Vodka)의 소유주 씨그램(Seagram Co.)는 케텔 원(Ketel One)과 벨베데레(Belvedere)와 같은 경쟁사들로부터 새로운 엘리트 브랜드들이 출시되면서 자신의 파워 브랜드 제품들이 계속해서 낮은 진열대로 밀려나고 있다는 사실을 깨달았다. 어느 바에서는 앱솔루트가 아예 진열대 아래쪽의 보이지 않는 곳에 놓여지기도 했다. 이전에는 상상조차 하지 못했던 일이다. 예를 들어 뉴욕에 위치한 르 시르크 2000(le Cirque 2000)이라는 바에서는, "우리 바의 진열대에는 최고급의 술만이 오를 수 있다"라고 말하였다.

씨그램은 이에 대한 반사적인 반응으로 프리미엄 보드카인 썬즈 볼을 출시하기로 결정하였다. 이 제품은 앱솔루트 보드카와 협력하여 증류하는 것이었다. 새로운 브랜드 네임은 술이 증류되는 도시명을 따서 지어졌다. 이것은 원산지의 사람들에게는 매우 의미 있는 일이었겠지만 정작 일반 대중에게는 큰 의미를 갖지 못했다. 수퍼-앱솔루트를 창조하고자 했던 계획은 3년 후 결국 실패로 끝나게 되었다.

문제점

1997년 한 조사에 따르면 앱솔루트의 초기 수용자들은 그레이 구스(Grey Goose)나 벨베데레와 같은 다른 브랜드로 전환하고 있는 것으로 나타났다. 이러한 침입 브랜드들은 간접적인 후원자와도 같은 바텐더들에게 수백 번의 식음 테스트 기회를 제공하는 등 프로모션 활동에 상당한 비용을 투자하고 있었다. 그레이 구스의 경우 경품 이벤트를 통해 자사의 기념컵과 함께 콩코드 여객기를 타고 프랑스로 여행갈 수 있는 티켓을 제공하기도 하였다. 이 새로운 브랜드들은 바텐더 및 식음료 평론가들로 하여금 목탄에 거른, 호밀로 만든, 커피 포트에 증류하는 등의 다양한 공법으로 제조된 보드카들 각각을 하나의 주류 카테고리로 여기도록 만들었다. 이러한 상황에서 앱솔루트는 훌륭한 브랜드 퍼스낼리티에도 불구하고 뒤쳐질 수밖에 없었다.

소비자의 선택

평론가들과 바텐더들의 보드카에 대한 인식 변화는 소비자들에게까지 영향을 미쳤다. 소비자들은 보드카를 위스키와 동급인 것으로 생각하게 되었으며 명성, 탐닉 등의 기준을 가지고 보드카의 새로운 브랜드들을 선택하기 시작했다. 그저 혼합주로만 인식되던 보드카는 이제 하나의 패션 액세서리 사업으로 변모하게 되었다. 한 소비자는 '고가의 보드카를 선택하는 것은 향수를 선택하는 것과 마찬가지' 라고 대답하였다. 보드카는 이제 정교함의 상징이 되었다.

브랜드 아키텍처, 디자인 그리고 가격

씨그램은 이러한 경향에 발맞추어 새로운 브랜드를 출시하자고 제의하였으나 앱솔루트 경영층은 이를 하나의 트렌드에 불과한 것으로 여겼다. 조사 결과 이러한 트렌드는 점차 증가하고 있는 것으로 나타났지만 앱솔루트는 새로운 조인트 벤처 브랜드에 자신의 브랜드 네임이 이용되는 것을 원치 않았다. 패키지, 디자인 등등에 관한 심도 있는 논의가 수개월 간 계속되었다. 앱솔루트는 심플한 병 디자인을 원했으나 씨그램은 그 반대였다. 씨그램은 새로운 보드카 브랜드의 가격이 벨베데레와 같은 다른 프리미엄 브랜드보다 4달러는 더 높아야 한다고 주장했다.

우여곡절 끝에 결국 프로모션 계획이 확정되었지만, 이미 때는 너무 늦은 상태였다. 유통업자와 소매업자들은 이 보드카 자체에 대해서는 좋은 평가를 내렸으나 병 디자인은 너무 심플하다는 반응들이었다. 썬즈볼은 다른 주류 제품들 사이에서 눈에 띄지 않았다. 또한 한정 수량만 판매하겠다는 전략은 문제를 더욱더 심각하게 만들었다. 그 결과 경쟁사 제품의 경우 상품 진열대에서 하루에 세 병이 회전되는데 반해 썬즈볼은 한 병이 회전되는 데 세 달이나 걸리는 것으로 나타났다.

결과

1999년 5월 앱솔루트는 썬즈볼 브랜드 사업에서 손을 뗐다. 1999년 말에는 제품 생산이 완전히 중단되었다. 그 해 그레이 구스와 벨베데레 판매량은 10만 병이었다. 썬즈볼의 대변인은 "지나치게 소수층만을 겨냥했던 탓에 대중의 주목을 받지 못한 것 같다"라고 발표하였다.

새로운 브랜드를 출시할 기회는 단 한 번뿐이다. 두 기업은 앞의 경험을 통해 많은 교훈들을 얻었을 것이라고 생각한다. 그 교훈들은 다음과 같다.

- 파트너 간에 전략과 실행이 일치하지 않으면 조인트 벤처는 실패한다.
- 두 파트너가 윈윈하기 위해서는 시장 변화에 발맞추어 빠른 의사결정을 내릴 수 있어야 한다.
- 소비자 행동은 예측하기 어려우며 매우 빠르게 변화한다.
- 카테고리 역시 빠르게 변화하며 브랜드 관리자들은 카테고리에 어떠한 변화가 일어나고 있는지에 대해 지속적으로 관심을 가져야 한다.

기업의 인수 및 합병 문제

네이밍과 소비자의 혼동

기업의 인수 · 합병(M&A)은 때때로 브랜드 네임에 문제를 야기시킬 수 있다. 예를 들어 만약 기존의 브랜드 네임이 유지되지 못할 경우 혹은 엑슨모빌(ExxonMobile)이나 다임러크라이슬러

(DaimlerChysler) 경우와 같이 두 브랜드 네임이 결합될 경우 이를 소비자에게 어떻게 설명해야 하는지가 문제시 된다. 엑슨모빌의 경우 기업의 네임 변화는 언론을 통해 소비자들에게 상세히 설명되었다. 엑슨모빌은 1999년 기업 합병 이후 곧바로 다음과 같은 광고를 제시하였다:

> 기업 역시 소비자들처럼 브랜드 충성도를 보입니다. 브랜드 충성도는 양방향의 통행이 가능한 길과도 같습니다. 그 길이 차도이건 고속 도로이건 간에 우리는 소비자들을 결코 혼란스럽게 하지 않을 것입니다. 네, 우리는 합병을 했습니다. 그러나 우리 브랜드인 에소(Esso), 모빌(Mobile), 엑슨(Exxon)은 여전히 존재합니다. 단지 이 브랜드들을 소유하고 있는 기업이 바뀔 뿐입니다. 엑슨모빌은 기술, 효율성, 서비스를 상징하는 새로운 이름입니다. 우리는 소비자들에게 이전보다 더 나은 제품 및 서비스를 제공할 것입니다.

이 광고에는 새로운 홈페이지 주소와 함께 엑슨모빌 기업의 기호와 두 기업의 브랜드 로고가 실렸다. 이것이 바로 소비자 및 소비자와 브랜드 간의 감성적 연상을 소중히 여기는 기업의 태도이다. 엑슨모빌은 소비자들을 안심시키는 동시에 그들에게 더 나은 경험을 제공할 것을 약속하는 수고를 아끼지 않았다.

1999년에 합병한 또 하나의 기업인 다임러크라이슬러는 자사의 포지션을 설명하는 데 2년의 세월이 걸렸다. 다임러크라이슬러는 2001년 10월 9일자 아시아 월스트리트 저널(*Asia Wall Street Journal*)과 2001년 10월 15일 포춘지(*Fortune*)에 지독하게도 창의성 없어 보이는(이것도 잘 말해 준 편이다!) 광고를 게시하였다. 이 광고의 왼쪽 페이지에는 한 전화 교환원이 다음과 같은 말을 하고 있었다. "좋은 아침입니다. 메르세데스-벤츠-지프-닷지스마트-

프라이트라이너스털링세트라(Mercedes-Benz-Jeep-Dodgesmart-FreightlinerSterlingSetra)에 오신 것을 환영합니다. 무엇을 도와드릴까요?" 오른쪽 페이지에는 다음과 같은 카피 문구가 있었다. '그냥 다임러크라이슬러라고 불러주십시오.' 그리고 그 뒤에 다음과 같은 내용이 이어졌다.

> 우리는 우리의 브랜드들을 더 이상 알릴 필요가 없다고 생각합니다. 이 브랜드들을 모두 나름대로의 성과를 통해서 현재에 이르렀고 이들의 브랜드 네임은 전세계적으로 알려져 있습니다. 물론 이 브랜드들이 하나의 기업 아래 있다는 사실은 우리가 언제나 풍부한 경험과 혁신적인 생각을 가지고 있을 것임을 의미합니다. 그리고 이러한 장점은 우리가 지속적으로 경쟁에서 앞서 갈 수 있도록 해 줄 것입니다. 더 자세한 내용에 대해서는 www.daimlerchrysler.com을 참고하십시오.

마지막으로는 다임러크라이슬러의 기업 네임과 함께 '한 발 앞선 답을 드립니다' 라는 슬로건이 덧붙여졌다.

본 저자는 이 다임러크라이슬러의 광고에 대해 '할 말을 잃었다' 라고 밖에는 할 말이 없다. 저자는 다임러크라이슬러의 브랜드 퍼스낼리티가 무엇인지 심지어 브랜드 퍼스낼리티를 가지고 있는지조차 의심이 간다. 그러나 광고를 하는 회사라면 어떠한 종류의 브랜드 퍼스낼리티는 가지고 있게 마련이니. 이 광고는 뉴스에나 나올 법한 어조와 말투로 다임러크라이슬러에 대한 최악의 메시지를 전달하고 있다. 뿐만 아니라 슬로건 역시 무엇을 의미하는지 알 수가 없다. 6장 사례 연구 22의 말레이시아 항공(Malaysia Airline)의 카피 문구 예시를 한 번 보고 나서 이 다임러크라이슬러의 사례를 다시 분석해 보면 아마 저자의 말이 이해가 갈 것이다.

에이전시 측에 광고 카피를 맡길 때 그 카피가 전략적으로 효과가 있을 것인지를 알아보려면 자사 브랜드의 퍼스낼리티와 부합하는지의 여부를 확인해 보아야 한다.

브랜드 네임과 자산

일부 기업들은 이미 구축된 유명한 브랜드 네임에는 상당한 브랜드 자산이 있다고 믿으면서도 이러한 위험을 무릅쓰고 브랜드 네임을 버려 버린다. 또한 어떠한 기업들은 브랜드 자산에 대해 크게 관심을 갖지 않는다. 예를 들어 론 풀렉(Rhone-Poulec)과 훽스트(Hoechest)가 합병했을 때 그들은 두 기업의 브랜드 네임을 모두 제거하고 완전히 새롭고 아무런 의미도 없는 아벤티스(Aventis)라는 네임을 만들어 냈다. 아벤티스라는 새로운 브랜드 네임의 인지도를 높이기 위해 상당한 비용이 지출되었지만 여전히 브랜드 자산은 손실된 상태이며 소비자들은 브랜드 유산에 대해 그리고 브랜드가 상징하는 것이 무엇인지에 대해 명확히 인식하지 못하고 있다.

새로운 브랜드 네임은 언제부터인가 새로운 로고처럼 반드시 갖추어야 하는 것이 되어 일부 기업들은 의미도 없고 관련성도 없는 네임을 위해 지나치게 많은 비용을 지출하고 있다. 중요한 사실은 최근의 이러한 분위기 속에서 수많은 유사한 네임들이 등장하게 되면서 브랜딩의 주요 목적인 차별화가 종종 간과되고 있다는 사실이다. 이는 결국 소비자들을 어리둥절하고 혼란스럽고 심지어는 짜증나게 만들 것이며 브랜드 네임이 나타내고자 하는 메시지 역시 명확하게 전달되지 못할 것이다.

2001년 12월 에이서(Acer)는 벵크(Benq)로 브랜드 네임을 변경하기로 전격 결정하였으며 이 새로운 브랜드의 컨셉을 알리기 위한 광고 활동에 3천만 달러를 지출할 계획을 가지고 있다. 벵크는 '당신의 삶에 즐거움과 품격을 드립니다'의 이니셜을 딴 것으로서 에이서에게 특별한 의미를 가지고 있다. 에이서 기업의 대표이사이자 공동 창업자 스탠 시(Stan Shih)는 '우리는 미래를 위해 브랜드 네임을 변경한다'라고 말하였다.

표적 청중을 비롯한 소비자 시장 조사 결과 소비자들은 벵크를 뱅-큐(Beng-Q) 혹은 뱅(Beng)으로 발음하면서 '이상하지만 독특하다'라는 반응을 보였다. 리(K.Y. Lee) 사장은 "중요한 것은 소비자들이 벵크에 대해 이상한 이름이기는 하지만 기억하기는 쉽다고 대답했다는 사실이다"라고 하였다.

그러나 기억과 감성적 연상은 다른 문제이다. 저자는 에이서 기업이 새로운 브랜드의 인지도와 수용도를 재구축하는 데에는 예상 비용보다 더 많은 비용이 필요할 것이며 소비자와 전 에이서 기업 사이의 감성적 연계를 재구축하는 데 역시 오랜 시간이 걸릴 것이라고 생각한다. 이 책의 323페이지를 보면 에이서 기업이 에이서가 내부적으로 상징하는 바가 무엇인지를 명확히 하는 데 상당한 시간이 걸렸다는 것을 알 수 있다. 그러나 그 때의 에이서스러움이 현재의 벵크스러움과 다르다면 이제는 이에 대해 재고해 보아야 한다.

마지막으로 말하고 싶은 것은 소비자들 사이에서 잘 알려져 있고 또한 수용되고 있는 브랜드 네임이 오랜 시간 동안 어렵게 구축해 온 브랜드 자산과 가치를 포기한다는 것은 지극히 드문 경우라는 것이다. 저자 역시 과거에는 에이서 제품을 구매했다고 할지라도 앞으로 벵크 제품을 계속해서 구매하게 될지는 의문이다!

2001년 4월 7~8일 인터내셔널 헤럴드 트리뷴(*International*

Herald Tribune)지의 데이브 배리(Dave Barry)는 최근의 브랜드 네임 변경 추세에 대해 다음과 같이 정리하였다.

> 기업들이 네임을 계속 변경하는 이유는 무엇인가? 왜 기업들은 특별한 의미도 없는 네임으로 기업명을 변경하는가? 우리 소비자들은 기업이 하는 일을 분명하게 나타내고 있는 네임을 좋아한다. 예를 들어 인터내셔널 비즈니스 머신즈(International Business Machines)는 비즈니스용 기계를 만들고, 포드는 포드 자동차를 만들며, 사라 리(Sara Lee)는 기름을 만드는 기업이다. 그러나 우리는 '버라이즌(Verizon)'이라는 네임을 통해 버라이즌이 실제로 무엇을 하는 기업인지 알 수가 없다. 버라이즌은 사실 대규모 통신회사들이 결합되어 구성된 기업이라고 한다. 그렇다면 왜 이들은 '더욱 큰 통신회사' 라고 이름 짓지 않았을까?
>
> 그렇다면 액센츄어(Accenture)는 도대체 무엇인가? 액센츄어는 수많은 광고들을 구입하는 기업으로서 이 기업이 제시하는 전체적인 메시지는 '액센츄어? 많은 광고를 구매하는 기업' 일 듯 하다. 그러나 액센츄어의 홈페이지에서 확인해 본 결과 액센츄어가 전달하고자 하는 의미는 다음과 같이 나타났다. '액센츄어는 'accent' 와 'future' 의 결합어로 미래를 강조한다는 의미를 가지고 있다.' 이러한 기업들의 경우 아마 다음과 같은 시나리오를 통해 돈을 벌 계획을 가지고 있는 것이 아닐까 한다. 우선 '패러다임(paradigm)' 과 '저빌(Gerbil)' 을 결합하여 '패러딜(Paradil)' 혹은 '저버다임(Gerbadigm)' 과 같이 새롭고 현대적인 발음의 기업네임을 창조한다. 그리고는 상당히 공식적으로 보이는 청구서를 만들어서 이를 20.38달러 정도의 수표와 함께 임의로 선택된 수백만 명의 사람들에게 각각 메일로 발송한다. 또한 실제로는 거짓말에 불과한 기업 마케팅 문안을 마치 사실인양 다음과 같이 건방지게 적어 놓는 것 역시 잊지 말아야 한다. '우리는 귀하에게 더 나은 것을 제공하기 위해 네임을 변경하였습니다!'

배리의 글은 아주 중요한 사실을 담고 있다. 그의 글을 요약하자면 브랜드 네임은 다음의 조건을 만족시켜야 한다.

- 짧은
- 기억하기 쉬운
- 의미가 있는
- 관련성 있는
- 차별화된

'액센추어' 라는 네임은 '앤더슨 컨설팅' 을 대체한 네임이다. 이 기업은 새로운 브랜드 네임에 대해 광고비로만 1억 7천 5백만 달러를 지출하였음에도 불구하고 이에 상응하는 미디어로부터 관심을 받지 못했을 뿐만 아니라, 광고가 혼동을 주고 명확한 메시지를 전달하는 데 실패함에 따라 사람들은 여전히 이 기업이 어떠한 기업인지를 알 수 없게 되었다.

영국 우체국(British Post Office) 그룹은 콘시니아(Consignia)로 네임을 변경한 후 대중의 호된 질타를 받았던 또 다른 기업이다. 소비자들은 분노하고 당황해 했다. 데일리 텔레그래프(*Daily Telegraph*)지의 한 독자는 "나는 이번 새로운 브랜드 네임이 쓰레기통으로 직행하기를 바란다"라고 하였다.

그런데 아큐라(Acura), 아수나(Asuna), 올티마(Altima), 코티나(Cortina), 인테그라(Integra), 엘란트라(Elantra), 소나타(Sonata), 센트라(Sentra), 맥시마(Maxima) 가운데 당신이 운전하는 차가 있습니까? 이 네임들은 의미 상 어떠한 차이점이 있다고 생각합니까?

다음 두 가지 사례를 살펴보자. 먼저 사례 연구 10은 매리어트(Marriott)가 다른 브랜드를 인수하면서 아키텍처 측면과 브랜드 포지션 측면에서 어떠한 문제에 직면하였는지에 대해 설명하고 있다. 사례 연구 11에서는 상반된 브랜드 아키텍처를 가진 까르푸와 에이홀드(Ahold)가 어떻게 인수·합병과 관련된 문제들을 해결했는지를 보여 주고 있다.

사례 연구 10

매리어트 인터내셔널(Marriott International Inc.) 인수와 브랜드 적합성의 문제

브랜드 확장과 같은 일반적인 방법을 통해 브랜드와 사업을 성장시키기 어려운 산업들이 있다. 대표적인 경우가 숙박 산업과 같은 서비스 산업이다. 서비스 산업은 어느 정도 성공 궤도에 오르기까지 상당한 시간이 걸리며 또한 이에 드는 자본 비용 역시 막대하기 때문이다. 따라서 짧은 기간 동안 사업을 성장시키고 ROI를 얻을 수 있는 인수·합병이 빈번히 이루어진다. 그러나 이러한 인수·합병을 통해 얻어진 브랜드들은 서로 조화를 이루는 경우도 있지만 때로는 그렇지 않은 경우도 있다. 후자의 경우 브랜드 관리에 문제가 생길 수 있다. 1997년 호텔 체인인 매리어트 인터내셔널이 114개의 르네상스(Renaissance) 호텔들을 9억 4천 7백만 달러에 인수했을 때가 이러한 경우이다. 인수된 르네상스 그룹에는 대규모 호텔과 소규모 호텔이 섞여 있었으며, 이는 매리어트 당사자뿐만 아니라 소비자, 프랜차이즈 경영인들 모두에게 혼동을 주었다.

브랜드 혼돈

인수 이후 매리어트의 운영 전문가들은 르네상스의 이윤을 상당 수준까지 끌어올렸지만 브랜드 문제는 여전히 위험 요소로 잠재하고 있었다. 호텔마다 내부 시설에 대한 디자인도 일관적이지 않았으며 서비스 수준 역시 상당히 차이가 났다. 따라서 고객들은 르네상스 호텔의 객실을 예약하고 실제로 호텔에 도착하기까지 호텔의 시설 및 서비스 수준에 대해 전혀 예측할 수가 없는 상태였다. 브랜드 측면에서는 르네상스가 명확하고 일관된 아이덴티티를 가지고 있지 않은, 이른바 혼돈된 브랜드라는 데 문제가 있었다. 매리어트는 장기적인 기업의 성장을 위해서는 이러한 브랜드 문제가 우선적으로 해결되어야 한다고 보았다. 또한 브랜드의 일관성이 브랜드 파워와 주주들의 가치를 높이는 데 중요한 열쇠가 되는 만큼, 현재 르네상스의 비일관성으로 인한 시장 혼동 현상은 브랜드의 장기적인 성장에 좋지 않은 영향을 미칠 것이라고 판단하였다.

단기적인 이익에만 급급한 기업들과는 달리 매리어트는 먼 앞날까지를 바라보고자 하였다. 다른 문제들 역시 나타나기 시작하였다. 예를 들어 르네상스 호텔이 매리어트의 매출을 잠식하는 것으로 나타나면서 르네상스의 리포지셔닝이 브랜드 개발에 핵심으로 떠오르게 되었다. 르네상스 브랜드를 책임지고 있는 매리어트의 수석 부사장인 저겐 기스버트(Jurgen Giesbert)는 자신이 직면했던 딜레마를 다음과 같이 말하고 있다. "우리가 처음 르네상스를 인수했을 때 어느 누구도 이 르네상스를 어떻게 할 것인지에 대해 알지 못했다. 매리어트는 명확히 규명되어 있는 브랜드였으며 모든 사람들이 르네상스를 알고 있었기 때문이다."

불확실한 상황일수록 브랜드 관리에 더욱 고심하라

매리어트는 이에 대해 전략적 측면에서 정면으로 도전하는 대신 몇 가지 흥미로운 단계를 밟아나갔다. 첫째, 세계에서 가장 앞서가는 기업 브랜드 중 하나인 나이키의 브랜드 관리자를 영입하였다. 둘째, 독특하고 독립적인 호텔을 전문으로 하는 디자이너를 베벌리힐즈로부터 영입하였다. 이는 집중화된 기업 브랜드 관리의 원칙들을 이해하고 또한 이 원칙들에 익숙해 있는 사람과 제품 디자인 요소를 이해하고 또한 르네상스가 성장해 온 숙박 시장을 이해하는 사람이 서로

파트너가 되는 방식으로서 브랜딩 측면에서 상당히 훌륭한 결합이었다고 본다. 2년 동안 매리어트는 표적 청중의 기분이나 느낌을 충분히 이해하기 위해 정성 조사인 FGI를 실시하기도 하였다. 이는 소비자에 대한 통찰력을 얻기 위한 사려 깊은 시도였다.

독특한 부띠끄?

이러한 관리를 거친 결과 르네상스는 '놀라운 서비스를 경험하십시오' 이라는 재미 있는 문구로 요약되는, 보다 집중화된 '부띠끄' 호텔로 리포지션되었다. 매리어트 인터내셔널의 사장인 빌 매리어트(Bill Marriott)는 조사를 통해 호텔의 전체 소비자 시장 가운데 30% 정도가 호텔 브랜드 경험에 있어서 '놀라움' 이라는 요소를 중요시하고 있다는 사실을 발견하였다. 시장에는 자신들이 체크인하는 호텔이 어느 곳이던 간에 예측 가능한 동일성에서 오는 무미건조함을 지겨워하는 사람들이 상당수 있다는 것이다. 이에 따라 '브랜딩의 모순' 이 명백해졌다. 일관성을 유지하는 것도 중요하지만 차별화되기 원하고 또한 차별화된 경험을 원하는 소비자 시장은 언제나 존재한다. 이로서 매리어트는 르네상스를 위한 틈새 시장을 발견하였으며 이 시장은 제대로 관리되기만 한다면 시장의 차별적 욕구를 만족시키고, 브랜드 간의 잠식 현상을 종식시키며, 손쉽게 브랜드에 대한 기존의 혼동을 없애고, 새롭고 강력한 브랜드 아이덴티티를 만들어 낼 수 있을 것으로 기대되었다. 그러나 다음은 경쟁자들이 문제였다.

제품 개발과 극심한 경쟁: 작은 화를 면하려다 큰 화를 자초할 수 있다

이러한 브랜드 포지셔닝의 변화로 이제 르네상스 브랜드는 스타우드(Starwood) 브랜드나 이안 슈레이거스(Ian Schrager's) 디자이너 호텔 등이 포함된 새로운 경쟁 카테고리에 속하게 되었다. 이미 르네상스 호텔들의 주요 부분에 대한 리노베이션이 이루어지고 있는 상태이며 이대로 일이 잘 진행된다면 르네상스는 앞으로 브랜드 아이덴티티와 이미지의 변화에 성공할 것이다. 그러나 경쟁은 매우 치열할 것이고, 또한 제품 및 서비스 수준에서 일관성을 유지하는 브랜드 관리 방식으로 유명한 호텔 체인이 인수된 브랜드에 대해 '계획된 비일관성'을 바탕으로 리포지셔닝하여 성공하는 것을 보는 것도 꽤 흥미로울 것 같다.

이제 모든 브랜드 관리자들에게 던져진 질문은 다음과 같다. 만약 인수된 브랜드를 담당해야 한다면 어떻게 할 것인가? 두 브랜드에 대해 일관성을 추구할 것인지 혹은 독자성을 줄 것인지에 대해서 어떻게 결정할 것인가?

사례 연구 11

까르푸 SA(프랑스) vs. 에이홀드 NV(네델란드) 인수와 합병-글로벌 vs. 제품명

'변화할 것인가 변화하지 않을 것인가? 그것이 문제로다.' (셰익스피어께는 사과드린다).

언뜻 보아서는 2개의 축구 팀들 같지만 사실 이들은 월마트 다음으로 세계에서 가장 큰 2개의 슈퍼마켓 체인이다. 흥미롭게도 이 둘은 지난 몇 년 간 급속한 성장을 해오면서 네이밍 전략 및 아키텍처 측면에서 전혀 다른 방식의 브랜딩을 해 왔다.

까르푸는 다른 체인들을 인수하고 이렇게 인수한 체인들의 네임을 자사의 네임으로 바꾸는 전략으로 글로벌 브랜드를 구축해 왔다. 예를 들어 까르푸는 1999년 11월에 프로모드(Promodes SA)를 사상 최대의 소매점 인수 액수인 150억 유로에 인수한 후 프랑스와 스페인의 모든 프로모드 파이라(Promodes Pyra)와 컨티넨트(Continent)

소매점들, 심지어는 이들의 자체 브랜드 제품들까지도 네임을 변경하게 하였다. 그러나 고객들은 이를 탐탁지 않게 여겼다. 그리고 까르푸의 수익 및 매출은 둔화되기 시작하여 2001년 9월에는 시장 자본가치가 약 30% 감소하였다. 소비자들은 이러한 새로운 매장 배치와 새로운 브랜드에 대해 혼란스럽다는 반응이었으며 이에 따라 브랜드 충성도 역시 하락하였다. 그러나 까르푸는 이것이 단지 일시적인 현상일 뿐 소비자들은 곧 돌아올 것이고, 일관성 있는 브랜딩을 통해 비용을 절감하는 것이 장기적으로 보았을 때 더 효과적이라고 말하고 있다.

에이홀드는 이와 정반대의 전략을 취하면서 스페인의 수퍼디플로(Superdiplo), 미국의 자이언트(Giant), 스웨덴의 ICA 등 전세계적으로 다양한 브랜드 네임을 운영해 왔다. 에이홀드의 대변인 얀 홀(Jan Hol)은 다음과 같이 말한다. “우리도 하나의 브랜드보다 25개의 브랜드를 관리하는 데에 훨씬 더 많은 비용이 든다는 것을 알고 있습니다. 그러나 파워 있는 지역 브랜드를 통해 얻을 수 있는 이윤이 이보다 더 크다고 생각합니다.” 에이홀드의 CEO인 호벤(Cees van der Hoeven)에 따르면 에이홀드의 브랜드 철학은 ‘고객이 볼 수 있는 모든 것은 로컬화하고 고객이 볼 수 없는 모든 것은 글로벌화한다’ 라고 한다.

실제로 까르푸는 식료품류 제품의 95% 정도를 지역 주민들의 입맛에 맞게 로컬화하고 있다. 까르푸의 대변인 크리스티앙 오노레(Christian Honore)는 “중국에서 우리는 중국 사람이고, 스페인에서 우리는 스페인 사람이다”라고 말한다. 그러나 에이홀드의 시장점유율은 2001년 DJ 스톡스 유러피안(DJ Stoxx European) 소매점 지수에 일치하는 반면, 까르푸의 시장점유율은 이 지수보다 7% 정도 낮다. 식료품 전문가들에 의하면 식료품 쇼핑은 대부분 집 근처에서 이루어지기 때문에 식료품 판매는 다른 카테고리와는 다른 양상을 보인다고 한다. 그리고 이것이 사실이라면 이는 식료품 소매의 경우 단

하나의 신뢰받는 글로벌 브랜드는 현실적으로 불가능하다는 것을 의미한다.

브랜드 수집가

명품 브랜드의 매력

모든 브랜드 관리자들의 꿈은 전세계인을 사로잡는 매력과 위상 그리고 명성을 모두 갖춘 명품 브랜드를 관리하는 일일 것이다. 그러나 이 분야의 매력은 치열한 경쟁이 없어서라기보다는 펜과 같은 평범한 제품의 가격이 록스타나 축구 선수의 임금과 비슷한 수준까지 책정될 수 있다는 놀라움에 있다 하겠다. 물론 이러한 명품 브랜드에도 기본적인 브랜딩 기술과 소비자 인식 관리가 필요하기는 하지만 명품 브랜드에서 얻을 수 있는 이익은 이에 비해 실로 막대하다. 또한 경기 침체기에는 이러한 명품 브랜드의 실적이 저조할 것이라고 생각하기 쉽지만 다음의 사례들을 보면 꼭 그렇지만은 않다는 것을 알 수 있다.

'시계' 시장을 주목하라 – 크로스 브랜드의 기회

명품 카테고리 안에서 영원히 한 영역을 차지하고 있을 것같은 제품이 바로 시계이다. 최근에는 모든 명품 브랜드들이 시계 카테고리로 브랜드를 확장하고 있는 것 같다. 캘빈 클라인(Calvin Klein)은 캘빈 클라인의 전체적인 의류 스타일에 어울리는 손목시계를 통해 브랜드 영역을 확장하였다. 엠포리오 아르마니 역시 동일한 형태의 브랜드 확장을 시도하였으며, 베르사체는 캐릭터(Character)라고 불리는 새로운 시계 브랜드를 만들어 냈다. 이러한 흐름은 DKNY, 아디다스(Adidas), 발리(Bally), 베네통(Benetton), 까르방(Carven), 샤넬(Chanel), 크리스찬 라크르와(Christian Lacroix), 휴고 보스(Hugo Boss), 라코스떼(Lacoste), 칼 라거펠트(Karl Lagerfeld), 랑방(Lanvin), 니나 리찌(Nina Ricci), 피에르 가르뎅(Pierre Cardin), 팀버랜드(Timberland), 이브 생 로랑(Yves Saint-Laurent) 등과 같은 다양한 브랜드들로 이어졌다. 이 시장은 폭발적인 성장을 보여 2000년 미국에서만 66억 달러 이상의 패션 액세서리가 판매된 것으로 추정되며 여전히 빠른 속도로 성장하고 있다. 패션 브랜드 시계는 다양한 모양, 사이즈, 가격대로 출시되고 있으나 소비자들이 이들 시계를 구매하는 이유는 바로 그 브랜드 자체를 좋아하기 때문이라는 데에는 이론이 없다.

시계의 패션성보다는 기술적인 측면에 관심이 많은 경우에서도 다를 바가 없다. 브라이틀링(Breitling), 세이코, 나이키, 카시오(Casio) 및 기타 제조업체들은 하이테크 시계들을 생산하고 있으며 이들 중 몇몇은 가정용 컴퓨터의 CD나 인터넷으로부터 MP3 파일을 다운로드받을 수 있는 기능까지 갖추고 있다. 그 밖에 심장 박동을 잴 수 있는 시계, 전기를 저장하는 시계, 이메일을 받을 수 있는 시계, 스트레스의 정도를 측정할 수 있는 시계도 있다. 많은 기업들은 이러한 전략을 통한 브랜드 확장이 매출을 상승시키고 브랜드 인지도를 높이는 데 도움이 된다는 것을 알고 있다.

꿈의 판매자

이제 진정한 명품 브랜드들에 대해 이야기해 보자. 정말로 영리한 기업들은 명품 브랜드를 창조해 내거나 인수하는 방식의 사업 전략을 취하고 있는 기업들이다. 명품 브랜드들 가운데에는 소비자의 가슴을 뛰게 하고, 맹목적인 욕망을 갖게 하고, 또한 가격이 올라갈수록 더 잘 팔리는 브랜드들이 있다. 이러한 브랜드들은 일종의 꿈과도 같다. 이들은 진정으로 감성적인 브랜드들이며 이러한 브랜드들을 소유하고 있는 기업은 몇 되지 않는다. 이러한 기업 가운데 가장 규모가 큰 두 기업이 LVMH 그룹과 리치몬트(Richemont)이다. 이들 두 그룹은 각각의 브랜드에 대해 상당한 독립성을 부여하고 있는데 이는 그룹 내 대부분의 브랜드가 이미 그 나름대로의 파워를 가지고 있기 때문이다. 따라서 기업 브랜딩은 거의 눈에 띄지 않으며 각 브랜드들은 거의 자체적으로 활동을 해 나아가고 있다. LVMH 그룹과 리치몬트는 '브랜드로 구성된 유명 그룹' 이 아닌 '유명 브랜드로 구성된 그룹' 으로 불리워진다.

리치몬트(꼼빠니 피낭시에 리치몬트 AG (Compagnie Financiere Richemont AG))는 홈페이지에 '성공적인 국제적 브랜드를 개발하려는 장기적인 시각을 가지고 있는 스위스의 명품 그룹' 이라고 자사를 소개하고 있다. 이 밖에도 리치몬트는 담배와 다이렉트 마케팅 산업에도 투자를 하고 있다. 스위스 기업이라는 것 또한 리치몬트의 정체성에 대해서 많은 것을 말해 주지는 않는다. 오히려 리치몬트 기업의 브랜드들인 까르띠에(Cartier), 반 클리프 앤 아펠(Van Cleef & Arpels), 피아제(Piaget), 보메 메르시에(Baume et Mercier), 재거 르 꾸뛰르(Jaeger-LeCoultre), A. 랑 앤 숀(A. Lange & Sohne), 바쉐론 콘스탄틴(Vacheron Constantin), 던힐

(Dunhill), 몽블랑(Montblanc), 몬테그라파(Montegrappa), 해켓(Hackett), 올드 잉글랜드(Old England), 푸디(Purdey), 클로에(Chloe), 상하이 탕(Shanghai Tang)과 같은 브랜드를 떠올려 보는 것이 이 기업의 정체성을 파악하는 데 도움이 될 것이다.

2001년 3월 31일 리치몬트는 36억 8천 4백만 유로의 매출을 달성했으나 이것은 업계 1위인 LVMH 그룹의 매출에는 훨씬 못 미치는 수준이었다. LVMH 그룹의 프로파일과 명품 브랜드를 관리하는 방법은 사례 연구 12에 제시되어 있다.

사례 연구 12

모에 헤네시 루이 뷔통 (Moet Hennessy Louis Vuitton) 그룹(LVMH) 명품 브랜드들로 구성된 그룹

LVMH의 2000년도 한 해 순매출액은 116억 유로에 이르렀다. LVMH는 프랑스를 비롯한 전세계에 440개가 넘는 자회사를 가지고 있으며 총임직원 수는 5만 3천여 명에 이른다. LVMH는 스스로를 '젊은 그룹, 계속되는 사업 확장'으로 묘사하고 있다. LVMH의 브랜드 포트폴리오에는 다음에 제시된 바와 같이 세계에서 가장 파워 있는 브랜드들의 50% 가량이 포함되어 있다.

- 시계 / 보석: 태그 호이어(Tag Heuer), 크리스찬 디올(Montres Christian Dior), 에벨(Ebel), 제니스(Zenith), 오마스(Omas), 쇼메(Chaumet), 프레드(Fred), 다이아몬드 회사인 드비어스(De Beers)와의 조인트 벤처.
- 패션: 루이비통(Louis Vuitton), 셀린느(Celine), 로에베(Loewe),

겐조(Kenzo), 지방시(Givenchy), 크리스찬 디올(Christian Dior), 크리스찬 라크르와(Christian Lacroix), 마크 제이콥스(Marc Jacobs), 벨루티(Berluti), 펜디(Fendi), 토마스 핑크(Thomas Pink), 에밀리오 푸치(Emilio Pucci), 다나 캐런(Donna Karan).

- **와인 / 주류:** 모엣 샹동(Moet & Chandon), 돔 페리곤(Dom Perignon), 메르시에(Mercier), 페브 클리코 콩사르뎅(Veuve Clicquot Ponsardin), 카나듀셈(Canard-Duchene), 포메리(Pommery), 크루(Krug), 샹동 에스타테(Chandon Estates), 클라우디 베이(Cloudy Bay), 케이프 멘탈(Cape Mentelle), 뉴튼(Newton), 몽탐(MountAdam), 헤네시(Hennessy), 하인(Hine), 샤토 디켐(Chateau d' Yquem).
- **향수 / 화장품:** 퍼퓸 크리스찬 디올(Parfums Christian Dior), 퍼퓸 지방시(Parfumes Givanchy), 겐조 퍼퓸(Kenzo Parfums), 하드 캔디(Hard Candy), 프레시(Fresh), 블리스(Bliss), 얼반 디케이(Urban Decay), 메이크업 포에버(Make Up For Ever), 베네피트(BeneFit Cosmetics), 겔랑(Guerlain).
- **전문 소매점:** DFS, 마이에키 크루즈라인(Miami Cruiseline), 세포라(Sephora), 르 본 마쉐(Le Bon Marche), 솔스티스(Solstice), 라 샤마르틴(La Samaritaine).
- **기타 사업:** Phillips(필립스), 드 푸리 앤 루셈브룩(de Pury & Luxembourg), 에튀드 타잔(Etude Tajan), D.I. 그룹(D.I. Group), 인베시티르(Investir), 라디오 크래시크(Radio Classique), 라 트리뷴(La Tribune), 재즈맨(Jazzman), 르 몬테 드 라 뮤직(Le Monde de la Musique), 시스템 TV(System TV), 코나상스 드 아트(Connaissance des Arts), 아트 앤 옥션(Art & Auction), 세포라 닷컴(Sephora.com), 이럭셔리(eLuxury).

LVMH의 비전

LVMH의 경우 적어도 아무 브랜드나 사들인 것은 아니라는 사실을 알 수 있다. 회장인 베르나르 아르노(Bernard Arnault)는 "LVMH의 비전은 세계에서 가장 세련된 '생활 양식(art de vivre)' 을 대표합니다. LVMH는 우아함과 창의성의 대명사로 여겨져야 할 것입니다. 우리의 제품 그리고 그 제품이 구체화하는 문화적 가치는 전통과 혁신을 결합하고 꿈과 환상을 불러일으킵니다"라고 말한다.

LVMH의 가치

LVMH 그룹의 홈페이지에 제시되어 있는 LVMH의 모든 관계자들에 의해 공유되는 기본적인 가치 다섯 가지는 다음과 같다.

창의적이고 혁신적이 되라

LVMH 그룹의 기업들은 창의성을 더욱더 발전시켜 나아가야 한다. 기업의 장기적인 성공은 예술적 창의성과 기술적 혁신의 조화를 통해서 가능하다. 따라서 이들 기업들은 이제까지 그래왔던 것처럼 앞으로도 항상 창의적이어야 할 것이다.

선도적인 디자인 창조를 위해 창의력이 풍부한 인재를 영입하는 능력 역시 기업에 있어서 필수적이다.

이는 기술적 혁신에 있어서도 마찬가지이다. 기업의 신제품의 성공 여부는(특히 화장품의 경우) 제품 조사 및 연구 개발팀(R&D)에 달려 있다. 이러한 두가지 가치, 즉 창의성과 혁신성은 모든 기업에 있어서 가장 중요한 요소이며 지속적인 성장의 토대를 마련한다.

월등한 제품을 만들자

LVMH 그룹의 기업들은 모든 부분에 대해 세심한 주의를 기울이고 있으며 제품의 품질 관리에 완벽을 기하고 있다. 이들의 제품은 장인 정신의 고급스러움과 완벽함을 상징하는 결정체이다. 고객들이 구매하여 사용하는 모든 제품은 완벽한 품질을 지향하는 우리 브랜드의 전통을 반영하고 있다. LVMH 그룹의 기업들은 고객들을 결코 실망시켜서는 안 되며, 품질, 내구성, 제품마무리로서 고객들을 지속적으로 만족시켜야 하고, 제품품질에 관한 한 절대로 타협해서는 안 된다.

탁월한 제품을 만들고자 하는 노력은 단순히 제품의 품질 수준만을 의미하는 것이 아니다. 여기에는 매장의 구조와 위치, 아이템의 진열, 소비자들이 매장에 들어가자마자 환영받는다고 느끼도록 하는 능력 등이 모두 포함된다. 이렇듯 고객들 주변의 모든 것들에 대해 관심을 기울임으로써 고객들이 늘 월등한 품질을 접할 수 있도록 해야 한다.

열정을 다하여 브랜드 이미지를 강화하라

그룹의 브랜드들은 엄청난 명성을 누리고 있다. 물론 이러한 명성은 탁월한 독창성과 제품의 우수성이 뒷받침되지 않으면 더 이상 빛을 발할 수도 지속될 수도 없다. 그러나 이러한 신비로움과, 논리적으로는 설명되지 않는 특별한 경지와, 현실을 초월하는 표현력과 그리고 우리 꿈의 본질인 경외심이 없다면, 디올은 디올이 될 수 없으며, 루이 뷔통은 루이 뷔통이 될 수 없으며, 모에는 모에가 될 수 없다… 기업의 브랜드들이 갖는 파워는 LVMH 유산의 한 부분이다. 현재의 브랜드 이미지를 구축하는 데는 수 년, 심지어는 수십 년이 걸렸으며 이러한 브랜드의 가치는 값으로 측정할 수도, 다른 어떠한 것으로 대체할 수도 없는 소중한 자산이다.

따라서 그룹의 기업들은 브랜드 이미지와 관련해서는 아주 사소한 부분에까지 신경을 쓰고 있다. 일반 대중에게 제시되는 모든 커뮤니케이션 요소들(공지, 연설, 메시지 등)은 결국 브랜드를 말하고자 하는 것이다. 모든 메시지는 브랜드의 이미지에 부합하는 형태로 제시되어야 하며 이 부분 역시 어떠한 타협도 있을 수 없다.

기업가로써 행동하라

LVMH 그룹의 조직은 수평적 구조를 가지고 있으며 이는 효율성, 생산성, 독창성을 위해 효과적이다.

이러한 조직 유형은 상당히 동기 부여적이며 역동적인 장점을 갖는다. 또한 개개인의 자발적인 참여를 권장하고 자신의 업무에 대한 책임을 부여한다. 이는 종종 사회 초년생에게도 동일하게 적용된다. 이러한 수평적인 구조에서는 각 기업 내에 기업가적인 업무 실행 능력을 갖춘 팀들이 필요하다.

기업가 정신에는 일에 대한 열정, 실용주의, 효율성, 목표 달성을 위해 직원들을 독려할 수 있는 능력 그리고 관리자 층이 갖는 풍부한 일반 상식까지가 포함된다. LVMH 그룹의 자산 및 기업을 관리하기 위해서 모든 직원들은 이러한 기업가 정신을 공유하고 또 향유할 수 있어야 한다.

우리가 하는 모든 것에 대해 최고가 되어라

우리는 최고가 되고자 하는 야심을 가지고 있다. 각 기업의 팀들은 늘 현재의 상태에 만족해서는 안 되며 끊임없이 발전하고, 능력을 향상시키고, 업무의 수준을 높이며, 또한 새로운 아이디어를 창출할 수 있도록 지속적으로 노력해야 한다.

LVMH 그룹은 모든 직원들에게 진보를 향한 끊임없는 갈망을 강조하고 있다.

저자는 위에 언급된 사항들이 진정한 브랜드 챔피언의 생각과 느낌을 충분히 표현하고 있다고 본다. 이제는 LVMH 관리자가 브랜드를 어떻게 관리하는지 좀더 살펴보도록 하자.

2001년 10월 하버드 비즈니스 리뷰지와의 인터뷰에서 아르노는 이른바 '스타 브랜드'라고 불리는 브랜드들의 특징을 다음과

같이 묘사하였다:

- 시간을 초월하고
- 현대적이며
- 빠르게 성장하고
- 수익률이 높은

명품 브랜드 시장에서 이러한 스타 브랜드의 개수는 10개도 채 되지 않는다. 그 이유는 위의 네 가지 특성을 모두 균형 있게 갖추기가 상당히 어렵기 때문이다. 예를 들어 빠른 성장과 높은 수익성은 사실상 함께 달성하기 어려우며, 시간을 초월한다는 것과 현대적인 것 역시 동시에 추구하기 힘든 것들이다.

시간을 초월하는 이미지를 구축하는 데에는 수 년의 시간이 걸릴 수도 있지만 아르노에 의하면 이러한 이미지는 타협하지 않는 품질을 통해서도 만들어질 수 있다고 한다. 현대적인 이미지는 혁신성을 통해 얻어질 수 있는데, 이는 과거를 이해하는 동시에 미래를 창조할 수 있어야 하기 때문에 매우 어려운 개념이다. 스타 브랜드들은 고객들의 환상을 만족시킬 수 있을 만큼 최신이고 유행을 리드하며, 첨단이고, 섹시하며, 현대적이어야 하기 때문에 디자인 팀은 이러한 이미지를 창조해 내는 데 상당한 시간을 할애한다. 브랜드의 지속적인 재창조 작업만이 그 해답인 것이다. 브랜드의 성장은 소비자의 욕구가 발현된 결과 물이며 어느 정도는 광고가 이러한 소비자의 욕구를 얼마나 이끌어 내느냐에 따라 달라진다. 그러나 아르노는 자사의 마케팅 직원들이 광고에 관여하지 못하게 한다. 오히려 브랜드의 이미지를 더 잘 표현할 수 있는 디자인 팀이 브랜드 광고를 담당해야 한다고 말한다. 그는 다음과 같이 강조한다.

> 모든 기업이 저지르는 가장 큰 실수는 마케팅 부서가 광고를 담당하게 하는 것이다. LVMH 기업의 경우, 디올 브랜드의 퍼스낼리티(극도의 섹시함, 현대성, 여성스러움, 열정)를 전달하기 위한 광고는 종종 디올 디자인 팀과 존 갈리아노(John Galliano)[20]에 의해 만들어진다. 물론 각 스타 브랜드의 이윤은 혁신, 광고 그리고 그 밖의 고(高)비용의 과정을 거친 후에 얻어진다.

아르노에 의하면 제품 품질과 임직원 교육은 스타 브랜드 구축 과정에 있어서 가장 강조되어야 하는 것이다. "예를 들어 루이 뷔통 가방은 1분에 5번씩 가방을 열었다 닫았다 하는 고문 기계 속에서 3주를 견뎌야 합니다. 그러나 이것이 전부가 아니죠. 가방은 찢겨지고, 흔들리고, 또 눌려집니다." 이것이 바로 아르노의 기업이 '가보급의' 제품을 만드는 과정이다. "단 하나의 지갑이 탄생되기 위해 거치는 공정은 1천여 가지에 이르며 대부분은 수작업으로 이루어집니다. 공장 직원들은 수 개월의 훈련을 받은 후에야 비로소 제품을 만질 수 있게 됩니다." 철저한 계획과 임직원 훈련은 생산 과정에 있어서 가장 중요한 부분이다.

아르노는 브랜드 관리에 대해 많은 브랜드들이 스타 브랜드가 될 수 있는 잠재력을 가지고 있음에도 불구하고 제대로 관리받지 못하고 있다고 지적한다. 명품 브랜드 관리의 경우 앞서 언급했던 네 가지 요소를 필수적으로 갖추어야 하며 또한 절대 서둘러서는 안 되기 때문에 상당한 시간이 소요될 수밖에 없다. 그러나 일단 브랜드가 위의 네 가지 요소를 모두 갖춘 상태에서 잘 관

20) 크리스찬 디올의 수석 디자이너

리되기만 한다면 이는 향후 엄청난 수익을 가져올 것이다.

정 리

브랜드 아키텍처는 브랜드 관리에 있어서 가장 어려운 부분으로서 정해진 규칙이 없을 뿐 아니라 다양한 대안들을 시도할 수 있는 수많은 기회가 존재한다. 어떠한 형태의 변형은 효과적으로 작용하는 반면 이와 유사한 변형인데도 제대로 효과를 발휘하지 못하는 경우도 있을 수 있다. 기업 브랜딩이 최근의 추세이긴 하지만 때로는 제품 브랜딩이 더 필요한 경우도 있다. 아키텍처에 관한 모든 결정에는 세심한 주의가 필요하며 전문가들의 조언 역시 필수적이다.

새로운 로고와 네임에 수백만 달러를 지출하는 것이 자신의 브랜드, 브랜드가 제공하는 경험, 브랜드와 소비자 간의 관계 그리고 브랜드에서 창출되는 이윤에 변화를 줄 것이라고 여전히 믿고 있는 기업이 있다면 이들은 상당한 실수를 범하고 있는 것이다. 소비자의 경험이 변화하지 않고서는 어떠한 것도 변화하지 않는다. 따라서 브랜드 이미지를 변화시키고자 한다면 브랜드 경험을 먼저 변화시켜라. 그리고 만약 로고를 바꾸어야 한다면 혁신적인 방식보다는 진화적인 방식이 효과적이다.

제대로 된 브랜드 아키텍처를 구축하는 것은 쉽지 않다. 다음 장에서는 브랜드의 성과가 좋건 나쁘건 간에 상관없이 모든 브랜드 관리자들이 직면하는 어려운 결정들에 대해 살펴보겠다.

Chapter 05

5

세 가지 딜레마: 브랜드 확장, 브랜드 재활성화, 브랜드 제거

브랜드 관리자가 브랜드를 관리하면서 마주치게 되는 세 가지 딜레마가 있다. 이 세 가지 딜레마는 모두 브랜드의 삶과 관련된 것이다. 브랜드의 경우 잘만 관리되면 영원히 살 수 있는 반면 브랜드 관리자들은 자신의 능력을 시험하는 상황과 종종 맞부딪친다. 이러한 세 가지 딜레마는 다음과 같다. 첫째, 브랜드가 좋은 성과를 내고 있을 때 브랜드 네임을 다른 영역으로 확장할 것인가의 문제-현존하는 카테고리 내에서의 혹은 다른 카테고리로의 확장. 둘째, 브랜드가 소홀히 관리되어 브랜드의 재활성화가 필요할 때 어떻게 할 것인가의 문제와 이러한 브랜드 재활성화가 성공할 수 있을지의 문제. 셋째, 미래에 대한 어떠한 희망도 보이지 않을 때 브랜드를 제거할 것인지의 문제. 이러한 결정은 사실상 쉬운 것이 아니며 저자는 이번 장에서 이 세 가지의 의사 결정 유형에 대한 사례들을 제시하고자 한다.

거대한 유혹: 브랜드 확장

모든 브랜드 관리자들이 브랜드를 관리하는 도중에 마주치게 되는 한 가지 중요한 질문은 브랜드를 확장할 것인가 말 것인가에 대한 것이다. 그리고 이에 대한 대답은 '상황에 따라 다르다' 이다. 가장 기본적인 수준의 브랜드 확장은 동일한 카테고리 내에서 그 브랜드의 다양한 제품을 만들어 내는 것이다. 또 다른 종류의 브랜드 확장으로는 동일한 산업 내에서 다른 카테고리로 브랜드를 확장하는 것이 있다. 그리고 전혀 상이한 산업으로까지 브랜드를 확장할 수도 있다. 브랜드 관리자들은 성공적인 브랜드에 대한 확장 유혹을 종종 느끼지만 사실상 이러한 브랜드 관리자에게 도움이 될만한 규칙은 존재하지 않는다. 결국 브랜드 확장의 성공 여부는 소비자가 결정하는 것이기 때문이다. 브랜드 확장을 실질적으로 제한하는 요소는 브랜드 약속과 브랜드 퍼스낼리티 그리고 소비자의 감성적 연상을 확장된 영역의 브랜드에 대해서도 유지할 수 있는지의 문제이다.

물론 처음부터 성공하기 어려운 브랜드 확장도 있다. 그리고 다양한 사례들을 통해 언제 브랜드 확장을 시도해야 하는지를 판단해 볼 수도 있다. 그러나 이에 앞서 본 저자는 브랜드 확장의 기본적인 이유들과 관련 용어에 대해서 명확히 하고자 한다.

브랜드 확장의 이유

브랜드 확장에는 세 가지 이유가 있다.

1. 자연적 원인

브랜드 확장의 주요 이유들 가운데 하나는 '자연적 원인'이다. 브랜드의 본래 제품과 매우 유사한 제품을 생산함으로써 현재의 매출을 크게 잠식하지 않으면서 기존과 동일한 혹은 상이한 목표 청중을 만족시키는 것이다. 이러한 브랜드 확장은 브랜드 관리자들이 카테고리 내에 현존하는 고객의 또 다른 욕구를 발굴해 냄으로써 일어나는 '자연스러운' 발전이라고 할 수 있다. 그 유명한 애프터 8 민트(After Eight Mints)가 바로 자연스러운 브랜드 확장의 사례이다. 클래식 다크(The Classic Dark Assortment)가 보완된 제품이 화이트 민트(White Mint Assortment)이며, 여기에 2000년 9월에 또 다른 제품인 애프터 8 트러플(After Eight Truffle)이 추가로 출시되었다. 이러한 브랜드 확장은 성공 가능성도 상당히 높을 뿐 아니라 기업이 카테고리 내에서 지속적으로 성장하고 경쟁자를 따돌리기 위해서 꼭 필요한 것이다.

2. 시장 성장률의 감소

현존하는 시장에서 자사 제품의 성장률이 감소하는 조짐을 보일 때 기업은 브랜드 포트폴리오의 확장을 시도할 수 있다. 세계 1위의 반도체 제조 업체인 인텔(Intel)에도 이러한 경우가 있었다. 개인용 컴퓨터의 판매가 감소함에 따라 프로세서 단위당 성장률의 감소가 예측되는 상황이었다. 인텔은 휴대용 디지털 뮤직 플레이어인 챗패드(ChatPad)[21] 및 웹 태블릿(WebTablet)[22]과 같은 소비재 장치들을 생산하기로 결정하였다.

21) 인스턴트 메시지 및 이메일 장치를 말함

22) 하드커버 책 크기의 무선 스크린을 통해 인터넷 서핑을 하는 것을 말함

인텔은 현재 인텔의 마이크로 프로세서가 장착된 가정용 컴퓨터를 중심으로 이들 컴퓨터에 연결되어 가치를 증대시킬 수 있는 장치들을 구축하려 하고 있다. 이러한 종류의 새로운 전환은 인텔의 기존 브랜드 포트폴리오에도 부합하면서 대중들에게도 쉽게 받아들여질 수 있다. 인텔의 브랜드 확장은 소비자의 의심을 불러일으키지 않을 만큼 기존의 사업과 유사한 것이었다. 비록 앞으로 소니(Sony), 필립스(Philips), 리오(Rio) 제품들과의 경쟁이 또 다른 과제로 남아 있기는 하지만 말이다.

3. 브랜드의 강력함에 대한 확신

위에서 제시된 브랜드 확장의 이유들은 명확한 시장조사와 일반상식 수준에 근거를 두고 있다. 그러나 일부 브랜드들은 그들이 하나 혹은 그 이상의 카테고리 시장에서 성공했기 때문에 자동적으로 다른 카테고리에서도 성공할 것이라는 전제 하에 확장을 시도한다. 이러한 생각이 때로는 옳을 수도 있지만 때로는 틀릴 수도 있다. 버진 그룹(Virgin Group)의 경우 지나친 자신감으로 버진 보드카(Virgin Vodka)나 버진 코스메틱(Virgin Cosmetic)과 같은 영역으로 브랜드 확장을 시도했으나 결국은 실패하였다. 따라서 브랜드 확장 기회의 이면에는 브랜드 파워를 약화시킬 수 있는 위험 요소 역시 늘 함께하고 있음을 명심해야 한다. 더 많은 예들을 살펴보기에 앞서 우선 브랜드 확장과 라인 확장의 차이점을 알아보자.

브랜드 확장과 라인 확장 – 가능성과 어려움

브랜드 확장은 현존하는 브랜드 네임을 새로운 제품 및 서비스 카테고리에서 사용하는 전략이다. 반면 라인 확장은 현존하는 브랜드 네임을 동일한 카테고리 내의 새로운 제품 및 서비스에 대해 사용하는 전략이다. 버진 항공(Virgin Airlines)이 전자의 예이고 메르세데스 'A' 클래스(Mercedes A Class)가 후자의 예이다.

하나의 브랜드, 기업 혹은 제품에 있어서 라인 확장이 가능한 경우는 자동차, 은행, 음료 등이다. 자동차는 엔진 용량, 쿠페형 등과 같은 특성에 있어 '유연성'이 있다. 은행은 광범위하게 포지션되어 소매상, 법인 단체, 중소 기업, 기업가, 공공 기관 등에 따라 각기 다른 방식으로 프로모션 활동을 벌일 수 있다. 슈웹스(Schwepper's) 청량 음료는 다양한 향을 가진 다양한 음료, 즉 믹서, 생수, 과일 및 건강 음료를 통해 성인 층과 젊은 층에 소구하고 있다. 그러나 이 모든 제품들은 좋은 품질의 청량 음료라는 브랜드의 기본적인 포지셔닝에 부합하고 있으며 음료라는 동일한 카테고리에서 벗어나지 않는다. 브랜드 확장은 브랜드를 다른 카테고리 혹은 다른 산업으로 진입시키고자 할 때에도 취할 수 있는 전략이다. 예를 들어 포드 자동차 회사(Ford Motor Company)는 재규어 은행(Jaguar Bank)를 시작하였으며, 버진은 텔레커뮤니케이션 산업으로 진출하였다. 모든 종류의 확장에 있어서 중요한 것은 브랜드가 본래의 아이덴터티를 유지해야 한다는 것이다. 브랜드의 아이덴터티가 유지될 때만이 소비자들은 변화를 받아들일 것이다.

기업 혹은 제품이 단 하나의 진정으로 강력한 포지션을 가지고 있다 하더라도 이 포지션은 또 다른 고객 그룹을 확보하기 위해 기업이나 제품의 특정한 강점이나 가치를 강조하도록 변형, 조정, 변화될 수 있다. 물론 지나치게 넓게 확장되어서는 곤란하다. 이 때 브랜드 확장은 다양한 세분시장에 대한 깊이 있는 지식을 요한다. 따라서 멀티 포지셔닝 역시 라인 확장이나 브랜드 확장으로 보여질 수 있다. 그러나 이러한 경우 지나친 욕심은 금물이다.

할리-데이빗슨(Harley-Davidson)은 의류 사업 마케팅에서 성공을 거두었다. 확장된 브랜드가 목표 청중의 니즈와 욕구 그리고 브랜드의 성격과 포지셔닝과 조화를 이루었기 때문이다. 자유, 애국, 전통, 기백 있는 태도에 대한 연상은 할리-데이빗슨의 구매자들을 매료시켰으며 액세서리 및 의류는 소비자 경험을 더욱 풍부하게 해 주었다. 이러한 것들은 브랜드 퍼스낼리티와 포지셔닝에 부합되는 것이었다. 그러나 파워 브랜드도 항상 성공만 하는 것은 아니다. 나이키(Nike)의 경우 신발제품에서 스포츠 의류로의 제품 라인 확장은 성공적이었으나 스포츠 의류에서 캐주얼 의류로의 브랜드 확장은 성공적이지 못했다. 캐주얼 의류 세분시장은 운동 경기 중심이라는 나이키의 포지션과 연계되지 않았으며 더욱이 나이든 사람들과 '저스트 두 잇(Just Do It)' 은 어울리지 않았기 때문이다. 존슨 앤 존슨(Johnson & Johnson) 역시 유아용 샴푸의 표적을 아기에서 어린이로 확장하는 데에는 큰 문제가 없었지만 성인 층으로까지 표적을 확장하는 데에는 그리 성공적이지 못했다.

한편 나이키가 최상의 성과를 내기 위해 매번 심장박동 수를 체크해야 하는 운동 선수들에게 심장박동 수 측정기를 선보인 것은 옳은 결정이었던 것 같다. 이 장치에 저장된 데이터는 트레이닝을 목적으로 손목 시계에 다운로드될 수도 있다. 나이키는 또한 운동선수들이 코치나 트레이너와 인터넷으로 커뮤니케이션할 수 있는 새로운 시계 제품을 준비중에 있다. 이러한 신제품은 모두 열정, 전념, 승리, 최선을 이끌어 낸다는 점에서 나이키의 퍼스낼리티에 부합한다. 이처럼 브랜드 확장이 브랜드 퍼스낼리티를 유지하고 또한 소비자의 기대에 부응할 수 있을 때 브랜드 확장의 성공 가능성은 더욱더 높아진다.

브랜드 확장에 대한 문제를 분석하는 또 하나의 방법은 소비자 연상의 측면에서 브랜드 본질을 보는 것이다. 마케팅 전략이 가격, 품질, 궁극적으로는 가치 면에서 브랜드를 상향 또는 하향시킬 것인지를 보는 것으로서 본질적으로는 브랜드의 기능성 혹은 상징성을 살펴보는 것이다.

상징적 확장과 기능적 확장-소비자 생각과의 적합성

브랜드는 사람들의 마음 속에만 존재하는 것이며 크게 두 가지의 기본적인 유형, 즉 기능적 브랜드와 상징적 브랜드로 나뉠 수 있다. 이러한 인식 상의 유형은 브랜드 확장에 있어서 함축적인 의미를 지닌다.

예를 들어 롤렉스(Rolex)는 상징적 브랜드이다. 이는 구매자들에게는 단순한 시계 이상의 것을 의미하며 높은 가격, 품질, 지위, 명성과 결부된 포지션을 가지고 있다. 이와는 전혀 다른 인식 스펙트럼 상의 브랜드로 카시오(Casio)가 있다. 카시오는 기능성에 연계된 포지션을 가지고 있다. 저렴한 가격에 비해 신뢰성이나 내구성 측면에서 훌륭한 품질을 가지고 있다. 그러나 지위 등의 다른 무형적 효익을 제공하지는 않는다(카시오는 최근 하이테크 혁신 제품들을 출시하며 저가 브랜드의 이미지를 벗어나려 노력중이다.).

롤렉스와 같은 명품 브랜드의 경우 하향 확장만이 가능하다. 그러나 롤렉스라는 동일한 브랜드 네임 아래 한 단계 낮은 품질과 가격으로 하향 확장을 하게 되면 본래의 브랜드 이미지에 손상이 갈 것이며 기존에 형성되어 있던 고객층을 상당수 잃게 될 것이다. 비록 롤렉스를 한번 소유해 보고 싶어하는 새로운 고객층을 끌어 낼 수는 있겠지만 말이다. 롤렉스는 이러한 문제들에 대해 고민한 끝에 튜더(Tudor)라는 중가 브랜드를 만들었다. 롤렉스 브랜드의 가시적인 보증은 없지만 롤렉스와 유사한 분위기를 풍기도록 치밀한 브랜드 커뮤니케이션 전략이 계획되었다.

최고급 브랜드로부터 확장된 새로운 브랜드의 포지션은 기존 브랜드의 강력하고, 핵심적이고, 높은 명성을 나타내는 긍정적 연상들과 지나치게 거리를 두어서는 안 된다. 커뮤니케이션 전략은 새로운 브랜드의 제품을 기존의 브랜드가 가지고 있는 긍정적인 측면과 연계시키는 데 초점을 두어야 할 것이다. 그러나 두 브랜드를 지나치도록 유사하게 포지셔닝하게 되면 잠식 현상이 일어나 이들 모두가 피해를 입을 수도 있다. 이처럼 브랜드 관리자에게 있어서 브랜드 확장은 결코 쉬운 일이 아니며 브랜드 포지셔닝이 바로 성공을 위한 중요한 열쇠가 된다.

명품 모브랜드로부터 확장된 새로운 브랜드의 경우 포지셔닝할 수 있는 영역도 넓고 이에 따른 수익도 상당할 수 있지만, 기존 브랜드 이미지가 희석되거나 손상되지 않는 지에 대해 항상 세심한 주의가 필요하다. 메르세데스는 이 부분에 대한 아무런 고민 없이 A클래스를 출시하였다. 품질과 가격 측면에서 더 낮게 하향 확장이 일어날수록 본래 브랜드의 이미지 손상은 더 커지게 마련이다. 결과적으로 메르세데스 A클래스는 성공적인 출발을 할 수 없었다.

기능적 브랜드들은 이미 고품질 브랜드로 포지션되어 있지는 않다. 따라서 하향 확장의 여지는 거의 없는 경우가 많으며 새로운 브랜드는 상징적 브랜드에 비해 본래 브랜드와 유사한 브랜드 연상을 가지는 경우가 많다. 이러한 브랜드 확장은 브랜드 이미지에 그다지 많은 해를 끼치지는 않는다. 다만 품질 인식의 측면에서 두 브랜드 간에 큰 차이가 없기 때문에 고객들의 혼동으로 인한 잠식 현상이 일어날 수 있다. 또 다른 도전은 품질에 지위 및 가치를 더함으로써 기능적 브랜드를 상향 확장할 경우 본래 브랜드의 이미지에 이미 고착되어 있는 소비자 인식을 바꾸기가 매우 어렵다는 것이다.

기능적 브랜드를 상징적 브랜드화할 수 있는 유일한 방법은 브랜드 확장 시 치밀한 포지셔닝 전략을 통해 본래의 브랜드와 거리를 두는 것이다. 이를 위해서는 앞서 설명된 상징적 브랜드의 확장 방식과 같이 확장된 브랜드 네임을 새롭게 만드는 방법이 있다. 예를 들어 카시오는 새로운 세분시장을 공략하기 위해 지 샥(G-Shock), 베이비 지(Baby-G)와 같은 새로운 브랜드 네임들을 만들어 냈다. 기능성을 지향하는 도요타(Toyota) 역시 지위와 명성으로 대표되는 최고급 카테고리에 신제품 렉서스(Lexus)를 포지셔닝하는데 있어 도요타라는 브랜드 네임을 전혀 사용하지 않았으며, 이로써 도요타의 다른 제품들과 연계된 연상 없이 새로운 명품 브랜드를 성공적으로 창조해 낼 수 있었다. 그러나 최근 렉서스에서 낮은 엔진 기능을 가진 모델과 소형 모델이 출시되는 등의 하향 확장의 조짐이 보임에 따라 사실상 명품 브랜드로서의 렉서스의 미래를 단언할 수는 없다. 이처럼 브랜드 관리에 있어서는 일련의 자기 통제가 필요하다.

브랜드 확장에서 가장 중요한 점은 확장된 브랜드가 본래의 브랜드 네임을 그대로 사용하는 한 본래 브랜드의 기본적인 이미지와 포지션으로부터 완전히 자유로울 수 없다는 사실이다. 소비자들이 본래의 브랜드와 확장된 브랜드가 조화를 이루는지를 지각적으로 판단하기 때문이다. 이러한 판단은 주로 품질이나 가격과 같은 일반적인 요소들을 중심으로 이루어지지만 사용 상황과 같은 그 밖의 중요한 요소들도 종종 고려된다. 기업들이 브랜드 확장 시 본래의 브랜드 네임을 그대로 사용하지 않고 완전히 독립적인 브랜드를 만드는 이유가 바로 여기에 있다. 코카콜라(Coca Cola)는 프루토피아(Fruitopia)[23]와 다른 음료 제품에 대해 이러한 전략을 사용한 적이 있다. 몇몇 기업들은 기업의 브랜드 네임을 최소한도로 사용하여 본래 브랜드와 확장된 브랜드와의 연계를 최소화하는 전략을 사용하기도 한다. 이러한 방식으로 새로운 브랜드를 출시하는 경우 본래 브랜드의 자산을 은근히 이어받으면서도 개별 브랜드의 독립적인 포지션을 갖는 것이 가능해진다. 이러한 예가 리바이스(Levi's)의 다커스(Dockers)와 도요타(Toyota)의 렉서스(Lexus)다. 이들이 만약 기존의 유명 브랜드 아래에 하나의 제품 라인으로 포지션되었더라면 지금과 같은 성공을 거두지는 못하였을 것이다.

기업 브랜드 대비 제품 브랜드의 탄력성

일반적으로 제품 브랜드보다는 기업 브랜드가 더 확장성이 있다고 볼 수 있다. 헤드앤숄더(Head and Shoulders) 샴푸와 같은 제품 브랜드를 예로 들어 보자. 헤드앤숄더는 매우 성공적인 브랜드로서 동일한 브랜드 네임 아래 다양한 헤어 타입에 따라 다양한 소비자 효익을 제공하는 샴푸 제품 라인들을 가지고 있다. 그러나 이 브랜드가 의류 제품 영역으로 확장을 시도했다면 결코 성공하

23) 코카콜라에서 출시한 비탄산 건강음료

지 못했을 것이다. 나 역시도 헤드앤숄더 브랜드의 정장이나 셔츠를 구매하고 싶지는 않다.

반면 기업 브랜드의 가치는 한 종류의 제품에만 국한되는 것이 아니기 때문에 기업 브랜드의 확장은 좀더 용이하다. 기업 브랜드의 경우 브랜드 네임 자체의 인지된 가치를 또 다른 카테고리에도 적용할 수 있기 때문이다. 예를 들어 소니는 기존에 속해 있던 소비재 전자제품 카테고리를 뛰어넘어 엔터테인먼트 사업으로 브랜드 네임을 확장하는 데 성공하였다. 이는 소비자들이 소니 제품의 품질에 대해 인식하고 있는 가치 덕분에 가능한 일이었다. 버진 그룹 역시 여러 차례 브랜드 확장을 해 왔으나 브랜드의 기본적인 포지션을 벗어난 적은 없다. 또 다른 예로는 전혀 새로운 카테고리에 성공적으로 진입한 캐터필러(Caterpillar: 사례 연구 13)를 들 수가 있다. 따라서 브랜드 관리의 영향력은 기업 브랜드의 확장에서 더 강력하다고 할 수 있다. 최근의 트렌드 역시 제품 브랜딩으로부터 기업 혹은 보증 브랜딩 쪽으로 옮아가는 추세이다.

사례 연구 13

캐터필러(Caterpillar) 성공적인 브랜드 확장의 예

브랜드를 다양한 산업 분야로 확장한 예 가운데 가장 그럴 듯 하지 않으면서도 가장 큰 성공을 거둔 기업이 바로 캐터필러이다. 캐터필러는 '건설' 사업에서 패션 사업으로 사업 영역을 확장하였다. 건설 공사에 필요한 중장비 공급업체로 100년을 넘게 성장해 온 캐터필러는 어렵기로 유명한 패션 산업으로 진출함으로써 수익뿐만 아니라 브랜드 인지도 및 인식도를 높이는 방법을 생각해 냈다. 그리고 이러한 과정에서 캐터필러는 여러 패션 세분시장에서 소비자들에게 인정받게 되었다.

물론 이것은 우연히 이루어진 것이 아니다. 이는 킴벌리 네이블(Kimberly S. Neible)이 이끄는 캐터필러 글로벌 브랜드 관리 그룹에 의해 치밀하게 계획된 결과였다. 이 전략의 목적은 캐터필러의 기계 제품을 이미 사용하고 있는 소비자들에게는 브랜드 판매를 더욱더 높이고 또한 캐터필러 제품을 아직 접해 보지 못하는 사람들에게는 브랜드 네임을 알리기 위한 것이었다.

캐터필러 제품은 유럽에서 잘 팔리고 있으며 나이키와 같은 브랜드들과 어깨를 나란히 하면서 앞서가는 젊은 층에게 소구하고 있다. 캐터필러 의류는 런던에서 그리고 캐터필러 신발류는 미국에서 전세계 라이센스를 가지고 있으며 캐터필러의 독립 매장도 계획중에 있다. 현재는 기업의 본사 근처 일리노이에 1,500평 크기의 매장 하나만을 가지고 있으나 앞으로 런던과 뉴욕과 같은 대도시에 이와 같은 매장을 몇 개 더 낼 계획이다.

제품 범위는 캐주얼에서 명품 제품까지 놀랍도록 다양하다. 예를 들어 주머니가 5개이고 뒤에는 노란색 천이 덧대어 있는 캐터필러 진 제품이 있는가 하면 3백 달러에 이르는 가격의 한정 판매용 진 제품 그리고 선글래스, 샌달, 유아용 의류 등도 매장에서 함께 판매중이다. 또한 이미 많은 나라에서 캐터필러 모자, 부츠, 가방, 트레이닝복, 유아용 신발, 시계, 스웨터 등의 제품들이 판매되고 있다고 한다. 캐터필러의 독립 매장에서는 5백 달러짜리 레이싱 자켓과 캐터필러의 은 체인이 달린 3백 달러짜리 티파니 앤 코(Tiffany & Co.)의 팔찌 등과 같은 고급 캐터필러 제품들도 구매할 수 있다. 도전적인 제품에서 전통적인 제품까지, 젊은 층을 위한 제품에서 60세 이상의 노년층을 위한 제품까지, 심지어는 90세 이상의 노년 층을 위한 제품까지, 캐터필러는 모든 제품 영역을 아우르고 있다.

캐터필러 브랜드 퍼스낼리티

캐터필러 브랜드 확장의 성공의 비밀은 브랜드 퍼스낼리티의 일관된 적용에 있는 듯 하다. 캐터필러 브랜드의 퍼스낼리티는 다음과 같다.

- 열심히 일하는
- 튼튼한
- 쾌활한
- 단호한
- 대담한
- 검소한
- 독립적인
- 일단 알고 나면 좋은 친구같은

이러한 브랜드 퍼스낼리티는 제품과 쇼핑 경험에까지 확장되었다. 예를 들어 부츠와 신발은 튼튼하며 2백 달러나 하는 캐터필러 시계의 메탈 밴드는 불도저의 발판 레일처럼 생겼다. 독립 매장의 내부는 캐터필러의 대담한 노란색으로 꾸며져 있고 캐터필러가 스폰서하는 레이싱 카와 똑같은 모형이 진열되어 있다. 바닥의 일부는 공장 바닥과 같은 나무 판자로 만들어졌으며 방문객이 진열 제품에 다가갈 때마다 중장비 기계의 경적 소리가 울린다. 이들은 모두 브랜드의 퍼스낼리티를 반영하는 것이라 볼 수 있다. 캐터필러는 브랜드 관리에 있어서 가장 중요한 사항인 이 일관성의 원칙을 늘 준수해 왔으며 이를 통해 진체 브랜드의 가치를 높일 수 있었다.

2000년도 캐터필러의 전세계 상품 매출액은 9억 달러에 달했다. 캐터필러는 본래의 브랜드 이미지에 적합하고 또한 이를 더욱더 강화시킬 수 있도록 사전에 치밀하게 계획된 브랜드 확장은 반드시 성공한다는 것을 입증하였다. 그리고 소비자들의 감성적 연상과 확장된 브랜드의 퍼스낼리티가 조화를 이룰 때 브랜드 확장 과정은 그만큼 더 수월해진다는 사실도 보여 주었다.

제품 혁신을 통한 브랜드 탄력성의 증대

혁신을 통한 브랜드 확장의 유혹이 종종 있다. 그러나 소비자들이 기존의 생각에 너무 고착되어 있어 혁신을 받아들일 준비가 되어 있지 않은 경우에는 문제가 발생할 수 있다. 예를 들어 세제 제조업체들은 수 년간 분말이나 액상 타입의 세제만을 사용해 온 소비자들에게 작은 조각 타입의 세제를 홍보하는데 어려움을 겪었다. 문제는 혁신의 본질에 있는 듯 했다. 이 제품의 특성/효익은 작은 조각 형태라는 데 있었으며 이는 소비자들이 더 이상 스푼으로 세제를 덜거나, 세제의 양을 재거나, 세제를 직접 빨랫감에 부을 필요가 없다는 것을 의미하였다. 따라서 이 혁신 제품은 젊은 직장인이나 소규모 가정과 같이 세탁하기를 싫어하고 세탁하는 데 드는 시간을 절약하고자 하는 사람들을 표적으로 하고 있다.

그러나 사람들은 옷의 더러움의 정도에 따라 세제의 성분이 다르기를 원하는 것 같았다. 브랜드 관리자는 소비자들에게 편리함과 시간 절약이라는 효익을 확신시켜 주어야 했다. 이는 1950년대 티백 타입의 세제를 선호하던 사람들 때문에 세제 시장이 직면했었던 문제와 유사한 것이었다. 물론 티백 제품은 더 이상 판매되고 있지 않지만 이는 소비자 교육에 엄청난 비용을 지출한 끝에 가능했던 결과였다. 소비자 인식이 지나치게 고착되어 있는 경우 강한 소비자 구매 습관으로 인해 기업들은 광고나 프로모션 캠페인에 상당한 시간과 비용을 들여야 한다.

그러나 세제의 경우 소비자 조사에서 정작 소비자들의 수용도와 관련해서는 겨우 1~2개의 질문만이 주어졌다. "이 제품을 좋아하십니까?" 그러나 여기에는 "구매하시겠습니까?"라는 질문 역시 포함되었어야 했다. 이는 코카콜라가 뉴 코크(New Coke)를 출시했을 때 소비자들의 냉담한 반응에 당황했었던 상황과 동일한 것이었다. 뉴 코크의 시음 테스트에서는 10만 명 이상의 사람들이 기존의 코크보다 뉴 코크를 선호하는 것으로 나타났다. 그러나 사람들은 뉴 코크를 구매하려 하지 않았다. 기존의 코크가 진짜 코크라는 인식이 너무나도 강했기 때문이었다. 그 어떠한 것도 이를 대체할 수는 없었다. 브랜드를 관리한다는 것은 사람들의 감성을 관리하는 것이며 브랜드 관리자들은 이러한 사람들의 감성이 무엇인지를 이해할 필요가 있다.

본 장은 브랜드 확장의 장점과 단점에 대한 정리로 마무리짓겠다.

장점

- 새로운 브랜드를 만들어 내는 것보다 비용이 적게 든다.
- 소비자들의 선택의 폭이 넓어진다.
- 브랜드에 대한 신뢰가 이미 형성되어 있는 경우 소비자들의 위험 부담이 감소한다.
- 시너지 효과를 가져오며 따라서 마케팅 비용에서의 절감을 가져온다.
- 브랜드 재활성화를 돕는다
- 브랜드 확장이 성공할 경우 모브랜드의 이미지가 강화될 수 있다.
- 다른 경쟁자들의 카테고리 진입을 저지할 수 있고 카테고리 커버리지를 높일 수 있다.
- 브랜드 확장은 향후 더 많은 확장의 가능성을 열어 준다

단점

- 모브랜드가 부정적인 이미지를 가지고 있을 경우 브랜드 확장은 실패할 가능성이 높다
- 포지션이 명확하지 않을 경우 브랜드 확장은 소비자를 혼란스럽게

하고 현존하는 브랜드의 잠식 현상을 초래할 수 있다.

- 브랜드 확장이 실패할 경우 모브랜드의 이미지에 손상을 입힐 수 있다.
- 소매상들은 브랜드 확장을 탐탁지 않게 여길 수 있다.
- 모든 브랜드는 일정 한계를 가지고 있으며 이러한 한계를 벗어날 경우 브랜드 파워의 희석화를 초래할 수 있다.

위에 제시된 장점과 단점에 상관 없이 브랜드 확장이 브랜드 기본 성격을 벗어나지 않고 소비자들이 관련시킬 수 있는 범위 안에서 이루어지기만 한다면 브랜드가 현재의 카테고리를 넘어서서 확장되는 것도 가능할 수 있다. 위의 캐터필러 사례는 확장이 불가능할 것으로 보이는 카테고리로 어떻게 브랜드 확장이 이루어졌는지에 대한 것이었다. 사례 연구 14는 리글리(Wrigley)가 제품 혁신을 통해서 어떻게 다른 카테고리로 브랜드를 확장하려고 하는지를 보여 준다.

사례 연구 14

리글리(Wrigley) 정말 잘 뻗어 나아가는 껌!

리글리는 1890년대부터 츄잉껌 제품 카테고리의 리더였으며 쥬시 프루트(Juicy Fruit), 더블민트(Doublemint), 윈터프레시(Winterfresh)와 같은 브랜드로 유명하다. 리글리는 무설탕 시장으로 브랜드를 확장시켰으며 건강에 대한 소비자들의 관심이 그 어느 때보다 높아짐에 따라 제품의 판매는 급증하였다. 최근 리글리는 미국 시장에 엑스트라 폴라 아이스(Extra polar Ice), 에베레스트(Everest), 이클립스(Eclipse)와 같은 새로운 브랜드를 소개하였다.

리글리는 기업을 더욱더 성장시키기 위해 해외 시장으로 진출하였으며 이는 대성공을 거두었다. 현재에는 리글리 기업 총매출의 60% 이상이 미국 이외의 지역에서 이루어지고 있다. 리글리는 아시아에서도 매우 파워 있는 브랜드로서 이제 세계적인 브랜드로 불려도 좋을 듯 하다. 도이치 뱅크(Deutsche Banc)의 애널리스트 에릭 카츠만(Erick Katzman)은 리글리의 강점에 대해 다음과 같이 말한다. "부채는 없으면서 50%의 세계 시장점유율, 상당히 높은 이윤 그리고 이에 상응하는 브랜드 인지도를 가지고 있는 기업은 그리 많지 않습니다."

리글리는 새롭고 독특한 브랜드 확장을 고려하였다. 첫 번째 제품이 바로 2001년 2월에 출시된 제산성 츄잉껌 서패스(Surpass)이다. 이 껌은 기존의 제산성 제품들보다 훨씬 더 맛있고 씹기 좋은 제품으로 소개되었다. 리글리는 감기 증상을 완화하는 껌을 실험중이며 크레스트(Crest) 치약을 만들고 잇는 피앤지(Procter & Gamble)와 합작으로 치아 건강에 도움이 되는 껌을 생산할 계획에 있다.

그러나 리글리는 다른 경쟁 브랜드들이 화이자(Pfizer Inc.)와 허쉬(Hershey)같은 파워 있는 모기업에 속해 있기 때문에 현재에 안주할 수가 없다. 화이자는 덴타인(Dentyne), 치클렛(Chiclets), 트라이덴트(Trident)와 같은 브랜드를 가지고 있으며 허쉬는 케어프리 앤 버블 염(Carefree and Bubble Yum) 브랜드를 가지고 있다. 2001년 7월 15일 리글리는 53.5%, 화이자는 25.5%, 허쉬는 13.5%의 시장점유율을 가지고 있는 것으로 나타났다[24]. 그리고 경쟁사들의 도전은 계속되고 있다. 화이자는 치아 미백을 위한 트라이덴트 어드밴티지 민트(Trident Advantage Mints)와 트라이덴트 껌(Trident Gum)을 출시했으며 또 다른 거대 제약회사인 스미스 클라인 비첨 피엘씨(SmithKline Beecham PLC)는 아쿠아프레시 덴탈 껌(Aquafresh Dental Gum)을 출시했다.

24) 자료 제공 : 푸르덴셜 증권(Prudential Securities)

리글리는 껌의 대명사라고 하는 유일한 브랜드 강점을 가지고 이제 거대 기업들이 움직이고 있는 다른 카테고리로 들어 온 것이다. 관건은 리글리가 소비자의 인식을 잘 관리해서 현재의 소비자 신뢰와 충성도를 새로운 카테고리에까지 확대시킬 수 있는가이다. 그 곳에서는 이미 신뢰받고 있는 브랜드들과 경쟁해야 하기 때문이다. 그러나 리글리는 성공을 확신하고 있으며 새로운 마케팅 캠페인을 위해 테니스 우상 윌리엄스 자매(Venus Williams & Serena Williams)를 모델로 기용하였다.

거대한 도박: 브랜드 재활성화 / 리포지셔닝

브랜드 관리자가 직면하게 되는 또 다른 거대한 딜레마 중의 하나는 브랜드가 관심을 받지 못하거나, 소비자들이 더 이상 브랜드에 강한 애착을 보이지 못하거나, 혹은 경쟁으로 인해 브랜드 포지션이 잠식되어 버리거나 하는 이유로 브랜드가 하향 국면에 접어들고 있을 때이다. 이 때에는 브랜드를 재활성화시켜야 하는지에 대한 결정을 내려야 하는데 만약 그래야 한다면 문제는 어떻게 해야 할 것인가이다. 우리는 이것을 브랜드 리포지셔닝이라고 부르며 여기서 필요한 것은 목표 청중들이 해당 브랜드에 대해 경쟁 브랜드보다 우호적이 되도록 하는 것이다.

때로는 시장에서 빛을 잃어버리거나 소구력이 다한 브랜드들이 실질적인 리포지셔닝 없이 또는 리포지셔닝에 실패한 후(사례 연구 15) 그저 그렇게 유지되고 있는 경우가 있는가 하면 반면에

잠재력 있는 브랜드를 글로벌 플레이어로 만들기 위하여 엄청난 변화를 시도하고 있는 기업들도 있다(사례 연구 16).

사례 연구 15

탭 다이어트 소다(Tab Diet Soda) '고객'이라는 생명줄

탭은 1% 이하의 점차 하락하는 시장점유율을 보이고 있으나 코카콜라사에 의해서 아직은 브랜드로서의 명맥을 유지하고 있다. 한때는 성공가도를 달렸던 탭 브랜드는 현재 해당 카테고리의 하위에 위치하고 있는 형편이다. 탭은 1963년에 출시되었으며 출시와 동시에 '자유' 세대의 음료, '아름다운 사람들의 아름다운 음료'로 떠올랐다. 그러나 1982년 코카콜라 측에서 코크 브랜드에 파워를 더하기 위해 다이어트 코크를 출시하면서 탭 브랜드는 사양길을 걷게 되었다. 탭 브랜드의 소멸은 기본적으로 다이어트 코크의 판매로 인한 잠식 현상과 다이어트 펩시(Diet Pepsi) 및 다른 청량 음료들의 경쟁적인 공격에 의한 결과였다. 기업은 발암성의 사카린 함량을 감소시키고 인공감미료와 칼슘 성분을 첨가시키는 등의 몇 번의 제품 변경과 탭을 '반항적 행동'과 함께하는 음료로서 리포지셔닝하는 등의 노력을 통해 브랜드 재활성화를 시도하였다. 그러나 결국 탭 브랜드를 재활성화시킬 수는 없었다.

한 가지 의문점은 수많은 성공적인 브랜드들을 보유하고 있는 것으로 유명한 기업이 왜 제 몫도 다하지 못하고 죽어가고 있는 브랜드에 매달리고 있는가이다. 이는 아마도 고객 및 언론의 반대 여론이 두려워서인 듯 하다. 아니면 1985년 코카콜라 기업이 기존의 코크 브랜드를 뉴 코크로 대체하려고 했었던 중대한 실수를 기억하고 있는지도 모른다. 이미 고객들 사이에서는 기존의 오리지널 코크 브랜드만이 '진짜인 것' 으로 강력하게 포지션되어 있었기 때문에 소비자들은 기존의 오리지널 코크를 다시 내놓으라며 아우성을 쳤다. 결국 뉴코크는 철수되었다.

이와 비슷하게 탭의 고정 고객(비록 수적으로는 매우 적지만) 역시 탭 브랜드에 대해 목소리를 크게 내는 사람들이었다. 이들은 '태보홀릭(Taboholics)' 으로 불려지기도 하였으며 탭 브랜드에 대한 변함없는 충성도를 가지고 있었고 이 사실을 증명하기 위해서라면 무슨 일이던지 할 수 있는 사람들이었다. 현재 탭을 판매하고 있는 상점이 거의 없기 때문에 어떠한 고객들은 탭을 판매하는 상점을 찾기 위해서 멀리까지 운전을 하고 나서는 코카콜라 본사에 탭 제품을 쉽게 구할 수 없는 문제에 대해서 강력하게 항의하기도 하였다.

코카콜라가 왜 탭 브랜드를 제거하지 못하는지에 대한 또 다른 대답은 다음과 같다. 코카콜라 기업의 유통 체계는 탄산 음료 제조업체들에게 생산에 대한 어느 정도의 자치권을 부여하고 있는데, 탄산 음료 제조업체들은 이익을 내지 못하는 브랜드에 대해서는 생산을 중단하려는 경향이 있다. 따라서 현재 많은 탄산 음료 제조업체들이 탭 브랜드를 생산하고 있지 않으며 단지 몇몇 소수의 탄산 음료 제조업체들만이 탭의 시장 수요를 맞추고 있는 실정이다. 그러나 코카콜라 기업에 있어서도 이는 결코 손해 보는 일이 아니다. 코카콜라는 이미 몇 년 전부터 탭 브랜드에 대한 마케팅 지원을 중단하였고 제한된 시장에서 약간의 이익을 얻는 것으로 만족해 하고 있다.

그럼 고객의 입장으로 다시 돌아가보자. 탭 브랜드의 상황에 대해 코카콜라는 어떻게 말하고 있을까? 회장이자 CEO인 더글러스 대프트(Douglas Daft)는 "코카콜라는 결국 탭 브랜드를 관리하고 있는 것이나 마찬가지"라고 말한다. "우리는 탭을 원하는 사람들이 탭을 가질 수 있도록 하고 있습니다." 임원진들은 현재 탭 브랜드를 인터넷 상에서 판매할 수 있는 방법을 검토하고 있다. 이와 같이 기업들은 어떠한 특정 상황에 있어서는 죽어가는 브랜드를 제거하지 않고

계속적으로 지원하기도 한다. 그리고 여기서 그 특정 상황이란 고객들이 큰 목소리를 내고 있는 경우를 말한다.

사례 연구 16

마즈다(Mazda) 브랜드의 재활성화

이 사례는 모든 브랜드 관리 실무자들에게 시사하는 바가 크다. 이는 단순히 한 브랜드의 재활성화에 관한 것이 아니다. 이는 소비자에 대한 통찰력에서부터 제품, 브랜드 퍼스낼리티, 내부 및 외부 커뮤니케이션에 이르기까지 유능한 실무자들이 브랜드 전략을 어떻게 관리하고 있는지를 보여 준다. 저자는 늘 마즈다 브랜드를 좋아한다. 마즈다 브랜드의 자동차 제품들은 스타일과 '격'을 가지고 있으며 항상 친밀감을 느끼게 하는 브랜드라고 생각하고 있다. 그러나 마즈다는 1920년에 설립된 브랜드임에도 불구하고 여전히 사람들로 하여금 '마즈다는 많은 가능성을 가진 브랜드이다'라는 생각을 갖게 한다. 왜 마즈다는 세계적으로 유명한 브랜드가 되지 않았을까?(이 질문은 일본에서 만들어진 많은 브랜드들에게 동일하게 던져질 수 있다. 일본에서는 브랜드 관리가 강력하게 이루어지지 않고 있기 때문이다. 실은 앞의 질문에 대한 대답도 바로 이러한 현실에서 찾아볼 수 있다고 하겠다). 마즈다는 광고나 프로모션 활동을 거의 수행하고 있지 않은 탓에 늘 매우 낮은 프로파일을 유지하고 있었으며 뛰어난 제품 디자인 능력에도 불구하고 1996년 인수 시점에 이르러서는 사람들의 기억 속에서 거의 잊혀진 상태였다[25].

25) 포드는 1986년 첫 투자로 마즈다 주식의 25%를 매입하였으며 그 이후 1996년에는 33%로 투자를 늘렸음

이 시기 이후로 마즈다 브랜드의 재활성화는 사업의 핵심으로 떠오르게 되었고 마즈다는 향후 몇 년 안에 글로벌 브랜드의 지위를 찾을 수 있을 듯이 보였다.

그러나 우리는 여기서 마즈다의 리포지셔닝과 브랜딩이 서양식이 아닌 매우 일본식으로 이루어졌다는 점에 주목해야 한다. 동양의 브랜드에 서양의 브랜드 가치를 부여하려 했다면 마즈다의 유산과 미래는 사라질 수도 있었기 때문이다. 이 마즈다의 사례는 과거에는 주로 운영 상의 효율성 및 품질에만 집중하던 일본 브랜드가 현재에는 브랜드 관리에 얼마나 박차를 가하고 있는지를 보여 주고 있다. 또한 한 브랜드가 모든 방식에 있어서 얼마나 완벽하게 재구축될 수 있는지 그리고 어려운 상황에 처한 사업을 구하고 이를 다시 재구축하는 데 브랜드 관리가 얼마나 중요한 역할을 하는지를 설명해 준다. 그리고 브랜드 관리자가 중대한 책임을 성공적으로 수행하기 위해 필요한 많은 기술들, 모든 임직원들이 브랜드 비전을 공유하는 것의 중요성, 그리고 브랜드가 어떻게 사업을 이끌어 가는지를 명확히 보여 주고 있다.

사업의 성공을 위한 열쇠는 브랜드이다

사업 혁신의 아주 초기 단계에서부터 브랜드는 늘 가장 큰 화두였다. 마케팅, 영업, 고객 서비스를 담당하였으며 현재는 사장이자 CEO를 맞고 있는 마크 필즈(Mark Fields)는 1999년 마즈다의 모든 임직원들에게 다음과 같이 말했다.

> 마즈다가 사업의 수익성 면에서 큰 성장을 이루기 위해서 우리는 다음과 같은 목표를 설정하였습니다.
>
> - 브랜드 관리 전략의 구축
> - 새로운 제품의 성공적인 출시와 기존 제품들의 강화

• 세계 시장에서 현재의 매출 수준 유지
• 국내 딜러 네트워크의 강화

마크 필즈는 덧붙였다.

시장점유율을 향상시키고 브랜드 아이덴티티를 구축하기 위해 마즈다는 늘 목표 청중들의 니즈와 욕구를 완벽하게 이해하고 있어야 하며 또한 이를 충족시키도록 해야 합니다 … 그리고 보다 높은 가치와 깊은 만족감을 지속적으로 제공해야 합니다 … 여기에서 중요한 것은 브랜드 전략입니다 … 이 브랜드 전략을 통해서 우리는 우리의 제품을 경쟁사들과 차별화시키고, 고객 만족을 증진시키고, 가치를 향상시킬 것이며, 이는 결과적으로 우리에게 지속적인 수익 성장을 가져다 줄 것입니다 … 우리가 전진해 나아가는 데 있어서 우리의 모든 활동의 중심은 브랜드가 될 것입니다.

브랜드 전략의 중요성

마크 필즈는 브랜드 전략의 중요성과 이것이 마즈다에게 어떠한 의미를 갖는지에 대해 명확하게 파악하고 있었다.

첫째, 브랜드 전략은 고객과의 관계에 관한 것입니다. 고객들에 대한 통찰력을 향상시킴으로써 우리는 그들의 진정한 니즈와 욕구를 이해할 수 있습니다. 그리고 이것에 기초하여 우리는 고객들과의 감성적 연결고리를 구축해야 합니다. 이러한 연결고리 및 다른 접점들을 통하여 우리는 우리의 브랜드를 보여 줄 수 있는 것입니다. 우리와의 접촉을 통해 우리의 브랜드를 사랑하게 되는 고객들은 곧 우리의 자산이 될 것이며, 이는 수익성, 임직원 등과 같은 기타 다른 자산들과 동등한 중요성을 가질 것입니다.

두 번째, 브랜드 전략은 지속적인 관리 시스템을 갖춘 사업 성장 전략이기도 합니다. 왜냐 하면 브랜딩은 커뮤니케이션과 제품이라는 두 가지 측면을 요구하고 있기 때문입니다. 이 두 가지는 서로 결합하여 작용하며 이 작용을 통해서 브랜드 전략은 관리 시스템이 됩니다. 임직원, 제품, 매출, 서비스, 기업 모두 고객들과 밀접하게 접촉하고 있으므로 모든 것들은 브랜드 전략을 기초로 하여 계획 · 조정되어야 합니다.

마지막으로, 브랜드 전략은 수익을 발생시키는 수단입니다. 고객과의 강력한 감성적 연결고리를 가지고 있는 브랜드는 풀(pull) 마케팅을 가능하게 하며 이후 효율적이고 수익성 높은 비즈니스 환경을 만드는 데 일조할 것입니다. 브랜드 전략은 우리들의 관심의 초점이자 사업 계획의 핵심입니다.

마크 필즈는 또 한 번 덧붙였다.

부서장 급들의 의지와 책임이 무엇보다도 중요합니다. 브랜드 전략은 단순한 이미지 전략의 차원이 아닙니다. 그러므로 부서장 급들은 PR, 마케팅, 광고 그리고 기타 커뮤니케이션 그룹들이 개별적으로 행동하지 않도록 항상 관심을 기울여야 합니다. 또한 브랜드의 구축을 시작하고 변화를 창조할 수 있도록 전체의 조직을 이끌어야 합니다.

그 다음으로 중요한 것은 관리에 있어서의 협동 및 책임 의식입니다. 그들은 브랜드 관리의 방향을 정확하게 판단하고 이를 모든 임직원들과 공유할 수 있어야 합니다. 또한 우리의 브랜드를 반영하는 제품 및 서비스를 개발하기 위하여 조직 내의 서로 다른 기능적 그룹들 간에 조정과 협력을 촉진하여야 합니다.

마지막으로, 부서장 급들은 모든 임직원이 브랜드의 의미를 인지하고 또 이에 대해 열정을 가질 수 있도록 조직을 이끌어야 합니다.

브랜드 방향에 있어서의 푸쉬(push) vs. 풀(pull)

마즈다는 마즈다의 브랜드 이미지와 기업의 수익성이 할인과 리베이트에 의해 손상되지 않도록 하였다(할인과 리베이트는 푸쉬 마케팅의 전형적인 접근 방법으로서 많은 브랜드 관리자들이 이를 경쟁 전략의 마지막 수단으로 사용하고 있다). 대신 마즈다는 고객들에게 그들이 정말로 원하는 것을 제공하고 또한 브랜드와 고객 관계에 있어 고객들을 감성적으로 개입 시키는 등의 풀 마케팅에 집중하였다. 이는 우선 브랜드 관리자들이 어떠한 특정 고객 그룹에 집중하고 싶은지를 완전히 이해한 후 그들의 니즈, 욕구, 꿈을 만족시키고 또한 그들에게 진정한 가치 및 다른 동기들을 제공해야 한다는 의미이다.

모든 브랜드의 중심에는 고객이 있다

브랜드는 단지 사람들의 마음 속에 존재한다는 것, 브랜드를 소유하는 것은 기업이 아닌 소비자들이라는 것 그리고 브랜드를 구축하는 것 역시 기업이 아닌 소비자들이라는 것, 이 모두는 브랜딩의 기초적인 전제들이다. 마즈다의 철학도 이와 유사하다. 그러므로 브랜드 관리자들이 확보하려는 혹은 유지하려는 소비자들을 완전히 이해한다는 것은 매우 중요하다고 할 수 있다. 그리고 이는 소비자들에 대한 통찰력을 얻는 것을 뜻한다. 마즈다에 있어서 이것은 거의 모든 사람들이 가지고 있는 일반적인 니즈가 아닌 목표 청중의 마음 깊은 곳의 니즈에 대한 이해를 의미한다. 마즈다는 목표 청중의 마음 속 깊은 곳에 자리잡고 있는 다음과 같은 니즈들을 찾아 냈다:

- 개인적인 스타일을 존중하는 범위 내에서 새로운 자극과 흥미거리로 가득 찬 삶을 영위하고자 함
- 일상 속의 사소한 사건들로부터 감동받고 즐거워하는 어린아이와 같은 감수성을 유지하고자 함
- 규칙과 규범에 의해 제약 받는 것을 싫어하고 자신이 원하는 것을 추구하는데 있어 자신의 분별력과 감성을 믿고 따름
- 타인의 이목을 끌고 타인으로부터 인정받는 자신만의 독특함을 유지하고자 함
- 독특한 퍼스낼리티와 견해를 가진 유능한 개인으로 자신의 존재를 향상시키고 싶어함
- 자신의 독특한 가치와 견해를 표현함으로써 주변 사람들에게 영향을 미치고 그들을 설득하기를 원함
- 자신을 위한 높은 목표를 설정함으로써 현재의 수준에 만족하지 않고 새로운 가능성에 도전하고자 함

마즈다 브랜드 DNA

마즈다는 브랜드에 대해 생물학적 접근 방법을 택하고 있는데 그 일환으로 인체를 구성하는 유전자 사슬을 뜻하는 DNA라는 용어를 사용하고 있다. 마즈다 브랜드 전략의 핵심은 마즈다 브랜드 DNA이다. 브랜드의 가장 본질적인 부분을 의미하는 브랜드 DNA는 퍼스낼리티와 제품, 이 두 가지로 이루어진다. 우선 마즈다 브랜드의 퍼스낼리티 측면은 '스타일리시한', '통찰력 있는', '힘차고 생기 있는' 의 세 가지 특성으로 요약된다. 이들이 마즈다 브랜드 퍼스낼리티를 이끄는 원동력이며 또한 브랜드 DNA의 토대가 된다. 그러나 마즈다 브랜드 DNA를 완벽하게 파악하기 위해서는 마즈다 제품의 핵심 속성 역시 이해하고 있어야 한다. 마즈다 제품의 핵심 속성은 '독특한 디자인', '탁월한 기능성', 신속

한 처리 및 실행'이다. 이러한 마즈다의 생물학적 접근은 마치 DNA가 인체 곳곳에 퍼져 있는 것처럼 기업의 생각 및 태도를 비롯한 기업의 모든 것들에 영향을 미치고 있다.

브랜드 퍼스낼리티

마즈다의 브랜드 퍼스낼리티의 속성은 다음과 같이 정의된다:

- **스타일리시한:** 모든 마즈다 제품은 그 자체로서 사람들의 이목을 끌 수 있어야 한다. 마즈다의 고객들은 자신감이 강하며 각자의 개성이 뚜렷하기 때문이다.
- **통찰력 있는:** 마즈다는 고객들의 니즈와 가치에 항상 귀를 기울이고 있으며 또한 그 니즈들을 충족시키기 위하여 창조적인 접근을 시도하고 있다.
- **힘차고 생기 있는:** 마즈다 브랜드는 마즈다의 고객들과 같이 삶에 대해 열정적이고 가시적인 사랑을 실현하고 있다. 우리의 고객이 고객 자신과 고객의 삶에 대하여 가지고 있는 느낌을 브랜드에 반영함으로써 마즈다 브랜드 퍼스낼리티는 고객들과의 깊은 감성적 연결고리를 창조한다.

고객들과 감성적 연결고리를 형성하여 고객 충성도를 강화시키는 것은 브랜드 퍼스낼리티의 역할이다.

제품 속성

제품은 마즈다 브랜드를 표현하는 중요한 부분이며 그 요소들은 다음과 같이 정의된다:

- **독특한 디자인:** 모든 마즈다 제품들은 내부 및 외부 모두에 있어 독특한 디자인을 자랑하고 있어야 한다. 이는 마즈다 제품의 디자인이 활동적이고, 젊고, 견고하고, 실질적이라는 것을 의미한다.
- **탁월한 기능성:** 마즈다는 마즈다의 제품들이 탁월한 기능성을 갖추기를 요구한다. 여기에는 공간의 지능적인 유용, 기능적 효율성, 고품격의 맞춤 및 마무리가 포함된다.
- **민감한 조종성과 성능:** 이 속성은 마즈다의 중요한 전통으로서 만족스러운 운전 경험을 창출해 낸다.

브랜드와의 연계감은 제품에 대한 오너쉽을 통해 만들어진다

높은 수준의 제품 속성들은 마즈다가 제품에서 의도하는 바를 잘 나타내고 있기는 하지만 기획자, 디자이너, 기술자들에게는 이 부분이 그리 명확하지 않다. 따라서 마즈다는 추가적인 수단들을 개발하였다. 이들 중 첫 번째가 제품 철학이다.

제품 철학은 품질 혁신과 디자인 정책으로 이루어져 있다. 마크 필즈는 다음과 같이 말한다.

> 우리의 제품 철학은 우리의 우선 순위를 명확하게 설명해 주고 있습니다. 우리는 다음의 6개 분야에서 리더가 되고자 하며, 그것은 디자인, 장인 정신, 품질, 안정성과 조종성, 제동, 기능 구성, 혁신입니다. 환경 친화적이고 안전한 특성 역시 충분히 고려하면서 우리의 제품 개발은 이 6개 영역에서 리더가 되는 것을 목표로 하고 있습니다.
>
> '디자인 정책' 은 마즈다의 디자인 테마인 '조화 속의 대조, 독특하고 수준 높은 디자인을 위한 지침서' 를 사용하고 있습니다. 이 새로운 디자인 테마인 '조화 속의 대조' 는 기능과 스타일이 서로 조화된 디자인의 제품을 창조하는 데 그 목표를 두고 있습니다. 여기서 '조화' 란 제품에서의 디테일, 재료, 색상 조합, 배치, 공간 구성, 기능, 외

양에 내재하는 균형과 적절한 관계를 의미하며 이는 좋은 디자인의 가장 기초가 되는 것들입니다.

제품의 디자인적인 면을 좀더 강조하기 위하여 마즈다는 '브랜드 얼굴'을 개발했습니다. '브랜드 얼굴'은 브랜드 심볼과 5개의 꼭지점을 지닌 그림을 조합한 것입니다. 이것은 마즈다의 아이덴티티와 독특함의 시각적인 표현을 위해 미래의 모든 마즈다 모델들에게 적용될 것입니다. 미래의 컨셉 카뿐만 아니라 현재 쇼룸에 진열되어 있는 프리머시(Premacy) 모델과 MPV 모델에는 이미 마즈다의 브랜드 얼굴(독특한 5포인트 그림과 마즈다의 날개 달린 M자 브랜드 심볼)이 적용되어 있습니다. 날카로움과 부드러움을 대비시키는 이러한 시각적 표현은 마즈다의 독특한 '조화 속의 대조'를 보여 주고 있습니다. 이처럼 마즈다의 브랜드 전략은 단순한 이미지 전략이 아닌 제품 개발까지를 포함하는 핵심 사업 전략입니다. 앞으로 새로운 제품들이 브랜드 전략의 모든 요소들을 반영하여 시장에 계속적으로 모습을 드러낼 것입니다.

감성적 연결고리

마즈다 브랜드 전략의 주된 내용은 소비자들과의 '감성적 연결고리'를 구축하는 것이다. 브랜드 관리에 있어서 중요한 성공 요소는 '글로벌한 시각', '고객에게 귀 기울이기' 그리고 '감성적 연결고리의 창조'이다. 이를 달성하기 위해 취해졌던 몇 가지의 노력들을 보면 다음과 같다.

제품 마케팅을 위해 마즈다는 1999년 9월 제1차 제품의 날 이벤트를 주최하였습니다. 국내 및 국외의 주요 관리자들, 판매자들 그리고 북미, 유럽, 호주, 아시아, 중동의 유통업자들을 초청하여 현재와 미래의 마즈다 제품들을 선보이고 시운전해 보는 기회를 가졌습니다. 다양한 시장을 담당하고 있는 관리자들이 함께 모여 신제품의 출시 이벤트 및 제품에 관련된 성공 스토리와 '모범 사례'에 대해 글로벌 팀들과 이야기를 나누었습니다. 이는 서로의 생각과 관점을 공유하고 고객에게 귀 기울일 수 있는 좋은 예라고 할 수 있습니다.

마즈다는 일본, 미국, 유럽의 마즈다 마케팅의 직원들이 참여하는 분기별 브랜드 회의를 통해 브랜드와 마케팅 전략이 전세계적으로 일관성을 유지할 수 있도록 한다. 필즈는 다음과 같이 말한다.

> 이 회의를 통해서 마즈다 브랜드에 대한 공통적인 이해를 넓히고 이를 시장에서 점진적으로 실행하도록 하고 있습니다. 전세계적으로 일관적인 브랜드 아이덴티티를 구축하기 위해서는 명확한 내부 커뮤니케이션이 아주 중요합니다. 또한 단순하면서도 유일한 브랜드 메시지가 브랜드의 세계화에는 필수적입니다. 우리의 주요 시장 관리자들이 이 회의에 직접 참여하여 현지의 관점들을 제공해 주고 있습니다.
>
> 목표 고객들과의 지속적인 감성적 연결고리를 구축하기 위해서 우리는 고객의 가치에 대한 이해를 더욱 깊이 할 필요가 있습니다. 또한 모든 인간의 내면에 존재하는 잠재적인 니즈 역시 깊이 이해해야 합니다. 마즈다에서는 이것을 '깊이 내재하는 욕구'라고 부릅니다. 이것이 우리의 목표고객을 찾아 내는 방법입니다. 그리고 이렇게 규정된 목표 고객이야말로 우리가 감성적 연결고리를 창조하고 또한 우리 브랜드에 대한 사랑과 열정을 가지도록 만들어야 하는 대상인 것입니다.

광고에 대한 마즈다의 견해

마즈다는 광고에 대해 명확한 견해를 가지고 있으며 시장에서 명확하고 일관적인 메시지를 유지하는 것의 중요성을 인식하고 있다. 그러나 마크 필즈는 광고가 곧 브랜드는 아니라고 강조한다.

광고는 단지 브랜드의 한 부분에 불과합니다. 광고는 우리의 브랜드 아이덴티티를 지원하고 나타내며 이 브랜드 아이덴티티가 시장에서 명확하게 제시될 수 있도록 도와줍니다. 오로지 광고만을 가지고 확고한 브랜드를 만들어 낼 수는 없습니다. 오늘날의 고객들은 이러한 단순한 전략을 적용시키기에는 이미 너무나 영리합니다. 광고는 우리의 브랜드를 명확하고 일관적인 어떠한 것으로 고객들에게 보여 줄 '기회'를 제공할 뿐입니다.

이를 위해서 우리는 우리만의 '커뮤니케이션 철학'을 개발하였습니다. 이는 광고를 포함한 마즈다의 전반적인 커뮤니케이션을 관리하기 위해 개발된 것입니다. 또한 전세계적인 마즈다 브랜드 포지셔닝에 있어서 광고의 일관성을 유지하기 위해서 우리는 글로벌 슬로건을 구축하였습니다.

일본에서 사용되는 슬로건은 마즈다의 브랜드 포지셔닝 문안과 동일한 '마음을 움직이는 새로운 발상(心を動かす新發想)'이며 일본이 아닌 곳에서는 '타보십시오, 감동할 것입니다'입니다. 이 글로벌 슬로건은 우리의 모든 광고에서 사용되어 전세계의 서로 다른 시장에 일관적인 메시지를 전달하는 데 일조하고 있습니다. 글로벌 광고를 위해 개발한 또 다른 혁신은 우리가 흔히 '광고 VI'라고 부르는 비주얼 아이덴티티 엔딩 태그(Visual Identity Ending Tag)입니다. 이는 TV 광고의 마지막 2~3초 동안 보여지는 브랜드 홍보용 마크를 뜻합니다. 이 시각적인 싸인이 마즈다의 브랜드 DNA를 전달하기에 적합한지에 대해서는 이미 고객 조사를 마친 바 있습니다. 우리는 가까운 시일 내에 이 VI를 전세계의 모든 TV 광고에 삽입시킬 계획입니다.

나는 마즈다의 광고가 일관적이고 감성적인 메시지를 전달하면서 마즈다의 이미지를 명확하게 그려낼 것이라고 확신합니다. 또한 마즈다 기업 메시지의 가장 기본적인 역할은 목표 고객들에게 우리 브랜드와의 연결 고리를 제공하는 가운데 우리의 전세계적 브랜드 포지셔닝을 지원하는 것입니다.

성장하는 브랜드를 만들기 위해서 우리는 마즈다의 '커뮤니케이션 철학'에 따라 광고를 비롯한 우리의 모든 커뮤니케이션을 관리하고 통제합니다. 예를 들어 우리의 이벤트, PR 활동 그리고 우리의 모든 언론 이벤트 및 기자회견들은 정보, 연출, 보도자료 형식 등에 있어서 마즈다의 브랜드 전략에 근거하고 있으며 또한 마즈다 브랜드와 일관성을 유지하고 있습니다.

브랜드 관리와 내부 커뮤니케이션

브랜드 전략의 개발에 이어 지원 프로세스를 구축하기 위한 다른 혁신적인 시도들이 마즈다에서 실행되었다. 첫 번째 시도는 조직의 재정비였다. 마케팅 조직은 브랜딩에 집중할 수 있도록 재정비되었다. 브랜드 마케팅부가 제품 마케팅부와 함께 마케팅에 통합되었다. 브랜드 마케팅부는 브랜드 전략 하의 커뮤니케이션을 통하여 제품 개발의 일관적인 기획, 실행, 관리에 대한 책임을 맡고 있다. 마즈다는 이러한 형태의 조직이 브랜드 전략의 적극적인 실행에 있어 반드시 필요한 것이라고 보고 있다.

두 번째 시도는 브랜드 전략을 내부의 전직원들에게 커뮤니케이션하는 것이었다. 마크 필즈는 다음과 같이 말한다:

> 브랜드 전파는 우선적으로 1,400명의 고위 관리자들을 상대로 이루어졌습니다. 이 관리자들은 마즈다 브랜드와 브랜드 전략에 대한 기본적인 지식을 교육받았으며 각각 자신의 부서 및 그룹으로 복귀하여 그들의 부하 직원들에게 동일한 형태의 교육을 시행하였습니다. 추후 조사를 통해 우리의 메시지는 전조직을 통하여 커뮤니케이션 되었음을 확인하였습니다. 이를 통해 마즈다는 마즈다 브랜드를 실현하기 위해 필

요한 브랜드 지식을 전파하고 인지도를 증대시키는 데 성공하였습니다. 내부 커뮤니케이션 활동을 극대화함으로써 우리의 목표가 전세계적으로 공유될 수 있었던 것입니다.

마즈다에 따르면 모든 직원들이 공동의 목표를 달성하기 위해 각자의 일상 업무를 재조정하고 있으며 이와 같은 자체 혁신을 통해 기업이 발전해 나아가고 있다고 한다. 브랜드의 개발과 실행에 대해 모든 직원들이 책임감을 가질 수 있도록 기업이 내부적으로 지원하고 있는 것이다.

세 번째 혁신은 브랜드 전파 키트이다. 이것은 특별히 개발되어 내부 교육을 위해서 배포되었다. 브랜드 전파 키트는 모든 부서에 전달되었으며 브랜드의 키워드가 강조된 '브랜드 카드'가 모든 직원들에게 주어졌다. 마크 필즈는 "브랜드 전략은 전 직원의 적극적인 참여없이는 실행될 수 없습니다. 마즈다의 모든 직원들은 그들의 사고를 새롭게 해야 하며 마즈다 브랜드가 직원들의 일상 업무에 반영되도록 해야 합니다"라고 말했다.

마크 필즈: 마즈다 브랜드 철학과 실행에 대한 정리

첫 번째로, 브랜드 전략은 고객과의 관계에 관한 것입니다. 고객들에 대한 통찰력을 향상시킴으로써 우리는 그들의 진정한 니즈와 욕구를 이해할 수 있습니다. 그리고 이것에 기초하여 우리는 고객들과의 감성적 연결고리를 구축해야 합니다. 이러한 연결고리 및 다른 접점들을 통하여 우리는 우리의 브랜드를 보여 줄 수 있습니다. 우리와의 접촉을 통해 우리의 브랜드를 사랑하게 되는 고객들은 곧 우리의 자산이 될 것이며 이는 수익성, 임직원 등과 같은 자산들과 똑같이 중요합니다.

두 번째로, 브랜드 전략은 일관적인 관리 시스템을 갖춘 사업 성장 전략이기도 합니다. 왜냐 하면 브랜딩은 커뮤니케이션과 제품의 두 가지 측면을 요구하고 있기 때문입니다. 이 두 가지는 연계되어 작용해야 하며 이것이 곧 관리 시스템이 됩니다. 임직원, 제품, 매출, 서비스, 기업 모두는 고객들과 밀접하게 접촉하고 있으므로 이 모든 측면들이 브랜드 전략을 기초로 하여 세심하게 조정되어야 합니다.

세 번째로, 브랜드 전략은 수익을 발생시키는 수단입니다. 고객과의 강력한 감성적 연결고리를 가지고 있는 브랜드는 풀 마케팅을 가능하게 하며 효율적이고 수익성 높은 비즈니스 환경을 만드는데 기여합니다. 보다 구체적으로는 고정 세일즈의 증가, 고객 충성도의 강화, 시장점유율의 증대를 의미합니다.

그 다음으로 중요한 것은 임원들의 협조와 적극적인 참여입니다. 그들은 최고경영층의 방향을 이해하고 공유해야 하며 제품 및 서비스가 브랜드를 반영하여 개발될 수 있도록 서로 다른 부서들 간의 협조 및 협력을 촉진시켜야 합니다.

마지막으로 임원들의 의지와 책임이 무엇보다도 가장 중요합니다. 브랜드 전략은 단순한 이미지 전략의 차원이 아닙니다. 그러므로 임원들은 PR, 마케팅, 광고 그리고 기타 커뮤니케이션에 참여하는 팀들이 독자적이거나 비일관적으로 행동하지 않도록 항상 관심을 기울여야 합니다. 또한 브랜드를 구축하고 변화를 창조할 수 있도록 전체의 조직을 이끌어야 합니다. 전조직원들이 브랜드를 알고 이에 대해 열정을 가질 수 있도록 이끄는 일은 임원들의 몫입니다.

어려운 결정: 브랜드 제거

때때로 신속하게 혹은 점진적으로 브랜드를 제거하거나 매각하는 것 이외에는 방법이 없을 때가 있다. 다시 말해 브랜드 관리자가 브랜드 포트폴리오에서 브랜드를 제거하기로 결정하는 경우이다. 이것은 보통 "브랜드가 재활성화될 수 있는가?"와 같은 질문에 대하여 부정적인 대답이 나왔을 때의 결과이다.

브랜드를 '죽이는' 것을 '브랜드 제거'라고 하며 기업에서 더 이상 원하지 않아 매각되는 브랜드들을 고아 브랜드라고 한다. 브랜드는 다음의 이유들 가운데 하나 혹은 그 이상에 해당될 경우 제거될 수 있다.

- 브랜드가 급격한 하향 곡선을 그리는 가운데 회생의 가능성이 전혀 없어 보일 때
- 브랜드가 현재 수익을 내지 못하고 있고 또한 앞으로도 수익을 내지 못할 것으로 판단될 때
- 시장의 혁신으로 인해 브랜드가 시류에 완전히 뒤떨어지게 되었을 때
- 브랜드가 포트폴리오에서의 존재의 이유를 정당화할 수 있을 만큼 다른 브랜드에 비해 중요하지 않을 때
- 브랜드의 고객 기반이 줄어들어 회복이 불가능해 보일 때
- 브랜드의 재활성화가 투자 대비 수익의 측면에서 기업에게 이득이 되지 않을 때
- 적절하지 못한 브랜드 관리로 인해 브랜드가 본래의 컨셉이나 특성에서 완전히 벗어나 있을 때

브랜드는 관리하고 유지하고 재생하는 데 많은 비용이 든다. 오늘날과 같은 치열한 경쟁 상황에서는 한 기업이 거대한 브랜드 포트

폴리오를 유지하기가 재정적으로 힘든 경우가 많다. 예를 들어 유니레버(Unilever)는 소위 파워 브랜드라고 할 수 있는 브랜드들에 역량을 집중하기 위해 1,600개에 이르던 브랜드의 수를 400개까지 줄였다. 제품 브랜딩의 경우 기업 브랜딩에 비해 재정적인 부담이 가중된다. 광고 프로모션에 있어서 어떠한 시너지 효과도 기대할 수 없고 또한 기업의 보증 없이 브랜드 각자가 시장 판로를 개척해야 하기 때문이다. 그러나 기업이 브랜드를 보증한다 할지라도 역동적인 시장과 변덕스러운 소비자들의 취향 때문에 한 브랜드를 재활성화하기란 매우 어려운 일이다.

영리한 브랜드 관리자들은 이러한 변화의 속도에 맞추어 그들의 브랜드들을 점진적으로 변화시킨다. 혁명적인 브랜드 변화는 소비자들에게 받아들여지지 않는 경우가 많으며 소비자들이 이러한 갑작스런 변화에 적응하지 못하게 되면 이러한 변화를 유지하기도 힘들어지기 때문이다. 올즈모빌(Oldsmobile)은 시장 변화, 부적절한 브랜드 관리 및 제품 개발, 소비자들의 태도 변화 등의 요소들이 복합적으로 맞물려서 실패한 전형적인 경우이다(사례연구 17).

사례 연구 17

올즈모빌(Oldsmobile) 최후의 주차장(The Final Parking Lot)

올즈모빌은 제너럴 모터스(GM: General Motors)의 포트폴리오에 속해 있는 브랜드였으나 최근 GM은 이 브랜드를 퇴출시키기로, 즉 없애기로 결정하였다. 올즈모빌은 100년 이상의 역사와 상당한 유산을 가지고 있는 브랜드이지만 GM은 이 브랜드를 재활성화시키기 위한 더 이상의 노력은 하지 않겠다고 밝혔다. 90년대 GM은 올즈모빌에 새생명을 불어넣기 위해 막대한 비용을 지출하고 다양한 제품 개발을 시도했었다. 그런데 왜 이 유명했던 브랜드가 현재 퇴출당할 위기에까지 이르렀을까? 다음은 GM이 올즈모빌에 대해 일찍부터 개선하고자 했으나 결국은 성공하지 못했던 네 가지 문제점들을 보여 주고 있다.

1. 네이밍 이슈

사실 '오래된(old)' 이라는 단어는 브랜드 네임으로 쓰기에 썩 훌륭하지는 않다. 올즈모빌 브랜드의 최대 문제점들 중 하나는 바로 이 브랜드 네임 자체였다. 이는 몇 십년간 주요 소비자들의 접근을 가로막아 온 요소로 판명되어 GM은 60년대에 올즈모빌의 브랜드 네임을 '영모빌(Youngmobile)' 로 바꾸는 캠페인을 고려하기도 했었다. 그러나 이 브랜드 네임에 대한 문제는 여전히 사라지지 않고 있다. GM은 80년대에 심지어 '여러분 부모 세대의 올즈모빌이 아닙니다' 라는 슬로건을 등장시키기도 하였다. 사람들이 경외하기는 하지만 구식이라고 생각하는 브랜드의 이미지를 개선시키고자 했던 것이었다. 그러나 이러한 GM의 노력에도 불구하고 올즈모빌은 여전히 '나이든' 이미지를 탈피할 수 없었다.

2. 제품 이슈

40년대에서 80년대까지 올즈모빌의 브랜드 전통과 이미지는 스포티함과 혁신이었다. 올즈모빌의 '로켓' 엔진과 길고 낮은 차체 디자인은 소비자들 사이에서 유명했으며 또한 선망의 대상이기도 했다. 그러나 80년대부터는 제품 개발이 이러한 브랜드의 주요 특성들과는 먼 방향으로 흘러가게 되었다. 엔진은 시보레 엔진으로 바뀌었으며 이제 디젤 엔진은 옵션이 되었다. 이러한 결정은 70년대의 아랍 석유

파동으로 인해 대형 차들이 '가스 먹는 괴물' 이라고 비난 받았던 상황에 대처한 것이기는 했다. 그러나 이로 인해 올즈모빌의 브랜드 이미지는 퇴색되었으며 여기에 브랜드 네임 문제까지 더해지면서 올즈모빌 브랜드의 희석화 진행은 가속화되었다.

3. 이미지 리포지셔닝 이슈

올즈모빌은 유럽의 경쟁사들에 대항하기 위하여 로고를 바꾸고 제품을 다양화하는 등 명품 브랜드로의 리포지셔닝을 시도하였다. 그러나 40억 달러의 투자에도 불구하고 이는 실패로 돌아갔다. 올즈모빌은 판매를 촉진시키기 위해 제품 고급화의 노력과는 상반되는 대대적인 세일을 시행하였는데 이것이 소비자들을 혼란시키는 결과를 낳았던 것이다. 소비자들은 '실제로는 정말 그런 것 같지 않은' 고급 이미지로 올즈모빌 브랜드가 변형되어가는 것을 받아들일 수 없었으며 기존의 브랜드 전통에 대한 연상만 깊어져 갔다. 결국 올즈모빌은 개인 구매가 아닌 단체 구매를 통해서만 제품을 판매하게 되었다.

4. 소비자 이슈

위의 세 가지 문제를 해결하지 못함에 따라, 한 마디로 부적절한 브랜드 관리로 인해 소비자들은 올즈모빌 브랜드에 대해 더 이상 어떠한 효익, 차별점, 감성적 연상도 찾지 못한 채 멀어져 갔다. 결국 GM은 이 브랜드를 포기하고 제거하기로 결정하였다. 그러나 모든 할리우드의 주인공들이 그러했듯이 올즈모빌은 죽은 것이 아닐지 모른다. '다만 사라져갈 뿐' 우리들의 기억 속에서 영원히 남아 있을 것이다.

그 어떠한 브랜드의 소멸도 유쾌한 일일 수는 없다. 혹자는 만약 올즈모빌이 일관적으로 처음의 브랜드 아이덴티티를 고수하면서 기존 브랜드 유산의 레버리지 효과를 통해 스포티하고 혁신적인 브랜드로 발전했더라면 현재까지 살아남을 수 있었을까 하는 질문을 던지기도 한다. 올즈모빌의 경우 근본적으로는 일관적이지 못한 브랜드 커뮤니케이션과 제품 개발로 인한 브랜드 퍼스낼리티의 혼돈 현상이 소비자의 마음을 떠나게 한 것이기 때문이다. 올즈모빌은 더 이상 기존의 소비자들이 알고 있던 신뢰할 수 있고 믿음이 가는 브랜드가 아니었다. 감성적 연상이 파괴된 것이다.

모든 브랜드의 성공 여부는 목표 청중과의 의사소통이 얼마나 원활한지의 여부에 달려 있다고 해도 과언이 아니다. 브랜드 관리자들은 커뮤니케이션에 상당한 시간을 투자하고 있으며 앞서 마즈다의 사례에서도 보았듯이 이 커뮤니케이션에는 내부적인 것과 외부적인 것 모두가 포함된다. 다음 장에서는 현재 사용되고 있는 커뮤니케이션의 방법에 대해 다룰 예정이다. 시중의 책들에서도 쉽게 찾을 수 있는 광고의 세부적인 내용까지는 언급하지 않겠다. 그러나 점점 그 중요성을 더해가고 있는 PR과 통합 커뮤니케이션에 대해서는 충분히 강조하려고 한다.

6 브랜드 관리를 위한 토탈 커뮤니케이션

사람들의 마음 속에 포지션시키고자 하는 중심 메시지를 전달하는 방법에는 여러 가지가 있다. 그러나 중요한 것은 이러한 방법들의 효과성이 빠르게 변화하고 있다는 사실이다. 본 장에서는 이러한 이슈들을 다루게 될 것이다. 우선 커뮤니케이션의 주요 채널은 다음과 같다.

- 광고
- 다이렉트 마케팅
- 판매 프로모션
- 스폰서와 보증
- PR과 위기 관리
- 인터넷
- 통합적인 브랜드 커뮤니케이션(IBC)

위와 같은 커뮤니케이션 채널이 브랜드 관리에서 어떻게 사용되는지 하나하나 살펴보도록 하자.

광 고

광고는 소위 말하는 유료 대중 커뮤니케이션의 한 부분이다. 일반적으로 포스터, 광고 게시판, 그 외의 야외 광고들을 포함하여 간행물, 라디오, TV, 영화관에서의 광고 시간 등 유료로 진행되는 모든 것을 의미한다. 광고의 주요 목적은 청중들이 광고를 보고 어떠한 행동을 취하거나 혹은 어떠한 태도를 형성하도록 하는 것이다. 광고는 브랜드를 포지셔닝할 때 가장 많이 사용되는 방법이다.

광고는 특정 메시지를 반복함으로써 인식, 연상, 태도, 선호, 행동에 영향을 주어 이미지의 차별화를 구축한다. 광고는 기업에 의해 가장 많이 사용되지만 그 적용 범위는 점차 확대되고 있는 추세이다. 최근에는 국가 혹은 개인의 캠페인을 할 때도 많이 사용되는데 이러한 경우에서는 전달하고자 하는 정보보다 광고 자체의 노출 빈도수와 긍정적인 인식이 더 중요한 부분을 차지한다. 광고를 통해 브랜드 이미지를 성공적으로 구축한 사례로는 앱솔루트 보드카(Absolut Vodka)가 있다. 이 제품의 퍼스낼리티인 '지성', '재치', '세련'에 대한 마케팅과 광고는 전세계적으로 일관성 있게 진행되었으며 목표 청중들의 마음 속에 독특하게 포지셔닝되는 데 성공하였다. 또한 이 브랜드는 세계의 각 지역과 관련된 광고를 선보여 좋은 반응을 얻고 있다. 예를 들어 이 브랜드의 한 제품 광고는 어마어마하게 큰 술병과 함께 '앱솔루트 텍사스(Absolut Texas)'라는 문구를 보여 준다.

광고는 위에 언급된 다양한 매체들을 통해 실행된다. 모든 매체들은 각기 다른 장점과 단점을 가지고 있으나 성공의 열쇠는 바로 '창의적인 반복' 이라고 할 수 있다. 제한된 공간과 높은 비용이라는 광고의 특성상 한 광고 안에 들어갈 수 있는 내용은 제한적일 수밖에 없다. 따라서 광고 노출의 빈도수는 광고 효과에 매우 큰 영향을 미치는 요소이다. 광고 노출의 빈도수가 적어지면 인식의 변화도 적을 수밖에 없다. 그러나 대부분의 기업들은 광고 효과가 부진한 이유를 들 때 정작 광고 메시지가 반복되기에는 캠페인의 기간이 너무 짧았다는 진정한 이유는 간과한다. 광고 대행사들은 캠페인의 기간과 비용의 문제를 놓고 기업과 끊임없이 싸움을 벌인다. 그 이유는 반짝하고 사라져 버리는 광고의 속성 탓에 핵심적인 메시지를 전달하고 비교적 천천히 변화하는 사람들의 인식을 바꾸기 위해서는 시간과 반복이 필요하다는 점을 브랜드 커뮤니케이션 담당자들이 제대로 이해하고 있지 못하기 때문이다. 이미지 광고는 특히 장기간에 걸친 투자가 필요하지만 감성적이고 창의적인 아이디어로 적절하게만 진행된다면 포지셔닝에 큰 도움이 될 수 있다.

광고에서의 감성 활용 – 머리와 마음에 동시에 소구하기

앞서 언급한 적이 있듯이 감성적인 것이 잘 팔린다는 데에는 이론의 여지가 없다. 정신적 과정으로서의 감성에는 여전히 신비스러운 부분이 많다. 그러나 감성이 우뇌와 관련되어 있으며 일종의 흥분 상태로서 표출된다는 사실은 잘 알려져 있다. 또한 감성은 이성적인 생각보다 뇌를 3천 배나 더 빨리 자극한다. 감성은 긍정적일 수도 있고(행복의 상태) 부정적일 수도 있다(공포의 상태). 브랜드 이미지에 있어서는 영향을 주고자 하는 사람들과 감성적인 관계를 구축하는 것이 매우 중요하다. 포지셔닝하는 대상을 긍정적인 느낌과 감정에 연계시킬 수 있다면 사람들을 끌어당기고 사람들의 인식을 바꾸거나 새롭게 창조하는데 훨씬 더 유리할 수 있다.

조직에서 감성을 이용하는 사례는 점점 늘어나고 있으며 특히 차별성을 부각시키기 힘든 서비스 업계 브랜드의 경우 이러한 경향이 두드러진다. 그 중에서도 금융 서비스 기업은 모든 것이 상품화되어가고 있는 시장 상황에서 그들이 경쟁자와 다르고 또한 더 좋다는 점을 소비자들에게 지속적으로 설득시키려고 노력하는 대표적인 서비스 조직이다. 그들은 그들이 이제껏 타성을 브랜드 충성도로 오인하고 있었다는 사실과 사람들이 브랜드를 전보다 훨씬 더 자주 바꾸고 있다는 사실을 뒤늦게야 깨닫기 시작하였다. 브랜드 충성도는 소비자들이 불만족을 느낄 때마다 조금씩 사라진다.

미국의 피델리티 인베스트먼트(Fidelity Investment)는 자사의 인간적이고 따뜻한 이미지를 강조하기 위한 일련의 광고를 내놓았다. 그 기업의 애널리스트들은 왜 피델리티 기업에서 일하는 것이 즐거운지를 설명하고 있었으며 조언을 구하는 소자본 투자가들을 돕고 있는 애널리스트들의 모습이 화면이 비춰졌다. 오늘날과 같은 테크놀러지 시대에 수백만의 분산된 고객을 가진 피델리티와 같은 대기업은 자사가 냉담하고 비인간적이고 관료적인 기업이 아니라 인간적인 면을 가진 고객을 위하는 기업이라는 점을 알려 주어야 한다.

사람의 감성적인 느낌에 파고들 수 있는 광고의 수단들은 다음과 같다.

- 드라마
- 충격
- 공포
- 유머
- 온정
- 열망
- 음악
- 성(sex)

위의 수단들은 각기 다른 장점과 단점을 가지고 있는 만큼 사용 전에 이들에 대한 면밀한 분석이 요구된다. 광고 대행사를 거칠 경우 광고에 사용될 감성이 기업의 전반적인 시장 포지션과 추구하는 이미지에 부합하는지에 대해서도 확실히 검토되어야 한다. 광고 시안의 선택에 있어서는 '적절성'이 가장 중요하다.

드라마

드라마는 포지셔닝을 할 때 유용하다. 한 커피 브랜드는 커피 한 잔을 통해 만남을 지속해 나아가는 젊은 연인의 시리즈를 방영한 적이 있었다. 커피를 배경으로 연인 관계가 진전되어가는 모습을 담은 광고였다. 이는 마치 한 편의 미니 시리즈같았으며 청중들은 이에 열광했다. 커피는 그 주인공들의 삶의 일부분으로서 광고 속에 항상 등장하였다. 드라마는 스토리로 구성되지만 스토리를 나타내는 장치 및 나레이션 또한 시청자들의 관심과 브랜드 연상을 이끌어 낼 수 있다. 그러나 1998년 어느 정력 강화제의 TV 광고에서처럼 청중들에게 불쾌감을 주는 내용은 삼가하도록 해야 한다. 이 광고의 나레이션에는 다음과 같은 내용이 포함되어 있었다. "정력이 부족한 남성들이여, 여길 보십시오. 2천만 명 모두요!" 이러한 사례는 오히려 다음에 살펴볼 충격 요법의 일종으로 볼 수 있다.

충격

충격 요법은 청중들에게 강력한 영향을 줄 수 있는 반면 긍정적인 반응과 부정적인 반응의 차이가 미미하기 때문에 위험 부담이 크다. 몇몇 비영리 단체들은 굶주린 아이들의 사진이나 고통받고 학대 당하는 동물들의 사진을 통해 그들의 포지션을 확립하기도 하지만 이러한 전략은 긍정적인 효과만큼이나 부정적인 효과 역시 불러일으킬 수 있다. 베네통(Benetton)은 '유나이티드 컬러스 오브 베네통(United Colors of Benetton)' 광고에서 호평과 혹평을 동시에 받으며 이러한 양면적인 상황을 경험하고 있다. 예를 들어 베네통의 한 광고는 백마 한 마리와 흑마 한 마리가 성교를 하려는 장면을 보여 주고 있다. 이렇듯 감성을 자극하는 광고를 할 때는 사전에 광고 테스트를 거치는 것이 매우 중요하다. 그러나 베네통은 광고가 더 많은 사람들에게 충격을 줄수록 더 효과적으로 '사회적, 인종적 평등의 중요성' 이라는 브랜드의 메시지를 전달하는 것이라고 보고 있다.

공포

위에 제시된 충격과 유사한 주제가 바로 공포이다. 볼보(Volvo)는 끔찍한 교통 사고를 당했지만 안전한 볼보 자동차 덕택에 목숨을 구할 수 있었던 사람들의 사진을 이용하였다. '볼보가 나를 살렸어요!' 클럽은 볼보가 오늘날까지 가장 안전한 자동차의 포지션을 유지하는데 기여하였다. 미국의 2001년 9.11테러 사건 이후 몇몇 보험기업들은 공포 요소와 마음의 평안을 기업 및 제품의 마케팅 커뮤니케이션에 과도하게 사용하고 있다. 이러한 전략은 해당 기업의 제품을 구입한 몇몇 사람들에게는 안도감을 주겠지만 그렇지 않은 사람들에게는 신경을 거슬리게 할 수 있다.

유머

유머는 양면을 가진 칼날과도 같다. 인종 차별적 농담이나 약자를 대상으로 한 농담은 아무리 많은 사람들이 좋아한다고 해도 바람직하지 않다. 유머에 내재된 놀라움의 요소는 불쾌감이 아닌 유쾌함에서 비롯된 것이어야 한다. 유머는 적절히 사용될 경우 청중의 긴장을 완화시키고 편안함을 주며 핵심 메시지에 대한 거부감을 줄인다. 우유의 프로모션에 사용되었던 '콧수염' 광고는 피트 샘프러스(Pete Sampras)[26]와 같은 유명 인사들이 우유를 마신 후 윗입술에 우유 자국을 남긴 모습을 그대로 보여 줌으로써 소비자들의 좋은 반응을 얻었다.

온정

온정 또한 청중의 긴장을 완화시키고 긍정적인 정신 태도를 이끌어 낼 수 있다. 사랑, 애국심, 우정, 배려 그리고 이와 비슷한 행동을 나타내는 광고는 포지셔닝에 큰 도움이 된다. 유아 용품 및 기타 제품들을 광고하는 존슨 앤 존슨은 부드러움, 배려 그리고 사랑에 대한 강력하고 확고한 포지셔닝을 구축하였으며 이러한 광고의 효과는 기업의 세계 시장점유율에 그대로 반영되고 있다. PGA 골프와 같은 스포츠 이벤트도 역시 온정을 내세우는 광고를 한다. 이 광고에는 골프 명사 닉 프라이스(Nick Price)가 등장하여

26) 2002년 US Open 남자단식 부문에서 우승한 테니스 선수

관련 영상들을 보여 주면서 이 이벤트가 얼마나 많은 소외 계층을 돕고 있는지를 홍보한다. 그리고 '불가능이란 없다' 라는 슬로건으로 광고의 끝을 맺는다.

열망

열망을 이용한 광고는 좋은 동기 부여자가 될 수 있다. 나이키의 '저스트 두 잇(Just Do It)' 캠페인은 전적으로 자기 발전과 성공에 관한 것으로, 타이거 우즈(Tiger Woods)와 같은 젊고 성공한 운동선수들이 등장하면서 브랜드의 포지션은 강화된다. 열망을 통해 사람의 감정을 이끌어 내는 광고에는 아이들이나 유명 인사들이 종종 등장한다.

음악

음악은 TV 및 라디오 광고에서 효과음이나 배경 음악으로 자주 사용된다. 기억하기 쉬운 음악은 광고의 연상을 돕는 역할을 하지만 음악이 광고에 오히려 방해 요소가 되는 경우도 있다. 전체 광고의 50% 정도가 광고 속에서 음악을 어떠한 방식으로든지 사용하고 있다. 호비스(Hovis) 제과 브랜드가 자사의 제품 광고에 영국 북부 지방의 관악 밴드가 연주하는 감상적인 음악을 삽입하여 광고 효과를 높였던 것처럼 음악은 소비자들의 감성을 자극할 수 있다. 또한 기업이 추구하는 포지셔닝과 인식에 걸맞는 재미, 흥분, 심각함, 혹은 다른 느낌들을 나타낼 수도 있다. 음악은 세분시장에 상관 없이 모든 사람들이 좋아하는 것이지만 특히 어린이 고객을 대상으로 한 광고에 적합하다. 그러나 수많은 자동차 광고에서 자동차가 언덕, 비, 험난한 지대를 뚫고 지나가는 동안 극적이고 오페라스러운 음악이 나오는 것처럼 음악이 차별화의 요소가 되지 못할 경우도 있다. 창의성이 없는 장면과 음악은 고객들의 주목을 받을 수 없다.

성(sex)

성을 주제로 사용할 때에는 각별한 주의가 필요하다. 여기에 뚜렷한 지침서가 있는 것은 아니지만, 조사에 따르면 성적 이미지는 제품의 효능과 밀접한 관련이 있어야 하며, 유머와 경외심이라는 주제와 동반될 경우 소비자들에게 더 쉽게 수용되고, 또한 노골적이 아닌 암시적으로 표현될 때 더 효과적이라고 한다. 때로는 브랜드 관리에 있어서 일정 선을 넘어섬으로써 브랜드 이미지에 손상을 입힐지도 모르는 위험을 감행할 때도 있다. 캘빈 클라인(Calvin Klein)이 속옷을 입은 아이들을 광고에 등장시켰을 때처럼 말이다. 다른 브랜드들은 성을 좀더 미묘하게 이용하고 있다. 최근의 사례로는 주류 브랜드인 마르텔(Martell)의 광고가 있다. 매력적인 여성이 다음과 같이 제안한다. "모든 위대한 발견은 하나의 질문에서 시작하지요. 이를테면, 나와서 즐기실래요? 그럴 수 없다면 더욱더 그렇게 해야 해요." 시바스 리갈(Chivas Regal)의 성공적이었지만 수수께끼 같았던 '당신이 알게 될 때' 캠페인의 한 광고에서는 옷을 거의 입지 않은 뛰어난 미모의 모델이 다음의 '그래요, 신은 남자에요' 라는 자막과 함께 나타난다.

현재 유럽 광고 감시사무국은 불쾌감을 주거나 보기 흉한 성과 누드를 광고에 사용하는 몇몇 브랜드를 '포르노 쉬크(Porno Chic)'라 부르며 단속에 나섰다. 이 감시사무국의 비판 이후 프랑스에서 철수했던 한 광고는 의류브랜드 라 시티(La City)를 위해 DDB[27]가

27) 1949년에 설립되어 맥도널드(McDonald's), 존슨 앤 존슨(Johnson & Johnson) 등 다수의 선도 기업의 광고를 담당해 온 세계적인 광고회사

제작한 것이었다. 속옷만 걸친 젊은 여성이 한 마리의 양 옆에서 손바닥과 무릎을 바닥에 댄 자세로 있다. 슬로건으로는 '난 스웨터를 갖고 싶어요'가 쓰여져 있다. 브랜드 커뮤니케이션에서 성을 이용할 때에는 무엇보다도 섬세함이 관건이다.

사례 연구 18은 짐 빔(Jim Beam)이 소비자 통찰력 연구를 바탕으로 한, 우리 모두가 가지고 있는 '우정'이라는 감정에 소구하는 광고를 통해서 전세계적으로 어떻게 리포지셔닝했는지를 보여주고 있다.

사례 연구 18

짐 빔(Jim Beam)
시장 커뮤니케이션을 통해 표현된 글로벌 리포지셔닝과 현지 적응

이 사례 연구는 한 글로벌 브랜드가 충분한 시장조사를 바탕으로 제작한 광고를 통해 어떻게 전세계적으로 일관적인 리포지셔닝을 진행하고 있는지를 보여 준다.

브랜드 배경

짐 빔 버번은 미국을 비롯한 전세계에서 가장 잘 팔리는 버번 위스키이다. 이 브랜드는 200년이 넘는 전통을 자랑하는 독특한 제품이다. 짐 빔은 전세계의 켄터키 스트레이트(Kentucky Straight) 버번 위스키 제조업체 중에서 가장 규모가 크다. 버번은 버번이 처음 탄생한 지역이자 버번이 제조될 수 있는 유일한 지역인 미국에서 가장 큰 위스키 카테고리일 뿐 아니라 전세계적으로도 큰 인기를 얻고 있다. "버번은 미국 시장에서 얻은 개선된 노력을 바탕으로 해외 시장에서의 성공을 노리고 있다"고 2000년 10월 임팩트(*Impact*)지는 언급하고 있다.

브랜드 커뮤니케이션

짐 빔은 버번의 새로운 트렌드를 파악하고 또한 브랜드가 새로운 라이프스타일과 연결고리를 형성하는 것이 중요하다는 사실을 깨달았다. 따라서 브랜드 자산을 강화하고 유지하기 위해서 모든 시장에서 짐 빔 버번의 일관된 이미지를 만들어 가는 것이 중요해졌다.

글로벌 포지셔닝

짐 빔은 글로벌 포지셔닝 조사를 통해 시장을 세분화하고 고객을 이해한 후 사교성과 재미에 좀더 중점을 둔 이미지를 제시하였다. 여기서 발견된 하나의 중요한 사실은 브랜드 표적 청중의 70% 이상이 자신의 친구들과 함께 버번 위스키를 즐긴다는 사실이었다.

짐 빔은 '미국 카우보이'라는 기존의 포지셔닝에서 '우정'이라는 새로운 포지셔닝으로 브랜드를 진화시켰다. '개인주의, 반항, 억셈' 등으로 상징되는 '미국 카우보이'는 오늘날 소비자들의 감성에 연계되기 힘든 이미지였기 때문이다. 새로운 포지셔닝인 '우정'은 짐 빔을 친구들이 함께하는 과정 속의 한 부분이자 그들이 보내는 즐거운 시간의 한 부분으로 그려냈다. 이러한 변화된 포지셔닝에 따라 소비자들의 소비 욕구를 즉각적으로 불러일으키기 위해서 소비자들이 동감할 수 있는 적절하고 현대적인 배경에서 새로운 광고가 만들어졌다. '당신이 친구들과 모여 즐거운 시간을 보낼 때 당신은 짐 빔을 마신다.'

현지 적응

현지 시장에서 글로벌 포지셔닝이 효과적으로 이루어지기 위해서는 현지 적응력이 매우 중요하다. 글로벌 이미지가 유지되는 동시에 그 브랜드 자산 역시 현지 시장에서 레버리지 효과를 발휘할 수 있어야 한다. 글로벌 브랜드 관리 담당 부사장 토마스 마스(Thomas Maas)는 "브랜드의 중심은 글로벌한 수준에서 유지되어야 하는 반면 글로벌 포지셔닝은 서로 다른 시장에서 발생하는 문화적 차이를 극복하기 위해 현지 적응력을 필요로 한다"고 언급한다.

다음과 같은 지역별 소비자 연구 조사를 통해 짐 빔은 사교성과 우정이라는 글로벌 포지셔닝을 서로 다른 문화적 인식에 걸맞는 형태로 각각 적응시켰다. 우정이라는 요소는 전세계 소비자들에게 일관적으로 소구하는 가운데 상황적 표현, 유머, 감성적인 유대감은 각각 다르게 묘사되었다.

예－아시아에서의 채택 및 적응

채택

아시아 소비자들에 대한 조사 결과 아시아 소비자들도 대부분 서구의 소비자들과 마찬가지로 친구들과 함께 술자리를 즐긴다는 사실이 밝혀졌다. 삶은 변화하고 있다. 해외로부터 수입된 유행과 사조들은 더 이상 비즈니스맨, 정부 고위 관리자, 상류층만을 위한 호사품이 아니다. 아시아 소비자들은 프리미엄 스카치 위스키와 꼬냑의 영향으로 여전히 수입 제품들에 대해 화려한 축제와 격식을 갖춘 술자리를 연상하는 경향이 있다. 그러나 짐 빔은 이것을 편안한 친구들과 스마트하고 격이 없이 어울리는 자리라는 독특한 틈새 컨셉을 위한 기회로 활용했다. 짐 빔의 극동 지역 국제 마케팅 관리자인 캐서린 후(Catherine Hu)는 "이것이 바로 우리가 경쟁자들과 차별화하는 열쇠이며 변화하고 있는 오늘날 아시아 소비자들의 라이프 스타일에 부합하는 컨셉이다"라고 말한다.

적응

실행에 있어서도 문화적 차이에 따른 창조적 과정이 필요하다. 세계적으로 공유되는 소비자들에 대한 통찰력이 존재한다고 해도 말이다. 예를 들어 한 연구에서는 아시아 소비자들의 구매 욕구를 자극하고 이에 대한 확신을 심어 주기 위해서는 더 깊이 있고 강한 우정을 표현해 주는 것이 필요하다는 사실이 밝혀졌다. 그 결과 현재 아시아 지역의 광고들은 우정에 얽힌 사연과 우정의 지속성과 같은, 우정에 대한 보다 깊은 가치들을 반영하고 있다. 아래의 예시들은 브랜드의 표현, 느낌 그리고 중심적인 포지셔닝이 지역별 특성에 따라 얼마나 탄력적으로 제시되고 있는지를 보여 준다.

다이렉트 마케팅

다이렉트 마케팅은 소비자들이 아이템을 구매할 때 소매업체와 같은 중간 단계를 거치지 않고 제조업자 혹은 공급자들과 직접 거래를 하는 것이다. 여기에 사용되는 기술들은 다음과 같다.

- 다이렉트 메일
- 전화 판매
- 언론, TV, 라디오 광고

다이렉트 마케팅의 효과를 극대화하기 위해서는 구체적인 표적의 설정이 필요하다. 그렇지 않으면 정크 메일 등을 통해 소비자들이 원하지 않는 정보가 제공됨으로써 결과적으로 기업의 이미지만 손상될 수 있기 때문이다. 그러나 성공적일 경우 이는 매출 면에서 뿐만 아니라 시장에서 강력한 포지션을 구축하는 데에도 매우 효과적이다. 그 구체적인 장점은 다음과 같다.

- 구체적으로 정의된 세분시장을 공략하는 데 효과적이다.

- 오랜 시간에 걸쳐 관계를 구축하는 데 효과적이다.
- 쌍방향 마케팅이라는 장점을 가지고 있어 소비자의 참여가 가능하다.
- 소비자의 반응을 쉽게 수치화하는 것이 가능하다.
- 특정 메시지를 특정 사람들에게 제공해 주는 맞춤 서비스가 가능하다.

기업의 퍼스낼리티와 아이덴티티가 가시적이고 일관적이며 진실한 가치들을 포함하고 있다는 사실은 포지셔닝과 이미지 구축에 있어서 절대적으로 중요하다. 델 컴퓨터(Dell Computers)는 이러한 방법을 통해 기업 전체의 브랜드 아이덴티티와 포지션을 확립했으며 저렴한 가격, 질 좋은 제품, 신속한 배달로서 일류 브랜드 이미지를 구축하였다.

세일즈 프로모션

많은 기업들, 특히 소비재 관련 기업들은 커뮤니케이션 예산의 대부분을 광고에 소비하는 경우가 많다. 반면 세일즈 프로모션 기법들은 신제품을 출시하고 포지션을 확립하며 새로운 혹은 잃어버린 고객들을 확보하고 구매 과정의 속도를 높이는 데 종종 이용된다. 세일즈 프로모션 기법들에는 다음과 같은 것들이 있다.

- 구매 시 사은품 증정
- 보상 쿠폰
- 콘테스트

- 샘플
- 가격 할인
- 할인 쿠폰
- 현금성 프리미엄
- '하나를 구입하면 하나가 공짜' 이벤트
- 선물 포장
- 특혜성 카드

세일즈 프로모션 활동의 단점은 지속적인 프로모션 활동이 브랜드 이미지를 약화시킬 수 있다는 것이다. 이러한 이유 때문에 일부 전문가들은 프로모션 활동이 브랜드 구축에 이용되어서는 안 된다고 주장한다. 그러나 아메리칸 익스프레스(American Express), 씨티뱅크(Citibank), 칼스버그(Carlsberg) 등의 기업들은 이러한 프로모션을 통해 경쟁사의 고객을 자사의 고객으로 끌어들이는 등의 방법으로 고객 기반을 강화하였으며 고객 개개인의 소비를 증가시키고 구매 결정의 속도를 줄일 수 있었다. 일반적으로는 가격 할인과 같은 유형의 프로모션은 지양하고 가치를 더해 주는 유형의 프로모션 쪽으로 가는 것이 바람직하다. 가격을 할인하기보다는 브랜드 제품에 가치를 더해 주는 것이 제품 품질에 대한 인식을 떨어뜨리지 않으면서도 소비자들에게 좋은 이미지를 심어 줄 수 있는 방법이다.

소매업체들과 영업직원들은 세일즈 프로모션 활동을 매우 선호하는 편이며 때문에 이는 기업에게 단기간에 경쟁적 우위를 가져다 줄 수 있다. 그러나 경쟁사들이 곧바로 비슷한 프로모션으로 대응해 오기 때문에 결과적으로 세일즈 프로모션의 생명력은 짧을 수밖에 없다.

스폰서쉽과 보증

점점 더 많은 기업들이 유명 인사들과의 결합을 통해 브랜드 이미지를 향상시키려고 노력함에 따라 스폰서쉽과 보증은 이제 많은 브랜드 관리자들에게 있어서 일상적인 일이 되었다. 스폰서쉽과 보증에 있어서 주의해야 할 점은 이러한 활동들이 기업이 표적으로 하는 청중들와 관련성이 있어야 하고 또한 브랜드의 퍼스낼리티에도 부합해야 한다는 것이다. 다음의 사례들은 주로 스포츠 업계에서 이루어지는 스폰서쉽과 보증을 보여 주고 있다. 그러나 다른 분야의 사례들 역시 쉽게 찾아볼 수 있을 것이다.

브랜드와 스포츠 스폰서쉽

스포츠는 보편적인 소구력을 가지고 있다. 또한 스포츠는 보편적인 청중이 될 전세계의 사람들을 매혹시킬 수 있는 카테고리 중 하나이기도 하다. 따라서 빅 브랜드들이 자사의 브랜드를 전세계에 알리기 위한 방편으로 세계의 주요 스포츠 이벤트 및 활동에 경쟁적으로 참여하는 것도 그리 놀랄만한 일은 아니다. 그들은 그들의 브랜드를 전세계에 알릴 수만 있다면 기꺼이 막대한 비용을 지불할 준비가 되어 있다. 가장 확실한 예가 바로 최고의 스포츠 이벤트인 올림픽이다. 올림픽으로 인한 수입은 한 해 평균 9억 달러을 상회한다고 하는데 이의 대부분은 파워 브랜드들의 스폰서쉽으로 충당되고 있다. 스포츠 스폰서쉽의 일대 전환기는 1984년 로스엔젤레스 올림픽이었다. 이 시기에 스폰서쉽과 방송권의 비용이 급등하였기 때문이다. ABC 방송국은 미국 내 방송권을 따내는데 2억 2천 5백만 달러를 지불하였다. 공식적인 스폰서쉽 브랜드의 수 역시 제한되어 해당 카테고리 내에서 독점권을 확보하기 위해서는 자그마치 4백만 달러를 지불해야만 했다. 코카콜라는 이 올림픽의 공식 음료가 되기 위한 조건으로 1천 2백만 달러를 지불한 것으로 알려졌다. 오늘날 그 프리미엄은 훨씬 더 높으며 빅 브랜드들은 세계 최고의 스포츠 이벤트인 올림픽에서 자사의 브랜드를 전세계에 홍보하는 기회를 얻기 위해 맹렬히 경쟁하고 있다. 전세계 60억의 사람들이 보고 있다면 투자할 가치는 충분하다고 본다.

스포츠 스타

전세계에 자사의 브랜드를 노출시켜 인지도를 높이고 스타와의 보증 관계를 통해 브랜드의 이미지를 향상시키려는 기업들 사이에서 스포츠 스타의 인기는 매우 높다. 하지만 아래에서 보듯이 그것이 모든 경우에서 성공적이었던 것은 아니다. 다음은 몇몇 유명한 사례들이다.

리복: 비너스 윌리엄스

2000년 비너스 윌리엄스(Venus Williams)는 1958년 앨시아 깁슨(Althea Gibson) 이후 윔블던 싱글 타이틀을 거머쥔 최초의 아프리카계 미국인이 되었다. 2000년 말 윌리엄스는 4천만 달러에 리복(Reebok) 브랜드와 전속 모델 계약을 체결하면서 성공적인 한 해를 마무리지었다. 당시 리복은 나이키에 비해 큰폭으로 뒤쳐져 있었으며 스포츠화 및 의류 분야의 리더인 나이키가 마이클 조던(Michael Jordan), 매리언 존스(Marion Jones), 타이거 우즈(Tiger Woods)와 같은 최고의 스포츠 스타들과 계약을 맺고 있는 것을 지켜 볼 수밖에 없었다. 리복은 윌리엄스가 11살이었을 때부터 줄곧 계약을 맺어오긴 했지만 이번에 그녀와 5년 연장 계약이 성사된 것에 대해서는 행운으로 여기고 있다. 리복의 마케팅 최고 관리자인 엔젤 마르티네즈(Angel Martinez)는 다음과 같이 말한다. "어떠한 운동 선수나 사람도 윌리엄스만큼 우리의 브랜드를 잘 대변하지는 못할 것입니다. 우리의 목표는 윌리엄스를 단순히 테니스 선수가 아닌 하나의 라이프 스타일 우상으로 제시하는 것입니다. 그 존재만으로도 사람들을 고무시킬 수 있는 우상 말입니다." 윌리엄스의 파격적인 모델 계약료 역시 여성 운동 선수들의 위상을 신장시켰다. 윌리엄스는 '여성 스포츠와 여성 테니스에 대해서는 리복이 단연 뛰어나다' 라고 말한다. 물론 그녀의 수입 면에서도 나쁘지 않다.

나이키: 타이거 우즈

다른 스타들의 모델 계약료 역시 만만치 않게 상승하고 있다. 윌리엄스의 계약료는 2000년 나이키가 타이거 우즈와 맺은 계약료 1억 달러에는 크게 미치지 못한다. 우즈는 자신의 스포츠 종목인 골프 분야에서 세계 1위일 뿐 아니라 모든 어린이 및 청소년들의 역할 모델이기도 한 매우 흔치 않은 인물이다. 이러한 사실만으로도 그는 어마어마한 돈을 끌어 모을 수 있다. 훌륭한 운동선수 가운데 훌륭한 인간성까지 갖춘 인물은 드물기 때문이다. 우즈가 자신에 대해 "나는 다른 사람들에게 긍정적인 영향을 끼칠 임무를 맡고 있는 역할 모델이다"이라고 말한 것을 보면 우즈 스스로도 자신이 나이키로부터 수백만 달러를 받을 가치가 있다는 사실을 알고 있는 듯 하다.

다른 스포츠 스타: 좋은 이미지의, 나쁜 이미지의, 혹은 못생긴 선수들 큰 돈이 오고 가는 스포츠 업계는 잠시 접고, 스포츠 제품의 브랜딩은 브랜드 퍼스낼리티와 브랜드를 대표하는 스타들과 관련되어 어떻게 돌아가는지에 대해 살펴보자. 스포츠화 및 스포츠 의류 시장은 매우 젊은 세대의 프로파일을 가지고 있으며 비너스 윌리엄스와 같은 브랜드 보증 스타들은 해당 브랜드의 목표 청중과 연관성을 가지고 있어야 한다. 윌리엄스는 현재 최고의 인기를 누리고 있으며 남들과의 차별화를 지향하는 젊은 세대들에게 강력하게 소구하고 있다. 실제로 그녀의 이번 계약은 2001년 1월 수퍼 보울 일요일(Super Ball Sunday)부터 시작된 '관습에의 도전' 이라는 리복의 새로운 캠페인의 일환으로 진행되었다. 그녀에게는 라이벌인 마르티나 힝기스(Martina Hingis)와 린지 데븐포트(Lindsay Davenport)를 능가하는 힘이 있으며 안나 쿠르니코바(Anna Kournikova)처럼 '테니스 코트에 나오기만 해도 좌중을 압도하는 미모' 로 자신의 육체적인 장점을 팔려고 하지도 않는다.

퍼스낼리티 보증에 있어서는 브랜드와의 연관성과 적절성이 가장 중요하다. 스포츠뿐만이 아니라 대부분의 빅 브랜드들이 이러한 퍼스낼리티 보증을 하고 있다. 스포츠 시계 태그 호이어(Tag Heuer)는 미카 헤키넨(Mikka Hekkinen)과 보리스 베커(Boris Becker)[28]를 내세우고 있으며 스포츠 브랜드가 아닌 브랜드, 즉 롤렉스(Rolex)와 자연 보호주의자 조지 쉘러(George Schaller)[29], 오메가(Omega)와 신디 크로포드(Cindy Crawford)의 경우에서 역시 이러한 보증 관계를 찾아볼 수 있다.

적절한 보증 관계가 이루어질 경우 이에 따른 보상이 따르지

28) 1986년 윔블던(Wimbledon) 세계 테니스 대회의 우승자
29) 고릴라 연구로 널리 알려진 동물학자

만 잘못될 경우에는 브랜드의 명성에 흠이 갈 수도 있다. 한때 펩시는 마이클 잭슨(Michael Jackson), 마이크 타이슨(Mike Tyson), 마돈나(Madonna)를 모델로 내세웠으나 이 세 사람 모두 자신들의 명성에 문제가 생기는 바람에 펩시 역시 어려움을 겪었던 적이 있다. 허츠(Hertz) 렌트카는 당시 브랜드 보증 관계에 있던 오제이 심슨(O. J. Simpson)이 살인 사건으로 기소되는 사태를 맞았다. 허츠는 자사 브랜드와 심슨과의 연관성을 끊어보려 애를 썼으나 이는 오히려 사람들의 관심을 더욱더 증폭시키는 결과를 낳았다. 전 축구 선수 디에고 마라도나(Diego Maradona)와 같은 스타들 역시 스폰서쉽을 제공한 브랜드에게 치명적인 영향을 끼친 바 있다.

2001년 코카콜라는 자사 브랜드와 보증 관계에 있던 중국 최고의 스포츠 스타가 음탕하고 성차별적인 영어 단어들로 가득 치장된 바지를 입어 곤란한 상황에 처한 적이 있다. 그녀의 이름은 바로 푸밍샤(Fu Mingxia), 당시 올림픽 다이빙 종목에서 금메달 3관왕에 오른 인물이었다. '음탕한 년', '미친 놈', '섹스', '술, 담배 그리고 섹스' 등을 비롯하여 각종 욕지거리들이 쓰여진 바지를 입고 나타난 그녀의 모습은 곧바로 모든 신문 지상의 1면을 장식하였다. 이 사건이 광저우에서 있었던 코카콜라 스프라이트 브랜드의 언론 회의에서 일어났다는 사실은 상황을 더 악화시켰다. 모든 사람들이 그 단어들이 실제로 의미하는 바가 무엇인지를 알아차릴 즈음 이미 사태는 걷잡을 수 없을 정도로 커져 있었다. 베이징 모닝 포스트(*Beijing Morning Post*)지는 코카콜라 대변인이 "저희 기업은 매우 실망했습니다. 우리는 매우 꼼꼼하게 이벤트를 준비해 왔으며 그런 사소한 일 하나로 사람들의 웃음을 살 수 있다는 생각은 꿈에도 하지 못했습니다"라고 한 말을 인용하고 있다.

그러나 푸밍샤는 그녀를 위해 준비된 옷이 사이즈가 맞지 않아 동료의 옷을 빌려입었던 것뿐이었다. 여기서의 교훈은 아마도 '예측할 수 없는 것까지 항상 예측하라' 일 것이다. 그러나 이번 코카콜라의 경우 기업 대변인이 밝힌대로 사소한 모든 부분까지 꼼꼼하게 점검되지는 않은 것 같다[30].

물론 유명 인사들이 한 브랜드와 보증 관계에 있을 때 어떠한 일이 일어날지는 아무도 모른다. 그리고 여론 역시 이러한 돌발적인 상황들을 용서하고 곧 잊어버리는 경향이 있다. 그러나 브랜드의 '얼굴' 을 선택할 때 신중을 기해야 한다는 것은 분명한 사실이다. 때로는 나쁜 상황이 닥쳐 올 가능성에 대한 깊은 고려 없이 유명인사의 보증을 통해 수백만의 사람들에게 다가가는 기회를 잡는 것이 더 쉬울 수 있다. 그리고 분석을 한다 해도 사람들이 미래에 어떻게 행동할지에 대해서는 완벽하게 예측할 수 없다. 그러나 이 전략에는 이와 같은 위험 요소가 항상 내포되어 있음을 명심해야 한다.

이러한 스타 보증에 대한 주제는 모든 최고 관리자 및 브랜드 관리자들이 가장 힘들어하는 부분인 'PR과 위기관리' 로 자연스럽게 이어진다.

PR과 위기 관리

나는 종종 PR을 브랜드 관리의 '신데렐라' 라고 생각한다. 왜냐 하면 브랜드가 성공하였을 때에도 PR은 투자한 노력에 상응하는 보

30) 자료제공: 2001년 2월 25일자 방콕 포스트(*Bankok Post*)지

상을 거의 받지 못하기 때문이다. 광고와 세일즈 프로모션은 매우 가시적이며 쉽게 주목받는 경향이 있다. 그러나 PR은 마치 이름 없는 영웅과도 같이 소비자 인식의 변화를 이끌어 낼 수 있는 놀라운 능력을 지녔음에도 불구하고 그 역할에 비해 거의 인정을 받지 못한다.

PR 부서는 '기업 업무', '기업 커뮤니케이션', '공적 업무' 등의 다양한 이름으로 불린다. PR의 기본적인 업무는 다양한 목표 청중들과 커뮤니케이션하고 또 그들과의 관계를 개발하는 일이다. 그 목표 청중들은 다음과 같다.

- 매체
- 임직원
- 주주
- 비즈니스 파트너
- 산업 분석가
- 국내 및 해외 투자가
- 정부
- 일반 대중
- 기존 고객 및 잠재 고객

PR의 장점

PR은 매체와의 관련성이 매우 높은 일이며 보도 자료, 기자 회견, 인터뷰, PR 기사, 신문 및 잡지의 칼럼, 리셉션, 스폰서십 그리고 다른 이벤트들을 통해 청중들과 커뮤니케이션한다. PR은 다양한 채널을 통한 광범위한 커뮤니케이션을 가능하게 하기 때문에 브랜드 구축 과정에 중요한 역할을 한다. 그러나 놀랍게도 상당수의 기업들이 이 브랜드 구축 과정에 있어서 PR을 제대로 이용하지 못하고 있다. 브랜드 관리자들은 위기를 관리할 때와 같이 수동적인 자세가 아닌, 자사의 브랜드를 보호하고 구축하는 좀더 전략적인 방법으로서 PR을 활용해야 할 것이다.

PR 역시 대중 매체를 종종 이용하기는 하지만 광고와 같이 별도의 사용료를 지불하지 않는데도 불구하고 브랜드 구축 및 관리에 널리 사용되지 않고 있다는 것은 납득하기 어려운 사실이다. 대부분의 경우 PR은 아무런 비용 없이도 여론에 영향을 줄 수 있고 또한 브랜드 명성과 이미지를 구축 및 유지할 수 있다. PR이 광고에 비해 대중들 사이에서 높은 신뢰성을 가지고 있는 이유가 바로 여기에 있다. 그렇다고 PR이 광고 프로모션(A&P)을 완벽하게 대체할 수 있다는 말은 아니다. 다만 광고 프로모션이 PR에 도움을 주는 만큼 PR 역시 광고 프로모션에 도움을 줄 수 있다는 사실을 모든 브랜드 관리자들에게 상기시키고 싶을 뿐이다.

광고와 대비되는 PR의 또 다른 장점은 PR의 기사는 광고와는 달리 읽히는 경향이 있다는 것이다. 넘쳐나는 신문 및 잡지상의 광고들은 독자들의 냉담한 시선을 받으며 외면당하기 일쑤이다. TV 광고 역시 마찬가지이다. 이는 물론 광고 자체의 질이 떨어지거나 잦은 반복 때문인 경우도 있지만 대부분은 시청자들이 광고에서 그들과의 어떠한 연관성도 찾을 수 없다는 것이 주된 원인이다. 어떠한 매체를 통한 광고이던 간에 광고가 사람들을 짜증나게 하고 또 더욱더 멀어지게 만들 수 있다는 사실은 이미 잘 알려져 있다. 그러나 PR은 사람들의 시선을 사로잡을 수 있는 보다 매력적이고 정보 가치가 있는 방식으로 메시지를 전달할 수 있다.

PR의 단점

PR 업무는 쉬운 일이 아니다. 목표 청중들을 만나 이야기를 나누면서 그들이 특정한 관점에 귀를 기울이고 다양한 상황이나 환경에 대해 특정한 태도를 취하도록 설득하는 작업에는 많은 시간이 소요된다. PR의 업무에는 매체를 관리하는 일도 포함된다. 신제품 출시와 같은 중요한 시기에 기자들이 해당 브랜드에 대한 긍정적인 기사를 쓰도록 유도하는 것이 그 예이다. PR은 한 번으로 끝나는 캠페인과는 달리 계속해서 지속되어야 하는 과정이다.

PR 부서에서 만들어져서 매체로 보내진 스토리는 중요성과 뉴스로서의 가치를 모두 지녀야 한다. 기자들에게 들어 오는 10개의 스토리 중 9개 가량은 보도되지 않는다. 별로 색다르지도 않고 흥미로운 부분도 없기 때문이다. 따라서 PR 기고문은 시의 적절해야 하며 관심을 끌 수 있어야 한다. 또한 PR 실무자들은 일반적인 정보를 담고 있는 현실 속의 기사를 만들어 내되 그 기사를 톱기사로 부각시킬 수 있는 특별한 기술도 가지고 있어야 한다.

위와 같은 이유 때문에 PR 전문가들은 이러한 기술을 잘 연마하여야 한다. 사실 PR의 성공은 PR 전문가들의 인적 네트워크와 수사 기술에 달려 있다. 즉 어떻게 그들의 아이디어를 창조적이고 설득력 있게 전달하느냐가 주요 관건이다.

주의해야 할 사항

대부분의 대기업은 PR 업무를 다루는 기업 커뮤니케이션 부서를 가지고 있다. 일부 기업들 혹은 개인들은 특정 프로젝트를 진행할 경우나 위기 상황이 닥칠 경우에 대비해 커뮤니케이션 업무를 대신해 줄 에이전시를 고용하기도 한다. 브랜드 관리와 관련해 몇 가지 주의해야 할 사항들은 다음과 같다.

- 대부분의 보도 자료들은 매체의 조명을 받아보지도 못한 채 사라진다. 따라서 꼭 필요한 경우에만 사용하라. 기자들에게 넘쳐나는 보도자료 더미를 안겨 주는 것으로는 충분하지 않다. 기자들은 정말로 뉴스거리가 될만한 아이템을 찾고 있기 때문에 따분한 기사들은 보통 그 즉시 쓰레기통으로 직행하기 마련이다. 보도 자료들은 소비자들이 진정으로 듣고 싶어할 만큼 중요한 그 무언가가 있는 기사들만을 보도한다. 그들은 잘 팔리는 스토리 그리고 모든 사람들이 흥미롭게 생각할만한 스토리에만 관심이 있다.
- 기자들을 사업의 전략적 파트너로 생각하고 다루어라. 기자들과의 인간 관계는 매우 중요하며 이러한 인간 관계는 오랜 시간에 걸쳐서 형성되는 것이다. 기자들에게 점심을 몇 번 사준다고 해서 그들이 기사를 실어 주는 것이 아니다. 그들의 관점을 경청하는 것이 더 중요하다. 그들은 대중과 지속적으로 접촉하는 사람들이며 따라서 대중이 읽고 듣고 알고 싶어하는 것이 무엇인지를 아는 사람들이기 때문이다. 또한 모든 사람들과 친분을 쌓으려는 노력은 하지 말자. 장기적으로 보았을 때 기업의 사업 전략과 미래 상황을 위한 최상의 선택이라 여겨지는 몇몇 기자들을 신중히 선택하고 그들과의 대화에 더 많은 시간을 집중하는 것이 효과적이다.
- 언론에 노출될 수 있는 기회를 잡아라. 한 분야에서 어느 정도의 성공을 이루게 되면 기업의 이름을 내걸고 논평할 수 있는 기회가 생긴다. 한 은행은 자사를 '정보에 밝은 은행' 으로 포지셔닝함으로써 영향력 있는 신문사의 고정 칼럼 지면을 얻을 수 있었다. 그 은행은 이 칼럼을 통해 금융 시장의 발전이 전세계 사람들에게 미치는 영향에 대한 글을 게재할 수 있었다.
- 기업 및 브랜드 이미지를 향상시키기 위한 이벤트를 준비하고 있다면 그 이벤트들이 기업의 포지셔닝 전략에 부합하는지 확인하자. 스폰서십 역시 마찬가지이다. 브랜드 퍼스낼리티와 아이덴티티에 적

합하고 또한 이들과 맥을 같이 하는 것이어야 한다. 마텔(Mattel)[31]은 자선 모금을 목적으로 세계 바비 인형 대회를 주관하면서 27개국 어린이들을 한 데 불러모았다. 이는 기업의 퍼스낼리티와 포지셔닝 전략에 매우 적합한 이벤트였다고 볼 수 있다. 롤렉스는 스포츠 이벤트를 후원할 때 자사 브랜드의 지위와 명성을 강화할 수 있는 탑 토너먼트들만을 선정한다. 마텔과 롤렉스는 자신의 브랜드에 적합한 매체를 이용하여 자신의 브랜드에 적합한 목표 청중들에게 소구하는 방법을 잘 알고 있었던 것이다.

PR과 위기 관리: 예측하지 못하는 것을 예측할 수 있다고 치자. 그렇다면 이에 대한 대비는 가능한가?

모든 CEO들과 브랜드 관리자들은 항상 위기를 경계한다. 위기는 시장과 소비자 여론에 영향을 끼치면서 주가를 바닥까지 떨어뜨리고 또한 제품 및 서비스의 브랜드 이미지와 기업 이미지에 장기적으로 심각한 손상을 입힐 수도 있기 때문이다. 이러한 위기 상황은 PR 담당자들에게는 악몽이다. 왜냐 하면 모든 사람들이 서로에게 책임을 떠넘기는 가운데 결국 그 '뜨거운 감자'는 PR 부서의 몫이 되기 때문이다. 이러한 위기를 잘못 다루게 되면 더 큰 위기가 초래될 수 있고 최악의 경우 한 브랜드가 무너질 수도 있다. 반면 위기에의 적절한 대응은 위기를 모면할 수 있게 할 뿐만 아니라 브랜드 이미지를 강화하는 데에도 도움을 준다.

PR 전문가들은 언제 발생할지 모르는 브랜드 이미지 손상의 상황을 다루는데 익숙하며 몇몇 전문가들은 위기를 하나의 기회로 전환하는 능력까지 갖추고 있다. 모든 위기의 문제점은 그 위기가 언제 정확히 구체화될지 모른다는 데 있다. 다행히도 많은

31) 미국의 아동, 엔터테인먼트, 게임 및 퍼즐 관련 용품 생산 업체

기업들이 위기 관리 지침서와 대응 절차들을 개발하여 모든 가능한 위기 상황을 예측하고 이에 대응하는 방안에 대해 고심하고 있다. 그러나 몇몇 빅 브랜드들이 위기 상황의 시나리오를 기획하고 있다 해도 그것은 어디까지나 가상의 상황일 뿐이며 실제로 위기가 발생했을 때와는 현실적으로 많은 차이가 날 수밖에 없다. 아무리 완벽하게 대비를 한다 할지라도 예측하지 못한 사고의 가능성은 언제나 존재하기 마련이다.

안타깝게도 위기 관리에는 어떠한 정해진 법칙도 없다. 그러나 몇몇 기업의 불운한 사례들을 통해 무엇이 잘 될 수 있고 무엇이 잘못될 수 있는지 그리고 무엇은 해야 하고 무엇은 피해야 하는지에 대한 중요한 정보를 얻을 수는 있다.

속도 요인

위기 관리에 있어 그 위기에 대응하는 속도 및 유형은 브랜드 이미지를 유지하는 데 중요하다. 때로는 현장에서 실시간으로 전해지는 뉴스들 덕분에 대중이 기업보다 그 기업의 문제점이나 위기 상황에 대해 더 많은 것을 알고 있는 경우도 있다. 이러한 상황에서 기업은 정보 부족 현상을 겪게 되는 가운데 수많은 어려운 질문들이 기업에게 계속해서 쏟아진다. 브랜드 관리자는 가능한 한 빨리 발생된 상황을 인정하는 내용의 성명을 매체에 전달해야 한다. 또한 많은 세부 사항들을 다 파악하고 있을 수는 없지만 파악된 정보들은 최대한 언급해야 한다. 이 작업에 실패할 경우 브랜드 이미지는 큰 손상을 입을 수 있다.

타조 신드롬: 부정

위기 관리에 있어 한 가지 중요한 이슈는 그 위기를 부정할 것인가 인정할 것인가의 문제이다. 많은 기업들은 상황에 대한 적절한 답변을 준비할 때까지, 혹은 어쩔 수 없이 상황을 인정해야 하는 최악의 상황이 오기 전까지는 사실을 부정하는 쪽을 택한다. 그러나 이러한 대응은 여태까지 쌓아 온 브랜드의 이미지를 한 순간에 무너뜨릴 수 있는 가장 확실한 방법이다. 일반적으로 가장 바람직한 방법은 아무리 중요하지 않은 사안이라 할지라도 위기 상황이 발생했다는 사실 자체는 부정하지 말아야 한다는 것이다. 항상 명심해야 할 것은 우리가 사람들의 인식을 다루고 있다는 사실이며, 이러한 사람들의 인식은 매우 깨지기 쉽고 주변의 영향을 쉽게 받으며 또 한 번 굳어지면 변화시키기 힘들다는 것이다. 만약 소비자들이 한 브랜드에 대해 위기가 존재하고 그 위기가 중요하다고 생각한다면, 위기는 실제로 존재하며 그 위기는 중요한 것임을 PR 전문가들은 알아야 한다. 특히 그들이 매체와 관련된 사람들이라면 더욱더 그렇다. 사람의 인식은 사실일 수도 있고 허구일 수도 있다. 그러나 어쨌든 모든 인식은 사람들의 마음 속에 자리잡고 있는 것이다. 이러한 인식을 가지고 있는 사람들에게 지속적으로 축적되어 브랜드 이미지를 형성하는 인식은 곧 사실과도 같다.

신뢰의 유지

세계적인 파워 브랜드들은 고객의 신뢰를 바탕으로 성장하며 이러한 신뢰는 브랜드 충성도를 창출해 낸다. 위기의 어떠한 부분에서던 신뢰의 유지는 브랜드 충성도를 지속시키는 데 있어 매우 중요하다. 우선 안심부터 시키는 것은 PR 대응의 필수적인 부분이며 빠른 시일 내에 신뢰를 다시 얻어 내지 못하면 브랜드 이미지는 급속도로 추락한다. 클린턴 대통령이 임기를 마친 직후 모건 스탠리(Morgan Stanley)는 그가 대통령이 아닌 신분에서 하는 최초의 연설을 위해 그를 10만 달러에 고용하였다. 고객들은 분노를 표출하며 사업을 다른 기업으로 옮기겠다고 협박하였다. 모건 스탠리의 회장 필립 퍼셀(Philip Purcell)은 고객들에게 이메일을 보내 그의 말은 명백한 실수였다는 것을 인정하였다. "우리는 분명 실수를 저질렀습니다. 클린턴 대통령의 대통령으로서의 사적인 행동에 대한 우리 고객들의 격한 감정을 좀더 고려했어야 했습니다. 클린턴에게 연설을 제안하기에 앞서 한 번 더 생각해 보았어야 했습니다. 이러한 우리의 실수는 클린턴이 백악관을 떠나게 된 경위를 떠올려 보았을 때 특히 더 부적절한 것이었습니다"라고 그는 언급하였다. 모건 스탠리는 결코 그 이슈를 회피하지 않았다. 그리고 회장의 신속한 사과를 통해 곧 브랜드 신뢰를 회복할 수 있었다.

싱가포르 항공(Singapole Airlines)의 사례(사례 연구 21)는 위기 관리에 있어서 한 기업이 어떻게 함정들을 피해 갈 수 있는지 그리고 대중의 신뢰를 유지할 수 있는지에 대해 보여 준다. 그러나 이 사례 이전에 브랜드 이미지 손상을 막기 위해 진행된 빠른 PR 대응 사례와 느린 PR 대응 사례를 먼저 살펴보기로 하자.

사례 연구 19

헬로 키티(Hello Kitty) 이미지 손상 최소화하기 – 빠른 대응

산리오(Sanrio)의 헬로 키티는 다양한 연령층에게 소구하며 엄청난 성공을 거두었다. 입이 없는 이 작은 고양이는 이미 대대적인 브랜드 확장을 경험하였으나 헬로 키티 브랜드 관리자들은 여전히 자사 브랜드의 부적절한 대외 노출 가능성에 촉각을 곤두세우고 있다. 2000년 말 산리오는 고문을 당해 죽게 되는 한 여인의 이야기를 다룬 두 편의 영화가 홍콩에서 제작될 예정이라는 정보를 입수하였다. 문제는 고문의 가해자가 시체를 토막 내어 토막 난 부분들을 요리해서 헬로 키티 인형의 머리 속에 채워 넣는다는 것이었다. 홍콩 산리오의 고위 유통 관리자 소지 니오이(Mr. Soji Nyoi)는 그 두 영화 모두가 산리오의 기업 윤리와 맞지 않는다고 주장하였다. 산리오의 기업 윤리는 '사랑과 우정 그리고 행복을 담은 사회적 커뮤니케이션' 이었기 때문이다. 산리오는 이에 대해 우려한 나머지 "우리는 그 영화의 제작을 지원하지 않을 뿐더러 영화 내에서의 산리오의 캐릭터 사용 역시 허용하지 않습니다"라는 공식적인 발표까지 하였다. 산리오는 그런 비극적인 사건이 오락적으로 이용되면서 헬로 키티의 브랜드 이미지에 손상이 갈 것을 염려했던 것이다.

사례 연구 20

맥도날드(McDonald's) 이미지 손상 최소화하기 – 느린 대응

헬로 키티는 다른 브랜드에게 의도하지 않게 문제를 일으킨 적이 있다. 2000년 싱가포르에서 맥도날드가 판매 캠페인을 위해 헬로 키티와 공동 브랜딩을 한 것이 실패로 돌아갔던 것이었다. 사람들은 햄버거를 사면 끼워 주는 헬로 키티 캐릭터를 얻기 위해 몇 블록씩 줄을 서는 것도 마다하지 않았다. 이 조그마한 고양이 인형으로 인해 곧 섬나라 싱가포르의 길거리는 아수라장이 되었다. 줄 서는 차례를 놓고 사람들 사이에 싸움이 일어났고 이로 인해 여러 사람들이 체포되는 사태가 벌어졌다. 또한 맥도날드 매장에 들어가 수십 개의 햄버거를 산 후(한 번에 150개의 햄버거를 산 사람도 있었다!), 햄버거들은 곧바로 쓰레기통에 던져버리고 헬로 키티 인형들만을 챙겨 돌아가는 일까지 있었다. 일부 매장에서는 인형의 공급량 부족으로 고객들 사이에 신경전이 일어나기도 했다. 의도와는 전혀 다른 방향으로 진행된 판매 캠페인 때문에 맥도날드의 이미지는 손상을 입었으며 이로 인해 관리 위기까지 맞게 되었다. 그러나 맥도날드는 이에 적절히 대응하지 못했다. 브랜드 관리에 있어서 이러한 위기를 예측하기 힘든 것은 사실이지만 고객들의 물리적인 문제들과 매체를 통한 대응은 좀더 효과적으로 관리될 수도 있었다. 다행히 이 패스트푸드 업계 1인자의 브랜드 이미지 손상은 일시적인 현상으로 판명되었다. 2001년 맥도날드는 스누피(Snoopy) 캐릭터와 새롭게 공동 브랜딩을 시작하였다. 스누피는 위험 부담도 적을 뿐 아니라 맥도날드 브랜드에도 더 적합한 캐릭터로 보인다.

여기서 또 하나 짚고 넘어가야 할 것은 유통 채널의 문제이다. 맥도날드는 자사 브랜드를 프랜차이징한다. 이러한 브랜드 운영 방식의 경우 브랜드 본사가 원하는 대로 그 브랜드가 표현되지 않을 수도 있다. 이로써 브랜드 관리 및 PR 부서의 직원들은 브랜드를 실행하는 가맹점이 본사의 완전한 통제 하에 있지 않은 경우에도 브랜드의 일관성을 유지해야 한다는 또 하나의 과제를 안게 된다. 이것이 바로 구찌(Gucci) 등 많은 일류 브랜드들이 상당한 비용을 들여서라도 그들의 브랜드 가맹점들을 재매입하여 브랜드 경험을 총체적으로 관리하려고 하는 이유이다.

사례 연구 21

싱가포르 항공(Singapore Airlines) 갑작스런 재난 – PR의 활약

2000년 10월 31일, 세계에서 가장 유명한 항공사이자 브랜드 중 하나인 싱가포르 항공의 비행기가 대만에 추락하였다. 그 항공사의 알파–뉴메릭스 SQ 006 (Alpha-numerics SQ 006)은 전세계의 언론 매체에 대대적으로 보도되며 대중들의 근심과 걱정을 자아냈다. 대중들의 충격과 공포는 이루 말할 수 없었다. 이 사례는 한 브랜드가 얼마나 여론 및 세계 언론의 집중 조명을 받을 수 있는지 그리고 그런 상황에서의 PR 업무가 얼마나 힘든지를 잘 보여 주고 있다. 또한 예상치 못한 재난과 브랜드의 품위를 시험하는 여러 요인들이 발생할 때마다 변화하는 고객들의 느낌과 감성에 잘 대처하여야 함을 일류 브랜드가 되고자 하는 모든 기업들에게 지적해 주고 있다.

당시의 상황

뿌연 안개와 궂은 날씨 속의 대만 치앙 카이섹(Chiang Kai Shek) 공항. 시계(視界)는 낮았고 바람은 거셌다. 국제 법규에 의하면 모든 항공기는 조종사의 판단을 거쳐 공항의 안내에 따라 이륙을 하게 되어 있다. 비행기는 왼편에 있는 활주로로 이동한다. 활주로의 이륙 조명이 비행기의 좌측 앞쪽에 켜지면 비행기는 좌측으로 이동한다. 활주로에는 어떠한 장애물도 없다. 조종사가 보기에 전혀 이상할 것이 없는 활주로이다. 일부 조명은 켜져 있고 일부 조명은 꺼져 있다. 평소 궂은 날씨 속에서 비행기가 이륙하던 상황과 크게 다르지 않다. 조종사는 공항 관제사로부터 이륙 승인을 요청한다. 요청은 수락된다. 사실 항공 관제사들은 나쁜 기후 조건 때문에 활주로를 잘 볼 수가 없다. 비행기는 속도를 높인다. 그 때 활주로 위에서 무언가 보이지 않는 물체와 충돌한다. 이 물체는 건설 장비였던 것으로 후에 밝혀졌다. 이후 비행기는 정상 활주로를 벗어나 당시 공사중이던 활주로로 미끄러진다. 이 사고는 총 83명의 목숨을 앗아갔다.

이러한 상황을 예상하고 있던 사람은 아무도 없었다. 싱가포르 항공은 당시 이 사고에 대해 까맣게 모르고 있었다. 이는 공항을 자주 들락거리는 대만의 기자들이 사고 발생 지역의 불타는 잔해들과 사상자들의 모습을 영상에 담아 보도하면서 세상에 알려졌다. 싱가포르 항공은 세계 언론들이 이 사건의 소식을 전하는 것을 보고 나서야 그것이 자사의 비행기임을 알았다고 한다.

싱가포르 항공의 위기 관리 대응

전세계의 신뢰와 신용을 한 몸에 받고 있던 항공사에게 이 사건은 너무나도 큰 충격이었다. 싱가포르 항공은 세계적으로 선망의 대상이 되는 주요 항공사로서 비상시 언제든지 액션을 취할 수 있는 위기 관리 센터를 갖추고 있으며 PR 직원들은 하루 24시간 2교대로 항시 대기하고 있다. 이 사고 직후 이들은 각종 매체에서 쏟아지는 긴급 질문들에 대해 실시간으로 대응하면서, 회사는 이 사고의 발생을 파악하고 있으며 현재 더욱더 자세한 부분에 대해 조사중이라고 발표하였다. 또한 회사가 확보하고 있는 정보를 공개하는 동시에 확보하고 있지 못한 정보에 대해서는 도움을 청하였다.

위기 관리 팀과 PR 직원들은 기회가 될 때마다 사고 관련 보도 자료들을 업데이트할 것을 '약속' 하였다. 이것은 비단 회사의 약속만이 아니었다. 브랜드 자체를 내건 약속이었다. 싱가포르 항공은 매체 관련자들에게 회사가 그들의 중요성을 충분히 인식하고 있다는 것을 확신시켰다. PR팀은 전세계 각국에서 끊임없이 걸려오는 전화를 통해 기업이 확보하고 있는 정보를 공개하였으며, 새로운 정보가 입수될 때마다 이들을 빠짐없이 공개할 것을 약속하였다.

싱가포르 항공의 홈페이지는 즉시 '위기 사이트' 로 전환하였으며, 홈페이지 상의 모든 기업 정보들은 사고 관련 정보들로 대체되었다.

홈페이지를 방문하는 사람들이라면 누구나 실시간으로 보도되는 매체 자료들을 공유할 수 있게 하기 위해서였다. 그리고 이밖에 다른 모든 커뮤니케이션 채널들도 이와 동일한 방식으로 운영되기 시작하였다. 이는 매우 바람직한 위기 관리 전략이었다. 또 하나의 전략은 공식적인 발언을 한 사람이 모두 담당하도록 한 것이었다. 이로써 기업은 단일한 하나의 목소리를 낼 수 있었으며 실수를 범하지 않을 수 있었다. 모든 매체의 보도 자료를 접수하고 CEO와 지속적으로 커뮤니케이션하는 이 사람은 기업의 입장에서 본 최신 정보는 물론 어떠한 정보가 발견되었고, 이 정보가 누구에게 영향을 미쳤으며, 이러한 역동적인 이슈들을 다루는 데 어떠한 계획이 있었는지에 대한 정직한 정보들을 발표하였다. 모든 매체 상에 발표된 것들을 기록하고, 분석하고, 대중에게 공개함으로써 브랜드 약속을 지키려 했던 것이다.

임직원과 투자자를 비롯한 모든 주주들은 사고와 관련된 최신 자료들을 실시간으로 받아볼 수 있었으며 시장 애널리스트들도 사내 인트라넷을 통해 이 모든 정보를 공유하였다. 싱가포르 항공의 PR 접근은 거의 완벽에 가깝게 투명했다.

대중 다루기

한 브랜드가 위기에 처했을 때 사람들의 믿음과 신뢰를 유지할 수 있는 기회는 단 한 번뿐이다. 싱가포르 항공은 이 기회를 놓치지 않았다. 사고 소식이 알려지자마자 싱가포르 항공의 CEO는 공식 석상을 통해 사고의 발생을 솔직히 인정하였으며 이번 사고가 자사의 비행기와 연관된 만큼 기업에게 모든 책임이 있다고 발표하였다. 이것은 어느 누구도 사고의 원인을 알지 못했던 상황에서 이루어진, 용감하고도 사려 깊은 결정이었다. 이러한 CEO의 결정으로 싱가포르 항공은 국제 사회의 존경과 신뢰를 되찾을 수 있었다. 또한 싱가포르 항공은 이러한 상황에서 사고와 관련된 사람들은 동정이 아닌 공감을 필요로 한다는 사실을 알고 있었다. 사고로 숨진 승객들과 승무원들을 위해 100일에 걸친 추모 이벤트를 열었던 것은 이를 실천하기 위한 노력이었다. 이 기간 중에 싱가포르 항공 측은 자사와 관련된 어떠한 광고도 하지 않았으며 기업에서 사용되는 용지 윗부분에 인쇄되어 있던 '그 어느 때보다도 바로 지금, 최고의 항공사' 라는 슬로건도 삭제하였다.

한 마디로 싱가포르 항공의 PR 대응은 매우 뛰어났다. 브랜드가 위기에 처했을 때 PR이 '공공 책임' 이라는 단어와 동일한 의미로 사용될 수 있다는 것을 보여 주었던 것이다.

위기가 닥치게 되면, 국가나 기업의 차원에서 PR의 기회가 발생한다. 전화위복(轉禍爲福)이라는 말이 있듯이 기업의 위기는 오히려 브랜드의 강점을 개선시킬 수 있는 기회가 되기도 한다.

인터넷

인터넷은 이제 브랜드 관리와 시장 커뮤니케이션에 없어서는 안 될 중요한 요소가 되었다[32]. 그러나 홈페이지나 기타 커뮤니케이션을 관리하는데 있어 외부의 도움이 필요한 경우가 종종 발생한다. 최근에는 통합적이고 일관적인 커뮤니케이션을 위해 기업의 다양한 활동을 하나의 에이전시가 모두 지원하는 경우가 많다.

32) 자세한 내용은 7장의 e-브랜드 관리 부분 참고할 것

통합 브랜드 커뮤니케이션

과거에는 다양한 채널을 통해 브랜드 커뮤니케이션을 실행하려면 브랜드 관리자들이 각기 다른 에이전시들과 접촉해야 했다. 그러나 최근 이러한 비효율적이고 비일관적인 접근은 브랜드를 일관적인 방식으로 나타낼 수 있는 통합 커뮤니케이션이라는 새로운 개념으로 대체되고 있다. 저자가 만나본 브랜드 관리자들은 모두 이러한 경향에 대해 긍정적인 반응을 보였다. 강력한 브랜드는 일관성의 유지를 통해 구축되는 것이기 때문이다.

새로운 글로벌 마케팅과 매체의 현실

마케팅 및 브랜드 커뮤니케이션 산업은 지난 3년여 동안 실로 중대한 변화를 경험하였다. 이러한 변화는 브랜드를 실제로 구축하는 브랜드 관리자들과 고객들에 의해 주도된 것이었다. 첫 번째로 과거에 비해 경쟁사의 숫자와 매체를 접할 기회가 현저하게 증가하였다. 예를 들어 미국에만 해도 현재 수백여 개의 케이블 채널 및 위성 방송들이 있다. 두 번째로 이제는 광고가 아닌 프로모션에 훨씬 더 많은 비용이 지출되고 있다. 대중 매체는 점점 그 영향력을 잃어가고 있으며 그만큼 인기도 하락하고 있다. 브랜드 관리자들은 다수 맞춤화의 시대에서는 대중 매체를 통한 접근이 이전만큼 효과적이지 않다는 사실을 실감하고 있다. 세 번째로 소비자들은 갈수록 더 영리해지고 까다로워지고 있으며 그들에게 영향을 미치려는 기존의 매체에 대해 비판적이 되어 가고 있다.

이러한 글로벌 매체와 마케팅 현실에 대응하여 기존의 에이전시들은 브랜드와 소비자들에게 더 많은 선택권과 관련성을 제공할 수 있는 커뮤니케이션 솔루션을 구축하려 하고 있다. 브랜드 커뮤니케이션에 있어서의 가장 최근의 발전은, 다양한 커뮤니케이션 플랫폼을 한데 모음으로써 목표 청중들에게 더욱더 강력한 영향력을 행사하고 또한 브랜드 아이덴티티를 투영하는 데 힘을 실어 주게 된 것이다. 많은 에이전시들이 기존의 분리되어 있던 사업 분야 및 부문을 통합함으로써 클라이언트에게 보다 개선되고 비용 효율적인 '패키지'를 제공하기 위해 노력하고 있다.

인터렉티브 광고

광고의 주된 매체는 여전히 TV와 인쇄물이지만 인터넷과 디지털 TV의 급격한 성장에 따라 기업은 표적 고객만을 겨냥한 광고나 일 대 일 광고를 할 수 있는 기회가 증가하게 되었다. 유니레버(Unilever)와 같은 강력한 브랜드 기업은 인터렉티브 전략, 즉 마이크로소프트(Microsoft)나 AOL[33]과 같은 테크놀러지 기업들과의 제휴를 통해 혁신적인 브랜드 사이트들로 링크시켜 주는 배너 광고를 활용하는 광고 전략을 개발중에 있다.

브랜드 웹사이트의 효익 가운데 흥미로운 점이 있다면 기업들이 소비자들에 대해 더 많이 배울 수 있다는 것이다. 유니레버의 멘타덴트(Mentadent) 사이트에서 인터넷 캠페인이 진행된 후 12만 5천 명의 소비자들이 치약 샘플을 신청하였으며 이들 중 2/3 이상이 추후 유니레버와의 접촉을 허락하였다. 이러한 과정을 통해 얻어진 정보는 유니레버가 소비자들의 니즈와 욕구에 맞추어

33) 미국 AOL 타임워너(AOL Time Warner)의 한 사업 부문으로, 전세계에 걸쳐 웹 브랜드, 전자상거래 등의 분야를 선도하고 있음

멘타덴트 브랜드를 개발하는 데 많은 도움을 주었다. 유니레버는 뉴욕, 암스테르담, 싱가포르 이 세 곳에 인터렉티브 브랜드 센터(Interactive Brand Centre)를 세워 기업의 시장 학습을 도모하는 동시에 고객들에게 더 많은 선택권을 제공하고 있다.

브랜드 커뮤니케이션 카피 분석

이 장을 마감하기에 앞서 저자는 브랜드 커뮤니케이션의 요소들 가운데 중요한 한 가지를 언급하고자 한다. 바로 브랜드 커뮤니케이션에 사용되는 카피 문구이다. 브랜드 관리자에게 있어서 브랜드에 적합한 카피와 그렇지 않은 카피를 구별해 내는 것은 분명 쉽지 않은 일이다. 그러나 나는 기업의 브랜드 커뮤니케이션 카피 문구가 브랜드의 퍼스낼리티에 맞지 않는 경우들을 너무나도 많이 보아왔다. 브랜드의 카피 문구는 마치 한 사람이 다른 사람에게 이야기하듯 자연스럽게 브랜드를 청중들에게 전달할 수 있어야 한다. 사례 연구 22는 브랜드 커뮤니케이션 카피와 브랜드에 적합한 카피 어조의 선택에 있어서 얼마나 세심한 분석이 이루어져야 하는지를 보여 준다.

사례 연구 22

말레이시아 항공(Malaysia Airlines) 브랜드 퍼스낼리티를 나타내는 광고 카피 분석

말레이시아 항공은 기내 서비스와 관련하여 몇 차례 수상을 한 적이 있는데 이 사실이 광고 카피에 종종 언급되곤 하였다. 저자는 말레이시아 항공의 광고 카피를 분석해 달라는 요청을 받았다. 광고의 카피와 이에 대한 저자의 분석과 제안은 다음과 같다.

광고 카피

3년 연속 아시아에서 가장 훌륭한 비즈니스 항공사로 뽑혔다면 어떻게 하시겠습니까? 더 좋게 만들어야죠.

우리의 고급 항공기인 B747-400 시리즈와 '수퍼 레인저' B-777 시리즈는 세계 최초로 다음의 두 가지 서비스를 기내에 도입하였습니다. 첫 번째는 노트북 컴퓨터 프린터와 팩스를 갖춘 비즈니스 센터이고 두 번째는 기내에서도 지상 소매점의 제품을 구매할 수 있는 서비스입니다.

항공 업계에서 최고 영예의 상을 받은 것은 최고 수준의 서비스를 제공한다는 것을 의미합니다.

예약 및 기타 궁금한 사항에 대해서는 가까운 여행사나 말레이시아 항공에 문의하십시오.

분석과 제안

총평

전반적으로 이 광고는 거만하고 멸시하는 듯하며 자축의 분위기를 풍긴다. 독자들을 끌어당기는 요소도 전혀 없을 뿐 아니라 고객들이 왜 이 상에 관심을 가져야 하는지에 대해서도 설명하고 있지 않다. 이 광고에서는 따뜻함이나 친근함이 보이지 않는다. 어조 면에서 역시 이 항공사는 고객들로부터 멀리 떨어져 있으며 마치 고객 위에 군림하려는 듯 하다.

게다가 다소 당혹스럽기까지 한 주장을 펼치는 문구까지 등장한다. 예를 들어 '우리는 이미 1위의 항공사이지만 더 나아지겠습니다', '우리는 탁월한 사업 설비를 갖춘 최신식 항공기들을 보유하고 있습니다', '상을 수상한 것은 더 나은 서비스를 제공하겠다는 결심입니다', '기타 궁금한 사항에 대해서는 가까운 여행사나 저희에게 문의하십시오' 등이 그러하다.

이 광고의 헤드라인이 독자들로 하여금 본문으로까지 눈을 돌리지 않게 해 주는 것은 그나마 불행 중 다행이다. 솔직히 말해 결론 문장은 고객들을 모욕하는 수준이기 때문이다.

구체적 논평

- **헤드라인:** 여기서 제시된 특징들은 다음과 같다: 단언적인, 무관심한, 세련된 척 하는 등.
- **1문단:** 여기서 제시된 브랜드 퍼스낼리티의 특징들은 다음과 같다: 효율적인, 인위적인, 체계적인 등. '기내에서도 지상의 소매점 제품을 구매할 수 있는 서비스'가 고객들에게 구체적으로 어떠한 이득을 줄 수 있을 것인지에 대한 설명이 없다.
- **2문단:** 이렇게 단언적인 진술은 엄청난 논리의 비약을 통해서만이 가능하다.
- **3문단:** 역시나 뻔한 내용이다.

이 광고에서 커뮤니케이션되고 있는 브랜드 퍼스낼리티 특성들을 요약해 보면 다음과 같다.

- 단언적인
- 무관심한
- 세련된 척 하는
- 효율적인
- 인위적인

• 체계적인

한 마디로 멸시하는 듯하고 거만한 퍼스낼리티이다.

다음은 이 브랜드의 퍼스낼리티를 다르게 인식시키기 위해 내가 제안하는 카피의 수정안이다.

와우!
사람들이 말하길 당신이 우리를 넘버 원이라고 했다더군요.

말레이시아 항공이 3년 연속 아시아 최고의 비즈니스 항공사로 선정되었다고 비즈니스 트레블 월드지가 발표했을 때, 우리는 우리가 그럴 만한 자격이 있는지에 대해 곰곰이 생각해 보았습니다.

그렇습니다. 우리는 세계에서 가장 세련된 항공사의 비즈니스 클래스에 걸맞는 시설, 공간 그리고 서비스를 갖추고 있습니다. 그러나 '3년 연속으로' 아시아 최고의 비즈니스 항공사로 선정된 이유는 무엇이었을까요? 곧 우리는 단순하고도 만족스러운 해답을 얻을 수 있었습니다.

이는 모두 여러분 덕분입니다. 여러분이 우리 직원들을 대하는 방식 덕분입니다. 말레이시아 국민들은 솔직하고 친절하며 진심으로 타인을 배려합니다. 여러분은 우리의 타고난 장점들이 그대로 실현될 수 있도록 해 줍니다. 물론 우리는 강도 높은 교육을 시행하고 있습니다. 그러나 퍼스낼리티의 내면적 매력은 훈련되거나 체계화되어지는 것이 아닙니다. 중요한 것은 사람 자체인 것입니다.

참 신기하지 않습니까? 우리가 아시아 최고의 비즈니스 항공사로 꼽히고 있는 가장 큰 이유가 정작 비즈니스 클래스 자체라기보다는 우리 항공사를 이용하는 모든 분들 덕분이라는 사실이 말입니다. 친애하는 여러분들께 진심으로 경의를 표합니다.

이 수정된 카피의 핵심은 바로 수상의 영광을 '고객들에게' 돌리고 있다는 점이다. 그것도 무척이나 겸손한 어조로 비즈니스 클래스 여행자들뿐만이 아닌 자사의 항공사를 이용하는 '모든' 고객들을 배려하면서 말이다.

좀더 구체적으로 말하자면:

- **헤드라인:** '와우!' 는 오만하다는 인상을 불식시킴과 동시에 고객들의 경계심을 무너뜨린다. '와우!' 는 이 항공사의 퍼스낼리티와 맥을 같이 하는, 일종의 행복의 표현이라고 볼 수 있다. 또한 말레이시아 항공의 3년 연속 수상이 '놀라운' 사실이라는 인상을 주면서 독자들의 호기심을 증폭시키는 역할을 한다. 이와 같은 놀라움의 표시는 성취감의 가치를 한층 더 부각시킨다.
- **하위 헤드라인:** '당신이' 라는 표현은 즉각적으로 독자들을 광고 안으로 끌어들인다. 이 단 한 줄의 문구로 말레이시아 항공사는 오만하다는 인상 없이 리더쉽을 드러낼 수 있었다. 또한 상을 주는 주체를 제 3자, 즉 '사람들' 의 소임으로 돌리고 있다. 이 하위 헤드라인은 고객들의 호기심을 불러일으키면서 고객들을 광고의 다음 부분으로 자연스럽게 이끌고 있다. 한층 부드러워진 어조 역시 보다 긍정적인 퍼스낼리티를 유도한다.

수정된 광고에 나타난 브랜드 퍼스낼리티 특성들은 다음과 같다.

- **1문단:** 자연스러운, 겸손한, 다가가기 쉬운, 관심을 보여 주는, 타인을 배려하는.
- **2문단:** 솔직한, 자연스러운, 겸손한, 다가가기 쉬운.
- **3문단:** 도움이 되는, 다가가기 쉬운, 솔직한, 자연스러운, 겸손한, 관심을 보여 주는,타인을 배려하는.
- **4문단:** 도움이 되는, 다가가기 쉬운, 솔직한, 자연스러운, 겸손한, 관심을 보여 주는, 타인을 배려하는.

정리

수정된 광고 텍스트는 한층 부드러워진 어조에도 불구하고 여전히 '승리' 라는 중요한 요소는 잊지 않고 있다. 또한 수상 사실에 대한 언급을 통해 현대적 항공사, 세련됨, 최고 수준의 서비스 제공 등의 내용을 커뮤니케이션하고 있다. 이를 통해 우리는 비즈니스 클래스 여행자뿐만이 아닌 모든 고객들에게 훨씬 더 중요하고 차별화되는 퍼스낼리티의 장점을 전달할 수가 있다.

수정 전 카피	제안된 카피
단언적인	겸손한
무관심한	관심을 보여 주는
세련된 척 하는	다가가기 쉬운
효율적인	타인을 배려하는
인위적인	솔직한
체계적인	자연스러운
거만한	행복한

제안된 카피에서는 여전히 항공사의 장점만을 이야기하고는 있지만 그 방식에 있어서 고객들을 멀리하기보다는 고객들에게 가까이 다가가려고 노력하고 있다.

소비자들에게 보여지는 모든 광고 카피에 대해 위의 사례 연구에서 실행한 것과 유사한 분석을 해 보기를 권유한다.

브랜드 관리 실습

다음은 8장에서 다루어질 광고 사례이다. 이 사례를 분석하면서 당신의 능력을 테스트해 보기 바란다.

두 페이지 크기의 광고
왼쪽 페이지: 한 전화 교환원이 다음과 같은 말을 하고 있다. "안녕하십니까? 메르세데스-벤츠-지프-닷지스마트-프라이트라이너스털링세트라입니다. 무엇을 도와드릴까요?"

그리고 헤드라인이 제시되었다: 그냥 다임러크라이슬러(DimerChrysler)라고 불러주십시오.

그 뒤에는 다음과 같은 내용이 이어졌다.

> 우리는 우리의 브랜드들을 더 이상 소개할 필요가 없다고 생각합니다. 우리 브랜드들은 모두 성공적인 성과를 통해서 오늘날에 이르렀으며 그들의 브랜드 네임은 전세계에 잘 알려져 있습니다. 물론 이 브랜드들이 하나의 지붕 아래 존재한다는 사실은 우리가 언제나 활용할 수 있는 풍부한 경험과 혁신적인 아이디어를 가지고 있다는 것을 의미합니다. 그리고 이는 미래에도 우리가 지속적으로 경쟁에서 앞서 갈 수 있도록 해 줄 것입니다. 더 자세한 내용에 대해서는 www.daimlerchrysler.com을 참고하십시오.

마지막으로는 다임러크라이슬러의 기업 네임과 함께 '한 발 앞선 답을 드립니다' 이라는 슬로건이 덧붙여졌다.

감성적 브랜드 커뮤니케이션: 단순하면서도 감성이 풍부한 광고의 예: 메르세데스 벤츠(Mercedes-Benz)

최고의 광고들 중에는 몇 마디 말 없이 그림과 카피만으로도 감성이 가득 느껴지는 광고가 있다. 다음이 그 훌륭한 예이다.

제품의 특성들이 명확하게 드러나 있으며 이것이 인간 욕망의 한 요소로서 표현되어 있다.

'새로운 C클래스 스포츠 쿠페(C-Class Sports Coupe), 당신의 마음이 느끼는대로'

카피는 다음과 같다.

> 꿈을 꾼다는 것은 얼마나 멋진 일입니까? 빠르게 지나가는 젊음을 붙잡는 꿈. 두근거리는 가슴과 끝없는 열정. 안절부절 못하는 흥분. 모든 코너와 커브를 즐길 수 있도록 낮춰진 스포츠 현가 장치로 만끽하는 드라이빙의 즐거움. 초강력 압축 엔진의 뛰어난 성능. 유혹에 빠져드는 꿈.

이 광고는 어떻게 한 브랜드가 고객들과 감성적 연결고리를 형성하면서 경쟁적 우위라는 이성적인 영역으로 자연스럽게 스며들어 가는지를 보여 주는 완벽한 사례이다. 비주얼과 카피 모두 훌륭하다.

7

인터넷 브랜드 관리와 고객 관계 관리

테크놀러지는 어디에나 있으며 브랜드 관리 역시 그 예외는 아니다. 테크놀러지는 다음의 두 가지 형태로 브랜드 관리에 영향을 주었다.

- 인터넷의 사용
- CRM(고객 관계 관리)의 사용

본 장에서는 브랜드 개발 및 관리에 있어 중요한 역할을 하고 있는 이 두 가지에 대해 자세히 살펴보고자 한다.

인터넷 브랜드 관리

우리는 닷컴 신화의 소멸을 목격한 바 있다. 과대 선전이 아닌 수익을 창출해야 한다는 현실은 많은 사람들에게 뼈아픈 교훈을 남겼다. 순수 온라인 브랜드들은 전략에 있어서 그다지 노련하지 못했을 뿐만 아니라 강력하고 전통 있는 오프라인 브랜드들의 온라인 확장 활동 때문에 어려움을 겪었다. 강력한 오프라인 브랜드들이 인터넷 사업을 할 경우 가장 큰 이점은 고객들이 이미 이 브랜드에 대해 알고 있고 또 신뢰감을 가지고 있다는 것이다. 인지도와 신뢰도는 브랜드의 성공에 매우 중요하다. 또한 이 전통적인 브랜드들은 대부분 뛰어난 자금 능력까지 갖추고 있다.

미래를 예측하기란 어렵다. 그러나 인터넷이 앞으로 우리와 항상 함께 할 것이며 진화적인 방식으로 실질적인 발전을 계속해 나갈 것이라는 점만은 확실하다. 지식에 대한 지칠줄 모르는 욕구 그리고 늘 시간 부족 현상에 시달리는 현대 사회 속에서 편리함을 추구하려는 필사적인 노력에 따라 점점 더 많은 사람들이 인터넷을 사용할 것이기 때문이다. 이제 기업의 전략은 전통 사업과 인터넷 사업으로 분리되어 관리되어서는 안 된다는 것이 저자의 견해이다. 고객을 확보하고 유지하는 수단으로서 눈에 보이는 세계와 눈에 보이지 않는 세계에서 모두 사용할 수 있는 브랜드 전략을 개발하는 것이 필요하다. 온라인 브랜드가 오프라인을 이용하여 주문된 제품을 배송하고 사람들에게 브랜드 사이트를 홍보하는 것이나, 오프라인 브랜드가 온라인을 이용하여 브랜드를 홍보하고 전자상거래 활동을 하는 모습은 이제 매우 흔한 일이 되었다.

현재 전자상거래의 대부분은 B2C가 아닌 B2B를 기반으로 이루어진다. B2B 전자상거래의 급속한 성장은 전자상거래의 영역이 아직 소비자 브랜드들에 대해서는 제한적으로 이루어지고 있다는 사실에 기인한다. 예를 들어 사람들은 의류 제품을 구매할 때 직접 상점을 둘러보며 옷감의 촉감을 느껴 보고 또 직접 입어 보기를 원하는 경향이 있다. 물론 인터넷 사이트들도 이러한 활동을 가상으로 할 수 있도록 지원하고는 있지만 여전히 실제적인 브랜드 경험을 대체하기는 어렵다. 따라서 몇몇 카테고리 제품들은 계속해서 전통적인 소매점을 통해 판매될 것으로 예상된다. 반면 휴가, 금융 서비스, 오락, 교육 등은 앞으로 인터넷 사업으로 유망한 카테고리들이다. 소비자 마케팅에서 전자상거래가 제한적으로 이루어지고 있는 두 번째 이유는 일반 사람들이 아직도 인터넷 거래를 통해 자신의 개인 정보가 노출되는 데 두려움을 느끼고 있다는 사실이다. 사람들은 기본적으로 테크놀러지에 대한 불신을 가지고 있으며 더군다나 신용 카드 번호와 같은 정보를 제공한다는 것은 대부분의 인터넷 사용자들에게 여전히 부담스러운 일이다.

신뢰에 대한 이슈

신뢰는 아마 모든 온라인 브랜드들의 가장 큰 이슈일 것이다. 2000년 6월 8일 아시안 월스트리트 저널(*Asian Wall Street Jounal*)에 발표된 런던에서의 리오 버넷(Leo Burnett)의 조사 결과에 따르면 소비자들은 새로운 인터넷 기업 브랜드 네임들보다 전통적인 브랜드 네임을 더 신뢰하고 있는 것으로 나타났다. 이는 많은 닷컴 기업들이 높은 브랜드 인지도 획득을 위해 광고에 상당한 비용을 투자하고 있음에도 불구하고 신뢰를 얻는 측면에서는 뒤쳐지고 있음을 보여 주고 있다. 소비자들에게 브랜드를 인지시킨다 할지라도, 이 브랜드 인지도가 신뢰로 연결되지 않는다면 그 브랜드는 성공할 수 없다. 라스트미닛 닷컴(Lastminute.com)의 경우 영국 내에서 84%에 달하는 브랜드 인지도를 얻었음에도 불구하고 그 신뢰도는 17%에 머무는 것으로 조사되었다. 따라서 소비자의 신뢰도를 얻기가 상대적으로 쉬운 전통적인 브랜드 네임들에 비해 온라인 브랜드들은 브랜도 인지도와 신뢰도를 모두 얻기 위해 엄청난 노력이 필요하다. 강력한 브랜드란 곧 신뢰받는 브랜드이기 때문이다.

인터넷 브랜드 실패의 또 다른 주요 원인 역시 신뢰와 관련되어 있다. 바로 브랜드 약속을 지키지 못했을 경우이다. 소니는 플레이스테이션 2(Playstation 2)를 인터넷에 출시하면서 문제를 일으킨 적이 있다. 제품을 사이트에 출시한지 1분만에 10만여 명의 방문자들이 몰리면서 시스템 장애와 함께 많은 고객들의 불만을 야기시켰던 것이다. 이 사태는 다행스럽게도 소니의 오프라인에서의 높은 신뢰도 덕분에 잘 수습될 수 있었다. 그러나 이는 소니에게 귀중한 교훈을 남겼다.

미국에서는 규제 기관에서 실제로 온라인 금융 중개 회사를 고발한 적이 있다. 뉴욕 증권 거래소(NYSE)는 2001년 T.D. 워터하우스 투자 회사(T.D. Waterhouse Investor Services Inc.)에게 22만 5천 달러에 해당하는 벌금형을 부과하였다. 이는 지난 18개월 중 33일의 거래일 동안 하루에도 몇 번씩 온라인 거래를 제대로 수행하지 않은데 대한 책임을 물은 것이다. 2000년 발행된 공공 회계청 보고서(General Accounting Office Report)에서는 1999년 1월부터 9월까지 11개의 온라인 금융 중개 회사들에서 88번의 정전 사고를 기록했다고 밝혔다. 12번째 회사는 정전 사고가 너무 많아 일일이 기록할 수 없을 정도였다고 한다. 찰스 슈왑(Charles Schwab)[34]과 이 트레이드(E＊Trade Group)[35]와 같은 1, 2위 기업들도 사정은

34) 1971년에 설립된 금융 중개 회사로, 고객이 스스로의 판단에 의해 주식이나 채권 같은 금융 상품을 거래하도록 해 주는 저가형 금융 중개 서비스로 유명함

35) 1992년 설립된 최초의 온라인 전문 금융 중개 회사

비슷하다. 물론 고의로 일어난 사태는 아니었지만 이와 같이 브랜드 약속을 위반하는 것은 브랜드에 큰 손실을 가져온다.

웹에서의 브랜딩은 다르다

웹에서의 브랜딩은 통상적인 소비자 브랜딩과는 매우 다르다. 전통적인 제품 브랜딩에서는 이미지가 소비자들의 의사 결정에 중대한 역할을 한다. 일상 용품 카테고리와 관계가 적은 브랜드일수록 이미지는 소비자들의 구매 결정에 더 많은 영향을 준다. 심지어는 모든 제품의 용도와 효과가 일반화된 세제에 대해서도 브랜드의 이미지 창출에 엄청난 마케팅 노력과 투자를 쏟아부어야 한다. 패션 시계와 같은 명품 아이템으로 갈수록 이미지와 브랜드 자산은 곧 모든 것이 된다.

반면 온라인 브랜딩에서는 고객 경험이 더 중요하다. 물론 전통적인 브랜딩에서 고객 경험이 중요하지 않다는 것은 아니다. 그러나 온라인 브랜딩의 고객 경험은 전통적인 브랜딩에서 제공하는 전형적인 경험과는 차이가 있다. 전통적인 브랜딩에서는 제품 및 서비스의 물리적인 측면이 경험의 대부분을 차지한다. 감성적인 가치가 매우 높다는 명품 시계와 같은 경우에서조차 실제 구매 시에는 제품을 직접 만져 보고 느껴 보는 경험이 매우 중요한 것이다.

온라인 브랜딩에서의 경험은 이와 다르지만 그 중요성은 마찬가지이다. 전통적인 브랜딩에서와 마찬가지로 소비자와 브랜드의 상호 교류가 관건이다. 온라인 프로세스의 속성은 적극적인 참여이기 때문이다. 온라인 참여란 방문자들(잠재적인 고객들)이 어떠한 목적을 가지고 적극적으로 사이트를 검색하는 것을 의미한다. 그리고 이 방문자들에게 동기를 부여하기 위해서는 전통적인 매체와 온라인 매체 모두를 통해 온라인 브랜드 사이트에 대한 광고와 프로모션이 이루어져야 한다. 그러나 동기 부여와 상관 없이 브랜드 구축 노력의 바탕이 되는 참여의 질 역시 긍정적이어야 한다. 브랜드 제안을 기억하고 이것을 온라인 경험에 반영시키는 것이 중요하다.

전통적인 브랜딩에 적용되는 사실인 '고객 경험이 브랜드를 만든다'는 인터넷 브랜딩에도 동일하게 적용된다. 브랜드가 인터넷의 내부에 존재하느냐 외부에 존재하느냐의 문제는 중요하지 않다. 방문자들의 주된 관심은 자신이 만족을 얻었느냐 하는 것이다. 네비게이션 버튼은 방문자들을 다양한 정보의 세계로 이동시키며, 좀더 자세한 내용이 담긴 페이지들로 인도하거나, 전세계의 정보 공급자들의 소재지를 보여 주기도 하고, 피드백 코너, 실시간 포럼, 채팅룸을 통해 소비자들이 서로의 경험을 공유할 수 있게도 한다.

인터넷 상에서 시간을 절약하고 정보를 쉽게 다운 로드받을 수 있는 능력은 매우 중요하다. 즉 인터넷을 통한 경험의 가치는 상호 교류와 편리함의 성공 여부와 관련이 있다. 웹의 세계에서는 보는 것이 곧 얻는 것이다. 웹사이트가 더 많은 방문자들을 만족시킬수록 웹사이트의 가치는 그만큼 향상된다는 사실은 말할 필요도 없다. 방문자들의 만족이야말로 '효과적'이고 매력적인 웹사이트와 '쓸모없는' 웹사이트를 구분짓는 경계선이기 때문이다. 이것이 바로 브랜드 경험이다.

웹사이트 브랜드 영향력과 디자인: 몇 가지 질문들

온라인이던 오프라인이던 브랜드 제안의 중심은 여전히 고객의 경험이며 브랜드의 원칙 역시 마찬가지이다. 그러나 인터넷 사이트 브랜딩에서 특별히 고려해야 할 사항들이 몇 가지가 있다. 본 장에서는 이 부분을 다루기로 하자.

웹사이트가 정말로 필요한가?

웹사이트가 반드시 있어야 한다는 일종의 강박관념을 가지고 있는 기업들이 있다. 이러한 기업들은 설사 웹사이트를 만든다고 할지라도 사후 관리를 소홀히 하거나 혹은 제대로 활용하지 못하는 경우가 많다. 이는 브랜드에 오히려 손상을 가져올 수도 있다. 꼭 필요하지도 않은데 굳이 웹사이트를 개발하려는 기업들도 있다. 여기서 저자가 말하고자 하는 바는 웹사이트 구축에는 뚜렷한 목표가 있어야 하며 기업의 목표와도 관련되어 있어야 한다는 것이다. 단지 유행이기 때문에, 혹은 경쟁자들도 웹사이트가 있기 때문에 우리도 웹사이트를 만든다는 식의 생각은 바람직하지 않다. 자, 당신은 왜 웹사이트를 만들려고 하는가?

장기적인 목표가 무엇인가?

우선 기업과 기업의 제품 및 서비스를 인터넷 상에 올리는 것에 대한 구체적인 목표를 파악하는 것이 매우 중요하다. 이 목표에 따라 웹사이트의 디자인이 달라지기 때문이다. 이러한 목표들의 예는 다음과 같다.

- 가상의 사업을 구축하기 위함인가, 기존의 오프라인 사업을 지원하

기 위함인가?

- 고객들에게 특정한 기술 정보를 제공하기 위함인가?
- 매출을 늘리기 위함인가, 영업 인력을 감축하기 위함인가, 영업의 효율성을 증대시키기 위함인가?
- 고객들에게 제품의 구입이나 유통에 있어 대체 채널을 제공하기 위함인가?
- 고객 관계 관리(CRM) 프로그램을 구축하기 위함인가?
- 다른 세분시장의 고객들을 유인하기 위함인가?
- 글로벌 시장에 진입하기 위함인가?
- 브랜드 인지도 및 인식을 높이기 위함인가?

이와 같은 목표들은 모두 전략적인 목표가 될 수 있으며, 목표를 어떠한 것으로 하느냐에 따라 웹사이트의 종류가 결정되기 때문에 특정 목표를 정해서 이에 집중하는 것이 중요하다.

그 다음으로는 인터넷 상에서 브랜드 네임에 대한 인식을 얻어 내야 한다. 최근 인터넷에 기반을 둔 기업들 사이에서는 브랜드 인식을 구축하기 위한 경쟁이 치열하다. 인터넷 이용자는 현재 급증하는 추세에 있기 때문에 지금 웹사이트를 구축하게 되면 향후 몇 년 간 기업의 발전에 큰 도움이 될 것이다. 따라서 당신의 사업이 새로운 것이던 오래된 것이던, 가상의 것이던 실질적인 것이던 간에 일단은 브랜드를 사이버 공간에 노출시킬 필요가 있다.

웹사이트가 기업의 목표에 부합하는가?

당신이 가지고 싶은 혹은 현재 가지고 있는 웹사이트가 기업의 목표에 부합하는지를 신중히 생각해 보자. 예를 들어 가정용 배터리 같은 기초적인 일상 용품을 판매하는 기업이 웹사이트를 구축하는 것은 기업의 매출에 과연 도움이 될 것인가? 결과는 매우 의심스럽다. 사람들은 여전히 필요할 때마다 그 제품들을 동네의 구멍가게에서 구입할 것이다. 이러한 경우 구매 시점에서의 노출을 증대시키는 것이 더 바람직하다. 그러나 산업용 배터리를 기업들을 대상으로 대량 공급하는 기업이라면 전자상거래 방식이 수익을 발생시키는 또 다른 방법이 될 수 있다. 웹사이트를 통해서 기업은 잠재적인 고객들에게 기술 정보를 제공할 수 있고 고객들은 온라인을 통해 저렴하게 주문할 수 있게 됨으로써 이득을 볼 수 있다.

또 다른 고려 사항은 인터넷 상에서 프로모션을 통해 브랜드를 노출시키는 것이 과연 전통적인 채널을 통한 제품의 매출에 도움이 될 것인가의 문제이다. 이러한 경우에도 전자상거래의 기능이 반드시 필요한 것은 아니다. 그러나 전자상거래 활동이 고객들에게 상당한 효익을 제공하고 있다면 거꾸로 광고와 프로모션이 웹사이트를 지원하도록 해야 할지 모른다. 즉 고려해 보아야 할 질문들은 다음과 같다. 어떠한 마케팅 채널이 어떠한 채널을 지원하고 있는가? 당신의 웹사이트는 홍보성의 내용만을 게재함으로서 단순히 브랜드 인지도를 높이고자 하는 것인가, 아니면 다른 형태의 정보나 상호 교류를 제공하고자 하는가?

누구에게 말하고자 하는가?

목표 청중에 대해서도 신중한 고려가 필요하다. 많은 기업들은 단지 사이트를 개설하기만 하면 수백만 명의 사람들이 방문할 것이고 또한 한 번 방문한 사람들은 이 사이트를 계속해서 방문할 것이라고 생각한다. 이는 참 순진한 생각이다. 그러나 사람들이 이 사이트를 찾고 있었다고 하더라도 처음부터 주목을 받는 것은 결코 쉬운 일이 아니다. 당신의 사이트를 다른 사이트와 링크시켜 놓는 것은 특정 목표 청중을 당신의 사이트로 유인하는 데 필수적이다. 그러므로 당신은 항상 고객의 입장에서 생각해야 한다. 고객들이 인터넷을 검색할 때 어떠한 키워드들을 사용할 것인가? 고객들이 사이트를 방문했을 때 비주얼이나 문구들이 그들을 관심을 끌 수 있는가? 방문자들이 이 사이트에서 찾고 있는 것은 정확히 무엇인가?

무엇을 말하고자 하는가?

전통적인 마케팅에서도 그러하듯이 인터넷 상에서도 당신은 모든 사람들에게 모든 것들을 제공할 수는 없다. 그러므로 제안에 있어 선택성과 관련성이 중요하다. 예를 들어 신속한 정보를 얻고자 하는 사람들은 시각적으로는 훌륭하지만 다운 로드에 오랜 시간이 걸리는 그래픽을 굳이 보고 싶어하지 않을 것이다. 플러그인 프로그램이 필요한 플래시와 같은 애니메이션 역시 좋은 아이디어일 수 있다. 그러나 이것이 정말로 필요한 것인지 그리고 당신의 목표 청중들이 모두 이 플러그인 프로그램을 가지고 있을 것인지는 의문이다. 또한 당신의 브랜드를 표현하는 데 있어서도 반드시 수많은 컬러가 필요한 것인지 혹시 세련되고 단순한 투 톤 컬러가 더 적절한 것은 아닌지에 대해서도 생각해 볼 필요가 있다.

당신의 청중이 최신의 정보, 가격, 예약 정보를 주로 찾는다면, 당신의 사이트가 이러한 측면을 충분히 반영하고 있는지 확인해 보자. 또한 사이트를 통해 보다 광범위한 청중에게 정보를 전달하기를 원하는 것인지 아니면 청중들과 일 대 일 관계를 맺기를 원하는 것인지 역시 분명히 할 필요가 있다.

어떻게 당신의 메시지에 귀를 기울이도록 할 것인가?

사람들의 주의를 끄는 것과 사람들이 사이트에 머물면서 당신의 메시지에 귀를 기울이게 하는 것은 별개의 문제이다. 이를 흔히

'붙임성' 문제라고 한다. 사람들이 당신의 사이트에 들어왔다고 할지라도 단 한 번의 클릭이면 또 다른 사이트로 이동할 수가 있다. 이러한 상황을 어떻게 막을 것인가? 이에 대한 해결책은 바로 사이트의 관련성, 사용의 용이성 그리고 상호 교류다.

다음은 일반적으로 고려되어야 할 규칙들이다.

- **시간이 오래 걸리는 다운 로드를 피하라:** 예쁜 그래픽들은 보기에는 좋을지 모르지만 때로는 장애가 될 수도 있다.
- **양질의 컨텐츠를 보장하라:** 대부분의 사람들은 빠르고 적절하고 정확한 정보를 얻기 원한다.
- **사용 및 검색의 용이성에 집중하라:** 사람들에게 이용하기 쉬운 메뉴와 검색 경로를 제공해야 한다.
- **직접적이고 적절한 언어를 사용하라:** 청중들이 친숙하게 여기는 언어를 사용해야 한다.
- **신속한 반응을 보여라.**

단 한 번의 경험이 모든 것을 결정한다는 사실을 기억하자! 한 번 좋은 경험을 제공하면 사람들은 반드시 다시 오고 싶어한다. 반면 한 번 좋지 않은 경험을 제공하면 이미 이들을 영원히 잃은 것이나 마찬가지이다.

강력한 인터넷 브랜드를 구축하는 방법에 대해서는 저자가 쓴 '하이-테크 하이-터치 브랜딩(「*Hi-Tech Hi-Touch Branding*」, John Wiley & Sons, Singapore, 2000)'에 좀더 자세히 수록되어 있다. 여기서는 인터넷에서 성공적으로 브랜드를 구축하고 관리하기 위한 몇 가지 브랜딩 팁만을 간단히 제시하겠다.

브랜딩 팁

1. 실제 현실의 브랜딩 및 브랜드 퍼스낼리티와 일관성을 유지하라

차별화의 제공은 모든 브랜드 구축 활동에 있어서 매우 중요한 것이다. 독특하고 차별화된 사이트를 만드는 것은 디자인의 역할이지만 사이트의 컨텐츠는 반드시 브랜드의 퍼스낼리티와 포지셔닝에 바탕을 둔 것이어야 한다. 사이트의 컨텐츠나 광고에 애매한 문구를 사용하지 말자. 읽는 사람들을 혼란스럽게 할 수 있다.

순수 인터넷 기업이 아닌 이미 전통적인 매체들을 통해 선보인 적이 있는 기업들의 경우에는 대중들이 익숙하게 생각하는 브랜드 아이덴티티에 충실하라. 인터넷 분야로 진출하고자 하는 브랜드들은 반드시 그들의 브랜드 아이덴티티 그리고 특히 브랜드 퍼스낼리티를 유지해야 한다. 갭(Gap)은 브랜드의 일관성을 보여주는 좋은 예이다. www.gap.com은 직접적이고 쉬우며 효율적인 갭 브랜드의 퍼스낼리티와 특징들을 잘 반영하고 있다. 원하는 제품을 찾아 내고 구매하기가 매우 쉽다. 또한 갭 고유의 청색과 백색을 이용하여 사이트를 꾸며 놓은 것이나 갭 가방을 3D로 볼 수 있도록 한 것 역시 시각적인 일관성을 보여 준다. 이에 반해 소니(Sony)는 일관성 유지에 실패한 잘못된 예이다. 전세계 여러 나라의 소니 사이트는 각각의 컬러나 글씨체가 모두 달라 이들이 모두 같은 소니 사이트라는 사실을 눈치채기 힘들다. 전체적인 형태나 느낌에 일관성이 없는 것이다.

2. 이용하기 쉽게 하라

소비자들은 모두 어떠한 목적을 가지고 사이트에 접속한다. 모델명, 규격, 가격, 유통업자, 제품 범위, 매장 업무 시간 등 기업의 제품 및 서비스와 관련된 것들에 대한 정보를 얻고자 하는 것이다. 보험 중개 업체인 잇츠포미 피엘시(its4me plc: www.its4me.co.uk)는 사이트 방문자들이 보험에 대한 조언을 얻는 것부터 최종 결정안을 프린트하는 것까지 모든 작업을 스스로 할 수 있도록 하고 있다. 이메일이나 전화를 통해서 보험 전문가들과 상담하는 것도 가능하다. 즉 모든 서비스 기능을 갖추는 것도 중요하지만, 사이트를 적절히 구축함으로써 이 모든 서비스를 소비자들이 쉽고 편리하게 이용할 수 있도록 해 주는 것 역시 중요하다.

3. 상호 교류를 통해 브랜드 경험을 강화하라

인터넷 사용자들은 상호 교류를 원한다. 그러므로 기업은 실제 현실에서는 불가능한 방법으로 인터넷 상에서 소비자들과 상호 활동을 함으로써 브랜드 가치를 창출할 수 있다. 이와 관련된 좋은 예는 프로핏파이낸스(ProphetFinance: www.prophetfinance.com)이다. 이 사이트는 다양한 인터넷 사용자들의 니즈에 대한 철저한 이해를 바탕으로 하고 있다. 이 사이트의 이용자들은 주식을 평가하면서 각자의 구미에 맞게 간단한 차트를 만들기도 하고 혹은 기술적으로 분석된 아주 복잡한 차트를 만들기도 한다. 또한 다수 맞춤화된 프로그램을 통해 각 차트를 산업 분야별로 분류하여 이들을 한 눈으로 쉽게 비교하는 것도 가능하다.

4. 전략적인 제휴와 네트워크가 훌륭한 브랜드 적합성을 제공한다는 것을 명심하라

당신의 기업이 확보하고자 하는 고객층이 주로 이용할 것으로 보이는 인터넷 사업과 연계하라. 단, 그 사업 브랜드가 당신의 브랜드 가치를 훼손시키거나 희석시켜서는 안 된다. 이러한 온라인 연계 활동은 서로의 포지셔닝을 강화할 수 있고, 유사한 목표 세분시장을 공유하며, 유사한 브랜드 가치를 가지는 브랜드끼리 이루어져야 한다.

5. 당신의 브랜드를 찾기 쉽게 하라

사람들이 특정 제품 및 서비스를 검색할 때 당신의 브랜드가 검색 결과 목록의 가장 위에 위치하도록 하는 것 역시 브랜드 인지도 면에서 중요하다. 이는 고객들이 검색 엔진을 사용할 때 당신의 브랜드를 가장 쉽게 찾아 낸다는 것을 의미하기 때문이다. 최근에는 구글(Google)이 가장 괜찮은 검색 엔진으로 꼽힌다.

6. 신뢰를 구축하고 브랜드 약속을 지켜라

본 장의 앞부분에서도 강조하였듯이 강력한 브랜드는 신뢰를 바탕으로 구축된다는 사실은 오늘날과 같은 인터넷 시대에도 변함이 없다. 개인 정보의 비밀 보장, 환불 보장, 양질의 제품, 서비스 및 A/S는 온라인에서 브랜드 충성도와 신뢰를 구축하는 데 필수적인 것들이다. 델 컴퓨터(Dell Computers)는 사이트를 통해 제품 기능을 체험할 수 있게 하고 세련된 사이트 구조와 효율적인 검색 서비스를 갖추고 있는 훌륭한 예이다. 소비자들은 원하는 옵션들을 선택하여 자신만의 컴퓨터를 만들 수 있으며 이렇게 만들어진 컴퓨터는 믿을만한 배달 서비스를 통해 집으로 직접 배달된다.

7. 브랜드의 신속성, 단순성, 스타일 그리고 본질을 개발하라

인터넷 상에서 효과적인 브랜딩을 한다는 것은 브랜드의 신속성, 단순성, 스타일 그리고 본질의 요소들을 완벽하게 통합하여 고객들에게 1년 365일 제공한다는 뜻이다. 잘 만들어진 웹사이트는 제품의 구매 전과 구매 후에 인상적인 브랜드 경험을 제공한다. 야후!(Yahoo!)는 이에 대한 좋은 예이다.

8. 정확하고 적절한 브랜드 정보를 제공하라

인터넷 사용자들은 기본적으로 정확하고 적절한 정보를 찾고 있다. 때문에 당신의 기업이 목표로 하는 고객층을 명확히 정의해야 하며 이들을 자극시키는 것이 무엇인지를 이해해야 한다. UPS(www.ups.com)는 이를 잘 보여 준다. 인터넷을 통해 다양한 추적 시스템을 제공하는 이 기업은 소비자들이 UPS 바코드가 부착된 제품 패키지를 전세계 언제 어디서나 추적할 수 있게 하고 있다. 소비자들은 해당 웹사이트에 UPS 추적 번호를 입력하기만 하면 된다. 이 사이트는 또한 소비자들 스스로 '신속 비용 계산', '이동 시간', '수령', '배달', '재고품' 등의 자동화 서비스를 이용할 수 있게 하고 있다.

9. 독특한 브랜드 카테고리 포지셔닝을 찾아라

당신의 브랜드가 경쟁사들과 차별화된다는 사실을 고객들에게 인식시키기 위해서는 온라인 기업들 가운데서 돋보일만한 무언가를 제시할 수 있어야 한다. 카테고리 점유는 좋은 방법 중의 하나이다. 그러나 반드시 이에 국한될 필요는 없다. 도전적인 메시지와 새로운 라이프 스타일은 언제든지 새롭게 창조될 수 있는 것이기 때문이다. 빅토리아 시크릿(Victoria's Secret)은 www.VictoriasSecret.com에서 온라인 패션쇼를 성공적으로 마치면서 여성용 속옷 및 관련 제품의 카테고리를 점유할 수 있었다. 이는 오프라인 매장과 온라인 매장 간의 브랜드 일관성을 잘 보여 주는 예이기도 하다.

10. 브랜드의 섬세함과 단순함 간의 균형을 유지하라

브랜드 사이트는 고객들의 긍정적인 브랜드 경험에 방해가 되지 않도록 일단 좋아 보이고 차별화되어 보일 필요가 있다. 섬세함과 단순함은 분명 공존이 가능하다. 재규어(Jaguar)의 www.jaguar.com 사이트가 바로 그렇다. 이 사이트는 파워, 우아함 그리고 명성을 나타내면서, 깔끔하면서도 단순한 동시에 스타일리시하고 고전적인 모습을 갖추고 있다. 재규어의 브랜드 마크는 항상 눈에 잘 띄는 곳에 자리잡고 있으며, 감성을 위주로 구축된 사이트는 방문자들이 더 많은 내용을 보기 위해 계속해서 클릭을 하게 만든다.

11. 사이트를 업데이트함으로써 브랜드를 새롭게 하라

즉시성은 웹만이 가질 수 있는 큰 장점이다. 그러므로 제품 사이트의 경우 매 주마다, 소매점 사이트의 경우는 계절마다 업데이트를 해 주는 것이 원칙이다. 또한 브랜드 가치를 유지하기 위해 두 달에 한 번 정도씩 웹사이트의 초기 화면과 전체적인 느낌을 바꾸어 주는 것이 바람직하다. 아시아 퍼시픽 매니지먼트 포럼(Asia

Pacific Management Forum: www.apmforum.com)의 편집자인 로드 데이비스(Rod Davis)는 "컨텐츠는 유연하고 열정적인 생각으로 구성하되 이미지, 카피, 페이지 형태는 단순하고 간결한 하나의 브랜드 메시지를 반영하도록 엄격하게 관리해야 한다"라고 말한다. 브랜드 메시지는 단순하고 외우기 쉬운 것이어야 한다. 그러나 저자의 경험에 의하면, 브랜드 아이덴티티가 더욱 다양한 모습으로 고객들에게 제공될수록 브랜드 메시지는 보다 강화되고 잘 기억되는 것으로 나타났다.

12. 브랜드의 즐거움을 제공하라

즐거움은 지루했던 경험들을 활성화시키기 때문에 인터넷에서 브랜딩을 구축하는 데 있어서 매우 중요한 요소이다. 브랜드는 화면에서 단순히 비추어지는 것 이외에도 게임, 동영상 효과 등의 다양한 상호 교류와 화려한 테크놀러지를 통해 인터넷에 제시될 수 있다. 예를 들어 워너 브라더스사의 새로운 해리 포터 공식 사이트(www.harrypotter.warnerbrothers.com)는 신나는 게임들로 가득 차 있다. 아이들은 마법의 모자를 쓰고 어떠한 집에 들어 갈지를 알아 맞추기도 하고, 각자가 원하는 요술지팡이와 창조물을 택할 수 있으며, 좋은 기억을 사고, 퀴디치 게임을 즐기고, 마법약을 만들며, 친구들에게 이메일과 엽서를 보낼 수 있다.

13. 브랜드 자체에 집중하라: 인터넷의 틈새 시장을 찾아라

Nike.com은 늘 라이프스타일에 초점을 맞추어 왔다. 마이클 조던(Michael Jordan)은 나이키 에어 덕분에 많은 사람들에게 알려질 수 있었다(아니면 나이키 에어(Nike Air)가 마이클 조던 덕분에 유명해

진 것이었나?) 그러나 나이키는 유명 스포츠 스타를 기용하여 보증 브랜딩을 하고 있음에도 불구하고 이 전략을 nike.com 사이트에서 명확히 드러내고 있지는 않다. 다만 최근의 스포츠 트렌드인 집중력과 에너지를 반영하는 차원에서, 2001년 투르 드 프랑스(Tour de France)[36]에서 2번 연속으로 우승한 랜스 암스트롱(Lance Armstrong)의 사이트를 비롯하여 이와 관련된 수많은 사이트들을 링크시켜 놓았다. 또한 방문자들은 단 한 번의 클릭을 통해 온라인 상점, 스포츠 동영상 그리고 맞춤 신발 페이지로 이동할 수도 있다. 나이키의 4개의 하위 사이트(nikeBiz.com, nikeTown.com, BrasilFutebol, women.nikejapan.com) 역시 브랜드가 다양한 고객 세분시장에 소구하는 데 한 몫하고 있다.

14. 다양한 사용자들을 위해 다양한 컨텐츠와 경험을 마련하라

온라인 브랜딩에서 관계를 구축할 때 가장 중요한 것은 각 소비자들에 대한 깊은 이해이다. 현재의 마케팅 커뮤니케이션 초점은 독백에서 대화로 옮아간 상태이다. 그리고 테크놀러지의 발전덕분에 각각의 소비자와 일 대 일 관계를 맺는 것이 가능해졌으며, 기업들은 다음과 같은 활동을 할 수 있게 되었다.

- 각 고객에 따라 개별적인 마케팅을 선보인다.
- 가치와 니즈에 따라 고객을 분류한다.
- 보다 저렴한 비용으로 효과적인 상호 교류를 한다.
- 기업 행동을 고객의 니즈에 적합하도록 조정한다.

화장품 업계를 예로 들어 보면, 피앤지(Procter & Gamble)는 피앤

36) 매년 7월 프랑스에서 개최되는 프랑스 일주 사이클 대회

지가 주로 애용하는 독립 브랜드 형식으로 리플렉트 닷컴(www.reflect.com)이라는 온라인 브랜드를 출시하였다. 이 사이트의 특이한 점은 이미 알려진 제품들을 판매하지 않는다는 것뿐만이 아니다. 제품은 고객이 직접 만들기 전까지는 존재하지도 않는다! Reflect.com은 '한 번에 한 명의 여성만 만족시키자'는 모토 아래 철저한 맞춤 서비스를 제공하고 있다. 샴푸를 예로 들어보면 고객은 마음에 드는 향기, 거품의 양과 부드러운 정도, 용기의 모양, 뚜껑 종류 등을 원하는 대로 선택할 수 있다. 그리고 완성된 제품에는 '(고객 성명)을 위해서 특별히 제작되었음'이라는 라벨이 부착된다. 이러한 개인별 맞춤 서비스를 싫어할 소비자는 아마 없을 것이다.

이 사이트는 사이트 이용 시의 편리함과 즐거움에도 신경을 쓰고 있다. '미리 엿보기'란 코너에는 '당신이 직접 만든 제품을 일주일 안에 무료로 배송해 드립니다.'라는 약속의 문구가 실려 있다. 또한 몇 가지 간단한 설문만 작성하면 바로 로그인을 할 수 있으며 다운 로드도 매우 간편하다. 아시아 고객을 위해 아시아 모델을 기용한 것도 관련성과 배려를 보여 준다. 사이트의 전체적인 모습과 느낌 역시 사람들의 이목을 끌 수 있을 만큼 스타일리시하고 간결하다.

15. 브랜드 충성도를 관리하라

갖가지의 다양한 모습들을 쉴 새 없이 제공하면서 고객들의 참을성을 마비시키는 매체들에 대응하여 당신의 기업은 고객 충성도를 어떻게 관리하고 있는가? 고객들이 당신의 기업을 또다시 선택하도록 그들의 관심을 지속시킬 수 있는 방법은 무엇인가? 인터넷 세상에서는 충성도에 대한 보상이 반드시 주어져야 한다. 그렇지 않으면 고객들은 다시는 당신의 기업을 찾지 않을 것이다. 단 한 번의 클릭만으로도 경쟁사의 사이트로 이동할 수가 있기 때문에 많은 기업들은 고객들을 확보하고 또 그들과 장기적인 관계를 맺기 위해 다양한 종류의 충성도 및 보상 프로그램을 진행한다. 이러한 활동에서 주의해야 할 점은 바로 차별화를 바탕으로 한 보상을 해야 한다는 것이다. 일회적이고 소모적인 프로모션은 브랜드의 가치를 저하시킬 것이며 고객들은 또 다른 값싼 사이트를 발견하는 즉시 당신의 사이트를 떠나게 될 것이다. 인터넷 덕분에 제품들 간의 가격 비교가 매우 쉬워졌다는 사실을 기억하자. 또한 현재 대부분의 사이트가 제공하고 있는 사이버 머니나 포인트 제도만으로는 고객들의 충성도를 구축하기에 충분치 않다는 사실 역시 알아야 한다. 본 장의 다음 부분에서는 고객 관계 관리를 통해 브랜드 충성도를 구축하는 방법을 다루게 될 것이다.

16. 시장 기반을 넓히기 위한 수단으로서 인터넷을 활용하라

다른 기업들이 인터넷 진출을 망설이는 사이 몇몇 전통적인 제조 기업들은 인터넷을 이미 마케팅 도구로서 활용하고 있다. 170억 달러의 매출을 올리고 있는 크래프트 푸드(Kraft Foods)는 www.kraftfoods.com으로 인터넷 사업에 뛰어들었다. 크래프트는 '크래프트 음식을 통해 가족 사랑을 키워간다' 는 내용의 브랜드 포지셔닝을 설정하고 인터넷에 이를 프로모션하는 데 많은 비용을 투자하였다. 크래프트는 일정 기간 동안 이 포지셔닝에 대한 프로모션을 진행하였는데 특히 인터넷 사이트를 특이한 방법으로 관리하였다. 단순히 고객들에게 제품에 대한 정보를 제공하는 수준을 넘어서서 kraftfoods.com은 그 자체로 브랜드로서의 기능을 다하고 있다. 현재 크래프트의 캠페인 슬로건이기도 한 '실시간으로 제공되는 실질적인 도움'을 목표 청중인 어머니들에게 선사하고 있는 것이다. 이 사이트의 방문자들은 식사 준비에 대해 개인적인 상담을 할 수 있고, 이메일로 레서피를 송부받을 수도 있으며, '유명한 어머니들'과 온라인 채팅을 하고, 또한 현재 자신의 부엌 사정에 맞는 레서피를 제공받을 수도 있다. 이 사이트는 곧 식생활 계획 제품 및 서비스로 각광받게 되었으며 크래프트는 현대 소비자들의 니즈를 이해하고 있는 기업으로 포지셔닝하는 데 성공하였다.

가장 중요한 성공 요인은 브랜드 경험이다

온라인 브랜드 구축에 관한 위의 모든 조언들은 고객이 사이트를 지속적으로 방문할 수 있도록 긍정적인 경험을 제공하는 데 초점이 맞추어져 있다. 그러나 아마 독자들도 느꼈겠지만 브랜드의 성패가 고객의 경험에 달려 있다는 사실은 인터넷 브랜드에서도 크게 다르지 않다. 오히려 온라인 브랜드의 구축이 전통적인 브랜드의 구축보다 '경험이 곧 브랜드'라는 공식을 더 잘 대변하기도 한다. 그러므로 훌륭한 온라인 경험을 제공하는 것이 가장 중요한 열쇠이다. 어떠한 면에서는 고객의 경험을 통제하거나 개발할 수 있는 인터넷 브랜딩이 기업에게 더 쉬운 일일 수도 있다. 오프라인에서와는 달리 온라인에서는 기업이 모든 고객 및 브랜드의 상호 교류 활동을 관리하는 것이 가능하기 때문이다.

소프트웨어의 성능이 지속적으로 향상되고 새로운 제품이 끊임없이 출시됨에 따라 21세기의 브랜드 구축 방향은 계속해서 변화할 것이다. 특히 인터넷 부문에서의 변화가 두드러질 것으로 보인다. 이제 강력한 브랜드를 구축하고자 하는 기업은 온라인과 오프라인 전략을 두루 갖추고 있어야 하며 이 전략들은 기업의 제품 및 이미지 면에서 일관적이어야 한다. 가상 세계와 실제 세계를 막론하고 브랜드 경험을 관리하는 데 있어서 기업이 가질 수 있는 가장 큰 자산은 바로 고객 관계 관리를 통한 혁신이다.

고객 관계 관리(CRM: Customer Relationship Management)

CRM이란 무엇인가?

저자가 CRM에 대해 가장 걱정하는 바는 여전히 많은 사람들이 CRM이 무엇이고 또한 이것이 어떻게 적용되는지를 모르고 있다는 사실이다. 이 부분에서는 CRM이 무엇인지에 대해 간략하게 제시하고 기업의 모든 임직원들이 CRM 프로그램에 있어서 어떠한 역할을 수행해야 하는지를 설명하려고 한다. 우선 고객 관계 관리가 고객 관계 마케팅 혹은 관계 마케팅이라고 불리기도 한다는 점을 알아두자.

전통적으로 마케팅 교과서들은 '모든 고객은 동일하다' 고 주장해 왔다. 그러나 이 오래된 문구는 여전히 유효한가? 우리는 모두 파레토의 법칙[37]에 대해 알고 있다. 즉, 20%의 고객이 기업 매출의 80%를 점유하고 있거나 혹은 10%의 고객이 기업 매출의

37) 파레토의 법칙(Pareto Principle)은 80 : 20의 법칙을 말함, 설명은 본문 참조.

90%를 점유하고 있다면 모든 고객은 결코 동일한 것이 아니라는 이야기이다. CRM은 모든 고객들이 동일하지 않다는 사실을 인정하는 데서 시작한다. 각 고객들마다 기업에 제공하는 가치가 다른 것이다. 그러나 CRM은 여기서 한 걸음 더 나아가, 만약 이것이 사실이라면 '모든 고객들이 동일하게 취급되어서는 안 된다' 고 주장한다.

그러므로 CRM 프로그램의 목표는 최고의 고객들을 발굴해 내어 그들을 기업의 고객으로 계속해서 유지하는 것이다. 이를 위해서는 그들 각각의 니즈를 좀더 깊이 이해하고, 당신의 기업에 대한 그들의 기대를 충족시키며, 그들의 삶에 차별화된 만족을 제공하는 활동이 필요하다.

이익을 주는 고객과 그렇지 않은 고객

CRM은 비록 현재에는 기업의 매출에 많은 기여를 하고 있지는 않지만 훌륭한 브랜드 경험을 제공한다면 앞으로 기업의 매출에 도움이 될만한 고객을 발굴해 내기도 한다. 현재에 가장 많은 수익을 제공하는 고객들에 집중하는 것이 우선이기는 하지만 바람직한 CRM 프로그램은 늘 다른 고객들도 외면하지 말아야 한다. 물론 적은 수익을 제공하는 고객들이 받는 관심의 정도는 상대적으로 낮을지 모른다. 그러나 CRM의 원칙은 어느 고객에게나 공평하게 적용된다.

고객을 기업의 중심으로 둘 경우 모든 고객들은 어떠한 방식으로든지 결국 혜택을 얻게 된다. 일단 기업의 문화가 바뀌고 임직원들이 '고객 제일' 이라는 생각을 가지게 되면 다시 예전의 방식으로 돌아가는 것은 사실상 불가능해지기 때문이다. 그러므로 반드시 '우수 고객' 리스트에 오르거나 '티타늄 카드'를 소지하지 않아도 모든 고객들은 변화된 기업 문화에서 비롯되는 긍정적인 변화의 혜택들을 누릴 수 있게 된다.

지갑 점유율 vs. 마음 점유율

몇몇 사람들은 CRM의 궁극적인 목표가 '지갑 점유율'을 확보하는 것이라고 말한다. 다시 말해 고객 각각의 지출 정도를 늘리기 위한 전략이라는 말이다. 그러나 이러한 생각은 옳지 않다. 이러한 방식으로는 단기적으로 매출을 증가시킬 수 있을지는 모르지만 고객들과 지속적인 관계를 구축하기는 힘들기 때문이다. 그래서 우리는 종종 CRM을 '마음 점유율'을 확보하기 위한 전략으로 여긴다. 즉 고객들과 감성적 연결고리를 형성함으로써 그들이 브랜드 충성도를 갖도록 만드는 것이다. 이렇게 되면 '지갑 점유율'은 부차적인 것이 될 뿐이다. 사업의 장기적인 성공을 위해 명심해야 할 것은 고객들의 마음에 소구하게 되면 이는 반드시 기업의 매출에 반영된다는 사실이다. 행복하고 충성스런 고객들과 옹호자들에 의해서 말이다.

충성도 전략과 CRM 프로그램

실제 현실에 적용하는 데 있어서 CRM 프로그램은 다양한 양식과 형태를 보인다. 그러나 우선 충성도 전략과 CRM 프로그램의 차이점을 짚고 넘어가기로 하겠다.

현재 모든 혹은 대다수의 사람들이 충성도 프로그램이나 포인트 전략에 대해서 잘 알고 있을 것이고 또한 이 프로그램의 일원으로 활동하고 있을 것이다. 거의 모든 선진국과 개발국 도시 안의 상점에서는 충성도 프로그램을 시행하고 있다. 이러한 것을 100% 피하고 살기란 매우 어렵다. 식료품을 사면서 포인트를 얻고, 휘발유를 넣으면서 포인트를 얻으며, 비행기를 탈 때에도 포인트를 얻는다. 호텔에 머무를 때, 자동차를 빌릴 때, 심지어는 인터넷 서핑을 하면서도 i-포인트나 마우스(mouse) 마일리지를 얻는다. 포인트나 마일리지 형태 외에도 스타벅스(Starbucks)나 티지아이 프라이데이스(TGI Fridays)에서 발행되는 6개의 스탬프를 받으면 다음 커피나 식사가 무료인 스탬프 쿠폰도 있다.

이러한 포인트 프로그램은 한 번 방문한 고객들이 지속적으로 다시 방문을 하도록 고안된 것이다. 그리고 그 영향력의 정도가 의심스럽긴 하지만 어쨌든 이것이 브랜드 충성도에 어느 정도 영향을 미친다는 것은 사실이다. 그런데 이러한 프로그램도 과연 CRM에 속할까? 나의 견해로는 그렇지 않다. 이들은 분명히 CRM 프로그램을 구축하는 데 훌륭한 기반을 제공하기는 한다. 프로그램 가입 시 고객에 대한 정보나 구매 습관을 파악하기 위한 간단한 설문지 작성을 요구하기 때문이다. 그러나 이들은 대부분 다음 단계로 발전하지 않아, 차별화를 획득하고 충성도 프로그램을 CRM 프로그램으로 전환할 수 있는 기회를 스스로 포기한다. 다음 단계로 발전하기 위해서는 고객 정보를 수집하고 이를 지식화한 후 이 지식들을 활용해서 제품 및 서비스를 고객들의 니즈에 좀더 적합하도록 만드는 노력이 필요하다. 이러한 맞춤화가 없는 충성도 프로그램은 포인트를 단순한 '얻고 쓰는' 반복의 과정일 수밖에 없다. 그리고 소비자의 구매 습관은 이 과정에 단기적으로 영향을 받을지는 모르지만, 다른 경쟁사가 더 많은 포인트를 제공하기만 하면 그 동안 당신이 충성스럽다고 믿었던 고객들은 곧 사라지게 된다.

이용 빈도가 높은 고객 불리하게 하기

이 부분의 설명을 위해 충성도 프로그램과 CRM 프로그램을 갖추고 있는 일반적인 마케팅 활동을 예로 들어 보자. 대부분의 사람들은 항공사 마일리지 프로그램에 가입되어 있다. 이 프로그램은 보통 포인트를 '얻고 쓰는' 형태를 가지고 있다. 즉 비행기로 여행을 할 때마다 포인트를 얻고 이렇게 누적된 포인트로 무료 여행을 한다. 고객들이 무료 여행을 염두에 두고 더 많은 포인트를 축적하기 위해 한 항공사만을 지속적으로 이용할 것이라는 생각이다. 그러나 누적된 포인트들을 사용하지 않을 경우 이 포인트를 차감당하는 '비충성도 프로그램' 역시 비일비재하다. 나에게도 이러한 일이 일어났었다. 나는 잘 알려진 한 국제 항공사의 특별회원이다. 누적 포인트를 사용하지 않는다는 이유로 포인트를 계속 차감당해 왔던 나는 드디어 나의 포인트를 사용하여 여행을 해 보고자 항공예약을 시도하게 되었다. 그러나 출발하기 2주 전에 예약을 하기 위해 항공사에 전화를 건 나는 2개월 전에 예약을 해야 누적된 포인트를 사용할 수 있다는 말을 듣게 되었다. 2개월 후에 내가 어디에 있을지 지금 어떻게 알 수 있는가! 결국 나는 포인트를 사용해 여행을 할 수 없었고 누적된 포인트를 사용하지 않았다는 이유로 또다시 포인트를 차감 당하게 되었다. 왜 2주 전에 예약한 티켓에 대해서는 누적된 포인트를 사용할 수 없느냐는 질문에 항공사 측에서는 다음과 같은 어이없는 답변만이 돌아왔다. "그렇게 단기간 동안의 포인트 사용은 시스템 상으로 처리가 불가능합니다."

항공사들은 마일리지 프로그램도 CRM 프로그램의 일종이라고 주장한다. 탑승 수속이 빨라지고, 무료 음식 및 음료가 제공되는 라운지를 이용할 수도 있으며, 짐의 허용 무게가 늘어나고, 좌석 승급의 기회도 얻게 되는 등(물론 나는 이 가운데 단 한 가지도 해보지 못했지만), 포인트가 누적될수록 고객들은 보다 많은 혜택을 누리게 된다는 것이다. 고객이 일정 포인트 이상을 얻게 되면 마일리지 프로그램의 상위 등급으로 승급하게 된다. 이 단계까지 도달하면 위와 같은 특별한 혜택들을 정말로 받게 된다. 직원들은 이러한 특별 고객들의 이름을 외우거나 혹은 얼굴을 알아보도록 교육받기도 한다. 마일리지 프로그램은 수많은 단계들로 구성되어 있는데, 이 중 가장 높은 단계는 '체어맨 클럽' 혹은 이와 유사한 명칭으로 불린다. 이 단계의 고객들은 특별한 이벤트에 초대받기도 하고, 항공사의 CEO의 사무실에 직통 전화로 연결될 수 있으며, 어떠한 경우에서도 줄을 설 필요가 없다. 물론 모든 마일리지 프로그램이 이런 식으로만 진행된다면 전혀 문제가 없다. 그러나 '얻고 쓰는' 단순한 생각은 이 프로그램의 장점마저 묻어 버리고 또한 브랜드 이미지까지 악화시키게 된다.

다음은 사람들이 CRM에 대해 흔히 갖는 의문점에 대한 답변이며, 이와 함께 CRM이 전통적인 마케팅 프로그램과 어떠한 차이가 있는지도 설명하겠다.

CRM은 광고와 다른가?

가끔 CRM과 광고는 어떻게 다른지를 묻는 사람들이 있다. TV 광고 혹은 TVC는 기업 및 제품에 대한 일반적인 인지도를 형성 하는 데는 효과적이다. 브랜드 구축에도 어느 정도 영향을 미친다. 그러나 TV 광고에서는 광범위한 방송용 메시지만을 전달할 수 있기 때문에 이들이 특정 그룹에 소구하기란 매우 어렵다. 당연히 고객 개개인에게 소구하는 것은 거의 불가능에 가깝다고 볼 수 있다.

TVC는 마치 독백과도 같다. 메시지를 전달하고는 있지만 특별히 이에 대한 반응을 요구하지는 않는다. 최근에는 특정 제품을 홍보하는 무료 전화 응대 서비스 번호를 TV 광고에 포함시키기도 하지만 이것만으로 TVC에 대한 직접적인 반응이 형성된다고는 볼 수 없다. 최근에는 디지털 TV 방송이 전세계적으로 보급됨에 따라 이제 어떠한 특정 방송을 어떠한 특정 고객 집단이 시청하고 있는지를 알 수 있게 되었다. 따라서 앞으로 몇 년 후에는 TV 광고와 보다 많은 상호 교류를 하는 것이 가능해질 것이다.

CRM의 궁극적인 목표는 각각의 고객들과 일 대 일로 커뮤니케이션 및 상호 교류를 하는 것이다. 따라서 마케터와 이를 지원하는 에이전시들은 반드시 기업이 이용하고 있는 모든 매체들에 대해 CRM을 도입해야 한다.

또 다른 형태의 광고로 눈을 돌려보자. 청중들과 광고주의 사이에는 '상호 교류' 가 형성될 수 있는 기회가 분명히 있음에도 불구하고 많은 경우 이러한 기회는 잘 활용되지 못하고 있다. 신문이나 잡지의 전면 광고에서 고객 반응 엽서나 서비스 전화 번호를 발견한 적이 몇 번이나 있는가? 이를 시행하지 않는 마케터들이 대부분이다. 그들은 훌륭한 광고를 만들어 낸다. 사람들은 광고에 실린 문구를 좋아하기도 하고 광고에 소개된 제품을 마음에 들어하기도 한다. 그러나 그것으로 끝이다. 프로세스는 여기서 중단되는 것이다. 그러나 고객 반응 메커니즘을 포함시킬 경우 다음과 같은 효과를 기대할 수 있다.

- 제품에 관심 있는 고객들에 대한 정보를 얻을 수 있다.
- 광고에 집행되는 예산의 효율성이 증대된다.
- 기업 혹은 제품에 최소한의 관심을 보인 사람들에 대한 데이터 베이스를 구축할 수 있다(이것이 마케팅 데이터 베이스의 시작이다).

최근 인터넷의 보급에 따라 많은 기업들이 자사의 웹사이트 주소를 광고에 포함시키게 된 것은 매우 다행스러운 일이다(아직도 이를 시행하고 있지 않은 기업이 있다면 이제부터라도 기업의 웹사이트 주소를 모든 광고 및 마케팅 자료, 심지어는 편지지에까지 포함시키도록 하자). 이는 인터넷을 이용하는 고객들에게만이라도 기업의 활동에 반응을 보이거나 혹은 기업에 대한 더 많은 정보를 얻을 수 있는 기회를 제공하는 것이기 때문이다.

CRM은 다이렉트 마케팅과 다른가?

다이렉트 마케팅의 최악은 바로 '의미 없는 메일 보내기' 이다. 관련 부서에서 가져온 명단에 따라 잘 알지도 못하는 고객들에게 일괄적으로 메일을 보내는 것이다. 그렇지 않으면 사람들이 스스로 제공한 정보들에 의존하는 수밖에 없다. 당연히 브랜드 관리자는 이 사람들이 그들의 제품에 관심이 있는지의 여부를 알 수가 없다.

훌륭한 다이렉트 마케팅 관리자는 우선 이 명단을 몇 개의 그룹들로 나누고 가장 높은 응답률을 얻을 수 있는 최적의 방법을 찾아내기 위해 각 그룹들에게 서로 다른 스타일과 인센티브를 적용해 본다. 그러나 이러한 과정을 거쳐 채택된 마케팅 캠페인도 1~2%의 응답률만을 기록할 뿐이다. 고객들의 입장에서는 이러한 유형의 마케팅이 부정적으로 비춰질 수밖에 없다. 광고되는 제품이 정확히 고객이 필요로 하는 제품이거나, 혹은 고객이 그 제품을 필요로 하는 시기에 맞추어 광고 메일이 도착하는 경우는 거의 드물기 때문이다. 우리는 이러한 메일을 흔히 '정크(쓰레기) 메일' 이라고 부른다. 이 메일을 받는 사람들에게 이들은 말 그대로 '정크 메일' 일 수밖에 없기 때문이다.

반면 기존의 고객들에게 이러한 다이렉트 마케팅 캠페인을 벌이는 경우 그 응답률은 20%대 후반에서 30%대 초반에 이른다. 기존의 고객들이란 이전에 해당 기업의 제품 및 서비스를 만족스럽게 이용한 적이 있거나 혹은 기업이 고객을 배려하는 마음에서 고객에게 어울릴만한 제품을 권하고 있다고 생각하는 고객들이다. 인간 관계로 바꾸어 생각해 보자. 만약 전혀 모르는 사람에게 데이트 신청을 받았다면 당신은 이에 흔쾌히 응하겠는가? 반대로 데이트를 신청한 사람이 나와 일정 기간 동안 알고 지냈고 신뢰할 만 하며 어느 정도 성격이 파악된 사람이라면? 이러한 상황에서 데이트 신청을 받아들이기가 더 쉽지 않겠는가?

CRM은 고객 서비스와 다른가?

이 질문에 대한 답은 간단하다. 이 두 가지는 매우 밀접하게 연관되어 있다. CRM 역시 고객들에게 놀라운 경험을 제공함으로써 브랜드 구축 활동에 도움을 주기 때문이다. 실제로 제품 및 서비스의 품질은 모든 성공한 브랜드의 핵심을 이루고 있다. 따라서 고객 서비스는 모든 기업, 특히 모든 서비스 기업의 브랜드를 구축하는 데 중요한 역할을 수행해 왔다. 기업이 고객들에게 가까이 다가가고 또한 고객들과 지속적인 관계를 맺을 수 있는 기회를 제공하기도 한다.

그러나 많은 기업들이 이러한 기회를 활용하는 데 실패하여 결과적으로 브랜드 이미지에 손상을 입고 있다. 훌륭한 고객 서비스를 제공함으로써 브랜드 경험의 레버리지 효과를 꾀하기는커녕 몇몇 기업들은 고객을 방해꾼으로 취급하기까지 한다. 고객의 목소리에 귀를 기울이지 않거나, 이전에는 다른 직원이 고객을 담당했다는 이유로 고객을 외면하기도 하며, 관련 분야가 아니어서 적절한 답변을 주지 못한 경우도 있고, 지나친 업무 스트레스 때문에 고객들을 소홀히 대하기도 한다. 우리는 거의 매일 잘못된 고객 서비스에 대한 이야기를 듣는다. 그러나 고객 서비스가 소비자를 만족시키지 못할 때마다 브랜드의 수명은 점차 단축되고 있음을 명심해야 한다. 직원들에게 고객 서비스 기술을 가르치는 데 수백만 달러를 투자한다고 해도 결국은 일반적인 대인 관계 기술을 가르칠 수 있을 뿐이다. 그렇다면 이러한 고객 서비스에 비해 CRM은 어떠한 이점을 제공하고 있는가?

CRM은 어떻게 이루어지는가?

CRM은 다음과 같이 이루어진다.

- **브랜드와 고객들 사이에 지속적인 커뮤니케이션 고리를 만들자**
  이는 전화, 일 대 일 접촉, 우편, 인터넷, 혹은 이 모든 것들의 조합으로 형성될 수 있다. 중요한 것은 커뮤니케이션 채널을 항상 열어두고 고객들이 기업과 상호 교류를 하기에 편리하도록 이 채널을 항상 관리해야 한다는 것이다.

- **고객을 이해하자**
  새로운 커뮤니케이션 채널을 이용하여 고객들을 더 잘 이해하도록 노력하자. 단순히 고객의 이름과 주소뿐만이 아니라,

  ㅇ 고객이 누구이며
  ㅇ 가족 사항은 어떠하며
  ㅇ 직업은 무엇이며
  ㅇ 원하는 것은 무엇이며
  ㅇ 좋아하는 것과 싫어하는 것은 무엇인지에 대해서도 파악하자.

  이러한 정보들은 고객들에게 직접 물어 보아야만 알 수 있는 것들

이다.

- **기존의 고객 데이터를 이용하자**

고객들에 대해서 이미 알고 있는 정보들을 다시 살펴볼 필요가 있다. 살펴보아야 할 항목들은 다음과 같다.

ㅇ 자사의 제품을 얼마나 자주 구매하는가?
ㅇ 한 번 구매 시 어느 정도의 돈을 지출하는가?
ㅇ 자사의 제품을 마지막으로 구매한 때가 언제였는가?

- **고객이 기업으로부터 무엇을 원하는지 물어 보자**

다음은 질문의 몇 가지 예이다.

ㅇ 자사가 앞으로 생산한다면 구매할 의사가 있는 제품은 무엇인가?
ㅇ 자사의 브랜드에 대해 좋아하는 점은 무엇인가?
ㅇ 자사의 브랜드에 대해 싫어하는 점은 무엇인가?

- **잠재된 고객층을 발견하자**

다음과 같은 정보들이 필요하다.

ㅇ 경쟁 브랜드의 제품 중에 현재 구매하고 있는 제품은 무엇인가?
ㅇ 자사 브랜드의 모든 제품을 구매하지 않는 이유는 무엇인가?
ㅇ 고객이 자사의 제품을 많이 사도록 설득하는 방법은 무엇인가?

- **지식을 창출하자**

앞서 제시한 정보들을 모두 통합하여 전체 조직에 대한 가장 강력한 데이터 베이스를 구축하자. 이 데이터 베이스는 모든 세일즈 및 마케팅 활동이 고객 중심으로 이루어지도록 할 것이다.

- **지식을 계속해서 재사용하자**

당신의 브랜드가 고객과 상호 교류를 할 때마다, 이를 담당하는 직원은 고객에 대한 모든 지식을 숙지한 상태에서 고객과 마치 평생을 함께한 친구처럼 대화를 나눌 수 있어야 한다. 이것이 바로 브랜드 구축 과정에서 필수적인 친밀함의 개념이다.

평생 가치의 개념

1960년대부터 슈퍼마켓들은 금일 판매된 제품의 양이 얼마나 되는지와 같은 거래 데이터에만 늘 관심이 있었다. 은행들도 마찬가지였다. 최근에 와서야 비로소 이들은 제품을 구매하는 소비자들을 더 잘 이해할수록 더 많은 수익을 낼 수 있다는 사실을 깨닫기 시작했다. 본 장 마지막 부분의 항셍 은행(Hang Seng Bank, 사례연구 23)의 사례 연구는 고객들에게 가까이 더 다가가 더 많은 비즈니스 채널을 제공하려 노력하고 있는 은행의 모습을 잘 보여 주고 있다. 고객의 평생 가치는 그 고객이 당신의 기업에서 얼마나 자주 구매하는가, 구매 시 어느 정도의 비용을 지출하는가, 당신 기업의 제품을 마지막으로 구매한 것은 언제인가 그리고 평생 동안 그들은 당신의 기업에서 무엇을 주로 구매할 것인가를 반영한 것이다.

브랜드 친밀도의 개념

아는 것이 힘이다. 고객에 대해 많이 알수록 기업은 고객과 가까워지고 고객과 일 대 일 관계를 형성할 수 있다. 경쟁사를 차단하고 기업의 수익을 극대화하기 위해서는 브랜드와 고객 사이에 이러한 정도의 친밀도가 필요하다. 이는 기업의 모든 마케팅 노력을 집중하고 정비함으로써 고객과 브랜드가 하나가 되는 것을 의미한다.

아시아 지역에서 관계는 사회 생활과 사업 활동의 근간을 이루고 있다. 몇몇 기업들은 이를 잘 활용하고 있다. 조르지오 아르마니(Giorgio Armani)의 아태 지역 사장인 제이콥 메이어(Jakob Meier)는 이렇게 말한다. "아시아 지역에서는 고객과의 개인적인 관계가 매우 중요합니다. 우리는 아시아 고객들의 데이터 베이스는 특별히 더 자세히 분석하고 있습니다. 우리는 고객이 다양한 제품에 대해 어떻게 반응하는지에 대해 더 많이 알려고 노력합니다."

고객과 가까워지고 친밀해진다는 것은 고객이 무언가를 필요로 하는 시점에서 당신의 브랜드가 이를 제공할 수 있는 가장 유리한 위치를 확보하게 된다는 것을 의미한다. 당신의 브랜드는 고객이 도움이나 조언을 필요로 할 때 그리고 특히 제품을 구매하고자 할 때 가장 먼저 떠올리는 친구가 될 것이다. 이는 절대로 강매가 아니며 오히려 매우 바람직한 브랜드 전략이다. 고객에 대한 정보를 이용함으로써 고객이 정말로 기업을 필요로 하는 경우에만 한해서 미리 제품을 제안할 수가 있기 때문이다. 그리고 고객은 이와 같은 제안을 환영할 것이 분명하다. 이러한 활동을 통해 기업은 고객을 귀찮게 하지 않으면서도 브랜드 제안에 지속적으로 가치를 더해 갈 수 있다. 고객들은 방해받는 것은 싫어하지만 친밀한 것은 좋아한다. 고객과의 관계가 어떻게 관리되느냐에 따라 당신의 브랜드는 가까운 친구로 인식될 수도 있고 아니면 귀찮은 방문자로 인식될 수도 있다.

좋은 브랜드 관리는 고객 중심적이어야 한다

브랜드가 성공하기 위해서는 고객 중심으로의 대대적인 전환이 필요하다. 즉 고객이 모든 브랜드 활동의 중심이 되어야 한다는 말이다. 그러므로 웹사이트, 제품 개발, 광고, CRM 프로그램, 그리고 브랜드 이미지에 영향을 줄 수 있는 모든 활동들은 브랜드를 일관적이면서도 적절하게 반영하고 있어야 한다. 그리고 이는 많은 경우에 기업과 고객이 더 가까워질 수 있도록 기업의 구조를 개선해야 함을 의미한다. 이 작업은 CRM에 있어서 필수적이다. 결과는 충분히 만족스러울 것이다. 훌륭한 브랜드를 신속하게 구축할 수 있기 때문이다. 강력한 브랜드를 구축한 기업들은 고객들의 니즈와 욕구, 느낌을 철저히 이해하는 것부터 시작하여 항상 고객의 측면에서 생각한다.

브랜드 관리의 도전: 고객 관리자 되기

몇몇 세계적인 브랜드들은 제품 중심적인 조직 구조를 가지고 있으며 브랜드 및 제품 관리자들이 조직 내에서 가장 중요한 위치를 차지하고 있다. 그러나 이러한 모습은 점차 바뀌고 있는 추세이다. 물론 당신의 기업도 바뀔 수 있다.

브랜드 관리자들은 늘 준비되어 있어야 한다. 가장 기본적으로는 브랜드-고객 관계 정립에 전념해야 하며 가장 고차원적으로는 기업 전체의 고객 관리 정책을 총괄해야 한다.

브랜드 관리자는 단순히 제품이나 제품 군뿐만 아니라 특정 고객 그룹에게 행해지는 모든 종류의 서비스를 책임질 의무가 있다. 이러한 관리 책임 범위의 변화가 영국의 슈퍼마켓 체인인 테스코(Tesco)를 어떻게 변화시켰는지를 살펴보자. 수 년간 매장 관리자의 주된 업무는 선반이 채워졌는지, 배송이 완료되었는지 등의 매일 매일의 매장 운영 현황을 체크하는 것이었다. 이제 이러한 업무들은 하위 관리자들에게 모두 위임되었다. 현재 매장 관리자의 가장 큰 관심사는 매장에 가장 높은 가치를 제공하고 있는 고객들의 이름을 일일이 암기하는 일이다. 매장 관리자는 이 고객들에게 정기적으로 전화를 걸어 테스코의 서비스에 만족하고 있는지를 확인한다. 이번 달에 고객을 화나게 했던 적은 없었는가? 테스코가 더 분발해야 할 점은 무엇인가? 왜? 그리고 어떻게? 테스코는 이 특별 고객들이 매장 매출의 80% 이상을 담당하고 있다는 사실을 발견하였다. 따라서 이 고객들 중 어느 한 사람이라도 테스코에 대해 만족하지 못한다면 이들은 곧 다른 매장을 이용하게 될 것이고, 따라서 테스코의 매출은 곧바로 감소하게 되는 것이다. 또한 이 과정에서 테스코 브랜드 네임의 가치 역시 떨어질 것은 말할 필요도 없는 사실이다.

브랜드 관리는 미시적인 동시에 거시적이어야 한다

브랜드 고객 관리는 테크놀러지의 눈부신 발전에 힘입어 새로운 혁신을 맞이하게 되었다. 그 결과 브랜드 관리자들은 브랜드와 고객 간의 개별적인 관계를 구축하기 위해서 시장과 고객 그룹을 미시적 관점과 거시적 관점 모두에서 보아야 하게 되었다. 이는 쉬운 일이 아니며, 브랜드 관리가 기업 조직의 모든 기능들과 유기적으로 연결되어 있어야 만이 가능하다.

브랜딩 기회

CRM은 브랜드 관리에 있어 상당한 기회를 제공한다. CRM 기술의 발전 덕분에 기업은 각각의 고객들에 대한 선호 사항, 기피 사항 등과 같은 세세한 정보를 얻을 수 있게 되었기 때문이다. 게다가 모든 브랜드 관리자들은 이제 고객들과 개별적으로 상호 활동을 하고 또한 고객들을 각각의 특성에 따라 다르게 대우할 수 있게 되었다. 그러나 이러한 일 대 일 접근 방법이 사실상 본래의 기능을 다하고 있다고 보기는 어렵다. 왜냐 하면 많은 기업들이 그들이 수집해야 하는 정보가 무엇인지 그리고 그 정보로 무엇을 하고자 하는지에 대한 충분한 고려 없이 CRM 기술을 성급하게 도입하였기 때문이다. 다시 말해 CRM 전략을 개발하는 데 실패한 것이다.

이 책의 마지막 부분에 부록으로 첨부된 '브랜드 관리 도구 모음' 에는, 기업이 CRM 프로그램을 도입할 때에 고려해야 할 사항들에 대해 자세히 소개되어 있다. 이 부분에 대해 좀더 관심이 있는 사람에게는 저자와 마틴 트롯(Martin Trott)이 공동으로 집필한 '소비자 유혹하기: 강력한 관계 관리를 통한 브랜드 가치의 최대화' (「*Romancing the Customer: Maximizing Brand Value Through Powerful Relationship Management*」, John Wiley & Sons, Singapore, 2001)를 읽어 보기를 권한다.

본 장을 마무리하는 사례 연구 23에서는 한 은행이 인터넷 뱅킹 서비스를 도입하는 과정을 보여 주고 있다(은행들은 고객과의 관계를 관리하지 않는 것으로 유명하다). 특히 모든 직원들이 참가하고 모든 커뮤니케이션 채널을 활용하는 가운데 목표 청중을 진정으로 만족시키는 방법을 통해 이를 이루어 냈다는 사실이 중요하다. CRM을 기반으로 온라인 및 오프라인 브랜드 전략을 수립하려는 기업들에게 이는 매우 좋은 본보기가 될 것이다.

사례 연구 23

항셍 은행(Hang Seng Bank) e-이미지 만들기

항셍 은행은 자산 총액 측면에서 일본을 제외한 아시아 지역에서 가장 큰 은행으로 꼽힌다[38]. 이 은행은 홍콩 인구의 1/3을 고객으로 확보하고 있다. 최근 인터넷 시대의 흐름에 따라 항셍 은행은 'e'에 대해 단순한 유통 채널 이상의 의미를 부여하게 되었다. 은행의 커뮤니케이션 프로그램은 브랜드의 e-이미지를 조성하는 데 초점을 맞추어져 있다. 이러한 e-이미지는 브랜드의 핵심 가치와 일치할 뿐만 아니라 은행이 고객들의 변화하는 니즈에 부응하기 위해 얼마나 노력하고 있는지 역시 잘 보여 주고 있다. 이에 따라 기업의 슬로건도 '항셍 은행, 탁월한 선택'으로 새롭게 설정되었다.

"경쟁이 극심한 시장 상황에서, 기업을 돋보이게 할 수 있는 유일한 것은 브랜드와 브랜드 이미지입니다. 이것은 경쟁자들로부터 기업을 차별화시키며 고객들에게 기업을 미리 홍보하는 역할도 합니다." 항셍 은행의 부행장이자 기업 커뮤니케이션의 총책임자인 월터 쳉(Walter Cheung)은 말한다. "고객들의 취향이 변화하고 있다는 사실을 알게 된 이상 기업은 이러한 고객들과 발맞추어 갈 수밖에 없습니다. 고객들은 그들의 니즈에 따라 계속해서 진화해 가는 브랜드를 선택하기 때문입니다."

변화의 필요성

은행은 초창기부터 진보성, 신뢰성, 프리미엄 서비스, 고객 배려 등의 브랜드 이미지를 구축하기 위해 노력하였다. 그러나 홍콩 최초로 1967년 7년 만기 모기지론을 선보이고 2000년 1월 가상 신용 카드를

38) 자료제공: 2001년 8월 파이낸스 아시아(Finance Asia)

출시하는 등 솔루션 제공에 있어서 선도적인 역할을 수행했음에도 불구하고 사람들은 항셍 은행의 이미지를 여전히 보수적인 것으로 인식하고 있었다.

은행은 좀더 변화하는 모습을 보여 주기 위해서 2000년 7월 e-이미지 캠페인을 시작하였다. 항셍 인터넷 뱅킹의 브랜드 네임과 함께 슬로건인 '항셍 은행, 탁월한 선택' 도 소개되었다. 이 캠페인은 은행이 고객들에게 얼마나 관심을 가지고 있는지 그리고 새로운 소비자 욕구를 만족시키기 위해 은행이 얼마나 변화에 고심하고 있는지를 보여 주고 있었다. 내부 및 외부 커뮤니케이션과 함께 진행된 이 e-이미지 캠페인을 통해 항셍 은행은 현대적이고 진보적인 이미지를 구축하였으며 인터넷 선두주자로서 자리매김하였다.

"흔히 '혁신이 아니면 도태' 로 설명되는 비즈니스 환경 속에서 미래 지향적인 우리 기업의 이미지 포지셔닝은 고객 충성도와 시장 리더십을 확고히 하는 데 도움이 될 것입니다." 쳉은 말한다.

항셍 은행은 e-이미지 캠페인의 성공에 힘입어 2001 골드퀼 어워즈(Gold Quill Awards)을 수상하였다. 항셍 은행은 비즈니스 커뮤니케이터 국제연합(International Association of Business Communicator)에서 주최한 이 대회에서 8개 수상 부문의 수상자 가운데 유일한 아시아 기업이었다.

www.hangseng.com/e-banking을 통해 2000년 8월에 개시한 인터넷 뱅킹 서비스는 급속하게 성장하였다. 2001년 9월까지 16만 명 이상의 고객이 가입을 마쳤으며 현재 인터넷 뱅킹을 통한 거래량은 은행의 총거래량의 8.5%에 이른다.

AC 닐슨(AC Nielsen)의 이미지 인식 보고서에 따르면 e-이미지 캠페인의 출시 이후 항셍 은행을 진보적인 은행으로 인식하고 있는 사람들의 비율은 1999년 11월 36%에서 2000년 12월 51%로 증가하였다고 한다. 특히 이 캠페인은 항셍 은행의 주요 표적층인 18세~39세 고객들에게 성공적으로 소구한 것으로 나타났다. 이 연령층에서 인터넷 뱅킹에 가입한 사람들의 비율은 2001년 6월까지 무려 73%에 달했다. AC 닐슨 넷레이팅스(AC Nielsen/NetRatings)의 분석에 따르면 hangseng.com은 홍콩의 21~34세 여성이 애용하는 인터넷 사이트 3위에 올랐다고 한다.

"우리의 새로운 이미지를 통해 고객들의 현재의 욕구와 미래의 니즈를 확실히 만족시키고 고객들에게 훌륭한 경험을 제공하려는 우리의 노력이 널리 알려질 수 있었습니다. 훌륭한 경험은 충성스러운 고객을 만들어 줄 것이며, 이 고객들은 그들이 원하는 바에 대해서는 기꺼이 프리미엄을 지불할 것입니다."

새로운 시장

인터넷의 대중화 덕분에 오늘날의 고객들은 전보다 훨씬 더 영리해졌으며 기업 선택에 많은 대안들을 갖게 되었다. 단 한 번의 클릭이면 경쟁사의 웹사이트로부터 자사의 웹사이트로의 이동이 가능한 것이다. 사업 모델도 이에 따라 급격하게 변화하고 있다. "시장 경쟁력의 강화하기 위해서 우리는 인터넷 뱅킹을 시작할 수밖에 없었습니다. 그렇지 않으면 현재의 시장점유율조차 잃게 될 판국이었죠." 쳉은 말한다.

항셍 은행은 고객들에게 편리하지만 부가 가치적인 채널을 이용한 금융 거래 서비스보다는 인터넷 뱅킹 서비스와 같은 저비용의 자동 채널을 이용하기를 권장하였다.

가장 큰 걱정거리는 항셍 은행이 1996년부터 웹사이트를 통해 인터넷 뱅킹을 홍보해 오기는 했지만 정작 이 서비스를 시작한 첫 번째 은행은 아니라는 사실이었다. 다른 은행들은 이미 1년 전부터 인터넷 뱅킹 서비스를 제공하고 있었다. "우리는 서비스의 첫 출시자라는 사실이 온라인 세계에서는 그리 중요하지 않다는 것을 곧 깨달았습니다. 이보다는 얼마나 안전하고 믿을만한 인터넷 뱅킹 서비스를 고객들에게 제공하고 있는지 그리고 얼마나 다양한 범위의 서비스를 제공하고 있는지가 더 중요합니다." 쳉은 말한다.

항셍 은행은 인터넷 뱅킹 서비스의 활성화를 위해서 고객에게 더 가까이 다가가고 새로운 고객을 확보하며 교차 판매의 비율을 높일 수 있도록 좀더 강력한 브랜드 이미지가 필요하다고 생각하였다. 쳉은 'e-이미지의 개발은 우리가 테크놀러지와 혁신을 통해 고객들의 라이프 스타일을 향상시키고 있다는 이미지를 심어 주기에 매우 적절했습니다. e-이미지는 또한 가치를 추구하는 투자자들을 끌어 모을 수도 있으며, 훌륭한 직원들을 확보하고, 유지하고, 동기부여하는 역할도 하고 있습니다' 라고 말하였다.

항셍 은행은 2000년 파 이스턴 이코노믹 리뷰(*Far Eastern Economic Review*)지에서 발표한 '리뷰 200: 아시아의 선도 기업들' 에서 '고객들의 니즈에 혁신적으로 대응하는 기업' 이라는 평가를 받으며 홍콩 지역 부문 3위에 랭크되었다. 순위권의 기업들 가운데 금융 기관은 항셍 은행이 유일했다.

인터넷 뱅킹은 은행의 통합화되고 다채널화된 서비스 네크워크에서 중요한 부분을 차지하게 되었다. 은행의 각 지점들은 금융 상품을 판매하고 고객과 직접 상담하는 센터로 바뀌었으며 이는 은행 거래 시 일 대 일 상담을 선호하는 고객들을 만족시키고 있다.

모든 커뮤니케이션 채널을 활용하여 e-이미지 구축하기

항셍 은행의 e-이미지는 현대적이고 고객들을 배려하며 사용자 중심의 이미지로 재디자인된 1996년의 CI를 토대로 구축되었다. 새로운 슬로건인 '항셍 은행, 탁월한 선택' 은 은행의 '고객님을 생각합니더'' 정신에서 비롯된 것으로, 탁월한 서비스를 추구하고 고객의 기대치보다 항상 한 발 더 앞서 가겠다는 항셍 은행의 강한 의지를 보여주고 있다.

이렇듯 철저히 준비된 캠페인은 2000년 7월 인터넷 뱅킹 서비스 개시를 한 달 앞둔 시점에서 시작되었다. 두 종류의 TV 광고와 기업

지면 광고에서는 항셍 은행이 고객들의 삶을 편리하게 만들어 주고 있음을 강조하였다. 또한 기업의 새로운 슬로건과 인터넷 뱅킹을 위해 특별 제작된 아이콘이 소개되었기 때문에 은행의 서식 및 마케팅 커뮤니케이션 자료들은 이러한 e-이미지의 일관적인 적용을 위해 모두 재검토되었다.

PR 활동은 무대 뒤 배경, 2000년 연간 보고서 주제, 인터뷰 등 모든 가능한 장소에서 이루어졌다. 항셍 은행의 대표이사는 기회가 될 때마다 'e'를 강조하였다. 은행 본사에 설치한 눈부신 조명의 옥외 광고판과 항셍 빌딩 벽에 걸린 1,000평방피트가 넘는 거대한 포스터는 사람들의 시선을 잡아 끌기에 충분했다. 화려한 현수막과 포스터는 은행의 건물과 몇몇 지점에 내걸렸다.

2000년 8월 1일은 항셍 은행이 공식적으로 인터넷 뱅킹 서비스를 개시하는 날이었다. 은행은 이 날을 e-데이(e-Day)로 명명하였으며 모든 직원들에게 특별히 디자인된 티셔츠를 입도록 했다.

e-이미지를 강화하려는 노력의 일환으로 2000년 8월부터 항셍 은행은 기업의 성과를 발표하는 기자 회견을 웹사이트를 통해 생방송으로 진행하였으며 온라인을 통해 재시청도 가능하도록 하였다. 홍콩이 2000년 9월 MTR 주식회사에 대해 최초로 e-IPO 서비스[39]를 도입하였을 때 항셍 은행의 웹사이트는 두 번째로 많은 조회 건수를 기록했다.

항셍 은행의 캠페인은 다양한 인터넷 관련 커뮤니티 프로그램을 통해 홍콩 전역에 알려졌다. 2000년 9월에 시행된 항셍 올림픽 e-Wish 캠페인에서는 대중들이 인터넷을 통해 홍콩의 대표 선수들에게 격려의 메시지를 보내는 서비스를 제공하였다.

2001년 음력 설에는 풍요의 신이 포함된 e-카드 서비스가 실시되었고 공동 모금회를 돕기 위한 항셍 저금통 자선 모금 인터넷 경매가 진행되었다. 불과 2주 동안 고객 및 비고객들이 발송한 e-카드는 2

39) 인터넷 기업 공개를 서비스를 말함

만 통이 넘었으며 1970년대부터 1980년대에 제작된 39개의 저금통을 인터넷을 통해 경매한 액수는 자그마치 33만 홍콩 달러에 이르렀다.

브랜드 문화 개발

e-이미지 캠페인은 초기 기획 단계부터 기업 내부의 7,400명 모든 은행 직원들에게 홍보되었다. 기업의 메시지를 대중들에게 성공적으로 전달하기 위해서는 우선 은행 내부에서 인터넷 문화를 받아들이는 것이 필요했기 때문이다. "고객들은 서비스 자체뿐만 아니라 서비스를 수행하는 사람들에 대해서도 알고 싶어합니다. 우리는 인터넷 문화가 직원들을 고무시켜 그들 역시 브랜드의 성공에 기여할 수 있기를 기대합니다. 또한 모든 직원들이 끊임없이 움직이고, 이야기하고, 브랜드 약속을 전달하기를 원합니다." 쳉은 말한다.

직원들의 교육을 위해서는 대규모의 세미나, 광고 전단, 본사 및 지점의 직원들에 대한 정기적인 아침 방송 등 인터넷과 관련된 다양한 인터넷 교육 프로그램이 진행되었다. 직원 식당을 비롯한 은행의 곳곳에는 e-코너가 설치되었다. 은회색 컬러로 새롭게 디자인된 직원 유니폼은 첨단의 분위기를 주고 있었다.

혁신의 문화는 직원들 사이에서도 강화되었다. 은행의 관리 이사와 팀장들은 '혁신 챔피언'으로 지명되어 은행의 사업 측면 및 인적자원 개발 측면 모두가 '탁월'하고 '뛰어나'도록 은행 전체를 이끌어 나아가는 임무를 부여받았다. 사업 개선에 대한 아이디어를 내어 이것이 채택된 경우 그 직원에게는 포상금이 돌아갔다. 또한 직원들은 인터넷 뱅킹 서비스를 공식적으로 개시하기 이전에 서비스 시연회를 가졌다. 이는 이 시스템이 대규모의 고객층을 받아들일 준비가 되어 있는지를 확인하기 위한 작업이기도 했다.

사업 전략과 그 결과

은행의 인터넷 뱅킹 전략은 초기부터 이미 은행 전체의 고객 관계 개선 사업 계획에 포함되어 있어 대규모의 예산이 책정된 상태였다. "우리의 인터넷 뱅킹 서비스는 유가 증권 거래를 포함한 자산 관리 서비스를 제공하는 주요 수단입니다. 이는 갈수록 줄어드는 이자 수익을 수수료 인상과 고수익 사업을 통해 만회하려는 노력의 일환입니다." 첑은 말한다.

초기의 인터넷 뱅킹은 은행에 통합 계좌를 보유하고 있는 고객들만 이용이 가능했다. 그러나 서비스 이용자의 범위는 신용 카드 소지자, 항셍 MPF 강제 적금에 가입한 회사원, 자영업자들로 계속해서 확대되었다. 인터넷 뱅킹은 또한 교차 판매에 있어서도 효과적인 것으로 나타났다. 2000년 8월부터 2001년 6월의 기간 동안 새로 개설된 통합 계좌의 월평균건수는 2000년 7월에 비해 36% 증가하였다. 또한 새로 개설된 유가 증권 계좌의 월평균건수 역시 같은 기간에 비해 248% 증가하였다. 현재에는 은행의 유가 증권 거래의 50% 이상이 인터넷 뱅킹 서비스로 이루어지고 있다.

2000년 12월부터 2001년 6월까지 새로 개설된 투자 펀드 계좌의 월평균 건수는 2000년 11월에 비해 276% 증가하였다. 2001년에 진행된 고객 만족도 조사에 따르면 인터넷 뱅킹 서비스에 대한 만족도는 자그마치 96%에 이른다고 한다.

항셍 은행은 좀더 고객 중심적이 되고자 인터넷 뱅킹 서비스를 지속적으로 확장해 나아가고 있다. 현재 웹사이트를 재디자인하고 비즈니스 인터넷 뱅킹 서비스를 개시하려는 계획이 진행중에 있다. "우리의 사업이 아무리 번창한다고 해도 항셍 브랜드가 변화하는 소비자 니즈를 만족시키는 탁월한 서비스를 상징한다는 사실을 우리는 늘 잊지 않을 것입니다." 첑은 말한다.

인터넷과 CRM은 고객을 확보하고 유지할 수 있는 수단으로서 최근 브랜드 관리자들 사이에서 주목받고 있다. 그러나 이 활동들을 성공적으로 수행하기 위해서는 고객들에게 풍부한 브랜드 경험을 제공해 주는 것이 필요하다. 또한 이 모든 브랜드 활동을 지원하는 강력한 조직 문화 역시 뒷받침되어야 한다. 다음 장은 직원들을 동기부여하고 고객들을 만족시키는 강력한 브랜드 문화를 구축하는 방법에 대해서 논하고자 한다.

8 브랜드여 장수하라!: 브랜드 문화 창조하기

진실의 순간

진실의 순간들은 성공과 실패, 강점과 약점, 충성과 포기, 진전과 후퇴를 결정한다. 진실의 순간들은 기업이나 브랜드가 정의하는 것이 아니라 실제 삶 속에서 브랜드를 경험하는 사람들에 의해서 정의된다. 미국의 월드 트레이드 센터와 국방성이 테러리스트들의 타겟이 되었던 지난 2001년의 9.11사태처럼 어떠한 순간들은 전세계가 주목하고 역사에 기록되는 반면, 어떠한 순간들은 상대적으로 주목을 받지 못한다. 정치 세계의 모습과 사람들의 인식 관리를 기본으로 하는 정치 세계의 속성은 이론적으로나 실제적으로나 브랜딩 세계와 별로 다르지 않다. 이 둘 모두 다윈의 적자생존의 원리를 따르며 여론, 평판, 충성심에 대해 영향력을 갖고 싶어한다.

브랜딩의 세계에서 아주 뛰어난 기업들은 강력한 브랜드 구축만이 생존과 차별화의 유일한 길임을 잘 알고 있다. 이러한 기업들은 6장에서 언급된 바 있듯이 중대한 위기 상황을 겪으면서 전세계가 주목하는 진실의 순간을 경험하기도 한다. 그러나 그들은 브랜드-고객 관계에서 매일매일 진실의 순간들을 접하고 있다는 사실 또한 잘 알고 있다. 브랜드는 소비자들의 마음 속에만 존재하는 것이기 때문에 소비자들과의 접촉은 곧 진실의 순간이다. 이러한 철학은 스칸디나비안 항공 시스템(SAS: Scandinavian Airlines Systems)의 전 CEO였던 얀 칼슨(Jan Carlzon)의 말에 잘 나타나 있다. 매년 1천 200만 명의 고객들이 한 번의 여행에서 5명의 SAS 직원과 마주친다고 했을 때 전직원은 총 6천만 번의 진실의 순간을 갖게 된다고 그는 설명하였다. 즉 브랜드 경험을 긍정적이거나 부정적인 방향으로 끌어 낼 기회가 6천만 번 있다는 뜻이다. 그는 소비자와의 접점은 모두 중요하기 때문에 기업은 이 접점들을 어떻게 관리할 것인지 세심하게 고민해야 한다고 이야기하고 있다. 이것이 바로 브랜드 관리적 사고이다.

'그게 그렇게 쉬운 일이라면…!'

기업이나 브랜드 이미지를 책임지고 있는 사람들은 아마도 "그게 그렇게 쉬운 일이라면…!"라고 말할지 모른다. 그러나 칼슨의 전략을 살펴본다면 이러한 반응이 결코 과장은 아니라는 사실을 알 수 있다. 칼슨은 구조, 체계 그리고 테크놀러지를 비롯한 많은 부분들을 변화시켰으며, 특히 일선의 직원들이 소비자들의 브랜드 경험에 영향을 줄 수 있는 결정을 직접 할 수 있도록 허락하였다. 그는 직원들에게 동기부여를 하고 결정권한을 위임함으로써 SAS 브랜드를 구축하는 데 성공하였다. 직원들은 이를 통해 브랜드 및

그림 8.1 **브랜드 관리 휠**

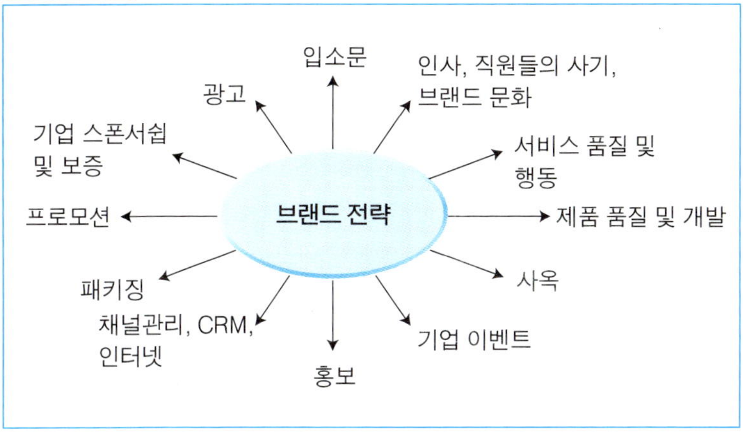

사업 가치에 자신들이 기여하고 있다는 사실을 인식할 수 있었다. 즉 그는 브랜드-고객 관계를 중심으로 기업의 모든 기능에 대한 대대적인 조직 변화 프로젝트를 달성해 낸 것이었다. 이는 결코 쉬운 작업은 아니었을 것이다.

칼슨과 같은 CEO들과 주요 기업 및 상품 브랜드를 담당하고 있는 브랜드 관리자들이 해결해야 할 주요 과제는 전략과 변화를 통해 브랜드를 구축하고 사람들에게 동기를 부여함으로써 브랜드 약속을 실천하도록 하는 것이다. 이 과제는 특히 기업 혹은 하우스 보증 브랜딩 방법을 사용하는 사업 분야의 사람들에게 중요하다. 본 장에서는 [그림 8.1]의 브랜드 관리의 휠(Wheel)을 어떻게 관리해야 이 과제를 잘 해결할 수 있을지에 대해 알아본다.

브랜드 관리의 휠은 매우 중요하다. 이는 소비자 경험의 모든 측면과 모든 접점이 신중히 관리되어야 함을 보여 주고 있다. 그러나 사실상 이들을 잘 관리하는 기업은 그리 많지 않다. 브랜드 관리가 허술한 원인은 휠의 중심에서부터 가장자리의 각 지점까지 일관되게 적용되는 브랜드 전략이 없기 때문인 경우가 많다. 명확한 브랜드 전략을 가지고 있는 기업은 휠의 가장자리를 관리하기가 훨씬 쉽다. 표에서 '브랜드 전략'이라고 명명된 휠의 중심은 조직 내의 모든 구성원들이 각자의 담당 영역에서 어떻게 브랜드 관리를 실행해야 하는지에 대한 지침을 제공한다.

명확한 브랜드 퍼스낼리티나 포지셔닝이 없는 경우 일관된 브랜드 관리는 거의 불가능하다. 이는 다양한 분야를 관리하는 담당자들에게 줄 수 있는 지침이 없는 것이나 마찬가지이므로 당면 문제에 한해서 그때 그때 임시방편으로만 움직일 것이기 때문이다. 이렇게 되면 브랜드 이미지는 혼동되고 뒤섞이고 상대적으로 약화될 것이며 이로 인해 브랜드 관리자들도 곤경에 처하게 될 것이다.

브랜드 전략이 명확히 정립되어 있지 않으면 기업의 에이전시들 역시 그 브랜드가 무엇을 상징하는지, 그 브랜드의 플랫폼이 무엇인지 그리고 서로 다른 목표 청중들에게 전달해야 하는 주요 메시지가 무엇인지를 명확히 알 수가 없다. 한 클라이언트가 왜 광고 에이전시들은 브랜드 메시지를 클라이언트 측이 기대하는 방향에 맞게 표현하지 못하는지에 대해 저자에게 원인조사를 부탁한 적이 있었다. 클라이언트가 적절한 브랜드 브리프를 광고 에이전시에게 제공했는지를 물었을 때 그는 그렇다고 대답했다. 그러나 저자가 그 브리프를 보여달라고 요구하자 그는 브리프가 문서가 아닌 구두로 주어졌다고 말하였다. 결국 클라이언트가 브랜드 퍼스낼리티나 포지셔닝을 명확하게 정의하지 않았기 때문에 광고 에이전시의 제작팀이 이해한 브리프의 내용은 실제 클라이언트가 기대하는 바와 거리가 있었던 것이었다. 이는 에이전시에게 요구되는 것과 클라이언트가 실제로 받는 것 사이에 왜 지속적인 오해가 일어날 수밖에 없는지를 잘 보여 주는 사례라 하겠다.

다음은 브랜드 관리 휠의 각 부분이 브랜드 관리자들에게 어떠한 의미를 갖는지에 대한 간단한 설명이다.

광고

어떠한 형태로던 광고를 전혀 하지 않기는 힘들다. 그러나 기업들은 종종 이미지 광고나 전술적 광고에 혹하는 경향이 있다. 그러나 광고는 전술적인 부분과 이미지적인 부분을 모두 포함하고 있어야 한다. 전술적인 부분은 변화하는 경쟁의 움직임과 브랜드의 특징, 속성, 혁신을 다루기 위해 필요하며 이미지적인 부분은 일관된 브랜드 메시지를 구축하는 데 필요하기 때문이다.

스폰서쉽과 보증

브랜드와 관련된 모든 스폰서쉽, 모든 공동 브랜딩의 기회 그리고 외부 집단 및 개인들에 의한 모든 보증 활동이 브랜드의 성격과 잘 어울려야 한다는 사실은 매우 중요하다. 예를 들어 강인함과 독립성을 내세우는 말보로(Malboro)는 싱크로나이즈드 스위밍이 아닌 포뮬라 1 (Formula 1) 자동차 경주를 스폰서하고 있다.

프로모션

브랜드 이미지를 희석화하지 않기 위해 프로모션은 꼭 필요할 때만 사용하도록 한다. 계속되는 '특별 세일' 이나 여타의 프로모션 활동은 저가의 브랜드 이미지를 줄 수 있다. 공동으로 브랜드 프로모션을 할 경우에도 이것이 고객층에 적절한지와 브랜드끼리 서로 적합한지에 대해 살펴보아야 한다.

채널 관리, CRM, 인터넷

CRM과 인터넷에 대해서는 7장에서 많이 언급되었다. 유통 채널과 관련해서는 브랜드가 자사가 아닌 타사에 의해 관리되는 경우에 조심해야 한다. 유통 채널 관리자들이 자사의 브랜드를 적절히 대변하고 있는지, 그리고 자사 브랜드를 판매하는 다른 유통 채널과 가격 경쟁을 하는 것이 아니라 시장의 타브랜드와 경쟁하는 데 집중하고 있는지를 살펴보아야 한다. 구찌(Gucci) 기업은 유통 채널들에 의해 자사의 브랜드가 적절치 못하게 관리되고 있음을 파악하고 모든 프랜차이즈들을 다시 사들이기도 하였다.

PR

이 부분 역시 6장에서 충분히 설명되었다. PR은 브랜드 구축의 중요한 원천이다. 시장에서 당신의 브랜드 네임을 알릴 수 있는 기회를 얻기 위해 다양한 PR 활동을 실행하고, 위기 발생 시에는 신속하게 대응하자.

기업 이벤트

기업이 직접 주최하던 이벤트 기획사로부터 아웃소싱을 받던, 모든 기업의 이벤트들은 많은 사람들의 관심의 대상이 된다. 따라서 적절한 이미지를 유지하기 위해 세심한 관리가 필요하다.

사옥(社屋)

당신의 건물과 사무실도 브랜드를 표현한다. 그러므로 이들 역시 표적 청중 인식에 적합하도록 유지되어야 한다.

제품의 품질 및 개발

최고의 품질 없이 강력한 브랜드를 구축할 수는 없다. 또한 혁신은 이제 더 이상 호사가 아닌 필수 사항이 되었다. 당신은 품질과 혁신 이 두 가지 모두를 갖추어야 한다.

서비스 표준과 행동

서비스 품질은 브랜드 관리에 있어서 가장 어려운 요소인 동시에 가장 필수적인 요소이다. 서비스의 질이 낮아지는 것은 브랜드 이미지에 치명적인 해를 입힐 수 있다. 따라서 고객 서비스의 모든 측면들을 지속적으로 점검할 필요가 있다. 고객 서비스 점검을 일회에 그치는 교육 과정이 아닌 지속적인 프로세스로 여기자.

인사, 직원들의 사기 그리고 브랜드 문화

본 장의 앞부분에서 논의되었던 것처럼 브랜드는 실천되어야 한다. 직원들이 브랜드 정신을 지지하고 이를 적극적으로 실천하기를 원한다면 일단 조직의 문화와 직원들의 사기가 좋아야 한다. 인적 자원의 개발 및 관리의 모든 부분이 브랜드와 연관되어야 한다.

입소문

브랜드를 구축하는 가장 강력한 방법 중의 하나는 바로 만족한 고객들의 입소문을 이용하는 것이다. 야후(Yahoo!)는 이 방법을 이용하여 초기 몇 년 동안 광고를 전혀 하지 않고도 브랜드를 성공적으로 구축할 수 있었다. 고객들의 지지는 지속적으로 제공되는 훌륭한 브랜드 경험을 통해서만이 형성될 수 있다. 그러나 이로 인해 얻게 되는 보상은 엄청나다. 모든 부분들에 대해 충실하라. 그러면 입소문은 당신의 가장 강력한 브랜드 구축 수단이 될 것이다.

강력한 브랜드는 일관성을 바탕으로 구축된다. 일관성은 기업 경영의 전반에 걸친 일관되고 적절한 행동을 통해 얻어질 수 있다. 그러나 일관성은 명확히 정의된 브랜드 전략에 의존한다. 바로 이 부분이 브랜드 관리자의 기술과 실력이 최대로 요구되는 부분이다. 브랜드 관리 휠의 여러 활동들을 아주 철저히 그리고 분석적으로 살펴보자. 그리고 당신 자신과 당신의 동료들에게 다음과 같은 질문들 던져 보자.

- 브랜드 비전과 플랫폼은 명확하게 표현되어 문서화되었는가?
- 브랜드를 일관적으로 관리하기 위해 각 영역에서는 현재 어떠한 일들을 하고 있는가?
- 각 영역에서는 브랜드 관리를 개선하기 위해 무엇을 해야 하는가?

브랜드에 따라 어떠한 활동들이 다른 활동들에 비해 더 관련성이 있을 수는 있지만, 브랜드 관리 휠의 모든 활동들은 모두 똑같이 중요하다. 따라서 모든 부분들을 향상시킬 수 있는 실행 계획이 만들어져야 하며, 이는 브랜드를 관리하고 보호하는 책임자들의 수시로 점검되어야 한다.

이 모든 내용의 핵심은 바로 기업들의 강력한 브랜드 문화 구축의 필요성이다. 다음에서는 브랜드 문화를 구축할 수 있는 몇 가지 실질적인 방법들을 알아보기로 하겠다.

브랜드의 실천: 강력한 기업 브랜드 행동 및 문화의 개발

기업들은 그들의 행동으로서 평가받는다. 기업이 말하고 행동하는 하나하나가 기업의 이미지와 평판에 영향을 미친다. 강력한 브랜드와 그에 상응하는 브랜드 이미지를 구축하기 위해서 기업의 행동은 사람들이 늘 호의적으로 인식하는 방향으로 통제되고 다듬어져야 한다. 그리고 이는 곧 훌륭한 고객 관계로 이어질 것이다. 그러나 부정적으로 인식된 기업 행동은 좋지 못한 고객 관계를 초래하게 된다. 브랜드 보호의 역할 중 하나가 바로 기업 행동을 관리하는 것이다. 이 역할은 매우 중요하며, 또한 넓은 범위에 걸쳐 적용된다.

브랜드 관리 휠에 제시된 아이디어들은 제품, 서비스, 기업 모두에게 적용되어야 한다. 그러나 기업이 모든 활동의 중심이 되고 고객들이 기업의 대표자와 빈번하게 상호 교류하고 있는 상황에서 강력한 기업 브랜드 이미지를 구축하고자 할 경우, 전체적인 브랜드 문화는 브랜드 퍼스낼리티 및 브랜드 가치를 중심으로 구축되어야 한다.

기업 이미지, 브랜딩 그리고 문화

많은 기업들이 현대적인 업무 방식을 도입하고 경영 스타일을 변화시키려고 노력함에 따라 기업 문화는 최근 빈번하게 거론되는 주제가 되었다. 현대의 기업 문화에 적합하면서도 미래에 효율성과 유효성을 향상시킬 수 있는 많은 정교화된 교육 및 조직 개발 활동들이 내부 및 외부의 전문가들에 의해 진행되고 있다. 기업 문화를 있는 그대로 표현하자면 '우리가 기업에서 일하는 방식' 이 된다. 그러나 본질적으로 이야기 하자면 기업 문화는 기업 전체에 퍼져서 그 기업만의 독특한 스타일과 느낌이 된 직원들의 태도, 신념, 가치, 관례 그리고 행동들의 복합적인 총체라고 볼 수 있다.

기업 문화는 직원과 고객 모두에게 큰 영향을 미칠 수 있다. 기업 문화가 어떠한지에 따라서 기업은 직원들에게 활기차고 신나는 공간이 될 수도 있고 반대로 일하러 가고 싶지 않은 우울한 일상적 공간이 될 수도 있다. 기업 문화는 직원들에게 힘을 줄 수도 있고 그들을 예속시킬 수도 있다. 또한 기업 문화는 어느 곳에나 존재하는 것이기 때문에 조직의 내부는 물론 외부에까지 그 영향이 미칠 수 있다. 고객들은 기업의 직원들과 접촉할 때 그 직원의 사기, 태도, 표현 방식을 통해 기업 문화를 느낄 수가 있고, 의견 제시와 서비스 수준을 통해 기업 문화를 알 수가 있다. 기업 문화는 기업 이미지에도 상당한 영향을 미치기 때문에 신중히 관리되어야 한다.

훌륭한 브랜드 이미지를 개발하고 유지하기 위해서 기업은 이에 걸 맞는 문화를 창조할 필요가 있다. 만약 기업이 기업 브랜드 혹은 서비스 브랜드 등을 개발하고 유지하려고 한다면 기업 문화 역시 브랜드의 핵심에 부합하는 것이어야 한다. 브랜딩은 기업 문화를 변화시키는데 있어서 매우 확실하고도 믿을만한 방법이다. 그 이유에 대해서는 곧 논의될 것이다.

많은 기업들은 기업 문화를 새롭게 구축하거나 혹은 기존의 것을 바꾸기 위해 기업 가치들을 직원 행동 지침으로 설정하곤 한다. 그러나 브랜드를 구축하는 데 있어서 가장 효과적인며 종종 가장 성공적인 방법은 바로 브랜드 퍼스낼리티를 창조하는 것이다. 물론 이 퍼스낼리티는 브랜드가 진정으로 의미하는 바가 무엇인지를 함축하고 있어야 한다. 퍼스낼리티 특성을 기반으로 브랜드 플랫폼(brand platform)이 형성될 경우 소비자들은 브랜드와 쉽게 관계를 맺을 수 있게 된다. 그리고 일단 퍼스낼리티 특성이 브랜드의 근간으로 설정되었다면 기업 문화는 이와 동일한 정체성을 가질 수 있고 또한 가져야 할 것이다.

기업 가치 vs. 브랜드 가치

브랜드를 구축하기로 결정을 내린 기업들은 이미 조직 내부적으로 정의된 기업 가치들을 가지고 있는 경우가 많다. 직원들이 이에 정통하고 있지 못하더라도 말이다. 여기서 한 가지 주의해야 할 점은, 너무 많은 가치들은 직원들을 혼돈시킬 수 있다는 사실이다. 기업 가치와 브랜드 가치의 차이점은 반드시 모든 직원들에게 상세히 설명되어야 하는데, 보통 이러한 교육에는 대개 브랜드 관련 인쇄물과 일정 교육 프로그램이 복합적으로 사용된다.

이 차이점을 쉽게 설명하기 위한 한 가지 방법은 건물의 논리를 이용하는 것이다. 모든 건물의 건축에는 튼튼한 기초 공사가 중요하다. 기초 공사가 튼튼하지 않은 건물은 쉽게 붕괴되기 마련이다. 기업의 경우 기업 가치들이 바로 이 건물의 기초 공사에 해당된다. 기업 가치는 조직원들이 함께 일하는 방법을 정해 준다. 예를 들어 팀워크, 품질에 대한 관심, 성실함, 고객 중심 등의 가치와 신념들이 그 예이다. 일단 이러한 가치들을 바탕으로 튼튼한 기초 공사가 완성되면 이제 관심은 건물의 스타일이나 외관으로 옮아가게 된다. 기업의 경우 이는 기업이 외부 세계에 보여지기 원하는 모습이다. 이것이 주로 퍼스낼리티 특성으로 표현되는 브랜드 가치들인데, 이 브랜드 가치들은 때때로 건물의 외관과 스타일뿐만 아니라 기업 외부 사람들의 인식에까지 영향을 미친다.

기업이 브랜딩 작업에 착수할 때 이미 일련의 기업 가치들를 가지고 있는 상태라면 이 가치들을 고수할 것인지, 새로운 브랜드 퍼스낼리티로 교체할 것인지, 혹은 이들을 모두 사용할 것인지를 결정해야 한다. 기업 가치들이 브랜드 가치들과 어느 정도 비슷할 경우 기업 가치들은 그대로 유지되어도 무방하며, 퍼스낼리티는 이 가치들의 실행에 더욱 힘을 실어 주는 역할을 할 수 있다. 예를 들어 한 기업이 '믿을 수 있는' 이라는 기업 가치를 가지고 있다고 가정해 보자. 이 기업의 '의지할 수 있는' 이라는 퍼스낼리티는 이와 유사한 의미로 해석될 수 있을 것이다. 그러나 반대로 브랜드 퍼스낼리티와 완전히 동떨어진 기업 가치들를 가지고 있는 경우에는 기존의 가치들의 일부 혹은 전부를 버리고 브랜드의 새로운 가치들에 근거한 새로운 문화를 심는 것이 바람직하다. 기업은 미래에도 중요할 것으로 생각되는 가치들은 그대로 유지하기를 원할 수 있는데, 그 가치가 브랜드 퍼스낼리티 특성과 배치되지만 않는다면 그렇게 해도 무방하다. 실제로 몇몇 기업들은 기존의 가치들과 퍼스낼리티 특성을 혼합하여 가지고 있다. 그렇지만 여기서 중요한 것은 직원들이 이 두 가치들을 혼동하지 말아야 한다는 것이다.

모든 브랜드 변화 에이전시들이 강조하듯 기업의 가치들을 전파하는데 있어 브랜드 가치들은 조직의 각 레벨에서 명확하게 정의되고 또 설명되어야 한다. 이를 위해 모든 사업 단위들은 브랜드 가치와 사업 계획을 통합시켜 이들을 모든 사업 활동에 전략적으로 적용해야 한다. 또한 브랜드를 모든 직원들의 업무 각각에 반영시킬 수도 있어야 한다. 이러한 활동들은 다음 부분에서 좀더 자세히 다루도록 하겠다.

사업 단위별 브랜드 전략 계획 개발

저자는 사업 단위, 부문, 부서별로 그들이 브랜드 가치들을 어떻게 제공할 것인가에 대해 단기 및 중기적인 계획을 세우게 하는 것이 효과적이라는 사실을 발견했다. 여기에는 지원 서비스 부서들 역시 반드시 포함되어야 하는데, 이는 그들이 일하는 방식을 바꾸지 않는 한 소비자들에게 직접적인 영향을 미치는 부서들은 그들의 계획을 실행하는 데 많은 어려움을 겪을 것이기 때문이다. 통신 기업을 예로 들어 보자. 고객들이 유선, 무선, 인터넷 서비스 등에 대한 청구서를 따로따로 받는 상황에서 마케팅이나 세일즈 사업 단위들이 '친근함' 이라는 가치를 제대로 실행하기란 매우 어려울 것이다. '고객 우선주의' 의 청구 방법은 모든 요금을 포함하는 단 하나의 청구서만을 발급하는 것이기 때문이다. 따라서 고객 인식에 변화를 주고 또한 영향을 미치기 위해서는 시스템 및 처리 절차 모두를 변화시켜야 할 경우가 많다.

이러한 점들에 유의하면서 모든 부문들 및 부서들(IT, 재무, 기술개발(R&D), 인사, 생산, 신용 관리, 물류, 마케팅, 기업 커뮤니케이션 등)은 그들이 각각의 브랜드 가치를 어떻게 실행할 것인지에 대해 최고경영층에 보여 줄 수 있는 전략적 전술적 계획을 개발해야 한다. 이 계획들은 모호한 문구들의 나열이 아닌 시간 및 수행 범위까지를 규정하는 구체적인 활동의 계획이어야 한다.

브랜드 전략 워크샵은 각 부서들이 그들의 계획을 명확히 할 수 있는 가장 좋은 방법이다. 일단 관리자들이 이와 같은 계획을 수립하는데 익숙해지면 브랜드 구축의 성취 및 관리는 한결 쉬워진다. 각 부서들 역시 브랜드의 관점에서 직원들의 업무를 보다 명확하게 정의할 수가 있게 된다.

한 예로 '혁신'을 브랜드 가치 혹은 퍼스낼리티 특성으로 하는 브랜드 전략 실행에 대해 살펴보자. 이를 브랜드 가치로 내세우고 있는 기업들은 많지만 이들의 상품 및 서비스가 실제로 '혁신적'이기 위해서 실행하는 방법은 각각 다양하다. 질레트의 경우 최근 5년 안에 출시된 제품들로 연간 매출의 40% 이상을 채우도록 하는 정책을 가지고 브랜드 가치를 실현하고 있다. 3M은 이 비율이 25%이다. 개인 생활 용품을 생산하는 카오(Kao)라는 일본 그룹도 이러한 '혁신'에 집중하고 있는데, 전체 7천 명의 직원들 가운데 2천여 명이 기술개발(R&D) 소속의 직원들이다. 이는 피앤지(Procter & Gamble)의 3배에 달하는 비율이다. 카오의 목표는 세계적인 기업이 되는 것이다. 그리고 이는 세계 시장에서의 기회를 적극적으로 획득할 수 있는 지속적인 신제품 개발을 통해서만이 이루어질 수 있다고 카오는 믿고 있다.

디즈니 주식회사(Disney Corporation)는 '이미지니어링(Imagineering)' 팀이라는 것을 만들어 회사의 6개 부서에 대한 혁신을 주도하게 하고 있다. 이는 2천여 명으로 구성된 두뇌 집단으로서 비행 시뮬레이션, 인공 지능, 인지 심리학, 신경 해부학, 수학, 신경 네트워크 등과 같은 전문 분야의 전문가 및 과학자들이 고액의 연봉을 받으며 연구에 몰두하고 있다. 그들의 임무는 미래를 창조하는 것인데, 그 미래에는 가상 테마 파트가 존재하고 어린이들이 원하는 장난감이 그대로 디즈니의 웹사이트에 실현된다. 이것이 바로 디즈니 기업이 사람들을 행복하게 만들겠다는 디즈니의 미션을 실제 실행으로 옮기고 있는 한 예이다.

이처럼 모든 브랜드 가치 혹은 기업 퍼스낼리티 특성은 기업 수준에서 뿐만 아니라 각 부서 그리고 특정 직무 수준에서까지 아주 신중하게 정의되어야 한다. 브랜드는 모든 가능한 전략적 방법으로 실현되어야 하며 나아가 조직 내 모든 직원들에 의해서 실천되어야 한다. 버진 그룹(Virgin Group)에 대한 사례 연구 24는 하나의 브랜드 가치가 하나의 사업 영역에서 어떻게 실천되고 있는지를 보여 주고 있다.

사례 연구 24

버진 그룹(The Virgin Group)
자, 즐깁시다!

1960년대의 자유주의에서 영감을 얻어 설립된 버진 그룹은 지난 30여 년 동안 리차드 브랜슨(Richard Branson) 경에 의해 구축되어 온 기업이다. 기업 창립자의 이미지가 브랜드에 얼마나 많이 반영될 수 있는지 그리고 그 창립자의 카리스마적인 스타일이 어떠한 방식으로 기업의 다양한 사업에 영향을 미치고 또한 직원들에게 브랜드를 실천하도록 고무하고 있는지를 잘 보여 주고 있다.

버진 그룹의 광범위한 사업 영역은 기업 브랜드의 관점에서 보았을 때 매우 흥미로운 브랜드 확장 사례이다. 저자는 5장에서 기업 브랜드가 제품 브랜드에 비해 확장이 용이하다고 언급한 바 있다. 버진 그룹은 예사롭지 않았던 버진 레코드 사업을 시작으로 하여 현재에는 콜라, 결혼 예복, 화장품, 철도 여행, 금융 서비스, 이동 통신, 인터넷 관련 사업, 와인, 항공 여행 분야의 다양한 기업들 및 산업들로 확장되었다.

비록 모든 사업 영역에서 성공을 거둔 것은 아니었지만 버진은 다음과 같은 브랜드 가치에 대한 한결 같은 몰입을 통해서 현재와 같은 대대적인 브랜드 확장을 이룰 수 있었다. 버진의 브랜드 가치들은 다음과 같다.

- 최고의 품질
- 혁신성
- 가격 대비 높은 가치
- 기존의 것에 대한 도전
- 즐거움과 당돌함

이를 상업적으로 해석해 보자. 버진 경영진은 합작 투자 요청이 밀려들고 그 요청들의 90% 이상이 수익성 있는 것이었음에도 불구하고 위의 브랜드 가치 5개 가운데 4개 이상이 충족되지 않을 경우에는 이를 받아들이지 않았다. 물론 버진의 가치가 곧 브랜드 퍼스낼리티는 아니다. 이는 브랜슨이 자신의 퍼스낼리티이기도 한 '즐거움과 당돌함'과 '기존의 것에 대한 도전'을 버진 브랜드 가치에 추가시킨 결과였다. 최고의 품질, 가격 대비 높은 가치 그리고 혁신성은 이제는 더 이상 차별화의 요소가 아닌 필수적인 요소이다. 그러나 버진과 같은 기업들은 브랜드가 상징하는 바와 그들이 믿는 바를 지속적으로 상기시키기 위해 이러한 가치들을 여전히 명시하고 있다.

이러한 브랜드 가치들은 모든 소비자 접점에서 적용된다. 다음은 '즐거움과 당돌함'이란 브랜드 가치가 버진 아틀란틱(Virgin Atlantic)을 비롯한 기타 브랜드에 대해 어떻게 적용되고 있는지를 보여 주는 사례이다.

브랜드 가치: 즐거움과 당돌함

상품: 버진 항공사는 항공사 최초로 개인 마사지, 라이브 록 밴드, 카지노 등의 서비스를 탑승객들에게 제공하면서 상품 혁신을 주도해 왔다. 버진 비행기에서는 제일 비싼 좌석도 간단히 '상위 클래스'라고만 부른다.

서비스: 기내 승무원들은 친절하고 유쾌하며 즐거움을 추구한다. 고

객들과 농담을 주고 받기도 하고 또 모자를 나누어 주기도 한다. 이 모든 것들은 즐거운 분위기를 조성하기 위함이다. 때때로 승무원들은 예상치 못한 부분에서 재치와 기발함을 보여 주기도 한다. 한 번은 저자가 비행기로 여행하던중 좌석에서 일어나면서 바지가 찢어진 일이 있었다. 다른 승객들과 승무원들 사이에서는 곧 웃음이 터져 나왔다. 그러자 한 승무원이 나를 주방으로 데려가 찢어진 바지를 직접 꿰매어 주었다.

웹사이트: 버진 아틀란틱의 웹사이트를 클릭하면 버진 컬러의 비행기가 등장하여 화면을 가로질러 날아가며, 그 비행기의 창 밖으로는 누군가가 손을 흔들고 있다. 이 사이트에서 또 하나 재미 있는 부분은 바로 '사이버 첩보 센터' 였다. 방문자들이 즐거움의 소재를 새롭게 발견할 때마다 이를 사이트에 보고하는 것이다.

PR: 브랜슨은 '즐거움' 이라는 버진 브랜드의 가치를 알리기 위해서라면 어떠한 기회도 놓치지 않는 사람이다. 그가 세계 기록 갱신을 위해 목숨을 걸고 기구에 올라타기 바로 전, 한 예리한 기자가 기구 안의 좌석이 '영국 항공(BA: British Airways)' 의 것임을 알아채고는 그에게 왜 자사의 좌석을 사용하지 않았는지를 물었다. 이에 브랜슨은 영국 항공의 좌석은 잠이 잘 오지 않는다며 재치 있게 응수하였다.

이벤트: 버진은 싱가포르 텔레콤(Singapore Telecom)과 조인트 벤처 형태로 버진 모바일(Virgin Mobile) 브랜드를 출시하면서 기자들과 기타 매체의 대표들을 초대하여 사자춤을 선보였다. 사자춤은 경사스러운 일을 축하하는 중국의 전통 놀이이다. 춤이 끝나자 사자는 머리에 쓰고 있던 탈을 벗었다. 사자는 바로 브랜슨이었다. 그는 사자춤을 직접 배워 사람들에게 예상 밖의 즐거움을 선사하고자 했던 것

이었다. 이어진 기자 회견 중에서 그는 버진과 싱가포르 텔레콤은 합작 회사를 만드는 것이 아니라 하나의 브랜드를 함께 만드는 것이라고 청중들에게 진지하게 설명하였다. 그는 버진 결혼 예복 브랜드를 출시하면서 신부 드레스를 입고 나오기도 했으며 벌거벗은 채로 바다를 뛰어다니기도 했다. 또한 싱가포르 항공(Singapore Airlines)과의 계약 마무리 단계에서 최종 거래 가격이 논의되고 있었을 때 브랜슨은 싱가포르 항공의 CEO에게 다음과 같은 메모를 건넸다고 한다. "이 거래 가격에는 동의합니다. 그런데 오늘 점심값은 누가 내는 거죠?" 이 사례는 아주 심각한 상황에서도 '즐거움'의 가치를 포기하지 않는 브랜슨의 모습을 보여 준다. 그리고 결국 그 날의 점심값은 에어라인 측에서 지불했다고 한다.

브랜드 가치들을 실천하는 브랜드는 고객들뿐만 아니라 파트너 기업들로부터도 호감을 얻을 수 있는 것이다.

브랜슨이 없어지면 어떻게 될까?

이것은 창립자를 기반으로 한 브랜드의 경우에 매우 심각한 고민일 수 있다. 물론 우리는 그가 계속 기업에 남아 있기를 원하지만 그도 언젠가는 은퇴를 할 수밖에 없기 때문이다. 그러나 월트 디즈니의 경우처럼 버진 브랜드 역시 그 신화와 브랜드 가치들이 계속 실천되어서 소비자들의 브랜드 경험이 강화되고 기업에게 지속인 성공을 가져다 줄 수 있기를 바란다.

모든 직원들에게 브랜드 가치를 명확히 정의하라

브랜드 퍼스낼리티 특성들을 직원들에게 단순히 알리는 것 만으로는 충분치 않다. 이 퍼스낼리티 특성들은 다음의 두 단계에서 구체적으로 정의될 필요가 있다.

첫째, 브랜드 퍼스낼리티 특성들은 기업 전체적인 수준에서 총체적으로 정의되어야 한다. 이를 통해 직원들은 이 퍼스낼리티 특성들이 조직의 목표와 어떠한 연관이 있는지를 알게 되기 때문에 각각의 특징 혹은 가치들을 더 잘 이해할 수 있게 된다. '혁신'이라는 브랜드 가치를 예로 들어 보면, 이 가치는 '창조적인', '재원이 풍부한' 그리고 '적극적인'의 세 가지 행동으로 이해될 수 있다. 모든 직원들은 브랜드 가치를 숙지하고 있어야 하며 브랜드의 실천이 왜 중요한지 그리고 가치 정의에 포함된 행동들이 브랜딩 프로세스에 있어서 왜 중요한지 역시 알고 있어야 한다. 이 첫 번째 단계는 직원들에게 브랜드에 대한 실질적인 인지 및 이해를 위한 노력을 요구하고 있으며, 이는 여러 번의 단기 교육 프로그램이나 대대적인 브랜드 선포 이벤트를 통해 성취될 수 있다.

둘째, 퍼스낼리티 특성들은 구체적인 업무 수준에서 정의되어야 한다. 적절한 브랜딩이란 기업의 모든 활동이 브랜드 퍼스낼리티 특성을 반영하고 있어야 함을 의미한다. 이는 진실의 순간을 성공적으로 맞이할 수 있는 방법이기도 하다. 즉 CEO를 비롯한 모든 직원들은 브랜드 퍼스낼리티를 그들 자신의 업무에서 직접 실천하기 위해 노력해야 한다는 것이다. 그 이유는 간단하다. 직원들은 새로운 브랜드 퍼스낼리티나 이를 설명하는 일반적인 문구들은 잘 이해한다. 그러나 그들에게는 브랜드 퍼스낼리티가 그들의 업무와 직접적으로 어떠한 연관이 있는지가 더 중요하다. 만약 직원들이 브랜드 가치를 어떻게 적용해야 하는지를 알지 못하면 그들은 이 가치들을 피상적으로 수행할 수밖에 없고, 따라서 고객들은 별다른 변화를 느낄 수가 없게 된다. 훌륭한 브랜드 관리를 위해서는 모든 직원들이 기업 퍼스낼리티 특성들과 각 특성들이 의미하는 바가 무엇인지를 알고 있어야 할 뿐만 아니라 이 가치들을 그들의 업무에 어떻게 적용해야 하는지도 알아야 한다. 그리고 브랜드 관리자들은 이를 위해 인사부와 밀접하게 협력할 필요가 있다. 브랜드의 잠재력을 실현시키는 데 있어서 가장 큰 문제는 브랜드 자체, 브랜드가 무엇을 의미하는지 그리고 브랜드가 각자에게 어떠한 의미가 있는지를 명확하게 모른다는 데 있기 때문이다.

지름길은 없다

'배려' 라고 하는 특성이 있다고 한다면 기업은 이 브랜드 가치가 고객 서비스 담당자, 리셉셔니스트, IT 관리자, 제품 생산 관리자 등 직원들 각각에게 의미하는 바가 무엇인지를 교육을 통해 설명해 주어야 한다. 브랜드 구축에 있어서 지름길이란 없으며 더 많은 시간과 노력이 투자될수록 브랜드의 성공 가능성은 그만큼 높아진다. 브랜드 특성 중의 하나가 '혁신' 일 때 역시 기업은 트럭 기사, 영업 사원, 출납 사원, 인사부 직원 등 모든 개개인들이 그들의 일을 하는데 있어서 이 특성이 어떠한 의미를 가지고 있는지를 잘 설명해 주어야 한다. 이렇게 한 후에야 비로소 직원들은 브랜드 퍼스낼리티를 실천하기 위해서 그들이 가져야 하는 특정 행동, 태도, 관계들이 어떠한 것들인지를 알게 될 것이다. 듀퐁(DuPont)과 같은 기업들은 브랜드 가치들을 실천하는 데 도움을 주기 위해 모든 직원들을 교육시키기도 한다. 그 예로 듀퐁은 '혁신' 이라는 가치를 가지고 있는데, 모든 직원들의 아이디어를 한데 모으기 위해 2만 6천 명의 직원들을 대상으로 혁신 교육 프로그램을 진행하고 있다. 디즈니는 네 가지의 브랜드 가치에 대해 청소부부터 CEO에 이르기까지 총 3만 2천 명의 직원들을 교육시키고 있다. 또한 디즈니의 모든 직원들은 이틀에 걸쳐 진행되는 가치 교육 프로그램에 참가해야 한다. 각각의 가치들은 각각의 업무에 맞게 정의되어 교육되며, 따라서 모든 직원들은 이 가치들이 그들의 업무에서 어떻게 적용될 수 있는지를 알게 된다.

브랜드에 함축된 의미가 업무에 실질적으로 어떻게 연관되는지를 직원들에게 교육하기란 쉽지 않다. 이는 인사 관리, 개발 그리고 교육에 있어서 엄청난 의미를 가진다. 그러나 이는 선택 사항이 아니라 기업의 성과와 브랜드의 일관성을 위해 필수적이다. 지름길은 없다. 그러나 이 활동을 성공적으로 수행한 기업들은 반드시 어마어마한 보상을 받게 될 것이다. 직원들이 퍼스낼리티에 기반한 이 가치들을 잘 이해하지 못하면 어쩌나 하는 걱정은 하지 않아도 된다. 저자의 경험에 의하면 직원들은 이를 매우 쉽게 이해하며, 이 가치들을 통해 경쟁사들로부터 자사를 차별화할 수 있다는 사실을 쉽게 받아들인다. 직원들은 이전에 진행되었던 교육 및 프로젝트를 통해서는 알 수 없었던 브랜드 퍼스낼리티의 목적까지 깨닫게 될 것이다. 이는 직원들이 이미 퍼스낼리티를 다루어 왔을 뿐 아니라 그들이 대하는 기업들을 퍼스낼리티 측면에서 판단하는 경향을 갖고 있기 때문이다.

브랜드 가치에 대한 집중 교육 프로그램을 개발하라

교육은 브랜드 가치들을 잘 실천하기 위해서 꼭 필요한 부분이다. 직원들에게 기업의 브랜드 전략을 알리고 이 가치들이 그들의 업무에 어떻게 적용되는지를 설명하는 것은 물론 중요한 일이다. 그러나 브랜드 가치가 아무리 명확하게 정의되었다 할지라도 직원들은 이를 잘 수행하기 위한 새로운 기술들을 습득해야만 한다.

가장 효과적인 방법은 각각의 가치를 가장 잘 수행하고 있다고 평가받고 있는 직원의 행동을 분석하는 것이다. 그 직원에게 일어났던 중요한 사건들을 살펴보자. 그리고 그 직원이 무엇을 했고 또 어떻게 했는지를 알아보자. 그 다음에는 이 사건을 알고 있는 사람들을 인터뷰해 본다. 이 조사를 통해 특정 가치를 실현할 수 있는 기술들을 찾아 낼 수 있을 뿐만 아니라, 직원들의 브랜드 가치 실천을 도울 수 있는 기업 활동에는 어떠한 것들이 있는지를 알 수 있다. 다음은 한 아시아계 은행이 '배려' 란 가치에 대해 직원들과 일련의 인터뷰를 진행한 결과이다.

요구되는 개인적 기술	기업의 가치에 함축된 의미
공감하고 있음을 보여 주는 것	열린 마음과 정직함에 대한 장려
감성 회복력	코칭 및 카운셀링 개선
판단 보류	대인 관계 기술 교육
경청	팀워크 강화
긍정적 혹은 부정적 피드백	
자기 단련	
솔직함과 정직함	
공식적인 것과 비공식적인 것의 결합	

위의 내용을 보면 알 수 있겠지만 타인(직원, 부하, 고객, 공급 업체 등 포함)을 진심으로 보살피고 배려한다는 것은 쉬운 일이 아니다. 이것은 단순한 친절함보다 훨씬 더 심도 있는 태도 관련 기술이며 이로 인해 많은 스트레스가 유발될 수도 있다. 따라서 모든 직원들이 '배려' 의 가치를 실천하고 이 브랜드 가치를 생활화하기 위해서는 집중적인 코칭 및 교육이 필요하다. 이는 기업의 비전, 미션, 브랜드 전략 그리고 신뢰성을 위해 절대적으로 중요한 것이기

때문이다. 강력한 브랜드를 구축하는 데 지름길이란 없다. 몇몇 기업들은 직원들이 브랜드 가치들을 확실히 이해하고 이를 업무에 적절히 적용하고 있는지를 철저히 확인하고 있다. 인텔(Intel)이 바로 그러한 경우이다(사례 연구 25).

사례 연구 25

인텔 주식회사(Intel Corporation)
브랜드 성과를 극대화하는 교육

1990년대 인텔은 직원들에게 브랜드 가치를 정의하고 교육하는 일에 적극적으로 나서기 시작하였다. 인텔의 여섯 가지의 브랜드 가치 각각에 대한 수행 평가가 어떻게 진행될 것인지에 대해 명확히 정의되었으며 이에 따라 철저한 교육이 진행되었다. 인텔의 가치들 가운데 하나는 '위험 감수' 이다. 다음 부분에서는 이 브랜드 가치들을 실제로 적용하는 데 있어서 기업이 직원들을 어떻게 돕고 있는지를 요약하고 있다.

내부 커뮤니케이션을 통해 브랜드 가치들을 기업의 미션, 목표, 그리고 전략에 연계시키는 것과는 별도로, 기업은 모든 직급의 직원들을 1주일에 걸친 교육 프로그램에 참가시켰다. 각 팀장들은 이 가치들이 인텔의 성공과 어떻게 연결되는지를 설명하였으며, 모든 직원들이 이 가치들을 모범적으로 실천해야 한다는 점을 강조하였다.

'위험 감수' 는 직원들이 이해하고 적용하기 어려운 가치인 것으로 드러났다. 직원들은 위험을 감수한 행동이 좋은 의도에도 불구하고 실패했을 경우 이에 대한 상사의 질책을 두려워하고 있었다. 다른 브랜드 가치들의 실제 적용에 있어서도 문제점들이 발견되기 시작했다. 이에 따라 '인텔 가치 실행 위원회' 가 조직되었으며 이 위원회는 각 가치마다 5개의 주요 행동 지침을 도출하였다. '위험 감수' 에 대한 다섯 가지 행동 지침들은 다음과 같다.

- 변화를 받아들이자.
- 현실에 안주하지 말자.
- 모든 생각과 관점에 귀를 기울이자.
- 사전에 보고된 위험 감수 행동은 권장하고 또 보상한다.
- 성공과 실수로부터 배운다.

인텔은 직원들이 여전히 여러 가지 질문들에 대해 명확한 대답을 원하고 있다는 사실을 깨달았다. 예를 들어 품질에 문제가 생길 시 위험을 감수해도 되는가와 같은 질문들이다. 인텔은 이러한 과정을 거치면서 직원들을 도울 수 있는 도구들을 제공하였다. 예를 들어 인텔은 360도 핵심 경영 조사로 업그레이드된 자기 평가 조사를 전세계 직원들을 대상으로 실시하고 있다. 각 가치들에 해당하는 각 행동 지침에 대해 직원들은 먼저 스스로 자기자신에 대한 평가 점수를 매겼으며 또한 다른 사람이 자신에 대해 매긴 평가 점수도 받았다. 예를 들어 위험 감수 가치에 대한 핵심 행동 지침인 '사전에 보고된 위험 감수 행동은 권장하고 보상한다'의 경우 다음과 같은 행동을 얼마나 자주 하느냐에 따라서 점수가 매겨졌다.

- 기대와 한계를 명확히 정의하지 않는다.
- 오직 성공적인 활동에 대해서만 보상한다.
- 실패는 결코 용납될 수 없다는 것을 커뮤니케이션한다.
- 실행에 대해 충분한 시간을 주지 않는다.
- 직원이 사전에 승인된 위험으로 인해 실패한 경우 이를 질책한다.
- 명확한 오너쉽 및 책임의 소재를 주장한다.

모범 실천자의 활용과 교육 도구 모음

인텔은 각 브랜드 가치를 성공적으로 실행하고 있는 모범 실천자들을 찾았다. 그들의 행동 및 기술들은 앞서 소개된 항생 은행이 실시한 것과 유사한 방식으로 분석되었다. 위험 감수는 인텔이 추구하는 최고의 가치이다. 따라서 10개 부문으로 구성된 교육 도구 모음도 가장 먼저 만들어졌다. 이 교육 도구 모음에는 팀 및 개인 실습뿐만 아니라 모범 실천자들과의 문서화 및 비디오화된 인터뷰, 구체적인 이슈들에 대한 조언 그리고 기타 사용할 수 있는 참고 자료의 목록들도 포함된다.

브랜드 가치의 '고수'

인텔은 모범 실천자 전략을 수행하기 위한 '고수'를 지명하였다. 가치 혹은 가치 프로세스의 '고수들'은 가치를 실행하는 것을 보여 주고 또한 같이 고수가 될 수 있는 사람들을 찾아 내는 역할을 맡았다. 로리 프라이스(Laurie Price)는 이 고수들 – 혹은 가치 챔피언들 – 중 한 명으로서, 다음의 두 가지 질문을 바탕으로 직원들을 위한 가치 실행 프로그램을 개발하였다.

- 당신은 브랜드 가치들이 의미하는 바를 알고 있습니까?
- 당신의 행동은 어떻게 이 가치들에 부합하고 있습니까?

이 프로그램의 효과에 대해 사전 및 사후 조사를 실시한 결과 가치들에 대한 직원들의 인지도가 훨씬 더 높아졌음은 물론 이 가치들의 실천 비율 역시 크게 향상되었음을 알 수 있었다. 결국 로리 프라이스가 개발한 이 프로그램은 인텔 대학(Intel University)를 통해 전사원에게 제공되었다.

모범 실천자 시상 제도

이 연례 시상에는 누구든지 후보가 될 수 있다. 그러나 까다로운 심사 과정을 통해 매년 3~4명에게만 상이 주어진다. 수상자는 모든 가치들을 모범적으로 실천해야 함은 물론 이를 거침없이 이야기할 수 있어야 한다.

사실 인텔은 그 자체가 하나의 모범적인 실천자라고 볼 수 있다. 직원들이 브랜드를 실천하도록 하는 데에는 지름길이 존재하지 않으며, 단지 철저한 계획에 따라 열심히 노력해야 한다는 것을 우리에게 일깨워 주고 있기 때문이다. 기업은 직원들 스스로가 브랜드 문화를 만들어 나갈 수 있도록 다방면의 지원을 아끼지 않아야 한다. 또한 무엇이 브랜드 가치들에 있어서 좋은 실적과 나쁜 실적을 가늠하는지를 측정할 준비가 되어 있어야 한다. 이러한 측정은 쉽지는 않으나 분명 가능한 일이다.

'브랜드 실행자'에 대한 보상과 표창

기업이 새로운 프로세스를 도입할 때 기억해야 할 것은, 아무리 충성스럽고 열정적인 직원이라고 할지라도 그 프로세스가 자신들에게 어떠한 이익을 가져다 줄 것인지에 대해 알고 싶어한다는 사실이다. 업무 관행의 변화에 대해 어떠한 표창이나 보상이 뒤따를 경우 직원들이 이를 더 잘 수행하게 된다는 사실은 보편적인 진리이다. 퍼스낼리티 특성을 기업에 수용하는 것 자체는 그리 어렵지 않지만, 이 프로세스의 속도를 높이기 위해서는 직원들에 대한 표창이나 보상 제도를 고려해 보는 것이 바람직하다.

보상

직원들의 연봉 패키지의 일정 부분을 브랜드 가치 수행 성과에 할당하는 것은 이제 기업들 사이에서 드문 일이 아니다. GE(General Electric)의 경우 매년 지급되는 연봉 심사의 50%를 브랜드 가치 수행 성과와 연계시키고 있다. 토로(Toro)는 인센티브 보상액의 25%를, 리바이 스트라우스(Levi Strauss)는 1/3을 이에 할당한다. 리바이스의 경우 브랜드 가치를 제대로 수행하지 못하는 직원은 진급 및 임금 인상에서 손해를 보는 등 경력에 치명적인 영향을 받는다. 브랜드 가치 수행에 대한 실질적인 보상 금액은 기업마다 다르지만, 분명한 것은 어떠한 기업도 이 부분을 가볍게 여기고 있지는 않다는 사실이다. 그렇게 될 경우 가치 인식의 중요성이 낮아질 수 있기 때문이다. 이렇게 브랜드 가치를 성과 관리와 평가 시스템에 포함시키는 것은 이 가치들이 기업의 행동으로 전환되어 소비자들이 일관적으로 보고 경험할 수 있게 하기 위함이다. 이는 소비자들의 인식에 영향을 미치며 기업의 브랜드 이미지에도 중요한 영향을 미친다. 그리고 더 나아가 기업의 수익성을 증대시키는 데도 기여할 수 있다. 하버드 경영대학원(Harvard Business School)의 조사에 따르면 '성과 향상 문화를 실천하는 기업'은 그렇지 않은 기업들보다 수백 퍼센트나 더 높은 수익 성장을 보인다고 한다.

표창

직원들이 브랜드 가치를 더 잘 수행하도록 하는 방법에는 반드시 금전적인 보상만이 있는 것은 아니다. 다음은 지금까지 많은 기업들을 대상으로 시도되었고, 또한 좋은 성과를 보였던 동기 부여 방법들이다.

- **모범 실천자:** 모든 브랜드 가치 혹은 하나 이상의 브랜드 가치를 탁월하게 수행한 직원들을 선발한다.
- **CEO 상**

- **일등 상:** 팀별, 부서별, 사업부 단위별 등
- **뉴스 레터 혹은 사보 공지를 통한 공로 치하:** 우수한 브랜드 수행자들을 사내외 모든 관계자들에게 알린다.
- **고객 상:** 고객들에게 훌륭한 브랜드 경험이나 큰 기쁨을 제공한 직원들을 선발한다.
- **동료 상:** 투표를 통해 각 직위 별로 브랜드 가치를 가장 훌륭히 수행한 직원들을 선발한다.
- **우수 팀 상:** 브랜드 가치 개발과 실행에 혁신적인 기여를 한 팀을 선발한다.
- **브랜드 앰배서더:** 브랜드 가치 수행에 헌신적으로 임하고 또한 구성원들에게 존경받는 직원들을 선발한 후 그들이 브랜드와 브랜드 실행 방법, 성공 사례 등을 전파할 수 있게 한다. 또한 가능하다면 기업이 운영하고 있는 각 시장의 상위관리자들을 뽑아서 이들이 브랜드 실천을 개선할 수 있는 방안에 대해 최고경영층에 건의하도록 한다.

기업은 직원들이 브랜드를 이해하고 실천하도록 도울 의무가 있다. 지금까지 설명한 전략 촉진 방법과 교육 프로그램 이외에, 각종 기업 관련 인쇄물 역시 브랜드 문화 창조를 도울 수 있는 방법 중 하나이다.

브랜드 매뉴얼과 CI 매뉴얼

몇몇 기업들은 자사의 브랜드와 관련해서 사용될 수 있는 것과 그렇지 않은 것을 명확히 설정해 놓은 매뉴얼을 가지고 있다. 이 매뉴얼들은 주로 브랜드의 시각적인 부분을 중점적으로 다루고 있으며 종종 CI 매뉴얼이라고 불리기도 한다. 그러나 TV 광고가 브랜드 퍼스낼리티와 포지셔닝을 적절히 반영하고 있는지와 같이

사전에 미리 설정해 놓을 수 없는 의사 결정 사안들은 조금 더 어려운 문제이다. 가끔 이러한 중요한 결정을 너무 낮은 직급의 사람들에게 위임하는 경우가 있는데 이는 위험한 일이다. 많은 노출이 예견되는 경우 최고경영진에서 의사 결정권을 가져야 한다. 일상적인 브랜드 관리를 위해서나 광고, 프로모션 그리고 에이전시들을 위한 참고 자료로 사용되기 위해서나, CI 매뉴얼은 기업들에게 있어 필수적인 것이라고 할 수 있다.

브랜드 매뉴얼은 모든 직원들을 위한 것!

브랜드 매뉴얼은 모든 직원들을 위한 것으로서 브랜드가 사람들에게 어떠한 의미를 가지고 있는지를 설명해 준다. 이 매뉴얼들은 대개 신규 브랜드 출시 발표회나 브랜드 관련 교육 이벤트 등에서 배포되는데, 이러한 경우 직원들은 '나의 업무에 있어서 브랜드가 의미하는 바는 무엇인가?', '나의 일상 업무에 이 브랜드 가치들을 어떻게 적용할 수 있는가?'와 같은 질문들을 갖게 된다. 브랜드 매뉴얼은 주로 다음과 같은 내용을 담고 있다.

- 브랜드가 사업의 미래에 얼마나 중요한지를 말하는 CEO의 메시지
- 브랜드가 무엇인가에 대한 부분
- 강력한 브랜드들에 대한 소개 및 이 브랜드들이 기업과 직원에게 가져다 주는 효익 예시
- 기업에서 선정한 브랜드 가치들에 대한 설명
- 브랜드를 실제 업무에서 실천할 수 있는 방법에 대한 예시
- 브랜드 실천을 위해 어떠한 행동을 할 것인지를 묻는 질문들

저자의 경험에 따르면 브랜드 매뉴얼은 설명적인 텍스트로만 구성되는 것보다 퀴즈나 기타 활동을 포함하는 등 직원들의 참여를

유도하는 형태로 제작되는 것이 더욱 효과적이다. 또한 화사한 컬러와 창의적인 디자인으로 구성된 매뉴얼이 사람들에게 더 자주 이용되고 또 더 잘 기억되게 마련이다. 각 부서별로 교육 프로그램을 진행하여 모든 직원들이 각각의 브랜드 가치들이 그들의 업무에 어떠한 의미를 갖는지를 알 수 있도록 하는 것도 좋은 방법이다. 직원들은 기업의 가치가 그들의 일상 업무에 어떻게 적용될 수 있을지에 대해 많은 궁금증을 가지고 있기 때문이다.

고객 서비스에 대한 특별한 제안

고객 서비스는 어떠한 사업에서든지 브랜드를 전달하는데 있어서 절대적으로 중요한 역할을 수행한다. 고객 서비스는 대중을 위한 행동 및 '고객 제일주의' 의 주장과는 대조를 이루는, 바로 직원 태도와 가치 실행에 관한 것이다. 따라서 고객 서비스 교육은 일반적인 대인 기술에 대한 프로그램이라기보다는 가치 실행에 중점을 둔 프로그램이어야 한다. 그리고 여기서 브랜드 가치들은 일반적인 행동 기술들 가운데 가장 상위에 위치하고 있어야 한다. 싱가포르 텔레커뮤니케이션즈(Singapore Telecommunications)와 같은 기업은 직원들에게 서비스 교육을 실시할 때 고객들을 다루는 방법은 물론이고 특정 단어, 문구, 몸짓을 사용함으로써 신뢰도를 높일 수 있는 방법까지 교육하고 있다.

탁월한 고객 서비스를 위해서는 직원들에게 권한을 위임함으로써 직원들 스스로가 문제를 해결할 수 있도록 하는 것이 중요하다. 직원들이 고객들의 문제를 이해하고 이를 고맙게 받아들인 후 문제 해결의 책임은 상사에게 떠넘기도록 교육시키는 것은 좋은 방법이 아니다. 현재 많은 기업들은 최일선의 서비스 담당자들이 현장에서 직접 문제를 해결하는 것을 허용하고 있으며, 어떠한 경우에는 직원들이 문제를 해결하는 데 사용할 수 있는 일정액의 예산까지 책정해 놓기도 한다.

물론 고객 서비스가 고객들과 직접 대면할 경우의 행동에만 국한되는 것은 아니다. 소비자 마음 속의 '가치' 다발을 형성하는 많은 다른 요소들 역시 고객 서비스의 관심사이다. 이 요소들의 예는 다음과 같다.

- 품질 보증
- 신속한 방문 수리
- 직원들의 복장 및 외양
- 어조 및 스타일
- 편지나 이메일과 같은 서면 응답의 빈도수 및 스타일
- 제품 및 서비스 지식
- 매장 진열 및 쇼윈도우 연출
- 전화 응대(버튼을 여러 번 누르기만 하고 제대로 연결은 되지 않는 경우가 없도록)
- 콜센터 응대

브랜드-고객 서비스 경험에 영향을 미치는 요소들에 대해서는 다른 기업들의 성공 사례를 벤치 마킹하는 것이 좋다.

워싱턴의 기술 보조 연구 프로그램 기구(Technical Assistance Research Programs Institute)는 고객 서비스 문제의 심각성을 보여 주는 몇몇 놀라운 통계 자료들을 발표하였다.

- 1983년 이래 서비스에 대한 불만은 400% 증가하였다.

- 서비스에 불만을 느낀 고객들의 96%은 기업에게 그 불만 사항을 이야기하지 않는다. 그저 그 기업을 다시는 이용하지 않을 뿐이다.
- 기업이 알고 있는 불만 고객 1명당 기업이 알지 못하는 26명의 또 다른 불만 고객이 존재한다.
- 불만을 느낀 고객은 평균 9~10명의 다른 사람들에게 이를 이야기한다.
- 불만을 느낀 고객의 13%는 최대 20명의 다른 사람들에게 이를 이야기한다.
- 불만을 느낀 고객 1명당 250명의 사람들이 직접 혹은 간접적으로 기업에 대한 부정적인 견해를 듣게 된다.
- 고객들이 거래 기업을 바꾸게 되는 주된 원인은 그 기업이 자신들에게 무시 혹은 무관심으로 대했기 때문이라고 한다. 무려 68%가 그렇게 대답했다!

매사추세츠주 캠브리지 소재의 전략 기획 연구소(Strategic Planning Institute)에 따르면 품질과 서비스에서 뛰어나다는 평가를 받은 기업들은 다음과 같은 특징을 가지고 있다고 한다.

- 평균 9% 높은 가격을 부과한다.
- 일반 기업들에 비해 2배정도 빨리 성장한다.
- 일반 기업들은 매년 2%씩 시장점유율이 하락하는 것에 반해 이들 기업은 매년 6%씩 시장점유율이 향상된다.
- 연간 평균 12%의 수익률을 올린다.

이러한 통계 결과는 대표적인 실례를 실상을 조금의 과장도 없이 그대로 보여 주고 있다. 그러므로 이제부터라도 브랜드 가치들을 언어와 행동으로 커뮤니케이션하고 또 실행해 나아가자! 이에 따라 AT&T 유니버설 카드(AT&T Universal Card)는 다음과 같은 활동을 시작하였다.

- 매일 고객들을 기쁘게 할 수 있는 100가지 이상의 방법을 수집하고 또 분석한다.
- 이를 기업 전체 그리고 각 부서들의 지표을 만드는 기초로서 활용한다.
- 총합계 숫자가 목표치를 초과 달성하는 날에는 모든 직원들에게 보너스를 준다.
- 부서들이 서로 협력할 수 있도록 기업 전체의 지표에 대해서도 보너스를 제공한다.
- 사후 인터뷰를 하기 위해 매달 5천 명의 고객들에게 전화를 건다.

왜 기업들은 브랜드 가치들에 기반한 문화를 구축하고 고객들을 만족시키기 위해 이처럼 노력하는 것일까? 아래의 결과들을 보면 아마 그 이유를 알 수 있을 것이다.

가치들에 기반한 기업 문화 구축에 대한 보상

코터(Kotter)와 헤스켓(Heskett)의 저서 '기업 문화와 성과'(「*Corporate Culture and Performance*」)에 실린 한 조사 결과에 따르면 '성과 향상 문화'는 기업들에게 엄청난 수익을 가져다 주는 것으로 나타났다. 20개국의 200여 개의 기업을 대상으로 4년간 진행된 이 조사에서, 공유 가치들에 기반한 강력한 브랜드 문화를 가진 기업들은 그렇지 않은 기업들보다 훨씬 좋은 성과를 만들어 낸다는 사실이 증명되었다

성과 향상 문화가 있는 기업의 평균 성장률	
총수입	682
주가	901
수익	756

성과 향상 문화가 없는 기업의 평균 성장률	
총수입	166
주가	74
수익	1

여기서의 메시지는 간단하다. 우선 신중하게 브랜드 가치들을 선정한 후 이를 일관적이고 반복적으로 그리고 보상을 충분히 하면서 이 가치들을 강화하라는 것이다.

브랜드 관리는 누구의 책임인가?

CEO의 역할

물론 CEO가 단독으로 브랜드 관리를 책임질 수는 없지만 CEO는 브랜딩을 위로부터 총 지휘하고 또한 강력한 브랜드 관리에 필요한 여건이 마련되도록 지원할 의무가 있다. CEO의 강력한 리더십이 없을 경우 브랜드 관리자들은 많은 어려움을 겪게 되는데, 브랜드 관리의 성패가 달려 있는 인사와 같은 타부서의 기능에 대해 영향력을 행사할 수 없게 되기 때문이다. 브랜드 문화를 적절히 구축할 수 있는 가장 확실한 방법은 CEO가 브랜드 관리자 회의 및 기타 위원회의 활동에 직접 참여하는 것이다. 필립스(Philips)의 사례 연구(사례 연구 26)는 미래 지향적인 CEO가 훌륭한 브랜드 가디언쉽 및 관리 구조 그리고 그 실행에 대한 필요성을 어떻게 이해하고 있는지를 잘 보여 주고 있다.

사례 연구 26

필립스(Philips)
브랜드 철학 – 브랜드 가디언쉽의 실현

필립스의 사장이자 CEO인 제라르 클라이스터리(Gerard Kleisterlee)는 강력한 필립스 브랜드를 통해 가치를 창조하는 데 총력을 기울일 뜻을 명확히 밝혔다. 그는 사업 가치와 브랜드 가치의 구축은 별개의 과정이 아니라고 생각한다. 그는 또한 가치를 창조한다는 것은 경쟁자들보다 소비자들을 더 잘 이해한다는 뜻이며 이러한 기술이 바로 마케팅 기능의 핵심임을 강조하였다.

브랜드 가치의 구축하기 위해서 필립스는 전사적으로 마케팅 경쟁력을 강화하는 데 집중해 왔다. 이는 기업 구조적으로 뿐만 아니라 직원 개별적으로도 이루어졌다. 필립스는 브랜드가 매우 중요하다고 믿고 있는데, 이는 브랜드가 소비자들로 하여금 경쟁사가 아닌 자사의 제품, 직업, 혹은 주식을 선택하도록 하는 데 결정적인 역할을 하기 때문이다. 다시 말해 필립스는 자사의 브랜드와 그 브랜드가 상징하는 바가 소비자, 직원, 주주들 모두에게 지대한 영향을 미친다는 사실을 알고 있다.

필립스의 브랜드 가치는 '보다 나은 것을 만들자' 라는 브랜드 약속으로 함축된다. 이는 다양한 제품들을 제공하고 일자리를 창출하며 사회 구성원으로서의 역할을 다함으로써 사람들의 삶의 질을 향상시키고자 하는 필립스의 목표를 그대로 드러내고 있다. 필립스는 이러한 브랜드 약속이 필립스 브랜드를 경쟁사로부터 명확히 차별화시키고 있다고 믿고 있다.

브랜드 구조

필립스는 기업 내 최상위 마케팅 기구로서 브랜드 자산 위원회(BEB)를 구성하였다. 이 위원회는 기업의 기본 가치들을 명확히 설정하고 이 기본 가치들을 기업 전체에 일관적으로 적용할 수 있는 방법을 만들어 내는 역할을 한다. BEB의 정의에 따르면 브랜드 자산은 브랜드가 만들어 낼 수 있고 유지할 수 있는 이익과 시장 가치들의 순현재가치를 이끌어 내는 긍정적인 연상들이다.

필립스는 현재 필립스의 브랜드 파워를 충분히 활용함으로써 브랜드 자산을 향상시킬 수 있는 전략을 구상중에 있다. 이는 BEB와 글로벌 브랜드 관리팀(GBM)의 구성과 함께 시작되었으며 최근 경영진이 브랜드 관리를 기업의 핵심 프로세스로 언급하면서 활기를 띠기 시작하였다.

이 프로세스의 가장 큰 원동력은 바로 필립스의 사장이자 CEO인 제라르이다. 그는 다음과 같이 발표하였다. "필립스 브랜드는 중요한 기업 자산입니다. 따라서 이 브랜드를 적절하게 관리하고 개발하는 것은 우리 기업의 목표를 달성하는 데 있어서 매우 중요한 일입니다. 브랜드 가치가 기업의 핵심 프로세스에 추가되었다는 사실은 시장과 주주들에게 브랜드 및 브랜드 가치를 재강조하려는 경영진의 명확한 의도를 보여 주고 있습니다."

필립스는 브랜드 자산을 강화하고 성공 사례를 공유할 수 있는, 모든 사업 부문을 총괄하는 하나의 기구가 절실히 필요하다는 사실을 깨닫고 1990년대 중반 브랜드 자산 위원회를 구성하였다. 현재 이 위원회는 각각 소비자 제품 부문, 지역별 조직들 그리고 기업 관리 부문들을 대표하는 11명으로 구성되어 있다. 위원장은 필립스의 사장이자 CEO인 제라르가 맡고 있다.

BEB의 목적은 브랜드 관리 전략 및 정책들이 조직과 조화를 이루어 결정되고 또한 이들이 기업의 조직 및 사업부의 전적인 지지를 받아서 전개될 수 있도록 하는 것이다.

BEB의 미션은 필립스 브랜드에 대한 프리미엄 브랜드 자산을 구축하는 것이며 이는 다음과 같은 활동을 통해 성취될 것으로 보인다.

- 시장에서 균형 있고 응집력 있으며 적합한 모습으로 비춰지고, 또한 주주들과 긴밀한 관계를 유지하기 위한 방법 및 수단을 개발한다.
- 네트워크를 형성하고 프로세스를 만들며 규율과 시너지를 강화함으로써 필립스 기업 전체에 브랜드 파워를 전파시킨다.
- 강력한 고객 및 시장 중심의 필립스 기업 문화를 구축하고 강화한다.

GBM은 필립스 그룹 브랜드 포트폴리오에 관련된 브랜드 전략 수립과 관련 이슈들에 대해 경영 이사회를 지원한다. GBM는 또한 글로벌 브랜드 표준 및 지침을 개발하는 동시에 이것이 잘 지켜지는지를 감시하는 역할을 하며, 각 사업부 및 각 지역 부문에서 기업의 마케팅 경쟁력을 향상시킬 수 있는 적절한 브랜드 목표를 설정할 수 있도록 돕기도 한다.

GBM의 미션은 '필립스 브랜드을 개발하고 보호함으로써 필립스 브랜드의 가치를 높이고 기업 내에 강력한 소비자/고객 중심의 문화를 조성하는 것' 이다.

GBM의 목표는 다음과 같다.

1. 브랜드 전략

기업 및 제품 부문의 협조를 받아서 브랜드 플랫폼의 구축을 통해 브랜드 개발 기준과 목표를 설정한다.

2. 글로벌 표준 및 표적 설정

GBM은 각 제품 부문[40] 및 지역이 브랜드 목표를 달성하기 위해 적절한 마케팅 활동을 개발할 수 있도록 도와주며, 문제가 발견될 경우 경영 위원회에게 이를 보고하고, 또한 필요하다면 이 문제를 해결하기 위한 계획을 세워 주기도 한다.

3. 경쟁력 구축

교육 프로그램의 실시, 성공 사례의 공유, 직원 채용에 관한 조언 및 에이전시 관계 관리 등을 통해 기업의 전체적인 마케팅 커뮤니케이션 경쟁력을 구축한다.

4. 브랜드 진단 보고

경영 이사회와 매분기별로 브랜드 상태를 점검한다. 이는 전략적 경쟁력의 강화가 이루어지고 있는지를 점검하기 위해서 브랜드 관리 부서와 필립스 사업 그룹/핵심 경영 부서 간에 정기적으로 소집되는 회의이다.

많은 사람들이 나에게 '브랜드 관리의 책임자는 누구인가?' 라고 묻는다. 정확한 대답은 바로 '모두' 이다. 모든 사람들이 브랜드에 영향을 미칠 수 있기 때문이다. 모든 부서, 모든 직원들은 브랜드를 관리하고 보호하는 활동에 참여할 수 있으며 또한 그렇게 해야만 한다. 사례 연구 27에서는 현재 브랜드 문화를 구축하고 커뮤니케이션하는 과정에 있는 에이서(Acer)에 대해 살펴볼 것이다.

---

40) 필립스에는 총 6개의 제품 부문이 있으며, 이 가운데 가전제품, 소형가전 및 조명기구는 B2C이고 반도체, 부품 및 의료 장비는 B2B임

사례 연구 27

에이서(Acer) 브랜드 구조 및 관리 모델

에이서는 토탈 브랜드 관리(TBM) 시스템이라는 것을 개발하였다. 에이서의 설립자이자 회장인 스탠 시(Stan Shih)는 에이서가 이러한 시스템을 개발하게 된 경위를 "에이서 브랜드가 이제껏 대중들에게 효과적이고 일관적으로 우리의 이미지를 전달해 오지 못했기 때문이다"라고 설명하였다. 그는 또한 "만약 우리가 창조하고자 하는 브랜드 이미지에 대해 우리가 명확하지 않다면 우리가 하는 모든 기업 활동은 그 이미지와 충돌을 일으킬 것이고, 결국 모든 노력들은 허사로 돌아갈 것이다"라고 말하였다.

에이서 브랜드 구조의 틀

이 시스템의 첫 번째 단계는 그림 8-2와 같은 에이서 브랜드 구조의 틀을 마련하는 것이다.

에이서 브랜드의 미션은 '사람과 테크놀러지 간의 장벽 허물기'로 정의되어 있다. 에이서는 사실 오래 전부터 이러한 브랜드 철학을 슬로건, 연설 등의 다양한 경로를 통해 수차례 언급해 왔는데, 단지 이것을 명확하게 한 마디로 정의한 것일 뿐이다. 이 브랜드 미션에 이어 에이서는 이 미션과 관련하여 에이서 브랜드의 세 가지 주요 세분시장 혹은 고객 그룹을 겨냥한 세 가지 브랜드 약속을 개발하였다. OEM 그룹에 대해서는 믿을 수 있는 파트너가 될 것을 약속하였고, 기업들에 대해서는 의지할 수 있는 기업이 될 것을 그리고 고객 개개인들에게는 편리함과 단순함의 차원에서 '편안한' 브랜드가 될 것을 약속하였다.

브랜드 미션과 브랜드 약속을 지원하기 위해서, 브랜드 퍼스낼리티는 아래의 다섯 가지 특징들을 바탕으로 정의되었다.

그림 8.2 에이서의 브랜드 구조의 틀

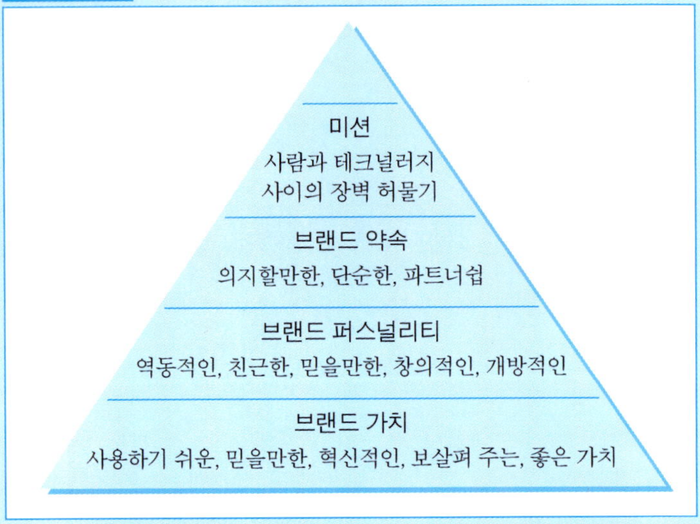

출처: 2000 에스파이어 아카데미

- 역동적인
- 친근한
- 신뢰할 수 있는
- 매우 창의적인
- 매우 개방적인

그리고 에이서는 마지막으로 한 가지 질문을 던졌다. '에이서 브랜드의 가치는 무엇인가?' 이 질문은 다시 말해 '에이서 브랜드는 파트너, 소비자 그리고 고객들의 삶에 어떠한 가치를 더해 주고 있는가?' 라는 의미이다. 이에 대한 답은 다음과 같다.

- 사용의 편리성
- 의지할 수 있음

그림 8.3 **무엇이 '에이서다움' 인가?**

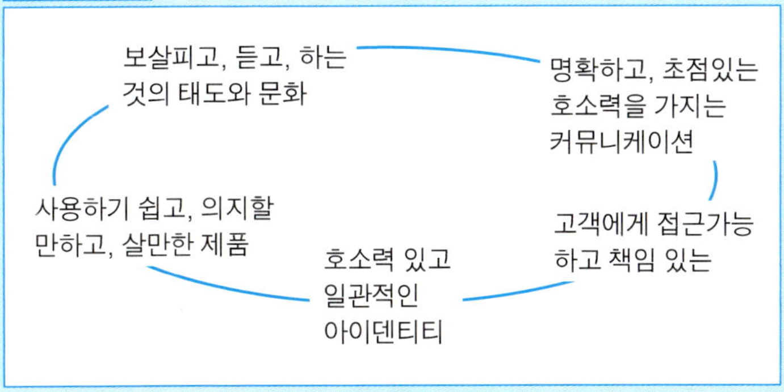

출처: 2000 에스파이어 아카데미

- 혁신
- 사용자에 대한 배려
- 합리적인 가격

우리는 여기서 각 단계가 어떻게 전 단계를 지원하고 있는지를 분명히 확인할 수가 있다. 이러한 방법으로 브랜드를 적용하고 관리한 결과는 매우 복합적으로 나타났다. 특히 미국의 경우 에이서 브랜드의 인지도는 그리 높지 않은 것으로 조사되었다. 이는 곧 다음과 같은 질문으로 이어졌다. '에이서가 상징하는 것은 정확하게 무엇인가?' 에이서는 '우리는 귀 기울여 듣고 있습니다' 라는 슬로건을 가지고 있었다. 그러나 이 메시지는 명확히 이해되지 않았을 뿐더러 그다지 일관적이지 못한 느낌을 주었다. 에이서는 모든 직원, 채널 그리고 고객 그룹에 걸쳐서 브랜드가 실천될 수 있도록 해답을 제공함으로써 브랜드 문화를 구축하기로 결정하였다. 이 내용은 [그림 8.3]에 정리되어 있다.

에이서 브랜드의 창조, 개발 그리고 관리에 대한 모든 스토리는, [그림 8.2]와 [그림 8.3]의 출처이기도 한 스탠 시의 '세계적으로 성장

하기: 기업 비전 상급 클래스'(「Growing Global: A Corporate Vision Masterclass」, John Wiley & Sons, Singapore, 2002)에 보다 자세히 실려 있다.

스탠 시는 TBM이 전사적 품질 관리(TQM)와 같은 개념으로 도입되었다고 말한다. "우리는 브랜드 관리 역시 제품의 품질과 마찬가지로 모든 직원들의 책임이라는 점을 강조하였습니다. 나와 함께 에이서의 모든 직원들은 TBM에 동참해야 할 것입니다." 그는 또한 "효과적인 브랜드 관리 없이 브랜드 가치를 구축하는 것은 매우 어렵다"는 말을 덧붙였다. 이러한 그의 말들은 이 책의 메시지를 정확하게 요약하고 있다.

지금까지 이 책에서는 브랜드 강도의 생성 및 유지와 관련된 주제들이 소개되었다. 다음 장은 브랜드 관리자들이 브랜드 성과 및 강도를 어떻게 측정할 수 있는지에 대해 중점적으로 다루도록 하겠다.

9 브랜드 성공의 척도: 시장 조사와 브랜드 가치 평가

경쟁 기업에 대한 자사 브랜드의 효율성을 지속적으로 트랙킹해 보는 것은 매우 중요한 일이다. 특히 오늘날과 같이 소비자들이 끊임없이 변화하는 자극들에 노출되어 있을 때는 더더욱 그러하다. 나는 이미 많은 사람들이 알고 있는 브랜드 효율성 측정 방법을 여기서 다시 논할 생각은 없다. 그 대신 나는 몇 가지 개념들을 소개하고자 한다. 이 개념들은 브랜드의 성공 여부를 측정하고 좀 더 독특한 방법으로 브랜드를 트랙킹하는 데 매우 효과적이며, 미래에 대한 좀더 나은 결정을 내리는 데에도 도움이 된다.

브랜드 성과에 대한 지속적인 트랙킹

브랜드 관리자들이 그들의 브랜드가 시장에서 어떠한 성과를 보이고 있는지 그리고 특정 시장에의 개입이 브랜드 자산에 어떠한 영향을 미치는지를 트랙킹할 수 있는 아이템에는 여러 가지가 있다. 예를 들어 구매, 소비, 브랜드 그리고 광고 인지도 등은 광고 비용, 가격 정책, 제품 출시, 매장 내 프로모션 등의 활동을 통해 트랙킹할 수 있다. 또한 브랜드 관리자들은 인구통계학적 세분시장의 트랙킹을 통해서도 마케팅 캠페인이 목표 소비자 그룹에게 영향을 미치고 있는지의 여부를 평가할 수 있다. 몇몇 기업들은 경쟁사들과의 비교 분석을 통해 그들의 브랜드 가치 및 퍼스낼리티가 지지를 얻고 있는지를 트랙킹하기도 한다. 브랜드 트랙킹을 위한 조사 방법론에는 여러 가지가 있다. 이 중 하나인 브랜드 비전(Brand Vision)의 경우, '심리 점유율', '감성 점유율' 그리고 '매출 점유율' 등과 같은 주요 변수들을 측정함으로써 브랜드를 트랙킹한다.

대다수의 브랜드 관리자들은 이 모든 것들을 그들의 업무에 직접 활용하고 있다. 그러나 나는 가장 중요한 부분인 브랜드 강도를 트랙킹하는 방법에 대해 집중적으로 논해 보고자 한다.

브랜드 강도

브랜드 강도를 측정하는 진정한 목적은 자사의 고객들이 계속하여 그의 고객으로 남아 있을지의 여부를 확인하기 위함이다. 브랜드 강도를 측정하고 향상시키는 것은 많은 기업들의 마케팅 활동의 주된 목표이다. 그러나 브랜드 강도를 나타내는 수치들의 대부분은 소비자들이 미래에 어떠한 선택을 할 것인지가 아닌, 소비자들이 과거에 어떠한 행동을 했는지만을 보여 주고 있다. 소비자들의 과거 혹은 현재의 행동만을 보여 주는 조사는 기업의 현재 위치를 알려 줄 수 있을 뿐이다. 그러나 실질적인 행동을 취하기 위해서는, 기업은 자신이 어떠한 미래를 향해 나아가고 있는지를 알 필요가 있다.

전환 모델(Conversion Model)은 전세계적으로 활용되고 있는 브랜드 강도 측정 방법이다. 이는 몰입을 향상시키고 경쟁자의 약점을 공략하는 방법을 통해 브랜드의 몰입을 심리학적으로 분석한 것이다. 이러한 진단적인 분석을 통해 브랜드 관리자들은 가장 가능성이 높은 소비자들에게 커뮤니케이션 전략을 집중할 수 있게 되었다. 1980년대 후반에 남아프리카에서 개발된 이 전환 모델은 현재 전세계적으로 라이센스되어 있는 상태이다. 본래는 종교 문제를 이해하기 위해 고안된 방법이었으나, 점차 정치, 비즈니스 분야로 확대되어, 현재에는 다양한 유형의 브랜딩 활동에서 엄청난 성과을 거두고 있다.

이 모델에는 몰입의 강도와 배열의 균형이라는 두 가지 척도가 있다. 이들을 측정함으로써 브랜드는 시장에서의 자사의 포지션을 완벽하게 조명해 볼 수 있게 된다.

미래를 예측하는 심리학적 세분화

이 조사방법의 핵심은 다양한 마케팅 의사 결정 활동을 도와주는 강력한 심리학적 세분화이다. 현재 많은 마케팅 담당자들이 사용하고 있는 행동적 혹은 태도적 세분화만으로 충분하지 않은데, 이러한 방법들은 당신의 브랜드의 현재 위치를 알려 줄 수 있을 뿐이기 때문이다. 반면 전환 모델은 미래를 예측할 수 있다. 이 모델은 당신의 브랜드와 시장이 어떠한 미래를 향해 나아가고 있는지를 알려 준다. 또한 브랜드 자산에 대한 완벽한 이해를 제공함으로써 고객 충성도의 변화를 예측할 수 있게도 한다. 많은 연구 결과들이 이 모델의 미래 예측 능력을 증명하고 있다. 이 모델은 다음과 같은 성과를 거두었다.

- 시장의 변화를 미리 예측하였다.
- 다양한 제품 카테고리 및 시장에 대한 추적 연구를 통해 그 효용성을 인정받았다.
- 어떠한 제품 혹은 브랜드가 시장점유율을 잃고 있는지 또한 얻는지를 정확히 예측하였다.

완벽한 시장세분화

조사는 다음과 같은 세분시장들로 이루어진 데이터를 제공한다.

- **고정고객(The entrenched)**: 우리 브랜드에 대한 충성도가 매우 높으며, 가까운 미래에는 다른 브랜드로 전향하지 않을 고객
- **보통고객(The average)**: 우리 브랜드에 대한 충성도는 있으나, 고정 고객만큼은 높지 않은 고객
- **충성도가 낮은 고객(The shallow)**: 우리 브랜드에 만족하지 않고, 더 나은 대안을 찾고 있는 고객
- **잔향 가능한 고객(The convertible)**: 우리 브랜드에 만족하지 못하고 있으며, 적극적으로 다른 대안 브랜드를 찾고 있는 고객
- **잔향 가능성이 높은 고객(The available)**: 브랜드 전향을 심각하게 고려중이며, 이를 곧 행동에 옮길 수도 있는 고객
- **유동적인 고객(The ambivalent)**: 우리 브랜드에 매력을 느끼고는 있으나, 우리 브랜드로 완전히 전향시키기 위해서는 확실한 동기 부여가 필요한 고객

- **전향 가능성이 없는 고객(The unavailable)**: 가까운 미래에는 우리 브랜드로 전향을 할 가능성이 없는 고객

한 마디로 전환 모델은 철저한 시장세분화를 통해 당신의 기업이 필요로 하는 바를 제공해 준다. 이 모델을 통해서 당신은 다음과 같은 사실들을 알게 된다.

- 매출 향상을 위해서는 어떠한 고객을 타겟으로 해야 하는가
- 어떠한 브랜드가 가장 위험한 상태에 놓여 있는가

전환 모델 내의 AMI의 핀 끝(AMI's PinPoint)

1991년에 설립된 AMI는 현재 900명이 넘는 직원들로 구성되어 있다. 2000년 3월 AMI는 매체 커뮤니케이션 전문 기업인 에지스 plc (Aegis plc)에 합병되어, 글로벌 조사 및 마케팅 컨설턴트 네트워크 분야를 전담하게 되었다. 위에 설명된 브랜드 이미지의 자료 해석에 대한 AMI만의 독특한 접근 방식은, 브랜드 포지셔닝과 전략에 실질적인 도움을 제공하기 위해 개발된 것이다.

- 경쟁사 대비 자사의 브랜드 이미지를 파악하고, 소비자의 선호도에 따라 브랜드를 차별화시킴으로써:
  - ✔당신의 브랜드 이미지와 경쟁사의 브랜드 이미지가 무엇인지
  - ✔어떠한 이미지가 브랜드 선호도를 이끌어 내는지
  - ✔소비자들의 니즈와 욕구가 어떻게 변화하고 있는지를 알아본다.

분석

AMI 핀 끝 (AMI PinPoint) 분석은 고객 관계의 관점에서 이미지

속성들을 그룹화하는 것으로부터 시작한다. 그리고 고객 선호도를 얼마나 이끌어 낼 수 있는지의 중요도에 따라 이 이미지 속성들에 순위를 매긴다. 중요한 속성일수록 고객들에게 선호되는 브랜드와 그렇지 않은 브랜드를 더욱더 잘 구분할 수 있다. 다음에는 이미지 자료들을 표준화하여 각 브랜드의 경쟁사에 대한 강점과 약점을 명확히 한다. 이러한 작업은 브랜드와 이미지 속성 모두에서 발생될 수 있는 '비슷함의 편향' 을 없애는 데 도움이 된다. 표준화된 점수는 일정 공식에 따라 산출된다.

조사의 두 번째 단계에서는 특정 브랜드를 선호하는 진정한 이유에 대해 분석한다. 각 속성들의 중요도 점수는 일 대 일 인터뷰를 토대로 측정되며, 한 속성이 소비자들에게 얼마나 중요한가 뿐만 아니라 각 속성들 간의 상대적인 중요도 역시 나타낸다.

전략적 산출 결과

전략적 매트릭스에 기반한 이러한 조사 모델에서는 매우 명확하고 시각적인 산출 결과를 얻을 수 있다. [그림 9.1]이 바로 브랜드 관리자들이 얻게 될 전형적인 결과이다. 매트릭스의 양 축은 소비자들에게 있어서의 브랜드의 상대적인 중요성과 경쟁사들에 대한 브랜드의 상대적인 성과를 각각 나타내고 있다. 이 결과는 또한 무엇이 중요하고, 각 브랜드의 강점은 무엇인지에 대해 몇몇 전략적 충고를 제공해 주고 있다. 브랜드의 성과를 높이고 브랜드의 강점을 레버리지시켜야 한다는 것이 그 주요 내용이다.

고려해 보아야 할 네 가지 핵심 부분

매트릭스의 산출 결과는 브랜드 전략을 위한 네 가지 핵심 부분으로 압축될 수 있다.

그림 9.1 전략적 매트릭스 해석

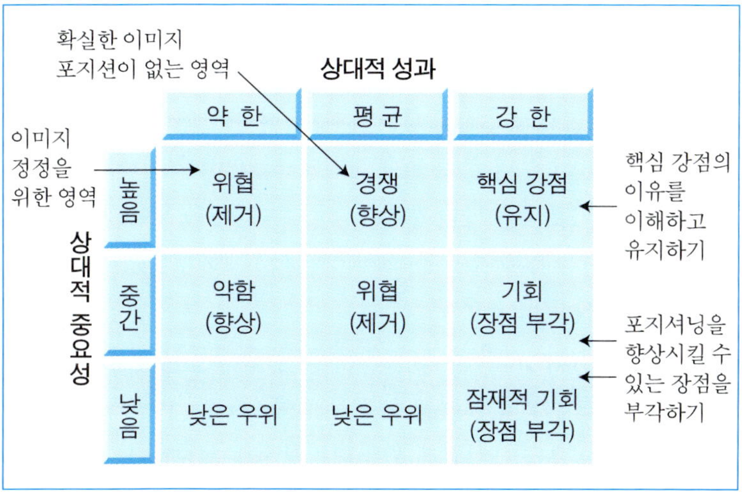

출처: 아시아 마켓 인텔리전스

1. **경쟁적인 활동(향상) 전략:** 이것은 브랜드가 해당 영역의 속성들에 대해서 평균적인 성과만을 올리고 있는 경우이다. 브랜드 관리자는 브랜드의 약한 이미지가 무엇인지를 명확히 함으로써 속성들에 대한 인식을 강화할 필요가 있다.
2. **위협 제거(개선) 전략:** 소비자들은 해당 영역의 속성들을 중요하다고 여기고 있지만 브랜드의 성과는 그리 좋지 못하다. 이는 심각한 브랜드 이미지의 약점을 의미하기 때문에, 이에 대한 개선책이 시급히 마련되어야 한다.
3. **핵심 강점(유지) 전략:** 이 영역의 속성들은 소비자들에게 매우 중요한 상태이다. 만약 브랜드의 성과도 그만큼 좋다면, 그 브랜드 강점들을 계속 유지해 나가는 것이 중요하다고 생각된다. 그 강점이 바로 소비자들이 당신의 브랜드를 선호하는 진정한 이유이기 때문이다.

4. **기회 포착(장점 부각) 전략:** 브랜드가 이 영역의 속성들에 대해 매우 좋은 성과를 거두고 있는 경우이다. 그러나 이에 비해 그 속성들은 소비자들에게 그만큼의 중요성을 가지고 있지 못하다. 브랜드 관리자들은 속성들에 대한 적절한 인식 관리를 통해 소비자들이 이를 더 중요하게 여기게 되고 또한 개선된 포지셔닝으로 브랜드 강점이 더욱더 부각될 수 있도록 해야 한다.

브랜드 관리 실행

[그림 9.2]는 위의 조사 방법이 음료 시장에 적용된 경우이다. 위에 설명된 네 가지 핵심 부분을 염두에 두고, 이러한 프로파일을 가지고 있는 브랜드를 어떻게 관리해야할지를 생각해 보자.

그림 9.2 **AMI 핀 끝 분석 – 음료 시장의 사례**

중요도 \ 성과	약 한	평 균	강 한
높음	성장하는 브랜드	매력적인 패키징 술집에서 쉽게 마실 수 있는	언제나 신선한 가장 많이 사는 좋은 품질의 맛이 좋은
중간	술집에서 프로모션되는 유행적인	현대적인 마시기 쉬운 멋진 광고	국제적인 표준의
낮음	간편한 매장 지역에서 생산되는 젊은	좋은 가치 비싼 브랜드에 대해 많이 들어본	특별한 경우 강력한

출처: 아시아 마켓 인텔리전스

사례 연구 28은 위의 모델에서 도출된 조사 자료가 고객들의 수익성과 만족도을 높이는 데 어떻게 사용되었는지를 보여 주고 있다.

사례 연구 28

로이드 TSB(LLOYDS TSB)
고객들의 수익 향상 및 만족을 위한 고객 분류

배경

본 사례 연구에서는 위에서 설명된 조사 방법들을 이용하여 '헌신적인' 고객들과 '비헌신적인' 고객들 그리고 '높은 가치를 가진' 고객들과 '낮은 가치를 가진' 고객들을 분류해 보고, 이에 따라 고객 관계 관리, 브랜드 충성도 그리고 수익성 향상을 위한 전략을 모색해 보기로 한다. 경쟁 브랜드에게 비즈니스를 빼앗길까 걱정을 하고 있던 로이드 은행은 그들 고객들의 '브랜드 헌신도'를 파악하기 위해 이 조사를 수행하기로 하였다.

조사

로이드 은행은 우수 고객들에게 매달 자사가 발행한 잡지를 보내 주고 있었다. 이 고객들의 '브랜드 헌신도'를 확인하기 위해서 은행은 잡지에 질문지를 첨부하기로 하였다. 350,000명의 고객들에게 보내진 질문지 가운데 10%가 회수되었다. 회수된 질문지를 통해 드러난 가장 중요한 사실은 '헌신적인 '고객들과 '비헌신적인 '고객들이 존재한다는 것이었다. '헌신적인 '고객 그룹의 20%는 신규 상품을 선택함으로써 6개월 안에 9%의 수익을 낼 것으로 예상되었다. 반면 '비헌신적인' 고객 그룹은 신규 상품을 선택하지 않음으로써 같은 기간 동안 14%의 수익 감소가 예상되었다.

그림 9.3 **고객 보고서의 예시**

1. 고객 성명	1. 존 도우(John Doe) 기업
2. 고객 ID 번호 및 지점 코드	2. 10001 / 123456
3. 거래 기간	3. 6년 혹은 그 이상
4. 주요 거래처	4. 소매 은행. 2차 거래는 B은행과
5. 전체적인 만족도(10점 만점)	5. 7
6. B은행이 우리 은행보다 점수가 더 높은가?	6. 그렇다. 10점 중 9점을 받았다.
13. 우리의 서비스가 미흡한 부분은? (7점 만점)	13. (3) 비즈니스 관리자가 자리를 비우는 경우가 많다. (1) 비즈니스 관리자가 나의 비즈니스를 이해하지 못한다. (1) 고객 대우를 제대로 하지 않는다.
14. 전체적인 헌신도 (1 ~ 4)	14. 4
15. 은행 중요도 (1 ~ 10)	15. 10
16. 연락 우선도 (1 ~ 40)	16. 40

출처: 아시아 마켓 인텔리전스(Asia Market Intelligence)

각 고객 그룹은 전환 모델를 통해 분석되었으며, 그들의 헌신도에 따라 데이터베이스에 분류되었다. 고객 보고서는 대략 [그림 9.3]과 같은 형태를 가진다.

행동 전략

'헌신적인' 고객 그룹을 위해 은행은 1998년 1월 '개인 선택 프로그램' 이라는 프로그램을 도입하였다. 이는 고객의 헌신도를 유지하고 금융 상품들의 교체 판매율을 증대시키기 위한 목적을 가지고 있었다. 이 프로그램의 주요 특징은 다음과 같다.

• 각 고객마다 개인 선택 관리자가 배정된다.
• 고객 맞춤형 재정 보고서가 제공된다.
• 고객 맞춤형 현금 관리 잡지가 제공된다.
• 고객 맞춤형 상품 및 서비스가 제공된다.

이 프로그램의 시행 결과 고객 수익성이 향상된 것으로 나타났다. 그 원인은 다음과 같다.

• 낮은 감소율
• 매출 증가
• 잔고 개선

1998년 9월에는 '비헌신적인' 고객 그룹을 위한 프로그램이 도입되었다. 이는 서비스 문제를 제거하고 개별 고객들의 니즈에 부응하기 위한 목적을 가지고 있었다. 이 프로그램은 비공식적으로 '계획된 유혹' 라고 불리우기도 하였다. 은행은 '비헌신적인' 고객들 가운데 우수 고객을 가려내어 '고객 여러분이 … 때문에 불편해 하시는 것을 알고 있습니다 …' 라는 말로 시작되는 편지를 보냈다. 그리고 다음과 같은 사항들을 평가하였다.

• 유통 경로 선호도
• 은행의 상품 및 제공 시비스에 대한 관심도
• 재정적 니즈에 관련된 중대한 사건들
• 서비스 문제에 대한 불만 사항을 언제든지 제기할 수 있는 개방적인 분위기

그 결과는 다음과 같았다.

- 신규 상품을 받아들일 의향이 있는 고객의 비율이 24%에서 66%로 증가하였다.
- 6개월만에 상품 보유율이 5% 증가하였다.

논평

이와 같이 브랜드 관리자는 각각의 문제들마다 이에 적합한 조사 방법론을 사용함으로써 고객의 손익 및 평생 가치에 신속하고도 강력한 영향을 줄 수 있다. 조사 프로세스로부터 산출된 매트릭스 결과물은 또 다른 상황에도 적용이 가능한 전략적 활동 방향을 제시해 주기 때문에 결과적으로 브랜드 관리에 가치를 더해 주는 역할을 한다.

브랜드 가치 평가 방법을 이용한 성과 트랙킹

브랜드 가치 평가는 최근 그 이용률이 점차 증가하고 있는 브랜드 관리 도구이다. 브랜드 가치 평가 기술을 전략적 이용하는 사례는 점점 많은 일류 기업들 사이에서 확대되고 있다. 이러한 브랜드 가치 평가 기술을 통해 최고경영진들은 다양한 브랜드 전략의 성공 여부를 검토하고, 이 전략들을 수행했던 마케팅 팀들의 성과를 비교할 수 있게 되었다.

배경

1980년대 후반, 대부분의 투자 분석가들과 펀드 관리자들은 여전히 주당 순익, 분할 수익률, 대차대조표 상의 자산 가치 등과 같은 고전적인 척도만을 이용하여 재정 상태를 측정하고 있었다. 그러나 이러한 척도들은 기업 가치를 항상 정확하게 대변해 줄 수는 없다.

브랜드의 가치 및 기타 무형 자산을 파악하고자 했던 노력은 1980년대의 기업 사냥꾼들로부터 시작되었다. 많은 브랜드를 보유한 기업들을 노리고 있던 그들은 기업의 실제 순자산 가치보다 훨씬 더 많은 돈을 지불하고 있었다. 이는 눈에 보이지 않는 어떠한 무형의 가치가 존재함을 의미했으며, 이 가치에 대한 설명의 필요성을 시사하고 있었다. 이렇듯 브랜드의 대차대조표 상의 실제 가치를 파악하고, 투자자들의 인식에 부정적인 영향을 미치는 임의적인 부채 탕감을 막기 위한 명확한 방법론의 필요성이 대두되면서, 성과가 좋지 않은 브랜드를 보유한 기업들은 곧 비상에 걸리게 되었다.

브랜드를 소유한 기업들의 모든 가치가 회계 상으로 명확히 드러나지도, 그렇다고 주식 시장 가치에 반영되지도 않는다는 사실이 알려지면서, 무형 가치의 중요성, 특히 브랜드의 중요성이 재검토 되기 시작하였다. 그리고 이는 곧 그러한 무형 자산들이 어떻게 가치 평가되고 보여져야 하는지에 대한 물음으로 이어졌다. 무형 자산이 브랜드 가치를 좌우하는 주된 요소라는 사실에 회계사들은 여전히 의문을 품는다. 그러나 이는 비즈니스 리더들과 투자자들 사이에서는 이미 오래 전부터 받아들여져 왔던 사실인 것이다.

최근 인수 · 합병(M&A) 바람이 한창이다. 이 인수 · 합병(M&A)에서 주된 역할을 하는 것이 바로 브랜드 가치이다. 프랑스 텔레콤(French Telecom)은 2000년, 출시된지 6년 밖에 되지 않은 휴대폰 브랜드인 오렌지(Orange)를 인수하는 데 자그마치 300억 달러를 지출하였다. 프랑스 내수 시장에서는 오렌지가 고객 확보 및 유지, 사용률 등의 모든 면에서 단연 선두자리를 지키고 있으며, 이제는 하나의 라이프스타일 브랜드로서 자리잡은 상태이다. 오렌지는 이미 새로운 시장 지역에 대해 라이센스까지 받아놓았으며, 다른 제품 카테고리로의 진출도 고려하고 있다.

이러한 예들은 특정 브랜드의 가치가 얼마나 강력할 수 있는지를 보여 주고 있다. 그러나 아무리 대단한 무형 자산이라 할지라도 대차대조표에 포함될 수는 없다. 그러나 최근 브랜드 파이낸스(Brand Finance)에서 실시한 조사결과에 따르면, 브랜드와 무형자산의 가치는 현재 많은 분야들의 주주 가치에 대해 실질적인 영향력을 끼치고 있다고 한다. 이는 영국 내 FTSE 350개 기업들의 344개 연간 보고서 및 연말 보고서(1998년 12월 31일 포함)를 검토한 결과이다.

조사 대상 기업들의 가치의 72%는 대차대조표에 포함되지 않은 것들이라는 사실이 이상하게 들릴 수도 있다. 이 비율은 분야마다 다른데, 이는 다시 말해 비즈니스 분야마다 무형 자산의 가치가 다르다는 것을 의미한다. 브랜드는 이 '설명되지 않는 가치'들의 많은 부분을 차지하고 있으며, 그 밖에 다른 무형 자산들로는 특허권, 고객 리스트, 라이센스, 노하우 그리고 주요 계약건들이 있다. 특히 이 중 특허권같은 경우는 제약 분야에 있어서 가치를 구성하는 주된 요소로 꼽힌다.

브랜드는 21세기의 기업 가치를 이끌어 나갈 주요 원동력이 될 것이다. 이는 투자자들과 비즈니스 리더들이 모두 인정하고 있는 사실이다. 현재 마케팅 담당자들은 마케팅 기획을 촉진하는데 있어서 점점 더 많은 브랜드 가치 모델들을 사용하고 있다. 그러나 이보다 한 발짝 더 앞서 나갈 필요가 있다. 투자자들은 브랜드 가치와 마케팅 성과에 대해 좀더 확실한 정보를 얻기 원하며, 또 필요로 한다. 마케팅 담당자들은 이러한 정보들이 투자자들에게 더욱더 적절히 커뮤니케이션되는 데 결정적인 역할을 해야 할 것이다.

최근의 발전

지난 5년 사이에 브랜드 가치 평가는 주된 비즈니스 도구로 떠오르게 되었다. 이는 주로 다음과 같은 목적으로 사용된다.

- 인수 · 합병(M&A) 기획
- 세금 기획
- 신용 차용
- 라이센싱과 프랜차이징
- 마케팅 예산 결정
- 자원 할당
- 전략적 마케팅 기획
- 내부 커뮤니케이션

브랜드 가치 평가는 현재 마케팅 관리를 위한 도구로서 점점 더 많이 이용되는 추세에 있다. 이는 주로 마케팅 활동의 효율성을 증대시키고 브랜드 관리를 돕는 역할을 한다. 브랜드 가치 평가를 통해 얻을 수 있는 가장 큰 효용은 브랜드 가치 평가 모델이 기업의 비즈니스 모델로 연결됨으로써 기업 전체와 투자자들에게 기업의 재정 상태에 대한 정보를 제공할 수 있다는 사실이다.

훌륭한 브랜드 가치 평가는 시장 조사, 경쟁사의 자료, 향후 성과에 대한 예측까지도 가능하게 한다. 또한 이는 브랜드 가치의 이해도 및 각 세분시장에 대한 기여도를 증진시키며, 브랜드가 레버리지 효과를 낼 수 있는 기회를 이끌어 낸다. 역동적인 브랜드 가치 평가 모델은 시나리오 기획에도 이용될 수 있다.

브랜드 가치 평가는 브랜드에 재정적 가치를 부여하는 것뿐만이 아니라 다음과 같은 역할도 한다.

- 수요 동인에 대한 조사는 포트폴리오 기획과 제품 포지셔닝 등 다양한 유형의 의사 결정을 도울 수 있다.
- 비즈니스 모델 간의 인과관계를 파악함으로써 광고의 효율성을 증대시킨다.
- 향후 수익에 뒤따르는 위험성을 평가하는 경쟁사 벤치마킹 연구는 다양한 세분시장의 경쟁사들에 대한 자사 브랜드의 강도를 알려 준다.

다음은 브랜드 파이낸스가 지난 4년간 수행해 온 브랜드 내부의 가치 평가에 대한 사례들이다.

첫 번째 예는 브랜드 가치 평가가 특정 이슈를 해결하는 데 사용되었던 경우이다. 이 프로젝트는 수많은 신규 브랜드들을 인수하였던 한 글로벌 금융 서비스 기업에 대한 것이었다. 이 기업의 포트폴리오는 무분별한 브랜드 인수 활동으로 인해 엉망이 된 상태였다. 브랜드 가치 평가는 영국, 유럽, 호주, 홍콩, 미국에 흩어져 있는 각 브랜드의 제품 및 소비자에 대해 개별적으로 이루어졌다. 이를 통해 브랜드 합리화와 브랜드 아키텍처와 관련하여 기업의 전체적인 틀이 형성될 수 있었다.

한 소매 은행은 소비자나 세분시장이 아닌 기업에 대한 브랜드의 기여도를 측정하기 위해 브랜드 가치 평가 프로젝트를 진행하였다. 이 연구 역시 몇몇의 주요 제품 그룹으로 나뉘어 이루어졌다. 수요의 동인을 측정하는 데는 소비자 조사가 사용되었다. 이 연구의 결과는 세분시장 간에 마케팅 자원을 할당하는 데 활용되었으며, 마케팅 투자의 효율성을 측정하는 데에도 적용되었다.

한 글로벌 보험 기업의 경우, 처음에는 특정 목적을 위해 브랜드 가치 평가를 실시하였으나, 지금은 이를 반복적으로 실시하고 있다. 이 기업은 기업 브랜드에 대한 최선의 글로벌 광고 투자를 결정하기 위해 브랜드 가치 평가와 경쟁사 벤치마킹 기술을 복합적으로 사용하였다. 그리고 경영진들은 기업 브랜드의 가치에 대한 브랜드 투자 결정을 계속해서 확인하고 감독하기 위해 이러한 평가를 정기적으로 시행하게 되었다.

한 식품 제조업체는 기업의 주요 브랜드의 가치를 분석가들과 투자가들에게 커뮤니케이션하기 위해 브랜드 가치 평가를 실시하였다. 이를 주도한 것은 바로 경영진들이었다. 그들은 자사의 주식이 실제보다 낮게 평가되고 있으며, 따라서 기업이 남의 손에 넘어갈 수도 있다고 생각했기 때문이었다.

한 유명한 담배 회사는 브랜드 가치 평가를 하나의 원칙으로 여기고 있다. 기업 마케팅 재무 팀은 내수 시장 및 글로벌 시장에서의 주요 고객들과 경쟁 브랜드들의 현황을 알아보기 위해 브랜드 가치 평가 모델을 구축하였다. 브랜드 가치 평가는 기업의 인트라넷 상에서 공유되었으며, 모델 구축에 어떠한 정보가 필요한지 그리고 그 결과는 어떻게 활용될 수 있을지를 알려 주는 매뉴얼과 함께 지원되었다. 이 모델은 전세계 60여 개국의 기업들에 의해 실시간으로 업데이트된다. 모델에서 산출된 자료들은 그룹 전체의 기획뿐만 아니라 현지 시장에서의 의사 결정에도 유용한 정보를 제공한다.

브랜드 경제학

브랜드는 어떻게 가치를 높이는가? 경제학적 관점에서 보았을 때 그 대답은 간단하다. 브랜드는 수요 및 공급 곡선에 영향을 미친다.

수요의 관점에서 보면, 브랜드는 동일한 매출 물량에 대해 높은 가격을 가질 수 있게 한다. 또한 강력한 브랜드는 매출 물량을 증가시키고 전환율을 감소시키기도 한다. 이러한 가격과 물량의 효과는 동시에 나타날 수도 있다. 이코노미스트(*The Economist*)지는 이에 대한 예로 미국의 GM 프리즘(GM Prizm)과 도요타 코롤라(Toyota Corolla)를 들었다. 이 두 종류의 자동차는 동일한 생산 라인, 유사한 유통 채널과 서비스 수준을 가진, 사실상 동일한 제품이다. 그러나 코롤라는 8%의 프리미엄을 붙여 판매되며, 그 판매량도 프리즘의 2배가 넘는다.

브랜드는 소비자들과의 관계를 바탕으로 보다 안정된 수요를 창출한다. 그리고 이것은 경쟁사에 대한 진입 장벽을 높이는 역할을 한다. 소비자와의 관계는 기능적 그리고 감성적인 속성 모두에 의해 구축될 수 있다. 기능적인 면에서 보면, 브랜드는 소비자의 인지를 명확히 해 주며, 제품의 품질 보장을 통해 구매 의사 결정을 돕는다. 감성적인 면에서 보면, 브랜드는 소비자의 자기 표현 욕구를 만족시켜 준다. 이러한 현상은 특히 명품이나 패션 분야에서 가장 두드러진다.

최근 들어 그 중요성이 부각되고 있는 브랜드의 효용은 새로운 제품 카테고리에 진출할 때에도 기존 브랜드의 자산 혹은 가치를 그것에 이전시킬 수 있다는 것이다. 브랜드를 성공적으로 확장하기 위해서는 브랜드의 핵심 가치가 제품 중심이 아닌 이미지 중심일 필요가 있다.

상당한 가격 프리미엄 혹은 제품 판매량을 달성한 성공적인 브랜드의 예가 수없이 많음에도 불구하고, 브랜딩이 제품의 공급곡선에 미치는 영향은 종종 간과되기 일수이다. 브랜드는 공급 곡선을 하향 이동시키는 데 다음과 같은 역할을 한다.

- 거래량, 소비자 인식도 그리고 충성도를 증가시킴으로써 판매 전환 비용을 낮추고 공급자 조건을 유연화한다.
- 직원 고용 및 유지비를 낮춘다.
- 자본 비용을 낮춘다.
- 판매량을 높여 규모의 경제를 획득한다.

성공한 브랜드가 기업의 가치를 더해 준다는 사실을 증명하는 연구 결과는 갈수록 늘어나고 있다. 물론 성공한 브랜드가 한 순간에 추락한 경우나 혹은 실패한 브랜딩 사례들도 있다. 여기서의 관건은, 당신 혹은 당신의 고객의 브랜드가 비즈니스 모델에 어떠한 영향을 끼치는지를 파악하고, 그 전략들이 브랜드에 가치를 더해 주는 데 성공적이었는지를 검토하는 것이다.

브랜드 가치 평가에 있어서의 최선의 실행 방법

브랜드 가치 평가는 다양한 방법을 통해 실행될 수 있다. 비용 중심의 브랜드 가치 평가는 잘 사용되지 않는다. 브랜드를 구축하는 데 지출된 비용은 현재의 브랜드 가치와는 그다지 관련이 없기 때문이다. 시장 중심의 비교 평가는 브랜드 가치 평가의 주요 방법으로 사용되기에는 부족한 점이 많다. 비교할 자료도 부족할 뿐더러 브랜드 각각의 독특한 특성들을 찾아 내기란 무척 어렵기 때문이다. 그러나 이 부분만 해결된다면, 시장 비교 평가는 브랜드 가치 평가의 주요 방법으로 유용하게 사용될 수 있다.

이보다 더 자주 사용되는 접근 방법은 로열티(royalty) 경감 방법이다. 이 방법은 브랜드가 제 3자인 브랜드 소유자로부터 라이센스를 받아야 할 경우, 브랜드를 사용하는 대가로 수입의 일정 비율을 로열티로 지불해야 한다는 가정을 기본으로 하고 있다. 물론 브랜드를 직접 소유하고 있는 경우에는 로열티를 지불할 필요가 없다. 로열티 경감 방법은, 목표로 하는 로열티 총수입을 달성할 수 있도록 향후 매출액을 예상하고 이에 대해 적절한 로열티 비율을 책정하는 것이다. 그리고 이렇게 미래의 수익까지를 고려한 브랜드 로열티는 현재의 브랜드 순가치로 다시 할인된다.

이러한 로열티 경감 방법은 기술적으로는 문제가 없지만, 브랜드는 어떻게 가치를 창출해 내는지 그리고 그 가치는 어디에서 오는지에 대해서는 별다른 도움을 주지 못한다. 따라서 대차대조표 혹은 세금과 관련된 일에 있어서는 적절할 수도 있으나, 브랜드 가치의 레버리지 효과를 꾀하는 마케팅 관리자들에게는 그 활용 범위가 제한적일 수밖에 없다.

경제적 효용성 방법은 소비자 조사와 경쟁사 분석을 브랜드의 예상 수입에 통합시키는 것이다. 그리고 이를 통해 브랜드의 가치를 세분시장을 통해 분석하는 한편 브랜드 관리의 기초를 제공한다. 이 방법이 바로 마케팅 담당자들이 가장 흥미 있어 하는

그림 9.4 **20세기에 사업 전략을 이끄는 브랜드**

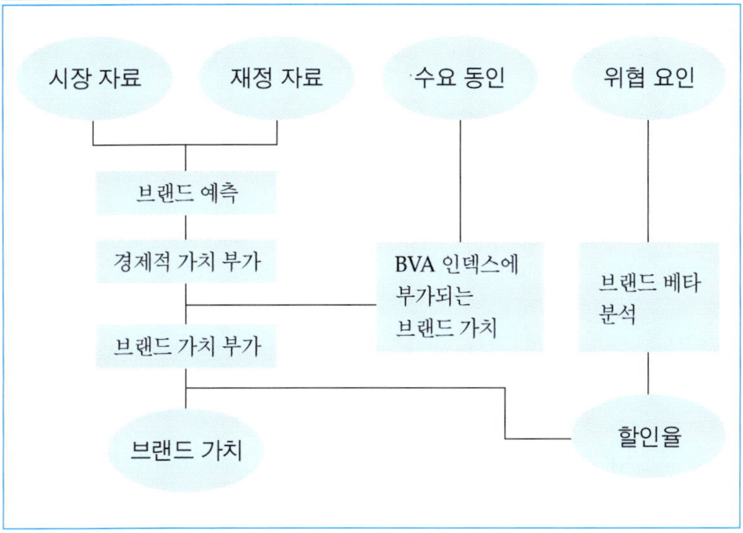

출처: 브랜드 파이낸스 plc.

부분이자 브랜드 가치 평가 방법들 가운데 가장 널리 사용되고 있는 방법인 만큼, 여기에 대해 좀더 자세히 살펴보기로 한다.

브랜드 파이낸스 방법론은 세계 일류 브랜드들에 의해 사용되어 왔으며, 마케팅 중심의 가치 평가 방법을 설명하는 데 사용될 것이다.

[그림 9.4]는 이 방법론의 기본 구조이다.

이 표는 브랜드를 소유함으로써 얻게 되는 이점, 즉 비즈니스에 대한 현재 및 미래의 브랜드 기여도에 초점이 맞추어져 있다. 이 구조는 가치 관련 요소들로 세분화되어 예상되는 재무적 성과에 대한 할인 현금 흐름의 분석을 기초로 하고 있다. 할인 현금 흐름 접근 방법은 자산의 가치를 평가하는 재무 분석가들과 새로운 국제 회계 기준의 요구에 따라 고정 자산(유형 자산과 무형 자산 모두)의 감소를 실험해 보려는 회계사들에 의해 사용되는 가치 평가 접근 방법과 동일하다.

일부 목적에 대해서는 시장 중심의 가치 평가 방법이나 로열티 경감 가치 평가 방법이 유용할 수도 있다. 그러나 브랜드 가치 평가 접근법 가운데 가장 널리 사용되고 있는 것은 바로 이 현금 흐름 방법이며, 이는 브랜드의 역동성을 깊이 이해하는 데 매우 효과적이다.

브랜드 가치 평가는 기존의 다양한 수입을 근거로 이루어질 수도 있지만, 과거의 성과가 미래의 성과를 보장해 주지 않는다는 것은 자명한 일이며, 투자가들 역시 과거에 일어난 투자 수익보다는 향후 예상되는 수익에 기초하여 판단을 내린다. 그러나 과거의 결과는 정확한 가치 평가를 위해서 반드시 필요하다. 미래를 정확하게 예측할 수 있는 정보들 및 데이터 관계들을 제공해 주기 때문이다.

따라서 외부에 드러난 수입을 기초로 한 가치 평가는 브랜드 파이낸스가 선호하는 방식이며, 예측이 믿을만하다면, 가치 평가의 결과는 확실하며 현실적이라고 할 수 있다.

브랜드 가치 평가 연구는 다음의 네 가지 단계로 진행된다.

- **재무적 예측**
- **브랜드 부가 가치(BVA)**: 고객 수요에 대한 브랜드의 기여도 분석
- **브랜드 베타 분석**: 향후 수익에 뒤따르는 위험성을 평가
- **가치 평가와 민감도 분석**

여기서 브랜드 부가 가치(BVA) 부분은 비즈니스 모델 내의 인과 관계에 대한 연구에까지 활용될 수 있다. 후에 또 거론되겠지만,

이는 역동적인 브랜드 가치 평가 모델을 발달시키는 데도 도움을 준다.

그러나 이러한 연구들을 시작하기에 앞서, 세분화의 적정 수준을 결정하는 것이 필요하다.

세분화

가치 평가 구조를 형성하는 데 있어 가장 중요하고 우선시 되어야 할 부분은 가치 평가 목적에 따른 세분화의 본질을 결정하는 일이다. 그 다음으로 중요한 것이 금융 및 마케팅 관련 내부 자료와 시장 및 경쟁사 관련 외부 자료들을 앞서 선택된 세분화 방식에 어떻게 활용할 것인지를 결정하는 일이다. 브랜드 가치 평가의 목적에 따른 효과적인 세분화의 원칙은 다음과 같다.

- 가치 평가가 목표시장과 관련되어 있다는 것을 증명하는, 목표시장과 동일한 지리학적/제품/고객의 그룹화
- 우리가 동종의 제품을 비교하고 있다는 것을 증명하는, 각 세분시장의 경쟁사들에 대한 분석
- 선택된 세분화에 걸맞는 시장 조사 데이터의 유용성
- 선택된 세분화에 걸맞는, 경쟁사 브랜드에 대한 크기 및 가치 자료의 유용성

브랜드 가치 평가의 성공 여부는 적절한 세분화 및 데이터 자료를 선택하고 기획하는 데 달려 있다고 해도 과언이 아니다.

고객 세분화에 있어서의 딜레마는, 하나의 커다란 카테고리 안에 수많은 인구통계적, 사회경제적, 사이코그래프적 하위 세분시장들이 존재한다는 사실이다. 이에 대해 마케팅과 시장조사팀

들은 신제품 개발 혹은 커뮤니케이션 기획을 위해 더욱더 세세한 수준까지 파고들어가기를 원할 것이다. 반면 브랜드 가치 평가에 있어서는 실용성의 문제로 인해 보다 통합된 상위 수준으로의 이동이 불가피하다. 재정적 가치 평가를 할 때에는 시장세분화를 할 때와 같은 수준의 세분화는 사실상 불가능하다. 따라서 브랜드 가치 평가팀은 지나치게 세세한 수준의 세분화는 피하도록 해야 한다.

제품 세분화와 관련된 딜레마는, 각 제품 그룹들에 대한 크기 및 가치 측정이 매우 어렵거나 불가능하다는 것이다. 이는 특히, 덜 개발되었거나 정의된 제품, 서비스 영역, 나라의 경우 그러하다. 또한 일부 고객 세분시장에 있어서는, 경쟁사에 대한 자료 부족으로 인해 전체 시장 규모에 대한 믿을만한 자료를 얻기가 힘든 경우가 많다. 따라서 실용적 접근법과 중기 전략을 통해 매년 비교 분석 자료를 확충해 나가면서 이러한 자료의 부족한 부분을 메워나가는 것도 한 방법일 수 있다.

선택된 세분화에 대해 자료를 선택하고 배치하는 것은 매우 어려운 일이다. 이는 브랜드 가치 평가를 기획하고 구조화하는 데에는 세심한 주의와 경험이 필요함을 역설하고 있기도 하다.

재무적 예측

향후 3~5년에 대한 외형적 예측은 주로 가치 평가 방법에서 사용되며, 이는 기업 내부의 관리 기획에 대한 예측과 일치할 필요가 있다. 브랜드 가치 평가 과정에 있어서는 예측의 신뢰성 여부가 매우 중요하기 때문이다.

예상 수입

거시 경제학적 검토

브랜드 수요에 영향을 미치는 거시 경제적 요소들이 빠짐없이 포함되었는지를 확인하기 위해서는, 브랜드가 진입해 있는 모든 시장에 대해 강도 높은 실사조사를 실행해야 한다. 이는 기술적일 수도 있고 구조적, 법률적, 문화적, 혹은 경쟁적일 수도 있다. 또한 브랜드 가치 평가를 수행할 때에는 전체 시장의 크기 및 가치에 대한 트렌드를 고려해야 한다. 이 과정에서 브랜드 가치 평가팀과 내부 경쟁자 분석/기업 전략/시장 조사/마케팅 부서 간에 토론이 벌어지기도 한다.

미시 경제학적 검토

각 시장에서 브랜드의 성과에 지속적으로 영향을 주어 왔던 요소들을 고려해 보아야 한다. 어떠한 인과 관계적 변수가 수입에 영향을 미치는지를 밝혀 내기 위해서는 계량 경제학적 모델링 혹은 과거의 성과에 대한 다른 형태의 통계학적 분석이 필요할 수도 있다.

브랜딩에 있어서 가장 중요한 이슈 가운데 하나는 전체 마케팅 비용 및 가격 정책과 매출 결과 간의 인과 관계를 이해하는 것이다. 또한 전체 매출에 대해 다양한 매체들이 각각 어떠한 영향을 미치고 있는지를 파악하는 것 역시 중요하다. 따라서 브랜드 가치 평가팀은 브랜드와 마케팅 요소들이 모델링과 분석에 적절히 반영되었는지를 확인해야 하며, 또한 그 결과들을 통해 가장 적절한 예상 매출 가치를 이끌어 낼 수 있어야 한다.

과거 판매량에 영향을 끼친 요소들에 대한 계량 경제학적 분석을 이용하는 것도 바람직한 방법이지만, 가격이 매출에 미치는 영향을 살펴보기 위해 가격 탄력성 조사를 실시하는 것 또한 좋은 방법이다. 이러한 유형의 가격 탄력성 모델링은 대개 양적 조사에 기반을 두고 있으며, 향후 매출을 좀더 정확히 예측하는 데 사용된다. 이를 브랜드 가치 평가 프로세스에 포함시켜 예상 수익을 이끌어 내는 데 활용하기를 권한다.

예측 비용

어떠한 기준에 의하여 예측 비용이 결정되었는지를 이해하는 것 역시 필요한 일이다. 브랜드 가치 평가팀은, 각 지리학적/제품/고객 세분시장들이 현재 혹은 미래에 대한 예측 비용 할당의 기준에 대해 매우 민감할 수 있다는 사실을 명심해야 한다. 이러한 기준은 각 세분시장에 대한 자본 할당 시에도 적용될 수 있으며, 예측되는 경제적 부가 가치를 얻기 위해 세분시장에서의 브랜드 이익에서 자본 비용을 공제한다. 경제적 부가 가치는 브랜드 가치 평가의 출발점이다. 경제적 부가 가치의 비율은 브랜드 가치 평가 시 브랜드 가치에 결정적인 기여를 한다.

브랜드 부가 가치(BVA)의 측정

이는 브랜드 가치 평가에 포함되는 총체적인 경제적 부가 가치의 비율을 결정하기 때문에, 모든 브랜드 평가에 있어서의 핵심이라고 볼 수 있다. 적절한 세분화를 선택하고 이에 대해 크기측정, 가치 그리고 시장조사 자료를 배치했다면, 이제는 경쟁사들을 세밀히 관찰하면서, 브랜드가 고객 수요에 어느 정도의 기여를 하고 있는지를 알아 낼 차례이다. 이는 정량적인 시장조사에 기초한 상쇄 분석에 의해 실행된다.

우선은 기존의 정량/정성 조사를 참고하거나 경영 관리 회의를 거쳐 수요의 주요 동인을 찾아 내는 것이 일반적이다. 보다 세분화된 경영 관리 워크샵을 통해 수요를 결정하는 요인들 간의 상대적인 중요성을 측정할 수도 있다. 그러나 광범위한 표본과 고객 중심의 조사를 활용함으로써 이 방법의 주관성을 배제할 필요가 있다. 이로써 보다 정확한 재정 평가가 가능해지며, 판매 수요 동인들 간의 상대적인 중요성 역시 보다 정확하게 측정할 수 있게 된다. 따라서 이는 단순히 하나의 가치 평가 기술이라기보다는 경영 의사 결정 도구로서 훨씬 더 사용 가치가 있다고 하겠다.

수요 동인

상쇄 분석(trade-off relationship)은 다양한 기준을 통해 이루어지며, 다음과 같이 구매 의사 결정을 전환하는 데 브랜드가 얼마나 중요한 역할을 하는지를 측정한다.

- 하나의 브랜드에서 다른 브랜드로의 전환
- 특정 시기에서 다른 시기로의 전환
- 하나의 목표 청중 하위 세분시장에서 다른 세분시장으로의 전환
- 하나의 제품 종류에서 다른 종류로의 전환

상쇄 분석은 구매 의사 결정에 있어서의 브랜드의 비중을 나타내 주는 매우 가치 있고 통계적으로 믿을만한 방법이다. 이를 통해 해당 시장에서 다양한 동인들의 중요성이 각각 어떻게 변화하고 있는지를 트랙킹할 수 있으며, 이러한 구매 동인들에 대한 자원 할당을 기획할 수 있고, 또한 이러한 자원 할당이 브랜드의 수요에 영향을 미치는 요인들의 프로파일에 어떠한 영향을 미치는지

를 트랙킹할 수 있다. 또한 이는 미래의 수요를 예측하는 데 활용되기도 한다.

브랜드의 위험 요소 평가

브랜드 가치 평가의 마지막 단계는 할인된 현금 흐름 분석을 위해 적정선의 할인율을 결정하는 것이다. 브랜드 파이낸스는 자본 자산 가격 모델을 완벽하게 반영하는 할인율 결정 접근법을 개발했다. 적정 할인율은 다음의 첫 번째 원칙에 의해 구해질 수 있다.

- 할인율 = [브랜드 베타가 반영된 자산 비용 × (자산 펀딩 비율)] + [부채 비용 × (부채 펀딩 비율)]
- 브랜드 베타가 반영된 자산 비용 = 무위험 비율 + (자산 위험 요소 프리미엄 × 부문별 베타 × 브랜드 베타)

지리적 시장에서의 이 10년 간의 무위험 차용율은 출발점이 될 수 있다. 자산 위험 프리미엄은 무위험율을 통하여 자산 시장의 중간 수익에의 접근이 된다. 이는 투자 자료 제공자들과 수많은 위험 요소 평가 서비스를 통해 얻어질 수 있다. 부문별 베타 역시 이를 통해 얻어질 수 있는데, 이 부문별 베타는 모든 브랜드에 적용되는 평균 할인율을 결정하는 데 사용된다.

특정 부문에 초점이 맞추어진 할인율은 주어진 시장 내에서 다양한 브랜드들의 상대적인 강점을 측정하는 데 사용될 수 있다. 우리는 이를 브랜드 베타 분석이라고 부른다. 이 분석은 10가지 주요 기준에 근거하여, 우리가 어떠한 자료들을 주로 사용할 수 있으며, 또한 어떠한 자료들이 우리의 관점에서 위험 요소를 가장 잘 나타내 주는지를 보여 준다. 브랜드 파이낸스가 제공한 일반적

그림 9.5 베타 분석 점수표 기준

속성	점수
시장에서의 시점	0-10
유통	0-10
시장점유율	0-10
시장 내 위치	0-10
판매 성장률	0-10
가격 프리미엄	0-10
가격 탄력성	0-10
마케팅 비용	0-10
광고 인지도	0-10
브랜드 인지도	0-10
합계	0-100

인 브랜드 베타 속성들은 [그림 9.5]에서 보여지는 바와 같다. 이 속성들은 각 예들에서 밝혀진 특정한 부문에 초점을 맞추어 가장 적절한 위험 요소의 그룹화를 위해 평가되었음이 강조되어야 한다.

어떠한 부문의 어떠한 경쟁자들을 모니터하고 평가해야 하는지를 정의하기 위해서는 세심한 기획이 필요하다. 또한 비즈니스의 초점이 새로운 분야로 옮아갈 경우 경쟁자 군을 바꿀 수도 있다.

50점은 브랜드가 그 부문에 대해 평균적인 수준의 투자 위험 요소를 지니고 있다는 뜻이며, 이는 베타값 1로 간다. 이는 가치 평가에 사용된 할인율이 그 부문의 평균 혼합률이 된다는 것을 의미한다. 100점은 무위험률에서 할인이 되는, 즉 이론적으로 위험이 없는 브랜드라는 뜻이며, 0점은 자산 위험 요소 프리미엄을 2

배로 만드는, 특별히 약한 브랜드라는 뜻이다.

브랜드 베타 자료의 분석은 시장에서의 브랜드의 경쟁적 위치에 대한 통찰력을 제공해 주며, 브랜드에 대한 균형 있는 점수표를 얻는 데 핵심적인 역할을 한다. 사용가능하며 사람들이 인지하고 있는 브랜드의 가치는 브랜드 베타 점수표 상의 단순한 '브랜드 인지도'를 대체할 수 있는 강력한 대안이다. 점수표는 자료를 바탕으로 작성되며, 매우 정직하고, 또한 믿을만한 할인율을 산출해 낼 수도 있다.

시점 가치 평가

앞서 언급된 분석들의 결과는 각 세분시장들에 대한 브랜드화된 비즈니스 가치이다. 브랜드화된 비즈니스 가치는 각 세분시장의 무형 수익의 현재 총순수가치를 나타낸다. 게다가 브랜드 가치 평가팀은 위험 요소 점수에 대한 보다 자세한 경쟁적 검토를 진행하며, 각 세분시장에 있어서 브랜드가 기여하는 부분을 확실히 예측한다. 이것은 브랜드화된 비즈니스의 총체적 가치 내에서 브랜드의 가치가 차지하는 비중을 알아 내는 데 사용된다. 또한 주요 가정들을 변경하는 가치의 영향력을 알려 주는 민감도 분석도 제공한다.

브랜드 가치 평가의 실행에 있어서 중요한 철학은, 그 분석 모델이 담당자들만을 위한 지나치게 복잡한 모델이 아닌, 전체 브랜드 팀들을 고려한 단순하고도 이해하기 쉬운 모델이어야 한다는 것이다.

역동적인 브랜드 가치 평가

지금까지 논의된 시점 가치 평가 방법론은 기존의 재정적, 분석적, 마케팅적 조사 활동에 직접적으로 연관되어 있는 확실한 시점 브랜드 가치 평가 모델을 제공한다. 이러한 의미에서 보면, 이 방법은 기존의 측정 결과 및 프로세스들을 단지 일관된 방식으로 나열만 하고 있는 것처럼 보이기도 한다. 따라서 이는 내부 경영에 대해 정기적으로 가치 평가를 실시하는 경우에 적절한 방법일 수 있다. 우리의 경험에 비추어 보았을 때, 우선은 안정적인 가치 평가 모델을 구축한 후, 이 모델을 좀더 정교하게 손질하고 또한 시나리오 기획 능력을 보여 주는 것이 바람직하다.

다음의 내용들이 바로 역동적인 브랜드 가치 평가 모델의 목적이다: 인과 관계를 브랜드 가치 평가 모델에 반영하기; 가장 적절한 전략의 선택을 위해 시나리오 기획을 수행하는 데 있어 그 모델을 사용하기; 그리고 선택된 전략의 효과를 트랙킹하기. 이러한 모델은 다양한 세분시장의 브랜드에 대한 마케팅 투자 수준을 고려하고 비교하는 데 사용될 수 있다. 또한 가설에 근거한 주요 가정들을 조정하고, 브랜드 활동에 변화를 주는 가치의 영향력을 시험해 보는 데도 활용된다. 이 모델은 브랜드 및 기업의 가치가 어디서 구축되고 파괴되는지를 성장과 퇴보를 유발하는 중간 속성들과 함께 보여 줄 것이다.

계량 경제학적 모델링과 브랜드 부가 가치(BVA) 조사는 마케팅 투입과 판매량 간의 인과 관계의 과거 및 미래의 모습을 보여준다. 이러한 두 방법과 시장 가정들은, 단기간의 수익과 장기간의 가치에 대한 마케팅 활동의 효과를 구축하면서, 역동적인 브랜드 가치 평가 모델로 통합될 수 있다. 이러한 도구들은 전적으로 마케팅 중심인 것처럼 보인다. 그러나 모델의 예측 능력은 인과 관계를 결정하는데 사용된 조사 정도의 중요성 밖에는 가지고 있지 않다는 사실을 명심해야 한다. 우리는 이러한 가정을 유용하게 바꾸기 위해 인과 관계를 예상하고 비즈니스 모델의 민감도를 평가하는 프로세스를 발견했다.

사례 연구 29는 한 일류 기업이 기업의 성과를 지속적으로 트랙킹하기 위해서 어떻게 브랜드 가치 평가 데이터를 활용하였는지 그리고 기업의 가장 가치 있는 자산에 대해 어떠한 전략적 및 행정적인 제한을 가했는지를 보여 주고 있다.

사례 연구 29

디아지오(Diageo) 성과 트랙킹

기네스(Guinness)와의 합병을 통해 디아지오가 탄생하기 이전에 그랜드 멧(Grand Met)은 스미노프(Smirnoff), 베일리스(Baileys), 하겐다즈(Haagen-Dazs), 그린 자이언트(Green Giant), 버거킹(Burger King) 등과 같은 유명 브랜드들이 포함된 브랜드 포트폴리오를 가지고 있었다.

1988년 그랜드 멧은 기업이 인수한 브랜드들을 대차대조표 상에 무형 자산으로 포함시켜 금융 업계를 발칵 뒤집어 놓았다. 그러나 유명 브랜드를 다수 소유한 그랜드 멧의 최고경영진들은 기업의 장기적인 성공에 있어서 이 브랜드들이 중요하다는 사실을 인식하고 있었기 때문에 이들을 기업의 회계 장부에 반영하기를 원했던 것은 어찌 보면 당연한 일이었다. 1988년 그랜드 멧의 대차대조표에는 6억 800만 파운드 상당의 브랜드들이 포함되어 있다.

그랜드 멧의 입장에서는 높은 비용 및 프로파일이 투자된 인수 과정이 회계 장부에 포함되지 않는다는 사실 자체가 터무니 없는 모순이었을 뿐만 아니라 기업의 가치를 심각할 정도로 낮추는 일이기도 했을 것이다.

그러나 이 역시 완벽한 것은 아니었다. 대차대조표에는 그랜드 멧 내부의 본래 브랜드들의 가치는 무시된 채 새롭게 인수된 브랜드들의 가치만이 포함되었던 것이다. 또한 초기의 브랜드 가치 평가는 과거의 이익 배수를 바탕으로 이루어졌는데 현재 이 방법은 브랜드의 진정한 가치를 정확하게 반영하지 못하는 것으로 평가되고 있다.

이 문제에 대한 대응책이자, 마케팅 부서와 재무 부서 사이를 연결하는 다리로써 그랜드 멧은 '브랜드 자산 모니터' 라는 프로그램을 도입하였다. 이 프로그램의 목적은 브랜드에 대해 기존의 방식으로 가치를 부여하는 것이 아니라 경영진들에게 브랜드의 성과에 대한 실질적인 아이디어를 제공하고자 하는 것이었다. 브랜드의 가치는 단순한 손익 차원으로는 측정될 수 없는 것이기 때문에 이 프로그램에는 성과에 대한 경제, 소비자, 지각 측면에서의 성과에 대한 측정들 포함되었다. 그리고 이들은 브랜드의 상태와 브랜드의 재무적 가치 모두를 트랙킹할 수 있는 미묘하고 민감한 매커니즘을 형성하였다.

이 프로세스는 점차 확장되어 디아지오는 현재 브랜드 자산을 구축하는 수많은 재무적 및 마케팅적 동인들에 대해 이 프로그램을 실시하기에 이르렀다. 이러한 동인들은 고객 인지도, 충성도, 시장점유율 그리고 프리미엄 가치를 이끌어 낼 수 있는 브랜드의 능력 등에 초점을 맞춘 것들이다. 그리고 기업의 주주들에게 커뮤니케이션되는 브랜드의 가치는 바로 이러한 프리미엄들이다.

브랜드 자산의 트렌드를 평가하기 위해 디아지오가 사용하는 방법에는 여러 가지가 있다. 여기에는 인지도, 광고 비용, 시장 침투 그리고 디스플레이 점유율이 포함된다. 경영진들은 일관되고 믿을만한 데이터를 통해 자사 브랜드의 상대적인 상태를 측정할 수 있다. 이러한 자료들의 대부분이 기업의 회계 장부에 포함되지 않을 것이라는 사실은 옳지 않으며, 여전히 기업의 가장 가치 있는 자산이 전략적, 행정적으로 통제를 받고 있다는 것을 의미한다.

10 결론

이 책 전반에 걸쳐 나는 브랜드가 이 새로운 세계의 사업을 이끌어 나아가는 원동력이라는 점을 강조해 왔다. 브랜드에 충실한 기업만이 소비자 중심의 문화를 이룰 수가 있다. 또 한 가지 강조한 점은 브랜드를 처음 만든 것은 기업이지만 기업은 브랜드를 관리만 할 뿐 기업을 실제로 구축하고 소유하는 것은 고객들이라는 사실이다. 따라서 고객들에 대한 통찰력이 절대적으로 중요해지게 된다. 브랜드 관리의 초점은 점차 변화하고 있다. 이제는 소비자들에게 자사의 브랜드를 선택해 달라고 설득하는 것이 아니라, 소비자들에 대한 이해를 통해 그들의 삶에 가치를 더해 주는 브랜드를 제공할 수 있어야 한다.

브랜드 관리자들은 이 두 가지를 항상 명심한 채, 이성의 세계에서는 찾아보기 힘든, 사람들의 마음과 영혼을 움직일 수 있는 것들에 대해 더욱 집중해야 한다. 감성은 소비자 수용도, 우정 그리고 지속적인 충성도를 획득할 수 있는 주요 관건이다. 그러나 아직도 많은 기업들이 이 사실을 간과하고 있다. 이성적인 것들에 기반한 브랜딩은 차별화가 쉽지 않다. 특히 기능 제품들 간의 차이는 점차 줄어들고 있는 추세이다. 물론 브랜드 약속이 품질, 서비스, 혁신 그리고 윤리를 바탕으로 할 필요가 없다는 것은 아니다. 강력한 브랜드들은 이미 이러한 속성들을 모두 갖추고 있다. 나는 단지 최근의 소비자 구매 행동에 있어서는 이들보다 '열정' 이라는 코드가 훨씬 더 중요한 역할을 수행하고 있다는 사실을 말하고 싶을 뿐이다. 브랜드는 빠르게 변화하는 고객들의 니즈에 귀를 기울이고, 반응하며, 이를 지지해야 한다. 한 마디로 '태도' 가 브랜드 성과에 있어서 결정적인 요소로 부각되고 있다.

이 메시지는 곧 브랜드가 사람과 국가에게 유용한 것인지 그리고 브랜딩의 미래는 어떠한 모습일지에 대한 논란으로 이어진다. 미래에 성공적인 기업이 되기 위해서는 고객들을 보다 배려하는 브랜드가 되어야 한다는 것이 나의 생각이다. 미래에 '승리하는 브랜드' 는 단순히 사회적 책임을 수행하는 것뿐만이 아니라 사람들과 우리가 현재 살고 있는 세상에 대해 진실한 애정을 표현하는 브랜드일 것이라는 뜻이다. 몇몇 브랜드는 이미 이러한 활동을 하고 있으며 또한 자신이 인류의 복지에 어떠한 기여를 할 수 있을지에 대해 매우 열정적인 모습을 보이고 있다. 물론 이러한 문제들에 대해 그다지 적극적이지 않은 기업들도 있고 혹은 아예 신경조차 쓰지 않는 기업들도 있지만 말이다.

이것이 바로 내가 말하고자 하는 '승리하는 브랜드' 이다. 훌륭한 브랜드와 '인간적인 접촉' 의 부재 사이에 반드시 어떠한 상관 관계가 존재할 필요는 없다. 미래의 강력한 브랜드는 시장 파워뿐만이 아니라 '세상에 대한 사랑' 역시 보여 주어야 하는 것이다. 훌륭한 브랜드는 마치 훌륭한 사람들과 같다. 우리는 훌륭한 브랜드들의 겸손함, 리더쉽, 배려, 선도적인 사고 그리고 그들이 고객들에게 주는 믿음을 존경한다. 이러한 경지에까지 오른 브랜드들은 그들의 모든 활동에 대해 찬사를 받으며 수많은 사람들의 삶의 한 부분으로 자리잡게 될 것이다. 브랜드가 소비자들을 위해 어떠한 일을 하고 있는지 그리고 소비자들이 아끼고 사랑하는 것이 무엇인지에 관심을 가지는 것이 성공의 결정적인 열쇠이다. 감성적인 리드야말로 브랜드 관리 성공의 중요한 요소인 것이다.

이러한 예측과 내가 이제껏 이 책에서 다루었던 모든 주제들을 통합적으로 살펴보았을 때 우리는 브랜드 관리의 역할이 갈수록 중요해지고 있으며 또한 빠르게 변화하고 있다는 사실을 알 수 있다. 미래의 훌륭한 브랜드 관리자는 사업을 할 수 있어야 하고, 소비자들을 이해하고 배려해야 하며, 지속적인 혁신을 통해 최고의 품질을 유지하고, 또한 수많은 직원들이 기업을 위해 기꺼이 일할 수 있도록 동기부여를 할 수 있어야 한다. 브랜드 관리 및 마케팅 기술에 뛰어난 사람들이 현재 세계 최고의 CEO로서 활동하고 있는 이유가 바로 여기에 있다.

이 외에 브랜드 관리자들에게 요구되는 덕목들은 계속해서 증가할 것이다. 전문적인 지식과 기술만으로는 충분하지 않다. 미래의 최고 브랜드 관리자가 되려면 다방면의 지식, 기술 그리고 태도로 무장하고 있어야 한다. 희소식이 있다면, 현재 전세계적으로 뛰어난 브랜드 관리자들을 필요로 하는 곳이 많아지고 있으며 따라서 이 신나고 역동적인 분야에서 일을 할 수 있는 기회도 점점 더 많아지고 있다는 사실이다. 한 가지만은 분명하다. 브랜드 관리를 하는데 있어서 적어도 지루함이란 없다는 것이다!

다음에 나오는 브랜드 관리 도구 모음에는 브랜드 관리자들에게 도움이 될만한 질문, 리스트 그리고 생각들이 담겨 있다.

여러분들의 브랜딩 활동에 행운이 있기를 바라며, 기타 문의 사항에 대해서는 www.brandingasia.com을 참조하기를 바란다.

폴 템포럴(Paul Temporal)
싱가포르, 2002년 1월
ptemporal@brandingasia.com

브랜드 관리 도구 모음

이 브랜드 관리 도구 모음은 브랜드 관리 프로세스를 수행하는 데 있어 도움이 될만한 내용들로 구성되어 있다. 다음과 같은 핵심 영역들이 포함된다.

1. 사업으로서의 브랜드에 대한 질문들
2. 일반적인 브랜드 감사 설문지
3. 브랜드 퍼스낼리티 구축－퍼스낼리티와 테스트 질문들 만들기
4. 브랜드 포지셔닝 프로세스에 대한 질문 가이드
5. CRM－지침 사항 및 효익
6. 광고 진단표
7. IR을 위한 브랜드 전략 문구 예시
8. 브랜드 득점표: 세계적인 브랜드들의 12가지 특징: 당신의 브랜드는 이러한 특징들을 가지고 있는가?

1. 사업으로서의 브랜드에 대한 질문들

브랜드 관리를 구축하거나 이에 대한 계획을 세우기 전에 다음과 같은 질문들에 답을 해 보자.

- 나의 브랜드는 어떠한 사업 영역에 속해 있는가?
- 나의 브랜드의 비전은 무엇인가?
- 첫 번째 질문에 대답하기 위해 나는 어떠한 소비자 통찰력을 사용할 수 있는가?
- 나의 브랜드 사업은 감성적인 부분에 기초하고 있는가?
- 나의 브랜드는 어떠한 퍼스낼리티와 태도(특성)을 가지고 있는가?
- 나의 브랜드의 특성은 나의 목표 청중의 특성과 일치하는가?
- 나의 소비자와 나의 브랜드 간의 감성적 관계를 어떻게 개선시킬 수 있는가?
- 나의 브랜드는 미래에도 계속해서 발전할 수 있는 가능성을 가지고 있는가?
- 나의 브랜드의 가치를 떨어뜨릴 수 있는 프로젝트 및 사업 활동이 받아들여진 적이 있는가?
- 나의 기업은 어떠한 방식으로 브랜드 가디언쉽의 실행 여부를 확인하는가?

2. 일반적인 브랜드 감사 설문지

다음은 당신의 브랜드에 어떠한 일들이 일어나고 있는지 만을 간단히 검토하려 할 때 일반적으로 이용되는 감사 항목들이다. 이들은 당신이 주의를 기울여야 하는 부분들을 다시 한 번 상기시키는 역할을 한다. 보다 자세한 항목들은 다음 부분에서 다루어진다. 이러한 질문 항목들은 일 년에 한 두 번 정도 점검해 보아야 하는 것들이다. 여기에는 OEM에 대한 질문들도 포함되어 있다. OEM

은 특히 불경기에 많은 기업들이 사용하는 방식인데, 결과적으로는 자사의 브랜드가 아닌 다른 브랜드를 구축하는 데 집중하는 것이기 때문에 바람직하지는 않다.

A. 기업 브랜드 질문들

- 언제 기업 브랜드 네임이 사용되는가?
- 어디서 사용되는가?
- 어떻게 사용되는가? 단독으로 사용되는가? 제품과 함께 사용되는가? 무엇이 기준인가? 당신의 기업은 진정한 기업 브랜딩과 진정한 제품 브랜딩 사이 어디쯤에 위치해 있는가?
- 자회사/제휴 업체 파트너들이 관련될 경우 기업의 브랜드 네임은 어떠한 방식으로 사용되는가?
- 기업의 비전은 무엇인가?
- 기업의 비전과 브랜드의 비전은 같은가, 아니면 다른가? 이 둘은 어떠한 관련이 있는가?
- 기업의 핵심 가치는 무엇인가?
- 브랜드 가치는 무엇인가?
- 기업의 가치와 브랜드 가치가 상충되기도 하는가?
- 기업의 문화는 기업의 가치들을 반영하고 있는가?
- 현재 브랜드에 대한 소비자들의 인식은 어떠한가? 이러한 인식은 시장/세분시장마다 어떻게 다른가?
- 당신의 제휴 업체들은 당신의 브랜드에 대해 어떠한 인식을 가지고 있는가?
- 경쟁사에 비해 당신의 브랜드는 전략적 경쟁 우위를 가지고 있는가?
- 각 시장/카테고리/세분시장에 존재하는 주요 경쟁사들의 현재 브랜드 이미지는 어떠한가?
- 당신의 브랜드에 대해 소비자들이 어떠한 인식을 갖기를 원하는가? 이러한 인식은 시장/카테고리/세분시장마다 다른가?
- 각 시장/카테고리/세분시장에서 당신의 브랜드가 직면하고 있는

위협과 기회는 무엇인가?

- 다른 시장/카테고리/세분시장으로 당신의 브랜드를 확장할 수 있는 기회가 존재하는가?

a. 제품 브랜드/하위 브랜드 질문들

- 현재의 브랜드 아키텍처는 무엇인가? 이는 적절한 것인가?
- 제품 브랜드와 하위 브랜드는 어떠한 관련이 있는가? 모브랜드와는 어떠한가?
- 각 제품 브랜드/하위 브랜드들의 강점과 약점은 무엇인가?
- 전략적 경쟁 우위나 차별적 셀링 포인트(Unique Sellling Proposition)를 가진 브랜드가 있는가?
- 브랜드 이미지 측면에서는 주요 경쟁사와 비교했을 때 어떠한가?
- 브랜드 이미지는 시장/세분시장마다 다른가? 다르다면 어떻게 다른가? 카테고리는 어떻게 변화하고 있으며, 이러한 변화는 당신의 브랜드에 어떠한 영향을 미치고 있는가?
- 당신의 고유 브랜드에 집중하고 있는가? 아니면 OEM에 집중하고 있는가?
- 신제품을 출시할 때에는 어떠한 의사 결정 프로세스를 거치는가?
- 가격 결정은 어떻게 이루어지는가?
- 당신의 유통 채널들은 당신의 브랜드를 얼마나 잘 홍보하고 있는가?
- 기존의 제품을 확장하거나 신제품을 출시할만한 틈새 시장은 없는가?
- 브랜드를 확장할 생각이 있는가?
- 당신의 기존 고객들이 브랜드 확장을 받아들일 것인지에 대해 조사해 본 적이 있는가?
- 당신의 브랜드는 목표 청중과 지속적인 관계를 유지하고 있는가? 브랜드 확장 후에도 이 관계가 유지될 것인가?
- 브랜드 이미지가 부정적 혹은 긍정적으로 변화한 적이 있는가? 브랜드 확장 후에도 이러한 이미지 변화가 있을 것인가?
- 브랜드의 퍼스낼리티를 유지하면서 시장 변화에 발맞추어 브랜드를

개선해 나아가고 있는가?
- 경쟁으로 인해 브랜드의 포지션이 손상되고 있는가?
- 브랜드를 리포지셔닝하거나 재활성화할 필요가 있는가?
- 소비자들은 새로운 브랜드 포지셔닝을 받아들일 것인가?
- 브랜드 재활성화 프로세스에는 어떠한 투자가 필요한가? 그리고 어떠한 수확이 기대되는가?
- 브랜드를 '제거' 해야 한다면 이에 대한 뒷처리는 어떻게 할 것인가?
- 브랜드에 대한 투자를 줄임으로써 자연스럽게 브랜드를 제거할 것인가, 아니면 가능한 한 빨리 브랜드를 제거할 것인가?

b. 마케팅, 광고, 프로모션 질문들

- 전체 거래액의 몇 퍼센트가 광고 프로모션 비용으로 쓰이는가?
- 그 비용은 광고와 프로모션에 각각 얼마씩 할당되는가?
- CRM에는 얼마나 쓰이는가?
- 주요 경쟁사와 비교했을 때 이 비용은 어떠한가?
- 각 시장/카테고리/세분시장에 지출되는 비용은 무엇에 따라 결정되는가?
- 기업 마케팅 커뮤니케이션 계획이 있는가?
- 각 제품 브랜드/하위 브랜드마다의 마케팅 커뮤니케이션 계획이 있는가?
- 당신의 에이전시에게 적절한 브랜드 포지셔닝 및 커뮤니케이션 자료를 제공하고 있는가?
- 당신의 에이전시는 브랜드 커뮤니케이션에 대한 통합적인 접근법을 제시하고 있는가?
- 공동 브랜딩을 시도하여 성공한 적이 있는가? 성공한 이유, 혹은 성공하지 못한 이유는 무엇인가?

c. 기타 질문들

- 현재의 기업 구조에 대해 어떠한 유형의 새로운 조인트 벤처/전략

적 제휴/변화가 예상되는가?

- 브랜드 관리 부서는 어떻게 조직되어 있는가? 좀더 강화될 필요는 없는가?
- 전체 사업에서 OEM 사업이 차지하는 비율을 조정할 의향이 있는가? 만약 그렇다면 언제, 어떠한 시장에서 얼마나 조정할 것인가?
- 장/단기적으로 어떠한 신상품/브랜드를 출시할 계획인가?
- 각 자회사/전략적 제휴 업체들의 브랜드 강점과 약점은 무엇인가?
- 총수익과 총매출 면에서 각 시장마다 가장 높은 가치를 가진 브랜드부터 가장 낮은 가치를 가진 브랜드까지의 순위를 매겨 보자.

3. 브랜드 퍼스낼리티 구축 – 퍼스낼리티와 테스트 질문들 만들기

A. 퍼스낼리티 구축

브랜드 퍼스낼리티를 구축하는 방법에는 크게 두 가지가 있다.

- 우선 브랜드 퍼스낼리티 특성을 20~30개 정도 써 본다. 그리고 이 가운데서 당신의 브랜드가 가졌으면 하는 특징 3~7개 정도를 골라낸다. 여기에는 당신의 브랜드가 이미 가지고 있는 특징들 혹은 앞으로 가졌으면 하는 특징들이 포함되어 있을 것이다. 다시 말해 이 특징들은 이미 당신의 브랜드가 가지고 있는 강점이거나 혹은 당신의 브랜드가 가지고 있는 것으로 인식되길 원하는 특징일 것이라는 뜻이다. 이것이 바로 재활성화 혹은 리포지셔닝하려는 브랜드가 퍼스낼리티를 구축하는 일반적인 방법이다. 이에 대해 기업 내부에서 브랜드에 영향을 줄 수 있는 모든 직원들 간의 합의가 필요하며, 브랜드가 아직 가지고 있지 못한 특징들에 대해서는 더 많은 노력을 기울이도록 해야 한다. 물론 많은 시간이 걸릴 것이다. 그러나 노력한 만큼의 대가는 분명 얻을 수 있다.
- 당신의 브랜드 특징을 목표 청중의 특징에 맞추어라. 목표 청중의 특징은 시장조사를 통해 알 수 있다.

B. 테스트 질문들

다음은 당신의 브랜드가 어떻게 소비자들과 관계를 형성할 수 있을지를 알아보기 위한 테스트 질문들이다.

- 당신의 브랜드를 휴양지에 비유한다면 어떠한 곳이 되겠는가?
- 당신의 브랜드가 동물이라면? 영화배우라면? 자동차라면?
- 당신의 브랜드가 실제 사람이라면 어떠한 브랜드의 옷을 입겠는가?
- 어떠한 곳에 살겠는가?
- 어떠한 라이프스타일을 가지고 있겠는가?
- 어떠한 친구들이 있겠는가?
- 만약 당신의 브랜드가 레스토랑에 간다면 어떠한 분위기에서 어떠한 음식을 먹겠는가?
- 당신의 브랜드를 친구에게 소개한다면 뭐라고 말하겠는가?
- 당신의 브랜드의 부고를 작성한다면 뭐라고 쓰겠는가?

이러한 질문들은 브랜드 관리의 일관성을 확인하는 데 유용할 뿐만 아니라 FGD (Focus Group Discussion)에서 브랜드 퍼스낼리티가 명확한지를 조사하고자 할 때에도 사용될 수 있다. 또한 에이전시들이 창의력을 발휘할 수 있는 범위를 지정해 주는 역할도 한다.

4. 브랜드 포지셔닝 프로세스에 대한 질문 가이드

다음은 포지셔닝 프로세스의 전과정에 대한 이해를 돕기 위한 질문들이다.

1단계: 시장에 대한 올바른 이해

- 시장은 얼마나 빠르게 성장하고 있는가?

- 경쟁은 어느 정도이며 그 경쟁은 어디에서 비롯되는가?
- 우리의 브랜드들 각각에 대한 주요 경쟁자는 누구인가?
- 우리가 관심을 가지고 있는 시장에는 어떠한 세분시장들이 존재하는가?
- 성장의 기회는 어디에 있는가? 어떠한 세분시장이 가장 빠르게 성장하고 있으며 또한 왜 그러한가?
- 고객들이 우리의 브랜드를 선택하는/선택하지 않는 이유는 무엇인가?
- 고객들이 우리의 경쟁사를 선택하는 이유는 무엇인가?
- 사업 성장을 위해서 우선적으로 고려해야 할 것은 무엇인가?

2단계: 우리 브랜드의 현재 이미지와 포지션에 대한 이해

- 사람들(직원들 및 고객들)은 현재 우리 브랜드에 대해 어떻게 생각하고 있는가?
- 우리 브랜드가 현재 가지고 있는 이미지의 강점과 약점은 무엇인가?
- 우리 브랜드의 이미지는 주요 경쟁사들과 비교하여 어떠한가?
- 소비자들의 인식도에서 우리의 포지션은 경쟁사들과 비교하여 어떠한가?
- 우리의 브랜드와 경쟁사들은 소비자들이 가장 이상적으로 선호하는 것에 얼마나 근접해 있는가?
- 소비자들이 필요로 했으나 그 동안 충족되지 못했던 부분 혹은 틈새시장으로 진출하기 위한 전략적 기회에는 어떠한 것들이 있는가?
- 소비자들의 인식을 보다 정확히 파악하기 위해서 이보다 더 많은 조사가 필요한가?

3단계: 포지셔닝 대안 개발

- 우리의 브랜드가 원하는 포지션과 이미지는 무엇인가?
- 우리의 브랜드는 소비자들의 마인드 맵에서 어떠한 부분을 차지하기를 원하는가?

- 우리의 목표를 달성하기 위해서는 어떠한 전략 혹은 전략들의 조합이 가장 적절한가?
- 우리의 브랜드 퍼스낼리티와 관련하여 브랜드가 상징하는 바를 어떻게 설명할 것인가? 그리고 무엇이 우리의 브랜드를 주요 경쟁사들과 차별화시키고 또 더 낫게 하는가?
- 대안들은 장기적으로 지속될 수 있는 것인가? 아니면 단기적인 차별적 우위만을 가져오는 것인가?

4단계: 최종 포지셔닝 문안 작성

이제 드디어 최종 포지셔닝 문안을 작성할 차례이다. 소비자가 우리를 어떻게 생각해 주면 좋을지에 대해 소비자의 언어로 표현해 주면 된다.

- 우리의 브랜드는 어떠한 사업 혹은 제품 부류에 속하는가?
- 우리의 목표 청중은 누구인가?
- 우리는 그들에게 어떠한 효익을 제공하고 있는가?
- 우리의 브랜드가 경쟁사들과 차별되고, 또 더 나은 이유는 무엇인가?

가장 중요한 점은 우리의 브랜드가 사람들의 마음 속에 심고자 하는 포지션과 이미지가 믿을 수 있고, 소비자들과 관련이 있어야 하며, 또한 쉽게 전달될 수 있는 것이어야 한다는 사실이다.

5단계: 새로운 포지션에의 적응-브랜드 약속 지키기

- 신제품을 개발할 것인가 아니면 기존의 제품을 그대로 유지할 것인가?
- 기존의 서비스 기준을 바꾸어야 하는가?
- VI와 제품 패키지을 바꾸어야 하는가?

- 브랜드 네임을 바꾸어야 하는가?
- 기업 문화를 바꾸어야 하는가?
- 가격 정책 혹은 유통 정책을 조정해야 하는가?
- 이 모든 것들이 결정된 후 그 결과에 대한 향후 커뮤니케이션 전략은 어떻게 되는가?
- 커뮤니케이션 계획은 무엇인가?

6단계: 성공 여부의 검토 – 의도했던 브랜드 이미지를 얻었는가?

이 마지막 단계는 매우 중요하다. 시장 상황이 변화하거나 소비자들의 인식, 니즈 그리고 욕구의 수준이 향상되었을 경우 우리의 제품, 커뮤니케이션, 심지어는 우리의 포지션까지도 이에 따라 조정되어야 하기 때문이다. 브랜드 이미지와 포지셔닝을 검토한다는 것은 위에 설명된 모든 단계들을 지속적으로 평가해야 한다는 것을 의미한다. 그렇지 않으면 우리는 시장에 대한 감각뿐만이 아니라 소비자들이 우리의 브랜드에 대해 가지고 있는 감정이나 인식까지 잃어버릴 수가 있다. 이미지 구축은 끊임없이 계속되는 프로세스이며 매분기마다의 피드백이 필수적으로 요구된다. 여기서 만족이란 절대 있을 수 없다. 소비자들의 사고를 이해하지 못하여 사업에 실패한 기업들은 허다하다. 이미지란 깨지기 쉽고 섬세한 것이라서 늘 세심한 주의와 배려를 필요로 한다. 이미지는 생각이나 감정의 형태로만 존재하며 일시적으로 사람들의 마음에 머물 뿐이다. 따라서 지속적인 강화와 개선의 노력이 뒤따르지 않을 경우 이미지는 곧 다른 이미지들에게 자리를 내주게 되는 것이다. 강력한 이미지를 구축하는 것은 포지셔닝 프로세스이다. 그러나 그 이미지를 지속시키는 것은 바로 세심한 포지션 관리임을 명심해야 한다.

5. CRM-지침 사항 및 효익

A. CRM은 무엇인가?

- CRM은 기업 브랜드를 구축하고자 하는 이들에게는 절호의 기회일 수 있다. 브랜드 자산과 브랜드 가치 모두를 신속하게 구축하는 데 도움을 주기 때문이다.
- 또한 브랜드를 차별화시키고, 시장점유율을 높이며, 결과적으로 브랜드의 재무적 가치를 향상시킨다.
- CRM은 고객들에 대한 학습 곡선과 브랜드-고객 관계 발전을 가속화시키면서 브랜드를 '신속하게' 구축하는 데 도움을 준다. 이는 곧 브랜드 구축의 미래이다.
- CRM은 고객들과의 상호 활동이 필수적이다. 이는 마치 전통적인 윈윈(Win-Win) 상황과도 같다. 당신의 기업은 고객의 생활에 가치를 더해 주며 이에 대해 고객들은 당신의 기업에 충성도를 보여준다.
- 고객들은 절대 동등하지 않다. 파레토의 법칙(80:20의 법칙)은 대부분의 비즈니스 상황에 적용된다. 기업 매출의 80%는 20%의 고객들로부터 나온다는 것을 명심하라.
- CRM 프로그램의 목적은 우수 고객을 찾아 내고 또한 그들을 계속해서 고객으로 유지하기 위함이다. 기업의 매출 면에서 낮은 가치를 가진 고객들을 높은 가치를 가진 고객들로 변화시키는 것 역시 이 프로그램의 목적이다.
- 효과적인 CRM은 고객들과 상호 교류를 하는 매순간마다 당신의 기업이 그 고객들에 대해 알고 있는 정보들을 적용하는 것이다. 이는 마치 기업이 고객, 브랜드, 기업 사이에 감성적인 유대감을 강화함으로써 제품 및 서비스에 가치를 더하는 것과 같다.
- CRM은 21세기에 만들어진 획기적인 신기술이 아니다. 그것은 아주 예전 구멍가게 시절부터 시행되어 왔던 방법이다.
- 많은 CRM 프로그램들이 포인트 점수에 기반한 충성도 전략을 가지고 있으나 일반적으로 이러한 전략은 고객들의 충성도를 향상시키는 데 그다지 도움이 되지는 않는다.

- CRM은 하룻밤 사이에 당신의 사업에 어떠한 영향을 주지는 않는다. 진정한 효과가 나타나는 데에는 많은 시간이 걸릴 것이다. 그러나 그 효과는 매우 진실된 것이며 또한 지속적인 것일 것이다.
- 나는 CRM 프로그램을 실행한 후 아무런 효익을 얻지 못한 기업 혹은 사업은 단 한 번도 보지 못했다.
- CRM은 당신이 감히 생각하지도 못했던 것, 즉 당신의 고객들과 당신의 기업을 동시에 이롭게 하는 것을 가능하게 한다.

B. CRM은 어떻게 운영되는가?

CRM은 다음과 같이 운영된다.

- 기업과 고객간에 지속적으로 커뮤니케이션 고리를 형성한다.
- 고객을 파악한다.
- 기존의 고객 자료를 이용한다.
- 고객들이 당신의 기업에 대해 바라는 점을 조사한다.
- 무한한 잠재력을 구축한다.
- 고객 자료를 지식의 형태로 전환시킨다.
- 이 지식을 반복적으로 사용한다.
- 당신의 기업에 CRM 프로그램이 있을 경우 다음과 같은 많은 효익들이 따르게 된다.
- 브랜드 이미지 구축을 도울 수 있다.
- 새로운 고객을 확보할 수 있다.
- 기존의 고객들에게 더 많은 제품들을 판매할 수 있다.
- 당신의 고객을 다른 경쟁사들로부터 보호한다.
- 브랜드 투자에 대한 수익이 증가한다.
- 고객들의 제품 선택의 폭이 늘어나며, 값도 더욱 저렴해진다.
- 고객들의 의견을 더 많이 반영하게 된다.
- 브랜드에 대한 소비자 불만율이 낮아진다.
- 브랜드 퍼스낼리티를 표현할 수 있다.
- 직원들의 충성도가 높아진다.

- 광고 프로모션 예산을 더 효율적으로 사용할 수 있다.
- 사업 비용이 쓰이는 곳을 알 수 있다.
- 보다 효과적이고 보다 적절한 제품 디자인을 할 수 있다.
- 조사를 자주 실시할 필요가 없다.
- 수익이 늘어나고 브랜드 가치가 향상된다.
- IR에 가치를 더해 준다.
- 고객들과 강력한 관계를 형성해 나아가는 데 집중하는 기업은 그렇지 않은 기업의 2배에 달하는 매출을 올릴 수 있다.
- 또한 그렇지 않은 기업의 6배나 되는 자산을 얻을 수 있다.
- 고객들이 경쟁사로 발길을 옮기는 가장 큰 이유는 기업이 그들과 대화를 시도하지 않기 때문이다. 고객들은 자신이 환영받지 못한다고 느끼거나 혹은 제대로 대우받지 못한다고 느끼는 것이다.

당신의 브랜드에 가치를 더한다는 것은 다음 사항들 가운데 적어도 한 가지 이상을 만족시킨다는 뜻이다.

- 고객들의 돈을 절약한다.
- 고객들의 시간을 절약한다(시간은 곧 돈이다).
- 고객들과의 마찰을 없앤다(보다 신속하고 효과적인 서비스를 제공한다).
- 각 고객의 니즈에 맞춘 제품 및 서비스를 제공한다.

C. 실행 단계

- 모든 브랜드 관리자들은 '고객들의 삶에 가치를 더하기 위해서 당신은 오늘 무엇을 할 것인가?' 라는 질문을 매일 스스로에게 던져야 한다.
- 요즘에 기업에서 가장 중요한 사람은 브랜드 관리자나 제품 관리자가 아니다. 바로 고객 관리자이다.
- 시장세분화는 모든 마케팅 전략의 핵심 요소이며 브랜딩 프로세스에 있어서 필수적인 부분이다. 목표를 확실히 정의할수록 브랜드 전

략은 그만큼 더 효과적일 수 있다.

- CRM 프로그램의 구축은 기업 프로세스를 재정비 할 수 있는 기회이기도 하다. 일상업무 가운데 당신의 고객과 기업에 대해 아무런 가치도 더해 주지 않는 활동이 있다면 과감히 제거하자.
- 예시 프로그램(pilot program)을 먼저 만들어 보고 이 프로그램의 효과를 살펴보자.
- 기업의 CRM 프로젝트에 있어서 장애물이 될만한 것들에 대해 미리 대비하라.
- 기업 내부의 마케팅도 잊지 말자.
- 이전에 사용한 것을 재활용하라.
- 최고의 프로젝트 팀을 찾아라.
- 외주를 적절히 사용하여 프로젝트의 진행 속도를 높여라.
- 예시 프로그램이 진행되는 중에 다음 전략을 기획하라.
- CRM 프로그램을 시작하기 전에 다음의 세 가지를 기억하자.
  - 명확한 목적을 설정하라
  - 고객들에게 쉽게 하라
  - 현실적인 목표를 세워라

D. 고객의 수익

- 고객의 수익을 어느 정도까지는 보장해야 한다.
- 파레토의 법칙은 당신의 기업의 고객 기반에 어떻게 적용되는가? 80:20인가, 아니면 90:10인가?
- 기업은 다음과 같은 고객들을 찾아 내야 한다.
- 당신의 제품을 정기적으로 구매하는 고객
- 최근 당신의 제품을 구매한 적이 있는 고객
- 기업의 수익에 상당한 기여를 하는 고객
- 당신의 제품 및 서비스를 친구나 동료들에게 추천하는 고객
- 향후 발전의 가능성이 엿보이는 고객

기업은 우선 가장 수익성이 높은 고객들의 프로파일을 작성해야

한다. 그들이 누구인지, 어디에 사는지, 그들의 직업은 무엇이며, 가족 환경은 어떠하고, 라이프스타일은 어떠한지에 대해 알아보자.

다음으로 할 일은 두 번째로 수익성이 높은 고객들을 살펴보는 것이다. 어떠한 고객들이 이 그룹에 속하는가? 그들의 어떠한 부분이 수익성이 높은 그룹의 프로파일에 부합하는가? 그들의 어떠한 부분이 '가장 수익성이 높은 고객들'과 다른가? 이러한 그들의 습관을 바꾸기 위해서는 CRM 가운데 어떠한 마케팅 기술을 사용해야 하는가?

가능한 모든 채널을 통해 고객들과 대화함으로써 그들에 대해 모르는 부분이 없도록 하라.

모든 CRM 활동의 중심은 당신이 가지고 있는 마케팅 데이터베이스 이다. 이것 없이는 고객들의 정보를 활용하기 힘들다.

당신이 고객들과 얼마나 최근에, 얼마나 자주 그리고 얼마나 가치 있는 상호 활동을 했는지를 살펴보고 이를 바탕으로 CRM 활동의 우선순위를 정하자.

CRM 프로그램 내에 인지도 형성 단계, 동기 부여 단계 등과 같은 단계들을 설정하여 각 단계를 성취해 나아가면서 기업에 가치도 함께 성취해 나갈 수 있도록 하자.

6. 광고 진단표

이것은 에이전시가 제시한 광고/스토리보드를 평가할 수 있는 기본적인 틀이다. 종종(내 경험상으로는 언제나) 광고 에이전시들은 아이디어의 창의성 자체에만 집중하는 경향이 있다. 이러한 아이디어 가운데에는 정말로 뛰어난 것들도 있을 수 있지만 반대로 기업의 전략 상 적합하지 않은 것들도 있을 수 있다. 이는 곧 브랜드 관리자의 책임이다. 당신은 브랜드 관리자로서 에이전시들의 설득 압력에 대해 강경하고 노련하게 대처해야 할 필요가 있다. 다음에서는 에이전시들이 수익을 위해 만들어 내는 '교묘한 속임수'에 넘어가지 않고 당신이 정말로 집중해야 하는 부분은 무엇인지에 대해 다루고 있다. 가장 중요한 것은 언제나 객관적인 시각을 잃지 않는 것이다. 당신의 업무 성과 및 브랜드의 성공 여부가 당신의 판단에 의해 좌우된다고 할지라도 말이다. 표적 청중의 입장이 되어 생각해 보자. 그들의 마음을 상상해 보거나, 그들이 누구이며 어떠한 특성을 가지고 있는지를 알려 주는 데이터들을 숙지하는 것도 도움이 될 것이다.

A. 최초의 반응

- 에이전시의 프레젠테이션 직후 당신의 반응은 무엇이었는가?
- 중심적인 메시지나 아이디어가 있는가?
- 그것이 잘 표현되어 있는가?
- 고객들이 받아들이고 즐길만한가?
- 재미 있는가?
- 그 아이디어는 장기적인 캠페인에도 적합한가?

B. 소비자 반응

- 소비자들은 무엇을 이끌어 내겠는가?(에이전시가 의도한 바가 아닌)
- 브랜드 포지셔닝과 관련해서는 어떠한 메시지가 들어 있는가?
- 브랜드 퍼스낼리티는 적절히 반영되었는가?

C. 비주얼: 동료들과 이 부분을 유심히 살펴보자

- 비주얼은 당신에게 어떠한 인상을 주는가?

- 비주얼 만으로도 브랜드가 연상되는가?
- 그렇다면 첫 시작 부분은 소비자들의 주의를 충분히 끌만한가?
- 소비자들은 광고가 아닌 브랜드를 기억하겠는가?
- 소비자들이 흥미를 느낄만한 설정인가?
- 소비자들이 그 스타일, 스토리, 분위기, 효과 등과 공감할 수 있겠는가?
- 지나치게 요란하거나 과장되지는 않았는가?
- 스토리가 있는가? 그 스토리는 현실성이 있는가?
- 이해하기에 쉽고 간단한가?
- 올바른 어조를 사용하고 있는가?(건방지지는 않는가?)
- 오랫동안 사용할 수 있는 것인가? 아니면 사람들이 금방 싫증을 느낄만한가?

D. 어휘: 두 세 번 읽어 보자.

- 어휘들은 비주얼을 적절하게 받쳐 주고 있는가?
- 브랜드 퍼스낼리티에 적합한 것인가?
- 소비자들의 흥미를 끌만한가?

E. 총체적인 이해 검토

- 전체적으로 브랜드의 비전을 나타내고 있으며, 소비자들과의 적절한 관계를 보여 주고 있는가?
- 광고가 이성뿐만이 아니라 감성에도 소구하는가?

7. IR을 위한 브랜드 전략 문구 예시

다음의 문구는 기업이 어떠한 순위 안에 들기 위해 캠페인을 벌이거나 또는 리포지셔닝 활동을 통해 투자자들의 인식을 바꾸려고 할 때 사용되는 전형적인 매체 발표물이다. 이는 가상으로 만든 것이며 다양한 상황에 따라 변형될 수 있다.

기업 X는 브랜드의 가치와 전략적인 사업 자산으로서의 브랜드의 중요성을 믿고 있다. 브랜드를 개발하고 관리하는 것은 사업상 가장 중요한 일이며, 이러한 브랜딩 활동을 통해 우리는 우리의 비전을 달성할 수 있게 된다.

우리가 속해 있는 산업 영역에서는 오직 강력한 브랜드만이 수익을 낼 수 있다. 운영상의 효율성도 중요하긴 하지만 그것이 경쟁사로부터 우리의 기업을 차별화시키지는 않는다. 우리의 모든 경쟁 전략은 바로 차별화를 위한 것이며 차별화는 브랜딩을 통해서만 가능하다.

기업 X는 강력한 기업 브랜드를 구축하는 활동에 대한 프로그램에 이미 착수하였으며 기업이 가지고 있는 경쟁적 강점에 대한 레버리지 효과를 꾀하고 있다. 현재 소비자와 파트너는 기업 X에 대해 열정적이고, 전문적이며, 혁신적이고, 친근한 이미지를 가지고 있다. 우리는 앞으로 시장 커뮤니케이션에서 우리의 기업 브랜드를 좀더 많이 노출시킴으로써 전체 가치 사슬 단계(value chain)에 걸친 브랜드 인지도 및 충성도를 향상시키고자 한다.

현재 기업 X의 대부분의 사업은 기업 브랜딩이 아닌 개별적인 제품 브랜딩을 통해 구축된 것이다. 그리고 우리는 그 결과에 매우 만족하고 있다. 그러나 우리는 최근 브랜드 진단을 통해 모기업의 이미지를 강화할 수 있는 실질적인 기회에 대해 알게 되었다. 현재 제품 브랜딩이 전체 사업 프로파일에서 중요한 역할을 하고 있음은 분명하지만, 여기에 기업의 모브랜딩을 도입한다면 기업이 제공하는 모든 제품 및 서비스에 대해 일관성, 신뢰, 자신감을 더해 줄 수가 있다는 것이다. 이는 결과적으로 개별 브랜드들에게도 힘을 실어 줄 것이며 모든 커뮤니케이션에 걸쳐 시너지 효과를 발휘할 것이다. 게다가 향후 신규 브랜드를 출시하게 될 경우 광고 프로모션 비용이 이중으로 지출되는 것을 막을 수도 있게 된다.

기업은 브랜드가 전략적인 자산이라는 사실을 인정하고 있으며 브랜드 네임에 따르는 가치에 대해서도 잘 알고 있다. 현재 마무리 단계에 있는 브랜드 전략 프로젝트가 완성되면 기업 X의 기업/제품 브랜드 자산과 가치를 구축할 '청사진'을 마련해 줄 것으로 예상된다.

8. 브랜드 득점표: 세계적인 브랜드들의 12가지 특징: 당신의 브랜드는 이러한 특징들을 가지고 있는가?

나는 이제까지 브랜드 관리에 대한 최선의 실행 방법에 대해 이야기해 왔다. 이 내용들은 이제 브랜드 득점표로 요약된다. 다음의 속성들에 따라 당신의 브랜드를 논의하고 평가하는 것은 내부적뿐만 아니라 외부적인 관점에서도 매우 유익한 일일 것이다. 솔직하라 그리고 소비자의 눈으로 바라보라. 다음 속성들에 대한 면밀한 분석은 브랜드의 성공을 가능하게 한다. 그러나 반대로 다음 중 어느 것 하나라도 간과될 경우 그 브랜드는 자신의 역량을 100% 활용하지 못한 채 늘 약점이 있는 상태로 남아 있게 된다. 또한 가지 명심해야 할 것은, 다음의 속성들은 서로 연결되어 있기 때문에 한 부분의 변화가 다른 부분의 변화를 가져올 수 있다는 사실이다.

세계적인 브랜드들은 다음과 같은 속성들을 공통적으로 가지고 있다.

1. 그들만의 비전을 가지고 있다.

2. 감성적 자본을 개발한다.
3. 완벽히 차별화되어 있다(혹은 차별적으로 포지셔닝되어 있다).
4. 그들의 가치를 적용하는 데 있어서 매우 일관적이다.
5. 소비자들과 항상 관련성을 유지하며, 진화적인 방식을 통해 변화와 일관성 간의 균형을 맞춘다.
6. 어설픈 브랜드 아키텍처로 브랜드에 손상을 입히지 않는다.
7. 다양한 채널을 통해 시장 커뮤니케이션을 진행하며, 적당한 재정적 지원이 뒷받침되어 있다.
8. 소비자의 입장에서 늘 비용 대비 최고의 품질과 가치를 제공한다.
9. 소비자들이 인식하는 브랜드의 가치가 매우 높으며, 이는 가격 정책에 그대로 반영된다.
10. 브랜드 약속을 항상 지키며, 훌륭한 브랜드 경험을 제공한다.
11. 브랜드 관리자/브랜드 관리 체계에 의해 늘 꼼꼼히 점검된다.
12. 매년 브랜드 가치와 자산이 증가한다.

찾아보기

영문

ㄱ

ㅈ

ㅊ

ㅋ

ㅌ

ㅍ

ㅎ

[역자약력]

이 문 규

연세대학교 경영학과 학사, 석사학위(M.B.A), 미국 University of Illinois at Urvana-Champaign 경영학 석사(M.S.), 박사 학위(Ph.D.), 미국 University of Colorado at Denver 교수 역임, 미국 University of Hawaii, University of Washington, University of Colorado 초빙 교수 역임, 현재 연세대학교 경영학과 교수, 학과장, 경영대학 부학장

미국 University of Colorado 최우수 연구 교수상 및 우수 교수상, Shaw Best Paper Award, Sorrenson Best Paper Award, 연세대학교 우수 업적 교수상, 마케팅학회 최우수 심사자상

연구 분야: 소비자 행동론, 마케팅 조사연구, 서비스 마케팅, 광고론

저서: 소비자 행동의 이해, 인터넷 마케팅, 디자인과 마케팅, 마케팅원론, 소비자 이야기, 마케팅 기본법칙, 인터넷 소비자 행동의 이해

브랜드 전략론(*Advanced Band Management*)

2006년 3월 10일 제1판 1쇄 인쇄
2006년 3월 20일 제1판 1쇄 발행

역 자 이 문 규
발행인 황 의 민

발행처 **도서출판 석 정**
서울특별시 마포구 동교동 203-3
TEL. 332-6293 FAX. 334-5367
등록 1980. 1. 24 3-78호

ISBN 89-88806-47-6 **정가 20,000원**